OS ARQUIVOS FREUD

FUNDAÇÃO EDITORA DA UNESP

Presidente do Conselho Curador
Mário Sérgio Vasconcelos

Diretor-Presidente
José Castilho Marques Neto

Editor-Executivo
Jézio Hernani Bomfim Gutierre

Superintendente Administrativo e Financeiro
William de Souza Agostinho

Assessores Editoriais
João Luís Ceccantini
Maria Candida Soares Del Masso

Conselho Editorial Acadêmico
Áureo Busetto
Carlos Magno Castelo Branco Fortaleza
Elisabete Maniglia
Henrique Nunes de Oliveira
João Francisco Galera Monico
José Leonardo do Nascimento
Lourenço Chacon Jurado Filho
Maria de Lourdes Ortiz Gandini Baldan
Paula da Cruz Landim
Rogério Rosenfeld

Editores-Assistentes
Anderson Nobara
Jorge Pereira Filho
Leandro Rodrigues

Mikkel Borch-Jacobsen
Sonu Shamdasani

OS ARQUIVOS FREUD
Uma investigação acerca da história da psicanálise

Tradução

Tiago Novaes

© Mikkel Borch-Jacobsen e Sonu Shamdasani 2012
© 2012 Editora Unesp
Tradução autorizada pela Cambridge University Press

Título original: *The Freud Files: An Inquiry into the History of Psychoanalysis*

Direitos de publicação reservados à:
Fundação Editora da Unesp (FEU)
Praça da Sé, 108
01001-900 – São Paulo – SP
Tel.: (0xx11) 3242-7171
Fax: (0xx11) 3242-7172
www.editoraunesp.com.br
www.livrariaunesp.com.br
feu@editora.unesp.br

CIP-Brasil. Catalogação na publicação
Sindicato Nacional dos Editores de Livros, RJ

B723a

Borch-Jacobsen, Mikkel
  Os arquivos Freud: uma investigação acerca da história da psicanálise / Mikkel Borch-Jacobsen, Sonu Shamdasani. – 1.ed. – São Paulo: Editora Unesp, 2014.

  ISBN 978-85-393-0503-2

  1. Freud, Sigmund, 1856-1939. 2. Psicanálise. I. Shamdasani, Sonu. II. Título.

13-07647   CDD: 150.1952
                          CDU: 159.964.2

Editora afiliada:

Asociación de Editoriales Universitarias de América Latina y el Caribe

Associação Brasileira de Editoras Universitárias

Para Charlotte e Maggie

SUMÁRIO

AGRADECIMENTOS..IX

INTRODUÇÃO: O PASSADO DE UMA ILUSÃO 1
À espera de Darwin / "A poderosa e inerradicável lenda de Freud" / Abrindo a caixa-preta / Guerras de Freud

Capítulo 1
CIÊNCIA PRIVATIZANTE..29
"A psicanálise é criação minha" / A política de autoanálise / A política da replicação / Freud S.A. / A imaculada concepção

Capítulo 2
A INTERPREFACÇÃO DOS SONHOS..................................117
A imaculada indução / A manufatura da fantasia / Retocando Breuer

Capítulo 3
CASOS CLÍNICOS 179
"A famosa porta almofadada..." / Narrando o inconsciente / O leitor de mentes / Estilo indireto livre / Quem fala? / A boa funcionária dos correios e o apostador inescrupuloso / O retorno do Homem dos Lobos / Freud, o romancista?

Capítulo 4
VIGIANDO O PASSADO 235
Kürzungsarbeit / Uma biografia em busca de um autor / A biografia de Jones: a forma definitiva da lenda / Altamente secreto

CODA: O QUE FOI A PSICANÁLISE? 303

REFERÊNCIAS BIBLIOGRÁFICAS 311

ÍNDICE ONOMÁSTICO 335

– AGRADECIMENTOS –

Este livro teve início em 1993, como uma investigação sobre os historiadores de Freud e suas obras. Estávamos a par das agitações que abalaram os estudos freudianos a partir da década de 1970, transformando completamente o modo como se entendia a Psicanálise e suas origens. Intrigados pelas novas histórias do movimento freudiano, decidimos entrevistar os protagonistas e reunir seus testemunhos em uma obra coletiva. Estas entrevistas foram transcritas e comentadas (reproduzimos alguns excertos adiante), mas a obra em si permaneceu inacabada, porque a investigação mudou durante o processo.[1] Muito rapidamente, demo-nos conta de que não era possível nos posicionarmos com a neutralidade e o distanciamento irônico que adotamos de início. Havia muita coisa em jogo, e restava muito a ser pesquisado e verificado antes de se emitirem juízos acerca das infindáveis controvérsias em torno da Psicanálise. Ao invés de descrevê-la de fora, fomos atraídos, e aqui apresentamos nossa própria contribuição à história do movimento freudiano.

Este livro é produto desse envolvimento, mas é também uma tentativa de retomar, por meio da reflexão histórica, parte do distanciamento que mantivemos no início em relação ao nosso objeto de estudo. Queríamos estudar a história da História da Psicanálise e compreender melhor os temas centrais desse campo fascinante e conflituoso – fascinante em razão do conflito. Queríamos extrair dados, a partir das críticas históricas, que ajudassem a compreender esse estranho movimento. Pois qualquer opinião com o *status* de psicologia, psiquiatria ou psicoterapia nas sociedades atuais, em algum momento, exige uma prestação de contas com Freud e seu legado.

Queremos agradecer a todos que nos acompanharam nesta tarefa e, em especial, aos historiadores que aceitaram ser entrevistados. Muitos se tornaram amigos (quando já não eram) e guias no campo minado dos estudos

---

[1] Alguns trechos foram publicados em Meyer, *O livro negro da psicanálise*, e duas entrevistas foram reproduzidas em Dufresne, *Tales from the Freudian Crypt* [Contos da cripta freudiana].

sobre Freud: Ernst Falzeder, Didier Gille, Han Israëls, Mark S. Micale, Karin Obholzer, Paul Roazen, François Roustang, Élisabeth Roudinesco, Richard Skues, Anthony Stadlen, Isabelle Stengers, Frank J. Sulloway, Peter J. Swales. Muitos outros merecem nossa gratidão por sua ajuda, hospitalidade, conselhos, apoio e críticas: Vincent Barras, Bill Bynum, Henry Cohen, Frederick Crews, Todd Dufresne, Jacques Gasser, Angela Graf-Nold, Henri Grivois, Malcolm "Mac" Macmillan, Patrick Mahony, George Makari, Michael Neve, Enrique Pardo, Eugene Taylor, Marvin W. Kranz, Fernando Vidal, Juliette Vieljeux e Tom Wallace. Também agradecemos aos funcionários dos arquivos públicos e privados onde trabalhamos, por sua ajuda. Gostaríamos de agradecer a Philippe Pignarre, editor e amigo, pelo interesse imediato no projeto, e conselhos valiosos durante os estágios finais de sua composição. Na Cambridge University Press, queríamos agradecer a Andy Peart, por assumir o projeto, e a Hetty Marx, pela paciência com os intermináveis adiamentos.

A edição francesa desta obra foi lançada em 2006 pela Éditions du Seuil. Esta edição foi revisada e reescrita. Gostaríamos de agradecer a John Peck, por suas sugestões editoriais, e a Kelly S. Walsh, por fazer uma tradução inicial do capítulo 3 e partes dos capítulos 2 e 4. Seu trabalho no capítulo 3 foi possível graças a uma bolsa do Graduate School da Universidade de Washington, ao qual somos imensamente gratos.

Citações de Anna Freud são reproduzidas com a autorização dos herdeiros de Anna Freud © 2000, patrimônio de Anna Freud, por meio de acordo com Mark Patterson and Associates. As traduções das citações do francês e do alemão são de nossa autoria. Em algumas partes, foi modificada a tradução das Edições Standard das obras de Freud. A responsabilidade pelas opiniões aqui expressas é nossa.[2]

---

2 Para esta tradução, mantivemos as expressões conceituais derivadas da tradução indireta, próprias da *Standard Edition*. Dessa forma, para o que se convencionou a partir do retorno ao Freud alemão chamar de "recalque" (*Verdrängung*), utilizamos "repressão" (tradução direta de *repression*); traduzimos, no mesmo sentido, *anxiety* por "ansiedade", não remetendo ao original alemão *Angst*, cuja tradução mais apropriada seria "angústia". Assim, mantivemos uma proximidade maior com os autores da presente obra, que se valeram principalmente da edição inglesa da obra freudiana. Para uma discussão aprofundada da tradução dos conceitos freudianos, recomendamos a leitura de *As palavras de Freud*, de Paulo César de Souza (Companhia das Letras, 2010), além de *Dicionário comentado do alemão de Freud*, de Luiz Alberto Hanns (Imago, 1996). Os autores são responsáveis pelas principais traduções diretas para o português realizadas atualmente. (N.T.)

– INTRODUÇÃO:
O PASSADO DE UMA ILUSÃO –

A história do mundo, já disse uma vez, foi a biografia dos grandes homens.
(Thomas Carlyle, *On Heroes, Hero-Worship and the Heroic in History*, p.251)

V iena, 1916. Freud decidiu canonizar a si próprio. Diante do público que viera escutar a décima oitava de suas Conferências Introdutórias à Psicanálise, ministradas na Universidade de Viena, o fundador da psicanálise incumbiu-se de indicar seu lugar na história da humanidade.

Sigmund Freud: Mas, com essa ênfase sobre o inconsciente na vida psíquica, invocamos os espíritos mais malignos da crítica à psicanálise. Não se surpreendam com isso, e não suponham que a resistência a nós repouse apenas na dificuldade de compreensão do inconsciente, ou na relativa inacessibilidade das experiências que revelam evidências deste. Sua fonte, creio, é mais profunda. No curso dos séculos, o ingênuo amor-próprio dos homens foi obrigado a se render a dois grandes golpes das mãos da ciência. O primeiro ocorreu quando souberam que nossa Terra não era o centro do universo, mas apenas um minúsculo fragmento de um sistema cósmico de amplidão difícil de conceber. Isso se associa em nossas mentes ao nome de Copérnico, embora algo semelhante já tivesse sido afirmado pela ciência alexandrina. O segundo golpe desabou quando a pesquisa biológica destruiu o supostamente privilegiado espaço do homem na criação e provou sua descendência do reino animal e sua inerradicável natureza animal. Essa revisão foi lograda em nossos dias por Darwin, Wallace e seus predecessores, ainda que não desprovida da mais violenta oposição contemporânea. Mas a megalomania humana terá sofrido seu terceiro e mais devastador golpe, vindo da pesquisa psicológica do tempo atual, que busca provar ao ego que não é sequer o mestre de sua própria casa, mas precisa se contentar com informações escassas do que se passa inconscientemente em sua psique. Nós, psicanalistas, não fomos os primeiros nem os únicos a proferir este apelo à introspecção; mas parece ser nosso destino lhe conceder sua mais vigorosa expressão e fundamentá-la com o material empírico que afeta todo indivíduo. Daí se erguem a revolta geral contra nossa ciência, o descrédito de todas as considerações da civilidade acadêmica e a oposição se livrando de toda restrição da lógica imparcial.[1]

Copérnico, Darwin, Freud: esta genealogia do homem moderno descentrado já nos é tão familiar, que não mais reparamos em seu caráter profundamente arbitrário. Não se trata necessariamente de se ofender com a imodéstia do quadro apresentado por Freud. Afinal, Kant não foi nada humilde quando afirmou efetivar uma "revolução copernicana" na filosofia,[2] e Darwin não hesitou em predizer que sua teoria provocaria uma "revolução considerável" na história natural.[3] Como Bernard I. Cohen e Roy Porter revelaram,[4] o tema das "revoluções" empreendidas por Copérnico, Galileu e Newton é um lugar comum na história da ciência desde Fontenelle e os *encyclopédistes*, e Freud certamente não foi o primeiro, nem será o último, a reciclá-lo em benefício próprio. Contudo, ele não foi de modo algum a única figura da Psicologia a fazer isso, o que relativiza sua versão da evolução das ciências. No final do século XIX, havia uma verdadeira profusão de candidatos disputando o título de Darwin, Galileu ou Newton da Psicologia. Mas como foi que o público de Freud, além de muitos outros, passou a crer no merecimento de Freud, e não no de um de seus rivais?

À ESPERA DE DARWIN

Segundo Freud, a originalidade da psicanálise reside no fato de que ela logrou na Psicologia o mesmo tipo de revolução científica que Copérnico e Darwin efetuaram na Cosmologia e na Biologia. Tal ambição, contudo, foi compartilhada por muitos psicólogos do final do século XIX, de Wundt a Brentano, de Ebbinghaus a William James.

---

1 Freud, *Introductory Lectures on Psycho-Analysis*, p.284-5. A mesma ideia é desenvolvida mais extensamente em Freud, *A difficulty on the path of psycho-analysis*, p.140.
2 Kant, *Critique of Pure Reason*, p.21: "Até aqui presumiu-se que toda a nossa cognição precisa se conformar a objetos. [...] Procuremos, portanto, descobrir pela experimentação se não progrediremos mais nos problemas da metafísica ao presumir que os objetos devem se conformar a nossa cognição. [...] A situação aqui é precisamente a mesma da de Copérnico, quando ele pensou pela primeira vez em explicar o movimento dos corpos celestes. Ao encontrar dificuldades para avançar na presunção de que uma hoste inteira de estrelas girava em volta do espectador, ele tentou descobrir pela experimentação se não poderia obter mais resultados se fizesse que o espectador girasse e as estrelas permanecessem imóveis".
3 Citado por Porter, *Revolution in History*, p.291.
4 Cohen, *The eighteenth-century origins of the concept of scientific revolution*; Porter, *Revolution in history*.

Franz Brentano: Temos de batalhar para obter aqui o que a Matemática, a Medicina, a Química e a Fisiologia já realizaram [...] um núcleo de verdade genericamente aceita ao qual, por meio de esforços combinados de muitas forças, novos cristais irão aderir por todas as direções. No lugar de psicologias, precisamos buscar a criação de uma Psicologia.[5]

Por todos os lados, afirmava-se que a Psicologia tinha de se separar da Teologia, da Filosofia, da Literatura e de outras disciplinas e tomar seu lugar devido na orquestra das ciências. Especulações teóricas dariam lugar a rigores de laboratório. Quando o psicólogo suíço Théodore Flournoy obteve sua cadeira na Psicologia, insistiu que ela fosse transferida para a faculdade de Ciências.

Théodore Flournoy: Ao situar esta cadeira na faculdade de Ciências, e não na de Letras, onde se encontram todos os cursos de Filosofia, o governo genebrês reconheceu implicitamente (sem o saber, talvez) a existência da Psicologia como uma ciência específica, independente de todos os sistemas filosóficos, com os mesmos direitos que a Física, a Botânica, a Astronomia [...]. Quanto a saber até que ponto a Psicologia contemporânea faz justiça a essa declaração de maioridade, e logrou de fato libertar-se de toda tutela metafísica de qualquer sorte, é outra questão. Pois aqui, não menos que em qualquer outro lugar, a ideia não pode ser confundida com a realidade.[6]

Reunidos, o imperativo de Brentano e as reservas de Flournoy descrevem a "vontade para a ciência" (Isabelle Stengers),[7] que historicamente prevaleceu na constituição da nova disciplina. A Psicologia "científica" não emergiu como fruto de uma descoberta de sorte, uma invenção fortuita, ou por algum processo mal definido de desenvolvimento natural. Ela foi *desejada* por muitos fomentadores, e imaginada a partir do modelo das ciências naturais. Considerou-se que a Psicologia completaria a revolução científica pela aplicação do método científico a todos os aspectos da vida humana. Até então, o saber sobre o Homem estava disperso entre histórias de mitos e religiões e as intuições da Arte e da Literatura. A Psicologia deveria substituir esses saberes incompletos e parciais por uma verdadeira ciência do Homem, com leis tão universais quanto são as da Física, e métodos tão seguros quanto são os da Química.

---

5 Brentano, *Psychology from an empirical standpoint*, p.2.
6 Flournoy, *Notice sur le laboratoire de psychologie de l'université de Genèva*, p.1.
7 Stengers, *La volonté de faire science*.

Freud: O intelecto e a mente são objetos da pesquisa científica exatamente da mesma maneira que qualquer coisa não humana. A psicanálise possui um direito especial de falar em nome da *Weltanschauung* científica neste aspecto. [...] Sua contribuição especial à ciência reside precisamente em ter ampliado a pesquisa ao campo mental. Sem uma Psicologia desse tipo, aliás, a ciência estaria muito incompleta.[8]

Desde o início, a "nova Psicologia" se apresentava como uma "imitação" das ciências naturais (uma espécie de versão científica da "imitação da Antiguidade"). O filósofo Alasdair McIntyre apontou: "físicos pré-Newtonianos possuíam [...] a vantagem sobre os psicólogos experimentais contemporâneos de não saberem que estavam à espera de Newton".[9] Em oposição, os autodenominados novos psicólogos *simulavam* inevitavelmente a ciência vindoura. Os mais perspicazes questionavam se a Psicologia chegaria em algum momento à estatura de seus modelos.

William James a James Sully, 8 de julho de 1890: Parece-me que a Psicologia é como a Física antes do tempo de Galileu – nem ao menos uma única lei elementar foi sequer vislumbrada. Uma grande oportunidade para um futuro psicólogo conquistar um nome maior que o de Newton; mas quem, então, lerá os livros desta geração? Não muitos, suponho.[10]

James, 1890: Quando falamos, então, na "Psicologia como uma ciência natural", não devemos supor que isso seja uma espécie de Psicologia que se apoie em solo firme [...] ainda é deveras peculiar ouvir as pessoas falarem de modo triunfante da "nova Psicologia" e redigirem "histórias da Psicologia" quando, nos reais elementos e forças que o termo encobre, não existe sequer um primeiro vislumbre de real discernimento [...]. Esta não é uma ciência, é apenas a possibilidade de uma ciência [...]. No momento, porém, a Psicologia se encontra na situação da Física antes de Galileu e das leis do movimento, ou da Química antes de Lavoisier e da noção de que a massa é preservada em todas as reações. O Galileu e o Lavoisier da Psicologia serão homens realmente famosos quando surgirem, pois sem dúvida surgirão um dia.[11]

Para James, a Psicologia era apenas a *"possibilidade* de uma ciência", o trabalho preparatório para seu Galileu e seu Newton, que ainda viriam.

---

8 Freud, *Introductory lectures to psycho-analysis*, p.159.
9 MacIntyre, *The unconscious*, p.2.
10 James, *The correspondence of William James*, v.7, p.53.
11 James, *Text-book of psychology*, p.468.

William Stern, psicólogo de Berlim, era de opinião semelhante. Em 1900, em artigo que saúda o novo século, elaborou um balanço bastante negativo da nova disciplina. Estava-se longe da unidade buscada por figuras como Brentano. À parte a tendência empírica e o uso de métodos experimentais, ele via poucos atributos comuns. Havia muitos laboratórios com pesquisadores investigando problemas específicos, além de muitos compêndios, mas eram todos caracterizados por um particularismo nocivo. O mapa psicológico da época, afirma Stern, era tão colorido e atribulado quanto a Alemanha na época dos pequenos estados.

> **William Stern:** [Os psicólogos] normalmente falam línguas diferentes, e os retratos que elaboram da psique são pintados com cores tão distintas e com pinceladas de tonalidades tão variadas, que com frequência se torna difícil reconhecer a identidade do objeto representado [...]. Em suma: há muitas psicologias novas, mas a nova Psicologia, ainda não.[12]

Já na virada do século, existia pouco consenso em Psicologia. Assim, para os psicólogos, a tarefa não era apenas diferenciar a nova Psicologia daquilo que fizeram antes, mas avançar nas reivindicações próprias para formar uma única Psicologia científica *per se*, acima das psicologias dos colegas. Analogias retóricas a heróis científicos prontamente se prestaram a esta situação. Uma série de personalidades sugeriu candidatos ao papel do novo Galileu ou Newton da Psicologia. Théodore Flournoy pousou os louros sobre Frederic Myers, um dos fundadores da pesquisa psicológica.

> **Flournoy:** Nada permite que se anteveja o fim que o futuro reserva à doutrina espírita de Myers. Se as descobertas futuras confirmarem sua tese da intervenção verificada empiricamente do descarnado no quadro físico ou psicológico de nosso mundo fenomênico, então seu nome será inscrito no livro dourado dos grandes pioneiros e se juntará aos de Copérnico e Darwin; ele completará a tríade de gênios ao revolucionar profundamente o pensamento científico na ordem cosmológica, biológica e psicológica.[13]

Para Flournoy, que já havia lido e resenhado *A interpretação dos sonhos*, de Freud, o gênio fundador da Psicologia não era Freud, mas Myers. Da

---
12 Stern, *Die psychologische Arbeit des neunzehnten Jahrhunderts, insbesondere in Deutschland*, p.415.
13 Flournoy, F. W. H. Myers et son œuvre posthume, *Archives de Psychologie*, v.2, p.269-96. Flournoy republicou isso em seu livro de 1911, *Esprits et médiums* [Espíritos e médiuns], um exemplar que podia ser encontrado na biblioteca de Freud. Esta passagem está na p.266.

mesma maneira, Stanley Hall declarou em 1909 que "a presente situação psicológica exige um novo Darwin da mente".¹⁴ Em 1912, Arnold Gesell proclamou ser o próprio Hall o "Darwin da Psicologia".¹⁵ Posteriormente, Hall afirmou que aquilo "deu-lhe satisfação maior do que qualquer elogio já expresso por um amigo arrebatado".¹⁶ Outros nomearam Freud.

> **C. G. Jung:** Freud poderia ser refutado apenas por alguém que fizesse uso reiterado do método psicanalítico e que realmente investigasse como Freud o fazia. [...] Aquele que não o fizer, ou não puder fazê-lo, não deveria pronunciar julgamento sobre Freud, ou agirá como aqueles notórios homens da ciência que se recusavam a olhar pelo telescópio de Galileu.¹⁷

> **Eugen Bleuler a Freud, 19 de outubro de 1910:** Compara-se [sua obra] com a de Darwin, Copérnico e Semmelweis. Acredito também que suas descobertas sejam tão fundamentais para a Psicologia quanto as teorias daqueles homens para outros ramos da ciência, independentemente de se considerar os avanços da Psicologia tão importantes quanto os das outras ciências.¹⁸

> **David Eder:** A obra de Freud sobre Psicologia foi comparada, por um de seus discípulos, à de Darwin sobre Psicologia.¹⁹

O discípulo em questão foi Ernest Jones, que se gabava de ser o primeiro a conceder a Freud o título de "Darwin da mente".²⁰ Em 1918, durante um debate com os psicólogos William Rivers e Maurice Nicoll, que representava Jung, Jones expandiu a analogia.

> **Ernest Jones:** O contraste entre esta visão [de Jung] e a de Freud é idêntico àquele entre as posições adotadas por Drummond e Wallace, por um lado, e

---

14 Hall, *Evolution and psychology*, apud Shakow e Rappaport, *The influence of Freud on American psychology*, p.67.
15 Gesell e Gesell, *The normal child and primary education*, p.20.
16 Hall, *Life and confessions of a psychologist*, p.360. Em 1923, Hall escreveu a Freud: "a história irá provar que você realizou para nós um serviço que não é nada distante daquele de Darwin para a Biologia". Em John Burnham, Sigmund Freud and G. Stanley Hall: exchange of letters, *Psychoanalytic Quaterly*, v.29, p.313.
17 Jung, On the psychology of dementia praecox, p.3-4.
18 Acervo Sigmund Freud, Divisão de Manuscritos, Biblioteca do Congresso, Washington, D.C.; apud Alexander e Selesnick, Freud-Bleuler correspondance, *Archives of General Psychiatry*, v.12, n.1, p.5.
19 Eder, The present position of psycho-analysis, *British Medical Journal*, 8, p.1.
20 Jones, *Papers on psycho-analysis*, p.xii; *The life and work of Sigmund Freud*, v.3, p.345.

Darwin e Huxley, por outro, concernentes à origem da mente e da alma – uma questão que, no mundo científico, foi resolvida meio século atrás.[21]

Frank J. Sulloway: Jones se via em relação a Freud como um T. H. Huxley – o "buldogue de Darwin" – que defendera o combalido Darwin meio século antes.[22]

Assim, pode-se ver que a questão sobre quem a posteridade conceberia como o gênio fundador da Psicologia era calorosamente debatida no exato momento em que Freud se autoproclamava. Essa autocanonização, tomada como evidente, perde imediatamente sua validade e surge como o que foi: uma tentativa peremptória de Freud e seus seguidores de agir como se a posteridade já houvesse concluído a seu favor e unilateralmente o debate entre a psicanálise e as outras psicologias, descartando quaisquer outras postulantes a essa condição. Algumas pessoas protestaram vigorosamente.

William McDougall: A autoridade que temos para aceitar isso [a teoria do laço social apresentada por Freud em seu *Psicologia das massas*] como a única linha de especulação necessária e aceitável, no que tange a nossa explicação do fenômeno social como confinado necessariamente dentro dos limites da libido sexual, é a autoridade do professor Freud e seus discípulos devotos. Quanto a mim, devo seguir procurando evitar o feitiço do pai da horda primeva e usar o que possuo de intelecto, desvencilhado de limitações arbitrárias.[23]

Alfred Hoche: E, além do mais, a arrogância dogmática [dos freudianos] levou-os a comparar o papel de Freud à posição histórica de Kepler, Copérnico e Semmelweis, e são forçados, segundo um raciocínio cômico, a encontrar evidências no fato de que todos tiveram de enfrentar a resistência de seus contemporâneos.[24]

Wilhelm Weygandt: O ensinamento de Freud tem sido comparado à teoria da febre puerperal de Semmelweis, a qual foi de início ridicularizada e, depois, brilhantemente reconhecida. Se certamente também nos opusermos a ele, seria

---

21 Jones, *Why is the "unconscious" unconscious?*, p.256.
22 Sulloway, *Freud, biologist of the mind*, p.484. Ver Jones a Freud, 15 de janeiro de 1931, em que ele revela que Huxley foi "o maior herói de minha juventude. Como você sem dúvida sabe, ele era apelidado de 'buldogue de Darwin', e você talvez concorde que minha identificação com ele não foi inteiramente sem fruto" (Freud e Jones, *The complete correspondence of Sigmund Freud and Ernest Jones*, p.682).
23 McDougall, *Psycho-analysis and social psychology*, p.149.
24 Hoche, Eine psychische Epidemie unter Aerzten, *Medizinische Klinik*, v.6, n.26, p.1009.

cruel comparar Freud a Hahnemann, o fundador da Homeopatia. Talvez seja mais apropriado pensar em Franz Joseph Gall, cujas teorias, apesar de alguns pontos de vista e descobertas espantosos, caíram logo em descrédito, devido a exagero e utilização acríticos, mas incluíam bons e maus componentes.[25]

Freud: Já fui comparado a Colombo, Darwin e Kepler, e chamado de total paralítico.[26]

Adolf Wohlgemuth: Freud-Darwin! Pode-se igualmente juntar o nome do senhor Potts, da *Eatonswill Gazette*, aos de Shakespeare ou Goethe [...]. As obras de Copérnico e de Darwin foram violentamente atacadas e, neste ponto, podem se assemelhar à de Freud, mas, ainda assim, que enorme diferença! Quem foram os atacantes de Copérnico e Darwin? A Igreja, cujos direitos adquiridos estavam ameaçados. Astrônomos, na medida do possível naqueles dias negros, desde que não fossem dignitários da Igreja ou professores em universidades clericais, acolheram com admiração o trabalho de Copérnico e seus sucessores. Biólogos e geólogos eram, quase todos, entusiastas da obra de Darwin. Os principais críticos [...] da obra de Freud, devo dizer, são psicólogos *vom Fach* [profissionais], isto é, exatamente aquelas pessoas que se posicionam diante da obra de Freud da mesma forma que os astrônomos se posicionaram em relação a Copérnico, e os biólogos e geólogos, à obra de Darwin, e que as louvaram com alegria e admiração.[27]

Então por que devemos ter fé em Freud, em vez de seus rivais? Seria porque Freud "triunfou" a tal ponto, que mal nos lembramos de nomes como Stern, Flournoy, Hall, Myers e McDougall? Seria porque a "revolução científica" realizada por este novo Copérnico baniu-os para os reinos da pseudociência? Isso significaria invocar precisamente o que se está tentando explicar. Isso equivaleria a desvirtuar a pergunta, concedendo tudo ao "vencedor", ao passo que o que desejamos saber é exatamente como ele venceu, e por quê. Teria sido porque os concorrentes de Freud foram forçados, enfim, a reconhecer a derrota? Seria porque emergiu um consenso em torno de suas teorias, apesar das "violentas oposições" e da "resistência à psicanálise", alegadas por ele? Ou teria sido, de modo bastante simples,

---

25 Weygandt, Kritische Bemerkungen zur Psychologie der Dementia Praecox, *Monatschrift für Psychiatrie und Neurologie*, v.22, p.302.
26 Freud, *On the history of the psycho-analytic movement*, p.43. Colombo foi acrescido por Freud em 1924, na segunda edição do texto. Para a comparação entre Freud e Colombo por Ferenczi, veja a seguir, p.81.
27 Wohlgemuth, *A critical examination of psycho-analysis*, p.227-8.

porque ele conseguiu fazer que todos se esquecessem da própria controvérsia e, mesmo, da existência de muitos de seus rivais?

Freud: Nem a Filosofia especulativa, nem a Psicologia descritiva, tampouco a chamada Psicologia experimental [...], como são ensinadas em nossas universidades, estão em condição de dizer algo proveitoso sobre a relação entre corpo e mente, ou de fornecer a chave para uma compreensão dos possíveis distúrbios das funções mentais.[28]

Freud: A teoria da vida psíquica não podia avançar, pois se encontrava obstruída por um único equívoco essencial. No que consiste ela, hoje em dia, do modo como se ensina na universidade? Com exceção das valiosas descobertas na fisiologia dos sentidos, trata-se de uma série de classificações e definições de nossos próprios processos mentais, que, graças ao uso linguístico, tornou-se propriedade comum de todo sujeito instruído. Isso claramente não é suficiente para conceder uma perspectiva de nossa vida psíquica.[29]

"Transforme o passado em uma *tábula rasa*", cantavam os revolucionários franceses. É da natureza das revoluções livrar-se de oponentes, seja pelo golpe da guilhotina ou por rupturas epistêmicas, e reescrever a história a partir do "ano I" da nova ordem científica ou política. A parábola freudiana dos "três golpes" fornece uma ilustração maravilhosa deste expurgo da história, bem no ato de sua execução. De fato, esta anedota edificante possui sua própria e interessante genealogia, transmitida em silêncio por Freud. Como revelou Paul-Laurent Assoun em sua *Introdução à epistemologia freudiana*, antes de assumida por psicólogos, a comparação entre as humilhações produzidas pelas revoluções copernicanas e darwinistas surge com o renomado propagandista darwinista Ernst Haeckel, que a popularizou em diversos trabalhos seus.[30]

Ernst Haeckel: Os dois grandes erros fundamentais são expressos na [hipótese criacional do Mosaico], a saber, primeiro, o erro *geocêntrico* de que a Terra é o ponto central fixo de todo o universo, ao redor do qual o sol, a lua e as estrelas se movem; em segundo lugar, o erro *antropocêntrico*, de que o homem é o fim premeditado da criação da Terra, em função do qual o restante da natureza foi supostamente criado. O primeiro destes erros foi demolido pelo Sistema do

---

28 Freud, *Introductory lectures on psycho-analysis*, p.20.
29 Freud, *The question of lay-analysis*, p.190-1.
30 Assoun, *Introduction à l'épistémologie freudienne*, p.191 e ss.

Universo de Copérnico no início do século XVI; o segundo, pela Doutrina da Descendência no início do século XIX.[31]

Haeckel: Assim como a *concepção geocêntrica* do universo – a saber, a falsa noção de que a Terra era o centro do universo e de que todas as outras porções revolviam ao seu redor – foi derrubada pelo sistema do universo estabelecido por Copérnico e seus seguidores, também a *concepção antropocêntrica* do universo – a vã ilusão de que o homem é o centro da natureza terrestre, cujo único propósito é meramente servi-lo – é derrubada pela aplicação (empreendida há muito por Lamarck) da teoria da descendência ao homem.[32]

Haeckel: Assim como Copérnico (1543) infundiu o golpe mortal ao dogma geocêntrico encontrado na Bíblia, Darwin (1859) fez o mesmo com o dogma antropocêntrico, intimamente conectado ao primeiro.[33]

Este "esquema genealógico" (Assoun) parece ter circulado livremente nos meios científicos, a ponto de ser tomado sem atribuições por Thomas Huxley e pelo fisiologista Emil Du Bois-Reymond em uma conversa realizada em 1883 sob o título de "Darwin e Copérnico".[34] Esta conversa provocou rebuliço e, de imediato, fez de Du Bois-Reymond um dos alvos preferidos dos antidarwinistas.

Emil Du Bois-Reymond: Mal fui apresentado por Hackel como um adversário de Darwin, figurei de imediato aos olhos dos órgãos reacionários e clérigos como o mais eminente defensor na Alemanha da doutrina darwinista, e eles formaram uma roda à minha volta para atirarem perorações repletas de ódio furioso.[35]

Haeckel não gostou que sua ideia fosse usurpada desta maneira.

Haeckel: Quinze anos atrás, desenvolvi a comparação entre Darwin e Copérnico, e revelei o mérito desses dois heróis que destruíram o antropocentrismo e o geocentrismo em minha palestra *Über die Entstehung und den Stammbaum des*

---

31 Haeckel, *The history of creation, or the development of the Earth and its inhabitants by the action of natural causes*, v.1, p.38-9. Como destacado por Assoun, *Introduction à l'épistémologie freudienne*, p.198 e 205, Haeckel não diferenciou Lamarck e Darwin.
32 Haeckel, *The history of creation, or the development of the Earth and its inhabitants by the action of natural causes*, v.2, p.264.
33 Haeckel, *Monisme, profession de foi d'un naturaliste*, p.19.
34 Huxley, *Lectures and lay sermons*, apud Ellenberger, *The discovery of the unconscious*, p.252, n.139.
35 Du Bois-Raymond, Darwin und Kopernicus, *Reden*, v.2, 1886, p.500.

Menschengeschlechts [Sobre o desenvolvimento e a árvore genealógica da raça humana].³⁶

Haeckel: Darwin tornou-se o Copérnico do mundo orgânico, tal como já havia expresso em 1868, e como E. Du Bois-Reymond fez quinze anos depois, repetindo minha declaração.³⁷

Vendo a sensibilidade de Haeckel às questões de prioridade intelectual, não é difícil imaginar qual teria sido sua resposta à palestra de Freud. Este não se contentou, como Huxley ou Du Bois-Reymond, em comparar Darwin a Copérnico. Apossou-se do raciocínio e até mesmo dos termos de Haeckel, apenas acrescentando um terceiro estágio, que Flournoy já havia realizado antes dele: após a crítica ao geocentrismo e ao antropocentrismo, veio aquela ao egocentrismo – sem menções a Haeckel ou Flournoy, os quais havia lido. Mesmo entre os psicanalistas, alguns ficaram espantados com a audácia das reivindicações de Freud.

Karl Abraham a Freud, 18 de março de 1917: O outro artigo, enviado a meus cuidados [*Uma dificuldade no caminho da psicanálise*, no qual Freud aborda o tema dos três golpes], deu-me especial prazer, não apenas por sua linha de pensamento, mas, particularmente, por ser um documento pessoal [...]. A julgar por seu artigo mais recente, você poderá sentir-se tentado a visitar este canto bem ao nordeste da Alemanha se eu lhe contar que seu colega Copérnico viveu muitos anos em Allenstein.³⁸

Freud a Abraham, 25 de março de 1917: Você tem razão de apontar que a enumeração em meu último artigo poderá dar a impressão de que reivindico meu lugar ao lado de Copérnico e Darwin. Não queria, contudo, abrir mão de uma ideia interessante apenas em razão dessa aparência, e colocar, portanto, de alguma forma, Schopenhauer em primeiro plano.³⁹

Aqui vemos um lugar-comum apresentado como uma "ideia interessante" que simplesmente ocorrera a Freud, que oculta a história dessa analogia. O modo como esses debates foram esquecidos, deixando Freud como o único candidato ao prêmio, é emblemático dos efeitos da lenda freudiana.

---

36 Haeckel, *Monisme, profession de foi d'un naturaliste*, p.66.
37 Haeckel, *Les énigmes de l'univers*, p.288-9.
38 Freud e Abraham, *The complete correspondence of Sigmund Freud and Karl Abraham*, p.344-5.
39 Ibid., p.346.

The Lancet, 11 de junho de 1938: Os ensinamentos [de Freud] geraram em seu tempo controvérsias mais severas e antagonismos mais duros que quaisquer outros desde os dias de Darwin. Hoje, em sua velhice, há poucos psicólogos, de qualquer escola, que não reconheçam suas dívidas para com ele. Algumas concepções que ele formulou, sem dúvida pela primeira vez, imiscuíram-se na filosofia corrente contra o fluxo de incredulidade obstinada que ele próprio reconheceu como a reação natural do homem a verdades insuportáveis.[40]

Stephen Jay Gould: Como observou Freud, nosso relacionamento com a ciência deve ser paradoxal, porque somos forçados a pagar um preço quase intolerável por qualquer grande aquisição de conhecimento e poder – o custo psíquico do destronamento progressivo do centro das coisas, e uma crescente marginalidade em um universo descuidado. Deste modo, a Física e a Astronomia relegaram nosso mundo à margem do cosmos, e a Biologia transformou nosso estatuto de simulacro de Deus em um macaco nu, ereto.[41]

"A PODEROSA E INERRADICÁVEL LENDA DE FREUD"[42]

A fábula dos três golpes é um bom exemplo do que os historiadores Henri Ellenberger e Frank Sulloway chamaram de "lenda freudiana". Aqui se veem quase todos os elementos-chave da narrativa-mestra tecida por Freud e seus seguidores: a declaração peremptória do caráter revolucionário e monumental da psicanálise, a descrição da hostilidade feroz e das "resistências" irracionais que ela suscitou, a insistência na "coragem moral"[43] necessária para superá-las, a obliteração das teorias rivais, relegadas a uma pré-história da ciência psicanalítica, e uma falta de reconhecimento dos débitos e empréstimos.

Legenda é uma história criada para ser repetida de modo mecânico, quase sem querer, como as vidas dos santos que foram recitadas diariamente nas matinais dos conventos da Idade Média. Assim como eliminar essas *legendae* da história facilitou sua vasta difusão transcultural, a lendária des--historicização da psicanálise permitiu que esta se adaptasse a todo tipo de contextos que lhe seriam inóspitos, e a se reinventar constantemente em novas roupagens.

---

40 *The Lancet*, p.341.
41 Gould, *Wonderful life*, p.44.
42 Ellenberger, Freud in perspective, *Psychology Today*, mar. 1973, p.54.
43 Freud, On the history of the psycho-analytic movement, *SE 14*, p.22.

Cada qual possui sua própria versão da lenda – positivista, existencialista, freudiano-marxista, narrativista, cognitivista, estruturalista, desconstrutivista e, agora, até mesmo neurocientífica. Tais versão são tão distintas quanto possível, mas possuem isto em comum: todas celebram a excepcionalidade da psicanálise, retirada de seu contexto, de sua história e verificação. A longevidade da psicanálise não se une por acaso ao modo como a lenda de Freud continua a se expandir e adaptar-se ao cambiante meio intelectual e cultural. Nesse sentido, não se trata apenas de reduzir a lenda de Freud a uma narrativa fixa, que requereria uma simples refutação ponto por ponto, como Sulloway buscou fazer.[44] Ao contrário, a lenda possui uma estrutura aberta, capaz a qualquer momento de integrar novos elementos e descartar outros enquanto preserva sua forma subjacente, que permanece reconhecível. Os elementos podem mudar, concepções e teorias particulares de Freud podem ser abandonadas ou remodeladas a ponto de se tornarem completamente irreconhecíveis, mas a lenda sobrevive.

> **James Strachey:** Ainda que nos encha de vaidade declarar que Freud foi um ser humano igual a nós, tal satisfação pode ser facilmente rejeitada. Devia haver algo muito extraordinário neste homem, que foi o primeiro capaz de reconhecer um campo inteiro de fatos mentais que até então estiveram excluídos da consciência normal, o primeiro homem a interpretar sonhos, que pela primeira vez aceitou os fatos da sexualidade infantil, o primeiro a distinguir processos primários e secundários de pensamento – o primeiro homem a fazer do inconsciente algo real para nós.[45]

> **Strachey:** [A autoanálise de Freud], assim como o telescópio de Galileu, abriu caminho para um novo capítulo do conhecimento humano.[46]

> **Jones:** As futuras gerações de psicólogos, sem dúvida, desejarão saber que tipo de homem foi este que, após dois mil anos de esforços vãos, conseguiu realizar a injunção délfica: conhecer a si mesmo [...]. Poucos, se é que houve, foram capazes de chegar tão longe quanto ele no caminho do autoconhecimento e do autodomínio – mesmo com ajuda da tocha pioneira fornecida por seus métodos e explorações prévias, e mesmo com o auxílio inestimável de anos de trabalho pessoal diário na companhia de hábeis mentores. Como um único

---

44 Sulloway, *Freud, biologist of the mind*, p.489-95.
45 Strachey, Sigmund Freud. In: *Pelican Freud*, v.5, p.23-4.
46 Apud Freud, *The Standard Edition of the Complete Psychological Works of Sigmund Freud*, v.1, p.257.

homem conseguiu inaugurar todo um novo campo, e superar sem auxílio todas as dificuldades, será para sempre causa de espanto. Foi o mais próximo de um milagre que os meios humanos poderão abarcar, algo que certamente supera até as conquistas intelectuais mais sublimes na Matemática e na ciência pura. Copérnico e Darwin ousaram bastante ao enfrentar as verdades indesejadas da realidade exterior, mas enfrentar as da realidade interior tem um preço que apenas o mais incomum dos mortais conseguiria pagar sozinho [...]. Não é um grande exagero se resumíssemos em uma frase a contribuição de Freud para o conhecimento: ele descobriu o Inconsciente.[47]

Joseph Schwartz: [O desenvolvimento da hora analítica por Breuer e Freud foi] análogo ao uso do telescópio por Galileu na exploração de estruturas anteriormente desconhecidas do céu noturno. Freud e Breuer foram os primeiros a permitir que o sujeito humano falasse por si [...]. Pela primeira vez, um espaço foi criado onde os sentidos da experiência subjetiva pudessem ser intencionalmente buscados até serem encontrados.[48]

Ilse Grubrich-Simitis: Pode-se dizer com certo fundamento que o livro [*Estudos sobre a histeria*, de Breuer e Freud] inaugurou, por assim dizer, o século da psicoterapia.[49]

Jacques Lacan: Vim aqui [a Viena] – não de modo inconviente, creio – evocar o fato de que esta, a cidade eleita, permanecerá, hoje ainda mais, associada a uma revolução de proporções copernicanas no conhecimento. Refiro-me ao fato de que Viena é o lugar eterno da descoberta de Freud e que, graças a esta descoberta, o núcleo verdadeiro dos seres humanos não está mais no lugar imputado por toda uma tradição humanista.[50]

Lacan: De fato, o próprio Freud comparou sua descoberta à chamada revolução copernicana, enfatizando que o que estava em jogo era mais uma vez o lugar ao qual o homem se reserva no centro de um universo. O lugar que ocupo como sujeito do significante será concêntrico ou excêntrico em relação ao lugar que ocupo como sujeito do significado? Eis a questão.[51]

---

47 Jones, Eulogy. In: *Sigmund Freud*, p.122-3.
48 Schwartz, *Cassandra's daughter*, p.40. Para Schwartz, ao que parece, a história da humanidade antes de Freud foi uma única e prolongada afasia.
49 Grubrich-Simitis, *Early Freud and late Freud*, p.25.
50 Lacan, *Écrits*, p.334.
51 Ibid., p.429-30.

Paul Ricoeur: Em um ensaio escrito em 1917, Freud fala da psicanálise como uma ferida ou humilhação ao narcisismo, análoga às descobertas de Copérnico e Darwin, quando, a seus modos, descentraram o mundo e a vida no que diz respeito às pretensões da consciência. Igualmente, a psicanálise descentra a constituição do mundo da fantasia no que concerne à consciência.[52]

Thomas S. Kuhn: No século XIX, a teoria da evolução de Darwin suscitou questões extracientíficas similares. Em nosso século, as teorias da relatividade de Einstein e as teorias psicanalíticas de Freud proporcionaram centros de controvérsias dos quais podem emergir ulteriores reorientações radicais do pensamento ocidental. O próprio Freud enfatizou os efeitos paralelos da descoberta por Copérnico de que a Terra era apenas um planeta e sua própria descoberta de que o inconsciente controlava grande parte do comportamento humano [...] somos herdeiros intelectuais de homens como Copérnico e Darwin. Nossos processos fundamentais de pensamento foram remodelados por eles, assim como os pensamentos de nossos filhos serão remodelados pelas obras de Einstein e Freud.[53]

O fato de um filósofo da ciência do calibre de Kuhn repetir a comparação Freud-Copérnico ilustra o extraordinário sucesso cultural da lenda freudiana – em outras palavras, da própria psicanálise. A psicanálise buscou se impor no século XX como *a* única teoria psicológica merecedora do nome e *a* única psicoterapia capaz de teorizar sua própria prática. Em muitos círculos, colocar em questão a existência do inconsciente, do complexo de Édipo ou da sexualidade infantil poderia provocar a mesma reação a criacionistas ou membros da Flat Earth Society [Sociedade da Terra Plana]. Em tais lugares, a psicanálise permanece indiscutível e indisputável. Tornou-se "encerrada na caixa-preta", para usar um termo dos sociólogos da ciência, ou seja, foi aceita como dada, e é simplesmente inútil o ato de questioná-la.[54] A lenda freudiana e sua aceitação são expressões de encerramento bem-sucedido, da suposta vitória da psicanálise sobre teorias rivais. Ou melhor, são o próprio encerramento, que protege o conteúdo da caixa-preta ante qualquer indagação. Realmente, por que alguém iria querer reabri-la? Por que alguém desejaria, por exemplo, retomar velhas controvérsias que acompanharam a elaboração da teoria freudiana, quando todos sabem que ela triunfou de uma vez por todas sobre as "resistências à psicanálise", tal como Copérnico

---

52 Ricoeur, A philosophical interpretation of Freud. In: *The conflict of interpretations*, p.172.
53 Kuhn, *The Copernican revolution*, p.4.
54 Sobre a noção de "caixa-preta", ver o capítulo introdutório de Latour, *Science in action*.

e Darwin subjugaram os preconceitos irracionais que impediam o homem de enxergar a verdade?

> **Harold P. Blum e Bernard L. Pacella:** A esta altura, as proposições iniciais de Freud, as primeiras descobertas e os casos clínicos capitais não são mais vitais para a validação da formulação psicanalítica [...]. Freud é parte de nossa cultura, nossa maneira de compreender o desenvolvimento e o distúrbio da personalidade. Toda psicoterapia racional se apoia nos princípios psicanalíticos. A psicanálise provê um modo fundamental de explorar e compreender a Arte e a Literatura, a biografia e a História etc. Os conceitos de repressão, regressão, denegação, projeção e ato falho se tornaram parte de nossa linguagem.[55]

ABRINDO A CAIXA-PRETA

O sucesso da teoria é explicado por sua verdade, e, inversamente, sua verdade é legitimada por seu sucesso. O que temos aqui é um exemplo do que o sociólogo da ciência David Bloor cunha de exposição "assimétrica", ou seja, a que se vale da vitória em uma controvérsia científica para combater uma lacuna subjugada e se recusa a ouvir seus argumentos.[56] Quem daria uma atenção "simétrica" a pontos de vista que já foram condenados pelo tribunal da história?

É precisamente isso que historiadores, críticos e estudiosos da psicanálise vêm fazendo há várias décadas. Eles têm reaberto a caixa-preta da psicanálise e tentado compreender *como* a psicanálise triunfou sobre seus adversários, *como* para muitos conseguiu se estabelecer como a ciência da psique, sem conceder o título de antemão. Apesar de décadas de estudos relativizantes e contextuais, a história da ciência continua dominada pelo estudo das prestigiosas ciências exatas, que possuem uma posição relativamente segura na sociedade. As contestações da psicanálise oferecem uma janela única para certas ideias acerca da mente e das relações humanas passarem a ser tomadas como conhecimento instituído, e formaram as ideias aceitas por várias gerações.

A boa prática histórica é caracterizada pela atenção minuciosa aos contextos, pela supressão de ilusão retrospectiva e de todas as formas de presentismo. A esse respeito, historiadores contemporâneos estão necessariamente em conflito com a "história *Whig*", ou seja, a história escrita pela

---

55 Blum e Pancella, Exchange. In: Crews (Ed.), *The memory wars*, p.105.
56 Bloor, *Knowledge and social imagery*.

perspectiva do vencedor.⁵⁷ Trata-se de algo particularmente fundamental na história da ciência, em que sempre existe uma forte tentação a ler o passado pela perspectiva da situação atual da pesquisa científica, concebida como o desvelamento progressivo da verdade da Natureza, necessariamente atemporal. Por um bom tempo, a história da ciência foi escrita por cientistas, com toda a parcialidade que isso implica, ou por filósofos que procuravam entregar retrospectivamente o título de cientificidade aos vencedores. Desse modo, é fundamental que os historiadores resistam ao epistemocentrismo para serem, enfim, capazes de discorrer *historicamente* sobre as ciências, sob o risco de colidir com certezas dos próprios cientistas, ou, ainda, com pseudociências. Por essa perspectiva, o "princípio de simetria" de Bloor nada é além da aplicação nas ciências do princípio metodológico comum à boa prática histórica.⁵⁸

Encontram-se o mesmo problema e a mesma evolução na história da psicanálise. Foi iniciada pelo próprio Freud em 1914, no calor das dissensões e controvérsias que ameaçavam naufragar o movimento, e com intuito claramente polêmico. Subsequentemente, foi assumido por seguidores e simpatizantes, tais como Fritz Wittels, Siegfried Bernfeld, Ernest Jones, Marthe Robert, Max Schur, Ola Anderson e, mais próximo a nós, figuras como Peter Gay, Élisabeth Roudinesco e Joseph Schwartz. Quaisquer que sejam os respectivos méritos e a erudição por vezes considerável de suas obras, não é injusto apontar que sua historiografia permanece profundamente freudiana e não coloca em questão o esquema geral da narrativa proposta por seu fundador, até mesmo quando suas pesquisas os compelem a abandonar ou revisar este ou aquele elemento da lenda. Ainda que as revisões tenham se acumulado ao longo dos anos, elas foram muito frequentemente tratadas como meros retoques em detalhes que não modificam a lenda básica, e não como convites a reconsiderar a teoria freudiana. Ao contrário, a validade desta continua pressuposta, mesmo quando contradita pela História. Assim, foi necessário aguardar historiadores independentes das instituições psicanalíticas para que a teoria freudiana fosse contemplada pela primeira vez como uma construção problemática, carente de explicação, ao invés de um *a priori* intangível.

Reconhecidamente, a lenda freudiana já havia sido criticada, às vezes com ferocidade. Os adversários de Freud em seu tempo não deixaram de salientar a imprecisão e a parcialidade de suas autorrepresentações históricas,⁵⁹

---

57 *Whig*: nome do tradicional partido conservador britânico. (N.T.)
58 Para uma pertinente visão geral, ver Golinski, *Making natural knowledge*.
59 Ver, por exemplo, as correções de Jung, *Analytical psychology*, p.16; e Janet, *Les médications psychologiques*, v.2, p.215 e ss.

e houve uma série de histórias alternativas da Psicologia e da psicoterapia, tais como o admirável *Medicações psicológicas*, de Pierre Janet, em três volumes.[60] Mas essas versões antagônicas feitas por psicólogos defendiam, por sua vez, posições teóricas particulares e, no fim das contas, não eram menos tendenciosas e assimétricas que as de Freud.[61] Apenas os historiadores não partidários de alguma escola psicológica específica poderiam tentar fornecer relatos isentos dessas controvérsias, sem prejulgar os resultados e a respectiva validade das teorias em questão.

O primeiro a começar a corrigir essa situação foi o historiador de Psiquiatria Dinâmica, Henri Ellenberger.

> **Henri Ellenberger:** Conheci na Suíça dois pioneiros da psicanálise: o pastor Oskar Pfister, amigo de longa data de Freud, e Alphonse Maeder, que esteve intimamente ligado à história da psicanálise. Ambos me relataram muitos acontecimentos que protagonizaram ou testemunharam. Depois, quando Ernest Jones publicou sua biografia oficial de Freud, fiquei espantado com a disparidade dos relatos desses pioneiros [...]. No segundo volume de sua biografia, há um capítulo famoso que enumera as supostas perseguições que recaíram sobre alguns psicanalistas. Reuni uma lista de incidentes e verifiquei cada um deles por meio de fontes de primeira mão. Dos casos em que consegui reunir informações fidedignas, descobri que 80% dos fatos de Jones eram ou inteiramente falsos ou extremamente exagerados.[62]

Inspirado por este episódio, Ellenberger percebeu que a biografia de Jones não foi uma ocorrência isolada, mas que ela ilustrava, de modo mais amplo, a ausência impressionante de uma história da Psiquiatria digna do nome. Escrita pelos próprios protagonistas, a história da Psiquiatria foi muitas vezes apenas um fio de anedotas pessoais e rumores partidários destinados a promover esta escola ou aquela teoria. (Ellenberger deu o exemplo

---

60 Janet, *Les médications psychologiques*.
61 A seguir, propomos a reabertura das controvérsias que rodearam a Psicanálise desde o início. Não subscrevemos necessariamente às posições desenvolvidas por Freud, nem às suas críticas, às vezes tão problemáticas quanto aquelas. Encontrar pertinência nas críticas à Psicanálise por gente como Gustav Aschaffenburg, Eugen Bleuler, Alfred Hoche, August Forel, Pierre Janet, C. G. Jung, Emil Kraepelin ou William McDougall não implica necessariamente aceitar suas distintas posições sobre Psiquiatria, Psicologia e psicoterapia. Da mesma maneira, no contexto contemporâneo, criticar os psicanalistas não significa ser a favor dos medicamentos psicotrópicos ou contra a psicoterapia.
62 Ellenberger, Freud in perspective, *Psychology Today*, mar. 1973, p.54. Os cadernos desta pesquisa estão no Centro Henri Ellenberger, Hospital Sainte-Anne, Paris; ver também Ellenberger, *The discovery of the unconscious*, p.xiv.

da lenda construída ao redor de Pinel por seus discípulos e elevada à categoria de narrativa fundadora da Psiquiatria.)[63]

Para remediar a situação, Ellenberger seguiu várias regras metodológicas simples que enumerou no introito de sua obra monumental de 1970, *The discovery of the unconscious: the history and evolution of dynamic psychiatry* [A descoberta do inconsciente: a história e a evolução da Psiquiatria Dinâmica]. Por um lado, nunca aceitar nada como dado; verificar tudo (ainda que a irmã de Rorschach jure que os olhos deles são azuis, solicite seu passaporte). Sempre utilize documentos originais e, quando possível, testemunhas de primeira mão; leia textos em sua língua original; identifique os pacientes nesta observação ou naquele caso clínico; verifique os fatos discriminando-os impiedosamente de interpretações, rumores e lendas; por outro lado, resista ao teoricismo e aos iatrocentrismos dos psicanalistas, reinserindo suas teorias em seus múltiplos contextos biográficos, profissionais, intelectuais, econômicos, sociais e políticos, e levando em conta o papel representado em sua elaboração pelos próprios pacientes.[64]

Por essa perspectiva, a crítica desmitificadora, que é o aspecto mais frequentemente associado à obra de Ellenberger, não pode ser separada do gesto simétrico de contextualização, na medida em que é da natureza das lendas psiquiátricas apagar contextos históricos. Em suas notas inéditas sobre o problema das lendas psiquiátricas, Ellenberger salienta reiteradamente o elo entre esses dois aspectos de seu trabalho.

> **Ellenberger:** A lenda se torna propriedade de um grupo fechado, de uma escola, uma família (Nietzsche), de uma corporação e uma família (Pinel). Uma escola fechada (cf. os epicuristas). Seleção contínua de documentos: destruição, vigilância, difusão. O papel das editoras, dos editores, dos leitores. Depois, deformações relativas, por meio de mudança de perspectiva, do desaparecimento do contexto, o que torna ininteligível a obra do autor.[65]

Ellenberger notou que a lenda freudiana, nitidamente o maior alvo de *A descoberta do inconsciente*, volta-se essencialmente a dois temas: o do herói *solitário* superando obstáculos colocados em seu caminho por adversários maliciosos, e o da absoluta *originalidade* do fundador – duas maneiras de

---

63 Ellenberger, Methodology in writing the history of dynamic psychiatry. In: Mora, Brand (Eds.), *Psychiatry and its history*, p.27-8.
64 Ellenberger, La psychiatrie et son histoire inconnue, *L'Union médicale du Canada*, v.90, n.3, 1961.
65 *Lendas individuais: elementos*, notas datilografadas, Centro Henri Ellenberger, Hospital Sainte-Anne, Paris.

negar as amizades, as redes, as influências, os legados, as leituras e as dívidas intelectuais –, em suma, tudo o que ligaria Freud a sua era. O livro de Ellenberger, com 932 páginas e 2.611 notas de rodapé, é em si uma demonstração contundente do absurdo desta apresentação da psicanálise. Ellenberger desenterrou um século e meio de pesquisas conduzidas por centenas de magnetizadores, hipnotizadores, filósofos, romancistas, psicólogos e psiquiatras, sem os quais a psicanálise teria sido impensável. E por precaução, flanqueou o capítulo sobre Freud com três outros dedicados a seus grandes rivais, Janet (em primeiro), Jung e Adler, de modo a enfatizar que essa história da Psiquiatria dinâmica não começou nem terminou com a psicanálise, ao contrário do que alegavam as histórias contemporâneas teleologicamente tendenciosas de Gregory Zilboorg, Dieter Wyss ou Ilza Veith.[66]

> **Ellenberger:** A lenda atual [...] atribui a Freud muito do que pertence, notadamente, a Herbart, Fechner, Nietzsche, Meynert, Benedikt e Janet, e negligencia a obra de exploradores anteriores do inconsciente, do sonho e da patologia sexual. Muito do que é creditado a Freud era uma tradição difusa de então, e seu papel foi cristalizar essas ideias e dar-lhes uma forma original.[67]

Pelos cadernos não publicados e deixados por ele após a morte, fica claro que, no curso de sua pesquisa, Ellenberger se tornou extremamente crítico a respeito da psicanálise – mais do que se poderia imaginar a partir de seus escritos publicados.

> **Ellenberger:** Psicanálise, seria ela uma ciência? Ela não preenche as exigências (ciência unificada, domínio definido e metodologia). Ela corresponde aos traços de uma seita filosófica (organização fechada, iniciação altamente pessoal, uma doutrina variável mas definida por sua adoção oficial, culto e lenda do fundador).[68]

Encontra-se o mesmo projeto de contextualização da psicanálise na obra de Frank Sulloway, o segundo historiador, depois de Ellenberger, a

---

66 Zilboorg, *History of medical psychology;* Wyss, *Die tiefenpsychologischen Schulen von den Anfängen bis zur Gegenwart;* Veith, *Hysteria.*
67 Ellenberger, *The discovery of the unconscious,* p.548.
68 *As incertezas da Psicanálise,* notas datilografadas, Centro Henri Ellenberger, Hospital Saint-Anne, Paris. Ver também "Capítulo VII. A conclusão de Freud", notas manuscritas, *ibid:* "Que Freud tenha introduzido [...] o retorno do sistema da 'seita' antiga [...] a mais íntima das iniciações, sacrifícios consideráveis em dinheiro, doutrina comunitária, culto ao Fundador".

transformar radicalmente a maneira como concebemos a psicanálise. Freud alegou ser um novo Darwin, um "Darwin da mente". Sulloway propôs considerar esta legenda da maneira mais literal possível. Em seu livro com subtítulo ellenberguiano, *Freud, biologist of the mind: beyond the psychoanalytic legend* [Freud, biólogo da mente: para além da lenda psicanalítica], ele demonstrou de modo muito convincente como as principais "descobertas" estavam, na verdade, profundamente arraigadas às hipóteses e especulações biológicas de sua era darwiniana.[69] Por trás da libido, da sexualidade infantil, da perversidade polimorfa, das zonas erógenas, da bissexualidade, da regressão, do recalque primário, do assassinato do pai primordial, das fantasias originárias e da pulsão de morte, Sulloway desencavou as "teorias sexuais" esquecidas de Krafft-Ebing, Albert Moll e Haverlock Ellis, os amplos afrescos biogenéticos de Haeckel, as especulações sobre o biorritmo de Fliess e Darwin, ou ainda a teoria da transmissão de traços adquiridos de Lamarck. Ao fazê-lo, Sulloway reabilitou intelectualmente o amigo de Freud, confidente e colaborador Wilhelm Fliess, costumeiramente apresentado nas biografias de Freud como um paranoico perigoso e excêntrico, com teorias grandiosas e extravagantes. As teorias de Fliess não apenas eram perfeitamente plausíveis no contexto das especulações biogenéticas em voga, como também eram recebidas favoravelmente por um quantidade considerável de contemporâneos (a começar por Breuer). Assim, não há necessidade, como alguns propuseram, de imaginar uma transferência irracional da parte de Freud para o amigo numa tentativa de explicar por que ele o teria escolhido como um interlocutor privilegiado durante tantos anos: eles simplesmente partilhavam dos mesmos colegas, das mesmas ideias e das mesmas leituras.

> **Sulloway:** Não estou dizendo que Fliess fosse um grande cientista, mas apenas afirmando que o que fazia era razoavelmente plausível e radical ao mesmo tempo e, portanto, suscitava as próprias sensibilidades radicais de Freud. É evidente que os intelectos de Freud e de Fliess se estimulavam um bocado, e descobrir que este relacionamento poderia ser inserido no contexto do século XIX, época em tudo isso fazia sentido e assumia um ar respeitável, era algo muito divertido para fazer em termos da pesquisa envolvida.[70]

Assim como Ellenberger, a contextualização histórica de Sulloway colide com a lenda freudiana e, principalmente, com a ideia de que a psicanálise nasceu quando Freud abandonou as teorias neurofisiológicas e biológicas

---

69 Sulloway, *Freud, biologist of the mind.*
70 Entrevista com Frank J. Sulloway, Cambridge, 19 de novembro de 1994.

de sua época em proveito de uma ciência puramente psicológica, fundada na observação clínica e na autoanálise de seu fundador.

Sulloway: Como é possível, em uma autoanálise, não ser condicionado por todo conhecimento científico, leituras e evidências diversas que se reuniu de meia dúzia de outras disciplinas? Como impedir que aquelas relevantes fontes de informação influenciem sua autoanálise para determinada direção? Ao se descobrir na literatura que a criança é muito mais espontânea sexualmente do que você jamais imaginou, como não pôr isto a prova em sua própria autoanálise? Desse modo, você não deveria ficar muito surpreso se de repente desvelasse a lembrança de ter visto a mãe nua aos dois anos de idade. Se todo livro que lê está lhe dizendo isso, e você o descobre em sua própria vida, bem, grande novidade! É algo óbvio, nem ao menos profundo.

A autoanálise se tornou um agente causal da originalidade de Freud em sua sabedoria tradicional, mas não se trata de uma verdade. É como um experimento sem controle: as coisas que se passam na autoanálise obtêm crédito por todas as mudanças intelectuais geradas por Freud, mas tais coisas estão vindo de algum outro lugar. A autoanálise é uma das grandes anedotas lendárias da história da ciência, e, embora o próprio Freud não divulgasse este aspecto do mito, ele nada fazia para impedir que se disseminasse.[71]

Para Sulloway, a "lenda do herói" (na esteira de Joseph Campbell) elaborada por Freud e seus discípulos serviu basicamente a dois propósitos.[72] Por um lado, embora apresentasse a imagem de um Freud isolado, permitiu afirmar a radicalidade da nova ciência da mente enquanto se recuperava clandestinamente as contribuições de Darwin, Haeckel, Fliess, Krafft-Ebin, os sexólogos e outras personalidades. Por outro, e de modo mais profundo, ela protegia efetivamente a psicanálise das vicissitudes da pesquisa científica. Uma vez transformadas em descobertas psicológicas, as hipóteses evolutivas subjacentes à teoria psicanalítica poderiam ser preservadas a despeito de qualquer coisa, mesmo quando refutadas em suas áreas originárias. Desenraizada, a psicanálise se tornava uma disciplina à parte, isolada, e seus pressupostos fundadores estavam protegidos de refutações.

Freud: Minha posição, sem dúvida, torna-se mais difícil pela atitude atual da ciência biológica, que se recusa a dar ouvidos à herança de traços adquiridos

---

71 Ibid.
72 Campbell, *The hero of a thousand faces*.

por gerações sucessivas. Preciso, contudo, com toda modéstia confessar que não posso dispensar este fator na evolução biológica.[73]

Na esteira de Sulloway, a lenda freudiana não é um suplemento anedótico ou propagandístico da teoria psicanalítica (o que, em certa medida, Ellenberger dá a entender). Ao contrário, ela é a própria teoria. Questionar a lenda freudiana resulta no questionamento da própria psicanálise. Ellenberger, com sua prudência suíça, caracterizou a psicanálise como uma semiciência ("demiciência").[74] Sulloway, por sua vez, não hesita em descrever a psicanálise como uma pseudociência imune a críticas por uma máquina propagandística muito eficiente e pela desinformação histórica.

> **Sulloway:** Desde que escrevi este livro sobre Freud, passei a ver a psicanálise como uma espécie de tragédia, como uma disciplina que evoluiu de uma ciência muito promissora para uma pseudociência muito frustrante [...]. Quando comecei o livro, aproximei-me de Freud como a maioria das pessoas o faz, como se estivesse diante de uma das maiores mentes do século XX, alguém no mesmo nível de Copérnico e Darwin, conforme ele próprio indicara. Mas, quanto mais olhava para o desenvolvimento da psicanálise, mais a descobria apoiada em suposições antiquadas do século XIX que foram claramente refutadas pela redescoberta das leis genéticas de Mendel, pela contradição à teoria lamarckista pela Biologia evolutiva e pela rejeição de vários tipos de suposições fisiológicas helmholtzianas que foram cruciais ao pensamento de Freud acerca da histeria. Desse modo, ao chegar ao fim do livro, fui obrigado a admitir com certa relutância que Freud não foi o grande descobridor que eu – e outros – imaginávamos. Tornei-me, apesar de mim mesmo, um crítico não apenas da teoria psicanalítica, mas também do que via cada vez mais como o ato de construção de uma lenda histórica, com o intuito de impedir que este aspecto de Freud fosse amplamente reconhecido.[75]

GUERRAS DE FREUD

O aparecimento das obras de Ellenberger e Sulloway foi seguido de uma verdadeira avalanche de obras "revisionistas", uma mais crítica que a

---

73 Freud, Moses and monotheism, *SE* 23, p.139.
74 Ellenberger, Freud in perspective, *Psychology Today*, mar. 1973, p.56.
75 Entrevista com Frank J. Sulloway, Cambridge, 19 de novembro de 1994.

outra, da lenda freudiana.[76] Se em linhas gerais as obras de Ellenberger e Sulloway se concentraram na história intelectual, Paul Roazen lançou uma história social do movimento psicanalítico, pela condução de histórias orais, de forma não distinta da dos antropólogos da ciência, que procuraram estudar e circunscrever o que os cientistas realmente fazem em contraste com suas declarações púbicas acerca de seus trabalhos. Os entrevistados de Roazen apresentaram lembranças de Freud que eram radicalmente discrepantes da imagem de Freud preparada por seu biógrafo-discípulo, Ernest Jones. De maneira semelhante, Peter Swales embarcou em uma vasta e meticulosa investigação de arquivo, publicada de modo apenas parcial, que reconstruiu o mundo social e intelectual de Freud na Viena da virada do século e apresentou um relato abrangente das origens da psicanálise completamente distante da lenda freudiana. O filósofo Frank Cioffi mostrou que o episódio-chave da "teoria da sedução", proposta em público e depois abandonada em privado por Freud entre 1896 e 1897, não se desdobrou segundo os relatos subsequentes de Freud, desconstruindo efetivamente a versão oficial da descoberta do complexo de Édipo e das fantasias sexuais infantis inconscientes.[77]

Tais estudos revelaram em que medida as "observações" e casos clínicos de Freud foram às vezes seletivos, tendenciosos ou mesmo desonestos. Freud, ficamos sabendo, não hesitou em modificar ou ocultar este ou aquele elemento biográfico para adequá-lo a sua teoria,[78] em tomar liberdades com a cronologia[79] e a tradução[80] para preservar os relatos autoanalíticos como casos objetivos supostamente interpretados por meio de brilhante trabalho detetivesco,[81] ou em apresentar resultados terapêuticos imaginários enquanto proclamava a superioridade terapêutica da psicanálise sobre outras

---

76 Aparentemente, o termo foi usado pela primeira vez nos estudos de Freud por Sulloway, *Freud, biologist of the mind*, p.xvii. É importante não confundi-lo com o "revisionismo" no sentido marxista, e muito menos com o "revisionismo" dos refutadores do Holocausto.
77 Cioffi, Was Freud a liar?, *The Listener*, 7 fev. 1974; The cradle of neurosis, *Times Literary Supplement*, 6 jul. 1984. John Forrester, em *Linguagem e as origens da Psicanálise*, também revelou o hiato de mais de uma década entre os comentários de Freud acerca da importância da tragédia de Édipo e sua ascensão ao complexo nuclear das neuroses, o complexo de Édipo (neste meio tempo, tomou emprestado o termo "complexo" de Jung).
78 Lothane, Schreber, Freud, Flechsig, and Weber revisited, *Psychoanalytic Review*, v.76, n.2, p.215; Spector, *The aesthetics of Freud*, p.58.
79 Mahony, *Freud and the rat man*, p.69, 81, 215; *Freud's Dora*, p.8-9, 55-6, 139-40; Anthony Stadlen, apud Macmillan, *Freud evaluated*, p.640.
80 Israëls e Schatzman, The seduction theory, *History of Psychiatry*, v.4, p.23-59; Mahony, A psychoanalytic translation of Freud. In: Ornston (Ed.), *Translating Freud*, p.24-47.
81 Bernfeld, An unknown autobiographical fragment by Freud, *American Imago*, v.4, n.1, p.3-19; Swales, Freud, Minna Bernays, and the conquest of Rome, *New American Review*, v.1, n.2-3, p.1-23; Skues, The first casualty, *History of Psychiatry*, v.9, n.2, p.151-77.

formas de psicoterapia. Não há evidências, por exemplo, de que "Anna O." tenha chegado a curar-se com Breuer,[82] assim como "Emmy von N.",[83] "Cäcilie M.",[84] "Elisabeth von R."[85] ou o "Homem dos Lobos" por Freud.[86] Não se poderia afirmar que outros pacientes, ignorados ou mencionados anonimamente, tenham saído melhores de suas análises, tais como Emma Eckstein,[87] Elise Gomperz,[88] Elfriede Hirschfeld,[89] Anna Freud,[90] "A. B."[91] ou o desafortunado Horace Frink.[92] Inversamente, alguns estudiosos conjecturaram que "Katharina" e "Dora" jamais estiveram doentes, para começar.[93]

O efeito mais imediato deste novo conhecimento sobre Freud foi a reabertura da polêmica em torno da psicanálise, a qual a dominação da lenda freudiana em certos quartéis havia congelado durante mais de meio século. O inconsciente, a sexualidade infantil, o complexo de Édipo, a repressão, a transferência, todas essas noções tomadas como certas tornaram-se temas-chave amargamente debatidos. Irrompiam as "guerras de Freud". As capas dos jornais estampavam: "Freud está morto?".[94] Obras foram publicadas com títulos como *Why Freud was wrong* [Por que Freud errou],[95] *The Freud case: the birth of psychoanalysis from the lie* [O caso Freud: o nascimento da psicanálise a partir da mentira],[96] *Dispatches from the Freud Wars* [Despachos das Guerras de Freud][97] ou *The black book of psychoanalysis* [O livro negro da psicanálise],[98] e

---

82 Ellenberger, The story of "Anna O.", *Journal of the History of the Behavioral Sciences*, v.8, n.3, p.267-79; Hirschmüller, *The life and work of Josef Breuer*; Borch-Jacobsen, *Remembering Anna O.*
83 Ellenberger, L'histoire d'"Emmy von N.", *L'évolution psychiatrique*, v.42, n.3, p.519-40.
84 Swales, Freud, his teacher and the birth of psychoanalysis. In: Stepansky (Ed.). *Freud. Appraisals and Reappraisals*, v.1.
85 Swales, *Freud's immaculate conception*; ver também o *Memorandum for the Sigmund Freud Arquives*, elaborado pela filha da paciente, Acervo Sigmund Freud, Divisão de Manuscritos, Biblioteca do Congresso, Washington, D.C.
86 Obholzer, *The wolf-man*.
87 Masson, *The assault on truth*, p.241-58.
88 Vogel, The case of Elise Gomperz, *American Journal of Psychoanalysis*, v.46, n.3, p.230-8.
89 Falzeder, My grand-patient, my chief tormentor, *Psychoanalytic Quarterly*, v.63, p.297-331.
90 Mahony, Freud as family therapist. In: Gelfand (Eds.), *Freud and the history of psychoanalysis*, p.307-17.
91 Lynn, Freud's analysis of A.B., a psychotic man, 1925-1930, *Journal of the American Academy of Psychoanalysis*, v.21, n.1, p.63-78.
92 Edmunds, His master's choice, *The Johns Hopkins Magazine*, abr. 1988, p.40-9.
93 Sobre "Katharina", ver Swales, Freud, Katharina, and the first "wild analysis". In: Stepansky (Ed.), *Freud*, v.3, p.81-164; sobre "Dora", ver Stadlen, Was Dora "Ill"?. In: Spurling (Ed.), *Sigmund Freud*.
94 *Time*, 29 de novembro de 1993.
95 Webster, *Why Freud was wrong*.
96 Israëls, *Der Fall Freud*.
97 Forrester, *Dispatches from the Freud Wars*.
98 Meyer, *Le livre noir de la psychanalyse*.

artigos sobre Freud em revistas provocavam regularmente uma avalanche de cartas indignadas de protestos do campo adversário, seguidas de respostas.[99]

Os freudianos retiraram o pó de sobre os velhos argumentos que outrora funcionaram tão bem (a patologização dos adversários, a imputação da "resistência à psicanálise", o puritanismo, o antissemitismo) e inventaram outros, mais adaptados à nova situação: alegações do suposto "progresso" da psicanálise desde Freud que tornavam ultrapassadas todas as críticas, críticas do suposto "cientificismo" e da "credulidade positivista" dos historiadores de Freud, sem deixar de mencionar a réplica incontestável: "A revolta interminável contra Freud confirma a potência de suas teorias".[100]

> **Janet Malcolm:** O livro de Roazen [*Brother animal*] é trivial e fraco. Sua erudição, como a de muitas obras de história *pop*, não resiste a qualquer tipo de escrutínio.[101]
>
> **Kurt Eissler:** Quando Roazen escreve [...] sou obrigado a remeter o leitor aos comentários de Freud sobre as autorrevelações de Daniel Paul Schreber.[102]
>
> **René Major (a respeito de Mikkel Borch-Jacobsen):** Se ele se agarra ao arquivo e crê que este não possui uma exterioridade que permita lê-lo, ou o impeça de se "anarquivar" a si mesmo, ele é vítima das convulsões espasmódicas dignas do Grande Mal. O Grande Mal do arquivo. Essa doença também é de natureza sexual.[103]
>
> **Yosef Hayim Yerushalmi:** As ofensivas à psicanálise se confundiram com ataques à integridade pessoal de Freud, atingindo um grau de difamação sem precedentes.[104]

Já os novos historiadores denunciaram a dominação freudiana na mídia, as campanhas da imprensa contra dissidentes e as restrições aos arquivos freudianos. Como é possível que tantos documentos depositados em instituições públicas, como a Biblioteca do Congresso em Washington, tenham se

---

99 O exemplo mais espantoso é a troca que se seguiu à publicação de uma série de artigos de Frederick Crews sobre Freud em *The New York Review of Books*, reunida em Crews, *The Memory Wars*.
100 Smith, Freud may be dead, but his critics still kick, *The New York Times*, 10 dez. 1995.
101 Malcolm, *In the Freud archives*, p.7.
102 Eissler, *Talent and genius*, p.91-2; alusão ao diagnóstico que Freud fez de Daniel Paul Schreber, como paranoide, com base em seu *Memórias de um doente dos nervos*.
103 Major, *Au commencement*, p.76.
104 Yerushalmi, Série Z, *Le Débat*, v.92, p.144.

tornado oficialmente inacessíveis aos pesquisadores, chegando a proibição de alguns documentos até 2113 (e ainda com limites)? E por que essas restrições de acesso, aplicadas implacavelmente a pesquisadores independentes, de repente se ergueram também a quem participava do movimento psicanalítico?

Em 1994, foi anunciada uma grande exposição sob auspícios dos Arquivos Freud e da Biblioteca do Congresso em Washington. Nenhum dos novos estudiosos de Freud figurou no comitê de organização. Em protesto, 42 deles (incluindo os autores deste livro) enviaram uma carta aberta à Biblioteca do Congresso para expressar seu desejo de que a exposição refletisse "o presente estado da pesquisa sobre Freud" e solicitaram que um representante de suas perspectivas integrasse o comitê organizador.[105] A solicitação não foi atendida. E então, parece que por razões totalmente diversas, a Biblioteca do Congresso anunciou que a exposição seria postergada para que os organizadores pudessem angariar os fundos necessários. Isso alimentou a polêmica. A carta, que em outras circunstâncias desapareceria sem vestígios, foi considerada a responsável pelo adiamento. Os organizadores atribuíram a decisão da Biblioteca às pressões midiáticas e políticas dos peticionários e protestaram alegando que estavam defendendo a "liberdade de expressão". A notícia foi imediatamente veiculada na imprensa internacional: uma vez mais, Freud era alvo de censura! A contrapetição foi organizada na França por Élisabeth Roudinesco e Philippe Garnier, reunindo mais de 180 assinaturas, algumas das quais prestigiosas, para denunciar a "chantagem do medo", as "manifestações puritanas", a "caça às bruxas" e a "ditadura de vários intelectuais convertidos em inquisidores". Os tais inquisidores replicaram por meio de uma nota à imprensa, lida por poucos, na qual protestavam contra a manipulação da mídia por seus adversários.[106] A esta altura, a Biblioteca do Congresso anunciou que os organizadores tinham reunido os fundos necessários para realizar a exposição e que ela se daria como proposta inicialmente. Nesse meio-tempo, foi deflagrada a última guerra de Freud.[107] Mais uma vez, historiadores e críticos foram desvirtuados e caluniados, e a imprensa manipulou para apresentar uma imagem heroica de uma combatida ciência revolucionária da psicanálise.[108]

Este livro trata das guerras de Freud, antigas e novas. Reabre as controvérsias que envolveram o princípio da psicanálise e revela o que podemos

---

105 Disponível online em http://users.rcn.com/brill/swales.html.
106 Disponível online em www.zetetique.fr/index.php/dossiers/94-critique-psychanalyse.
107 A França testemunhou não menos que duas outras *guerres des psys* na ocasião da publicação de Meyer, *The black book of psychoanalysis*, e Onfray, *Le crépuscule d'une idole*.
108 Para mais informações sobre este cômico episódio, ver Borch-Jacobsen e Shamdasani, Une visite aux Archives Freud. In: Borch-Jacobsen, *Folies à plusiers*.

aprender com elas acerca do destino de uma outrora sofisticada pretensa ciência. É espantoso observar a que ponto as polêmicas contemporâneas em torno da psicanálise repetem, de um modo quase sonâmbulo, aquelas que se deram no início do século XX. É sabido que, desde 1906, as teorias de Freud foram sujeitas a uma feroz discussão internacional, da qual participaram as principais figuras contemporâneas da Psiquiatria e da Psicologia: Pierre Janet, Emil Kraepelin, William Stern, Eugen Bleuler, Gustav Auschaffenburg, Alfred Hoche, Morton Prince e muitos outros. O que poucos sabem é que essa controvérsia encontrou seu termo na derrota da psicanálise no congresso da associação alemã de psiquiatria, realizada em Breslau no ano de 1913, em que muitos palestrantes se ergueram para denunciar a psicanálise de maneira inequívoca. A razão dessa "amnésia induzida" é o fato de que Freud e seus seguidores agiram como se a discussão houvesse terminado a seu favor. O apólogo dos três golpes com o qual começamos ilustra isso perfeitamente: o que é de amplo conhecimento acerca dos adversários de Freud é que eram motivados por resistências irracionais, tanto quanto pela repressão sexual, e que foram definitivamente relegados ao ferro-velho da pré-história da ciência, assim como os adversários de Darwin e Copérnico. Consequentemente, sabemos pouco das objeções que fizeram à psicanálise, e tampouco sabemos como Freud as venceu. Como veremos, isso se deu por um bom motivo, dado que se poderá perguntar se em algum momento chegaram a ser vencidas. Quando se insere a "vitória" de Freud sobre os adversários em seu contexto histórico, observa-se que ela foi imaginária e que depende de uma alucinação negativa em relação às críticas da psicanálise.

Propomos, portanto, a reabertura dos arquivos dessas críticas e das velhas controvérsias, consignadas por tempo demais no sótão "pré-psicanalítico", e a reencenação dos debates. Depois de se soprar a poeira que cobria tais arquivos, estes mostram-se em surpreendente discordância com a opinião recebida, o que explica por que alguns foram tão cuidadosamente censurados, ou classificados como "secretos" pelos guardiões dos Arquivos Freud. Diante da enorme dificuldade de obtenção de grande parte desse material, optamos deliberadamente por citar excertos *in extenso*, permitindo que os atores históricos falem por si e criando um texto polifônico, ao invés de filtrá-los em paráfrases. Reunidos, mostram uma história que tem muito pouco em comum com o que se encontra nas obras de Freud e de seus biógrafos, e que foi tomado como fato por tanto tempo. Essa história, como veremos, demonstra o extraordinário aparato por meio do qual a pretensa ciência da psicanálise se instalou nas sociedades contemporâneas. Além da psicanálise, tem-se acesso à história da constituição das ciências psicológicas modernas e das psicoterapias e de como moldaram as ideias que temos de nós mesmos, e como estas se solidificaram em "fatos" irrefutáveis.

– 1 –

CIÊNCIA PRIVATIZANTE

Creio que um dos grandes laços entre nós seja nosso sentimento para com a ciência e pelo que a ciência realmente significa. Não estou bem certo de que Freud *sempre* tivesse plena consciência disso.

(Ernest Jones a Marie Bonaparte, 2 de julho de 1954)[1]

Por que as atuais polêmicas giram em torno da *história* da psicanálise e da maneira como foi redigida? Por que a veemência de ambas as partes? Por que uma "guerra"? Afinal, as críticas filosóficas, epistemológicas e políticas da psicanálise nunca suscitaram tal paixão. A psicanálise foi reprovada por Karl Jaspers, por confundir a compreensão hermenêutica (*Verstehen*) e a explicação (*Erklären*) das Ciências Naturais; por Jean-Paul Sartre, por confundir repressão e "má-fé"; por Ludwig Wittgenstein, por confundir causas e razões; por Karl Popper, por evitar toda falsificação científica; por Adolf Grünbaum, por propor uma validação clínica epistemologicamente inconsistente; e por Michel Foucault, por produzir sexualidade sob o disfarce de seu desvelamento. Nada disso afetou os psicanalistas. Mesmo as provocações e a violência retórica magnífica do *Anti-Édipo* de Gilles Deleuze e Félix

---

[1] Acervo Marie Bonaparte, Divisão de Manuscritos, Biblioteca do Congresso, Washington, D.C.

Guattari não os levaram a perder a compostura. Ao contrário, é como se os defensores da psicanálise não fossem perturbados por tais debates porque isso legitimava sua disciplina, permitindo que os adeptos escapassem ilesos, entrincheirados na esfera privada da clínica psicanalítica. Quanto mais se discute Freud, costuma-se dizer, mais se confirma sua relevância.

Então por que essa súbita susceptibilidade acerca dos detalhes históricos, alguns dos quais aparentemente muito triviais à primeira vista? Por que é tão importante para a psicanálise manter a versão dos eventos dada por Freud e seus biógrafos autorizados? Seria simplesmente uma questão de debate entre especialistas, uma controvérsia entre historiadores, como costumamos ver? Neste caso, não, pois a disputa aqui não é apenas entre facções de historiadores ou entre modos de interpretar o registro histórico. Mais profundamente, ela opõe os historiadores a uma versão radicalmente desistoricizada da psicanálise, disfarçada de "história da psicanálise". Sob esta perspectiva, abundam semelhanças entre as "guerras de Freud" e as "guerras da ciência", que ardem em outra dimensão e atiram historiadores, sociólogos e antropólogos da ciência, de um lado, contra ideólogos cientistas, de outro. Em ambos os casos, o que está em jogo é a historicização e, consequentemente, a relativização dos "fatos", descobertas" e "verdades" comumente apresentados como atemporais e universais e protegidos das variações e contingências da História (é de pouca importância aqui se a psicanálise se vislumbra ou não como ciência, visto que mesmo assim se apresenta como uma teoria universal, uma ontologia geral válida para todos). Esses debates não são externos à ciência ou à teoria, porque têm ligação com sua própria demarcação: pode-se ou deve-se separar a ciência ou a teoria de sua história? Para utilizar a famosa distinção mertoniana, pode-se separar o que é "interno" do que é "externo"?[2] Pode-se, como Reichenbach postula, traçar um limite entre o contexto da descoberta (o relato anedótico da emergência dos conceitos) e o contexto da justificativa (o trabalho de demonstração propriamente científico)? É a recusa dessas demarcações pelos novos historiadores da ciência e da psicanálise que gerou tanto escândalo, pois coloca em questão a pretensão dessa ou daquela disciplina à cientificidade e à hegemonia teorética.

Contudo, a comparação entre as "guerras de Freud" e as "guerras da ciência" termina exatamente aqui. Mesmo que alguns cientistas se sintam atacados em suas convicções mais íntimas pela historicização da ciência pra-

---

[2] Sobre a diferença entre a antiga sociologia da ciência de Robert K. Mertonand e os novos estudos científicos: Callon e Latour, *La science telle qu'elle se fait*, p.13-14; Latour, *Science in action*, p.387-92; Golinski, *Making natural knowledge*, p.48-55.

ticada pelos "estudos científicos", os realmente ameaçados por ela são raros. Pelo contrário, muitos cientistas não se importam em abrir seus cadernos e laboratórios para os historiadores e antropólogos quando solicitados, e alguns não hesitam em aceitar como são retratados, mesmo que retirem conclusões diferentes daquelas de seus observadores.[3] É um sinal de que se sentem suficientemente fortes para suportar o teste de investigação histórica e antropológica. O mesmo não ocorre com a psicanálise, em que as intrusões de historiadores dentro do "laboratório" freudiano são geralmente tomadas como transgressões inaceitáveis que devem ser denunciadas. Para uma disciplina vinculada ao passado, a psicanálise é estranhamente alérgica a sua própria história, e por um bom motivo: pois precisamente aí é que ela se faz vulnerável.

> **Isabelle Stengers:** [Os círculos psicanalíticos] procuraram – com grande sucesso até hoje – ocupar o domínio do presente indefinitivamente e impedir aos historiadores o acesso a documentos e arquivos. Tudo se dá como se o que aconteceu a Freud cem anos atrás ainda seguisse tão confidencial e privado, que justificasse o sequestramento de arquivos, a censura de correspondências e a obstrução à busca de historiadores fazendo seu trabalho. É de se acreditar que os segredos da psicanálise são mais pesados que aqueles da Diplomacia ou da História Internacional. Sabe-se hoje que Churchill preferiu que Coventry fosse bombardeada a ter de revelar aos alemães que os britânicos tinham decifrado seu código. Mas ainda não se pode ter acesso a esta ou aquela correspondência com Freud que pudesse nos informar acerca de um ou outro detalhe de sua vida privada! Parece haver algo ali tão explosivo, que sequer se possa sonhar em divulgar. É um total disparate. No que concerne a mim, vejo um sinal de que a psicanálise não conseguiu adotar o regime normal de produção científica. Em contraste com as ciências, a psicanálise é vulnerável a seu passado.[4]

"A PSICANÁLISE É CRIAÇÃO MINHA"

O sentido exato dessa vulnerabilidade ainda está por ser compreendido. Será apenas uma questão de segredos "demasiado humanos" da biografia de seu fundador, que seriam fatores meramente externos à teoria? Freud,

---

[3] Ver prefácio de Jonas Salk (que desenvolveu a vacina contra a poliomielite) à inquirição de Latour em seu laboratório (Latour e Woolgar, *Laboratory life*, p.11-14). Para um exemplo de cientista que integrou estudos científicos a seu trabalho, ver Rose, *The making of memory*.
[4] Entrevista com Isabelle Stengers e Didier Gille. *Linkebeek*, 25 de agosto de 1993.

como seus biógrafos invariavelmente apontam, não gostava de biógrafos e fazia tudo para dificultar suas tarefas.⁵ Ao menos em duas ocasiões, em 1885 e em 1907, ele destruiu a maioria de seus apontamentos, diários íntimos e documentos pessoais, verdadeiros holocaustos nos quais correspondências tão preciosas para a compreensão das origens da psicanálise – como as que manteve com Bernheim, Breuer, Fliess, Auguste Forel, Havelock Ellis e Leopold Löwenfeld – provavelmente pereceram. O mesmo ocorreu em 1938,⁶ e mais uma vez em 1939,⁷ e sabe-se que teria destruído suas cartas a Wilhelm Fliess não fosse a recusa de Marie Bonaparte, que havia adquirido essa correspondência com a condição expressa de que ele não retomaria sua posse.

> **Freud a Marie Bonaparte, 3 de janeiro de 1937:** O tema da correspondência com Fliess afetou-me profundamente [...]. Nossa correspondência era a mais íntima que se pode imaginar. Seria altamente embaraçoso se caísse nas mãos de estranhos. [...] Não quero que nenhuma de suas partes seja conhecida pela dita posteridade.⁸

> **Diário de Marie Bonaparte, anotação em 24 de novembro de 1937:** Mas quando, depois, no final de fevereiro ou início de março de 1937, vi [Freud] em Viena e ele me disse que queria que as cartas fossem queimadas, recusei-me. [...] Um dia ele me contou: "Espero convencê-la a destruí-las".⁹

> **Freud a Martha Bernays, 28 de abril de 1885:** Uma intenção que na realidade quase concluí, uma intenção pela qual muitas pessoas desafortunadas e ainda não nascidas irão lastimar um dia. Já que você não irá adivinhar a que tipo de pessoas estou me referindo, direi de uma vez: meus biógrafos. Destruí todas as minhas notas dos últimos catorze anos, assim como cartas, excertos científicos e os manuscritos de meus artigos. [...] Quanto aos biógrafos, que se preocupem, não temos vontade de facilitar demais para eles. Cada qual terá

---

5 Mijolla, Freud, la biographie, son autobiographie et ses biographes, *Revue internationale d'histoire de la psychanalyse*, 1993, p.81-108.
6 Gay, *Freud*, p.xv: "Nos últimos anos, Freud repetiu este gesto destrutivo mais de uma vez, e na primavera de 1938, preparando-se para deixar a Áustria rumo à Inglaterra, jogou fora materiais que uma atenta Anna Freud, estimulada pela princesa Marie Bonaparte, resgatou da cesta de lixo".
7 Wilkinson, Seção "History of science/Psychoanalytic collections", *Library of Congress Acquisitions, Manuscript Division*, p.27: "Freud desejara que seus papéis fossem destruídos, mas a viúva, Martha, simplesmente não pôde cumprir com este pedido. Antes de sua própria morte, deixou a tarefa para Anna [Freud], e a filha foi igualmente incapaz de efetivar o sumiço de materiais tão valiosos".
8 Citado por Jeffrey Masson em Freud, *SE* 1, p.9.
9 Ibid.

razão em sua opinião do "Desenvolvimento do Herói", e já tenho curiosidade em vê-los se perderem.[10]

Freud a seu "biógrafo não solicitado" Fritz Wittels, 18 de dezembro de 1923:[11] Desnecessário dizer, eu jamais teria desejado ou promovido tal livro [Wittels, 1924]. Parece-me que o mundo não tem reivindicações à minha pessoa e que não aprenderá nada comigo, na medida em que meu caso (por inúmeras razões) não poderá ser inteiramente transparente.[12]

Nada mais justo, se poderia dizer. Ninguém gosta de alguém inspecionando sua vida privada. Quem criticaria Freud por querer resistir à indiscreta curiosidade dos biógrafos e historiadores? Com Freud, contudo, tal reserva (tal censura) juntava-se a uma muito ativa e altamente pública escrita autobiográfica, que, além do mais, ele fundiu à apresentação da própria teoria psicanalítica. Sob esse ponto de vista, não se pode reduzir a manipulação de Freud de sua biografia a um simples caso privado, sem consequências para a psicanálise. A apresentação da teoria era intimamente ligada à autoapresentação do fundador, e o que afeta uma afetará, inevitavelmente, a outra.

Freud: *História.* – A melhor maneira de compreender a psicanálise ainda é remontar suas origens e desenvolvimento.[13]

Foi logo no início, desde a primeira apresentação sinóptica da psicanálise, em *Cinco conferências sobre psicanálise*, apresentadas na conferência de Clark em 1909, que Freud começou a apresentar sua doutrina sob a forma de uma narrativa autobiográfica. Ainda que a primeira sentença atribuísse a paternidade da psicanálise a Josef Breuer, o restante do texto refazia a própria evolução de Freud, do abandono da hipnose catártica à aplicação da psicanálise ao problema da criação artística, passando pelas descobertas sucessivas da repressão, pelo significado dos sonhos e pela sexualidade infantil. Esse modo de exposição autobiográfica só ganhou força em sua *História do movimento psicanalítico* e em *Uma breve descrição da psicanálise* e culminou em seu *Estudo autobiográfico*, que fora solicitado por L. R. Grote para o quarto volume de *Die Medizin der Gegenwart in Selbstdarstellungen* [A Medicina dos dias de hoje em autobiografias].

---

10 Freud, *Letters of Sigmund Freud*, p.140-1.
11 Freud, *The interpretation of dreams*, n.1, p.214.
12 Freud, *Letters of Sigmund Freud*, p.346.
13 Freud, Two encyclopedia articles, *SE 18*, p.235.

Freud: Já publiquei artigos, mais de uma vez, com a mesma linha que este, artigos que, pela natureza do tema, lidaram com mais considerações pessoais do que seria comum ou necessário. [...] Como não posso me contradizer e como não desejo me repetir, devo empenhar-me em construir uma narrativa na qual atitudes subjetivas e objetivas, interesses biográficos e históricos se combinem numa nova proporção.[14]

Mas por que, podemos perguntar, a "natureza do tema" exige tanta ênfase nas "considerações pessoais"? Ficamos tão acostumados a essa apresentação autobiográfica da psicanálise, que não mais reparamos na estranheza da declaração. Afinal, por que deveria haver um elo intrínseco entre a psicanálise e a pessoa de Freud?

Não é tanto a forma autobiográfica que se configura no problema, pois Freud não foi o primeiro pioneiro na Psicologia e na psicoterapia a adotá-la – pode-se pensar nas memórias de Wundt, Stanley Hall, Auguste Forel, Emil Kraepelin, Albert Moll, Havelock Ellis e, depois, Jung.[15] Também houve, a partir da década de 1930, um sistemático acervo de relatos autobiográficos das principais figuras da Psicologia, tais como Pierre Janet, William McDougall, James Mark Baldwin, J. B. Watson, William Stern, Édouard Claparède, Jean Piaget e Kurt Goldstein. Basta examinar os volumes da monumental *História da psicologia em autobiografia*,[16] inicialmente publicada sob a organização de Carl Murchison, para ver que uma série de autobiografias dos contemporâneos de Freud não foram menos "subjetivas", tendenciosas e lacunares que a dele.[17] Particularmente a de Watson não deve nada à de Freud em termos de invectivas agressivas.

John Broadus Watson: A Guerra exerceu uma devastação em meu trabalho. [...] Retornei a Washington e fui transferido para o Corpo Médico da Aeronáutica, para trabalhar, sob o comando do coronel Crabtree, sobre privação de oxigênio. Trabalhei alguns dias de maneira insatisfatória, e tive problemas porque minha própria unidade me pediu para escrever-lhes, diretamente, e não pelos canais militares, meu parecer sobre o famoso "Teste de Rotação".

---

14 Freud, An autobiographical study, SE 20, p.7.
15 Wundt, *Erlebtes und Erkanntes*; Hall, *Life and confessions of a psychologist*; Forel, *Rückblick auf mein Leben*; Moll, *Ein Leben als Arzt der Seele*; Ellis, *My life*; Jung, *Memórias, sonhos, reflexões*; sobre o caráter duvidoso das "memórias" de Jung registradas e editadas por Aniela Jaffé, ver Elms, *Uncovering lives*; Shamdasani, *Memories, dreams, omissons* e *Jung stripped bare by his biographers, even*.
16 Murchison, *A history of psychology in autobiography*, 5v.
17 Ver o desmantelamento do ensaio biográfico de Piaget por Vidal, *Piaget before Piaget*.

Quase fui levado à corte marcial por causa disso. Fui devolvido pelo coronel Crabtree à Aeronáutica com o comentário de que "não seja permitido servir seu país com sua capacidade científica, mas que seja enviado para o *front*"; em outras palavras, o desejo implicado era que eu fosse morto rapidamente. [...] A experiência toda no Exército foi um pesadelo para mim. Jamais vira um grupo tão incompetente, tão extravagante de homens prepotentes e inferiores. Colocavam uniforme em um negro![18]

Contudo, nenhum dos contemporâneos de Freud parece haver relacionado suas teorias à própria pessoa, e por um bom motivo: isso implicaria colocar em dúvida a objetividade da teoria, torná-la uma expressão da subjetividade do teorizador.[19] Por contraste, Freud nunca deixou de afirmar o caráter objetivo *e* subjetivo, universal *e* local, da teoria psicanalítica.

Freud: Ninguém precisará se surpreender com o caráter subjetivo da contribuição que proponho realizar aqui à história do movimento psicanalítico, nem se espantar com minha participação nela. Pois a psicanálise é criação minha. [...] Considero justo sustentar que até hoje ninguém sabe o que é a psicanálise melhor do que eu, como ela se diferencia de outras formas de investigação da vida psíquica, e precisamente o que deveria ser chamado de psicanálise e o que seria melhor descrito por outro nome.[20]

Freud, acerca de Jung e da escola de Zurique: Eles não estão dispostos a abrir mão de sua ligação com a psicanálise – pois foram reconhecidos mundialmente como seus representantes – e preferem afirmar que a psicanálise mudou. No congresso de Munique, achei necessário aclarar essa confusão, e o fiz declarando que não reconhecia as inovações dos suíços como continuidades e desenvolvimentos legítimos da psicanálise que se originou comigo.[21]

Aqui, Freud inscreve a psicanálise em uma descendência patrilinear: o que não é de sua linhagem, o que não descende diretamente dele, o pai da psicanálise, não deve portar o nome de psicanálise. Mas, se a psicanálise é freudiana, isso de modo algum deve ser compreendido tal qual se fala de Física "newtoniana" ou de Medicina "pasteuriana". Seja quais tenham sido os papéis históricos de Newton ou Pasteur nas teorias que carregam seus nomes, a subjetividade e a personalidade não têm função nas próprias

---
18 Murchison, *A history of psychology in autobiography*, v.3, p.277-8.
19 Sobre esta questão, ver Shamdasani, *Jung and the making of modern history*, seção 1.
20 Freud, On the history of the psycho-analytic movement, *SE 14*, p.7.
21 Ibid., p.60.

teorias ou nos debates e controvérsias que suscitam. Que tenha sido Isaac Newton ou outra pessoa a formular as leis veiculadas em *Principia*, isso não importa para o físico que se propõe a testá-las, ampliá-las ou contestá-las. O movimento das ciências modernas, na medida em que apresentam teorias ou ontologias gerais capazes de criar um consenso universal, é ligado ao que Merton chamou de "comunismo" científico, isto é, a rejeição da ideia de propriedade privada de conhecimentos. A crítica ao argumento de autoridade, compreendido pela perspectiva racionalista de Descartes ou pela perspectiva empirista de Boyle, é a mesma: deve-se invocar sempre uma "ideia clara e distinta" ou "prosaica" cuja evidência convença a todos e possa ser repetida por qualquer um, independentemente da pessoa do estudioso. Para os modernos, o conhecimento só é legítimo quando é impessoal o suficiente para que todos possam concordar com ele, ou, em outras palavras, quando não pertence a ninguém em particular. Como apontou Steven Shapin, ampliando os trabalhos de Niklas Luhmann e Anthony Giddens,[22] uma das características mais críticas da "revolução científica" em curso no século XVII foi o abandono progressivo da confiança depositada no testemunho individual de pessoas consideradas portadoras de integridade e virtude, em favor de instituições neutras e anônimas, fundadas em mecanismos de verificação transindividual e na autorregulação.

> **Steven Shapin:** A modernidade garante o conhecimento não recorrendo à virtude, mas à perícia. Quando confiamos – "temos fé" – em sistemas modernos de tecnologia e conhecimento, nossa fé é hoje amplamente depositada não no caráter moral dos indivíduos em questão, mas na competência genuína atribuída às instituições. A competência de indivíduos é considerada em si como sancionada pelas instituições que representam e que são as fontes primárias dessa competência.[23]

Em contrapartida, Freud parece retornar a uma posição pré-moderna quando insiste nas qualidades morais que lhe permitem, sozinho, revelar o que permaneceu oculto até então a todos os outros mortais. De fato, se a "natureza da psicanálise" e Freud são tão inseparáveis, é porque não bastou topar com o inconsciente para "descobri-lo". Coragem e um coração firme

---

22 Luhmann, *Trust and power*; Giddens, *Consequences of modernity*, p.26-36 em especial.
23 Shapin, *A social history of truth*, p.412. O próprio Shapin complica-se ao revelar que os métodos de verificação dos experimentalistas ingleses do século XVII estavam arraigados à cultura do cavalheirismo de sua época e, também, que, na atualidade, o *status* pessoal continua a ter um papel dentro das redes e núcleos especializados de cientistas trabalhando em determinada área.

foram necessários para se conseguir confrontar a verdade crua da sexualidade e as inumeráveis resistências que ela suscitava. Apenas um homem sem medo e irrepreensível poderia enfrentar tarefa tão ousada, a saber, Freud.

> **Freud a Marie Bonaparte, 16 de dezembro de 1927:** Se você tivesse conhecido Breuer, era um grande intelectual, com um intelecto bem superior ao meu. Eu possuía apenas uma coisa: coragem para enfrentar a maioria, confiança em mim mesmo.[24]

> **Freud:** Tratei minhas descobertas como contribuições ordinárias à ciência e esperei que fossem recebidas com o mesmo espírito. Mas [...] compreendi que de agora em diante eu era um daqueles que "perturbaram o sono do mundo", como afirma Hebbel, e que não poderia contar com a objetividade e a tolerância. Não obstante, considerando que minha convicção acerca da exatidão geral de minhas observações e conclusões se fortaleceu, e visto que nem minha confiança, nem meu próprio juízo ou coragem moral eram pequenos, o resultado da situação não poderia ser duvidoso.[25]

Mas isso não é tudo. Freud ainda precisou superar as resistências *internas* à verdade, ou jamais teria sido capaz de confrontar os obstáculos externos que encontrou ao longo do caminho. Trata-se de um elemento central na história que Freud nos conta, que explica por que foi ele, sozinho, quem "descobriu" o inconsciente. Ninguém foi capaz de confrontar a verdade do inconsciente sem auxílio de análise. Consequentemente, o analista primevo teve de ser um *auto*analista. Freud, dizem, foi o primeiro na história da humanidade que analisou a si mesmo, logrando assim suspender as repressões que impediram seus predecessores e contemporâneos – na verdade, toda a humanidade – de enxergar a verdade. Em seu *História do movimento psicanalítico*, Freud sustentou que foi graças à análise de sonhos de seus pacientes e de seus próprios que ele encontrou a coragem para agir, a despeito do opróbrio ao qual foi submetido.

> **Freud:** Foi apenas meu sucesso nesse sentido que me permitiu perseverar [...]. Ademais, logo reconheci a necessidade de empreender uma autoanálise, e a realizei com ajuda de uma série de meus próprios sonhos, o que me conduziu de volta aos acontecimentos de minha infância; e ainda sou da opinião de que

---

24 Nota manuscrita de Marie Bonaparte, *ca.* 1927-8 (quanto a este documento, ver Borch-Jacobsen, *Remembering Anna O.*, p.100).
25 Freud, On the history of the psycho-analytic movement, *SE 14*, p.21.

esse tipo de análise poderá bastar a qualquer um que seja um bom sonhador e não seja demasiado anormal.²⁶

A teoria se autocompleta, explicando sua própria descoberta. A ligação indissolúvel que Freud estabelece entre seu objeto e sua própria pessoa agora se torna clara: ele próprio foi a "estrada real" ao inconsciente. Daqui em diante, não haveria outra rota. No lugar do ideal de replicação de um experimento objetivo, independente dos experimentadores, encontra-se a emulação mimética do mestre, do analista primevo que, sozinho, soube o que outros não sabiam. A psicanálise foi mesmo a ciência de Freud.

A POLÍTICA DE AUTOANÁLISE

Sándor Ferenczi a Freud, 17 de março de 1911: É certo que nunca houve um movimento *intelectual* em que a *personalidade* do descobridor exerceu papel tão grande e indispensável quanto a sua o fez na psicanálise.²⁷

Harry K. Wells: A psicanálise adequada é essencialmente o produto da autoanálise de Freud.²⁸

Ernst Kris: O primeiro e talvez o mais significativo resultado da autoanálise de Freud foi a evolução da teoria da sedução para a compreensão total da importância da sexualidade infantil. [...] Entre o verão e o outono de 1897, sua autoanálise revelou os traços essenciais do complexo de Édipo e lhe permitiu entender a natureza da inibição de Hamlet. Seguiu-se a compreensão interna do papel das zonas erógenas no desenvolvimento da libido.²⁹

Ernest Jones: No verão de 1897 [...] Freud empreendeu seu feito mais heroico – uma psicanálise de seu próprio inconsciente [...]. Contudo, a singularidade do feito permanece. Uma vez realizada, para sempre realizada. Pois ninguém jamais será o primeiro a explorar essas profundezas. [...] Que coragem indomável, tanto intelectual quanto moral, deve ter sido necessária!³⁰

---

26 Freud, On the history of the psycho-analytic movement, *SE 14*, 19.
27 Freud e Ferenczi, *The correspondence of Sigmund Freud and Sándor Ferenczi*, v.1, p.261-2; realces de Ferenczi.
28 Wells, *Pavlov and Freud*, v.2, p.189.
29 Freud, *The origins of psycho-analysis*, p.33-4.
30 Jones, *The life and work of Sigmund Freud*, v.1, p.351-2.

Eissler: Aqui retornamos ao enigma da personalidade de Freud [...] Suas descobertas tiveram de ser combatidas em face de suas próprias resistências extremas – a autoanálise é comparável, em termos de perigo envolvido, à pipa de Benjamin Franklin em uma tempestade de 1752, visando investigar as leis da eletricidade. As duas outras pessoas que tentaram repetir seus experimentos morreram.[31]

A autoanálise, sempre descrita como heroica, sem precedentes e sobre-humana pelos biógrafos de Freud, está no núcleo da lenda freudiana. É, assim, esclarecedor remontar como e por que se chegou a essa centralidade. A princípio, não há nada único e original em praticar autoanálise, concebida como uma auto-observação introspectiva. A autoanálise de Freud foi apenas vagarosa e gradualmente elevada ao lugar quase mítico atual no coração do movimento psicanalítico.

Thomas Hobbes: Quem quer que olhe para dentro de si mesmo e examine o que faz quando pensa, opina, raciocina, tem esperanço, medo etc., e por que motivos o faz, poderá por esse meio ler e conhecer quais são os pensamentos e Paixões de todos os outros homens em circunstâncias semelhantes.[32]

Immanuel Kant: A vontade de interpretar o espião em si mesmo [...] é o de reverter a ordem natural dos poderes cognitivos [...]. O desejo de autoinvestigação ou já é uma enfermidade mental (hipocondria) ou conduzirá a tal enfermidade e, derradeiramente, ao manicômio.[33]

Auguste Comte: O pensador não pode se dividir em dois, um deles raciocinando enquanto o outro o observa raciocinar. Sendo os mesmos, neste caso, o órgão observado e o órgão que observa, como se daria a observação? Este suposto método psicológico é, por conseguinte, radicalmente nulo e vazio.[34]

William James: Como a maioria dos psicólogos [...] ele faz de suas peculiaridades pessoais uma regra.[35]

Reinserida no vasto quadro da Psicologia do final do século XIX e no início do XX, a autoanálise de Freud é apenas um capítulo na história da

---

31 Eissler, *Talent and genius*, p.306-7.
32 Hobbes, *Leviathan*, p.82.
33 Kant, *Critique of pure reason*, p.8.
34 Comte, *Cours de philosophie positive*, v.1, p.34-5.
35 James, *The principles of psychology*, v.2, p.64.

introspecção. É importante relembrar que, ao longo do século XIX, apesar das restrições contra ela expressas por figuras como Kant e Auguste Comte, a introspecção seguiu sendo o método principal da Psicologia filosófica. Inicialmente, isso pouco se alterou com o advento da nova Psicologia "científica". Franz Brentano sustentava que a Psicologia, como qualquer outra ciência natural, precisava basear-se na percepção e na experiência, incluindo de maneira inovadora a autopercepção no processo.

> **Brentano:** Acima de tudo, entretanto, sua fonte deverá ser encontrada na percepção interna de nossos próprios fenômenos mentais.[36]

Para a nova Psicologia, a experiência interior surgia como valioso domínio de exploração. Assim, era natural que os psicólogos praticassem auto-observação e autoexperimentação (o que, na época, ainda era realizado pela Medicina). As obras homônimas de Alfred Maury e Joseph Delbœuf, *Sono e sonhos*, são bons exemplos desse gênero introspectivo.[37] Ao mesmo tempo, o que hoje nos parece estranho, os primeiros "sujeitos" da nova Psicologia experimental eram os próprios experimentadores – Fechner, Hering, Helmholtz e Ebbinghaus.[38] Até mesmo no laboratório de Wundt, onde os experimentadores também agiam como sujeitos, os procedimentos experimentais eram essencialmente projetados para tornar a introspecção mais confiável e replicável, e de modo algum eliminá-la. Foi apenas mais tarde, com o famoso debate sobre o "pensamento sem imagens", que a introspecção deixou gradualmente de ser um método em Psicologia, principalmente em favor do experimento da terceira pessoa promovido pelo comportamentalismo, com sua rejeição metodológica de todos os estados mentais íntimos. Por esta perspectiva, a decisão de Freud no final do verão de 1897 de tomar-se como objeto de investigação não era excepcional no contexto da época. Ao contrário, era perfeitamente rotineira e previsível.

---

36 Brentano, *Psychology from an empirical standpoint*, p.29.
37 Maury, *Le sommeil et les rêves*; Delbœuf, *Le sommeil et les rêves, et autres textes*.
38 Quanto a esta questão, ver Danziger, *Constructing the subject*. O autoexperimento ainda era amplamente utilizado na Medicina. Em 1872, por exemplo, George Beard e Alphonso Rockwell (*A practical treatise on the medical and surgical uses of electricity, including localized and general electricization*, p.x-xi) escreveram acerca da eletroterapêutica: "A todos os que adentram pela primeira vez este ramo da ciência, nunca poderemos recomendar com veemência suficiente a prática da autoexperimentação. Melhor do que quaisquer experimentos com animais; melhor ainda, em muitos aspectos, do que investigações prolongadas no tratamento de enfermidades é o conhecimento preciso e peculiar do *modus operandi* das aplicações, e das sensações que produzem, obtidas pela experiência pessoal". Outro exemplo seria o dos experimentos de Freud com cocaína (Freud, Beitrag zur Kenntnis der Cocawirkung, *Wiener Medizinische Wochenschrift*, v.35, n.5, p.129-33).

Freud a Wilhelm Fliess, 14 de agosto de 1897: O paciente com o qual mais estou preocupado sou eu mesmo. Minha pequena histeria, ainda que enormemente acentuada pelo meu trabalho, se resolveu mais um pouco. [...] A análise é mais difícil que qualquer outra. É, na realidade, o que paralisa minha força psíquica de descrever e comunicar o que obtive até agora. Mas ainda creio que deve ser feita e é um necessário estágio intermediário de meu trabalho.[39]

Compreendida no sentido estrito da análise terapêutica sistemática, centrada na rememoração das lembranças infantis, a autoanálise parece ter sido extremamente breve e, na própria visão de Freud, frustrante (um detalhe raramente mencionado por seus biógrafos). Buscada ativamente no início de outubro de 1897 (duas semanas *após* o abandono da teoria da sedução), foi concluída seis semanas mais tarde com uma lúcida avaliação de fracasso.[40]

Freud a Fliess, 14 de novembro de 1897: Minha autoanálise permanece interrompida. Percebi por que consigo analisar-me apenas com o conhecimento obtido de maneira objetiva (como alguém de fora). A verdadeira autoanálise é impossível; ou não haveria doença [neurótica]. Já que ainda estou lutando contra uma espécie de charada em meus pacientes, isso está fadado a me obstruir também em minha autoanálise.[41]

Freud a Fliess, 9 de fevereiro de 1898: Quanto ao resto, tudo permanece em estado de latência. Minha autoanálise está em repouso, em virtude de meu livro dos sonhos.[42]

Considerando o sentido mais amplo da auto-observação, contudo, a autoanálise começou muito mais cedo, com a interpretação que Freud fazia de seus sonhos, os quais rotineiramente escrevia ao despertar, e prosseguiu com sua análise das lembranças infantis (as chamadas lembranças encobridoras), assim como de esquecimentos, lapsos e atos falhos.[43] É nesse sentido

---

39 Freud, *The complete letters of Sigmund Freud to Wilhelm Fliess*, p.261.
40 Ver a carta a Fliess de 14 de novembro de 1897: "Antes da viagem de férias, contei-lhe que meu paciente mais importante era eu mesmo; e então, após retornar da viagem [Freud voltou a Viena em 27 de setembro], minha autoanálise, da qual não tive sinais na época, subitamente começou" (Freud, *The complete letters of Sigmund Freud to Wilhelm Fliess*, p.279). Ver também os judiciosos comentários de Sulloway (*Freud, biologist of the mind*, p.208-9) apontando que a autoanálise de Freud não pode ter sido o motivo de seu abandono da teoria da sedução, como a lenda apregoa.
41 Freud, *The complete letters of Sigmund Freud to Wilhelm Fliess*, p.281.
42 Ibid., p.299.
43 Jones observa que Freud anotava seus sonhos desde a juventude – nenhum dos cadernos que os continham sobreviveu à destruição periódica de seus papéis (Jones, *The life and work of Sigmund Freud*, v.1, p.351-3).

que Freud menciona, em *A psicopatologia da vida cotidiana*, que, aos 43 anos de idade, ele começou a se interessar pelo "que resta de minha memória de minha própria infância".[44] Essa união da análise dos próprios sonhos com as recordações da infância não foi sem precedentes, pois é encontrada em *Sono e sonhos* de Delbœuf, em que um dos principais temas é a capacidade dos sonhos de recobrar lembranças esquecidas. Quanto a isso, a análise de Delbœuf do "sonho dos lagartos e do *asplenium ruta muraria*"[45] parece ter servido de modelo para a análise do "sonho da injeção de Irma em *A interpretação dos sonhos*".[46] Ademais, como Andreas Mayer sensatamente apontou,[47] tal auto-observação deve também ser situada na continuação do "hipnotismo introspectivo", praticado na época por figuras como Auguste Forel, Eugen Bleuler[48] e Oskar Vogt, que publicaram relatos em primeira pessoa sobre o estado hipnótico.[49] A ideia do estudo introspectivo dos estados psíquicos subliminares ou inconscientes estava, sem dúvida, no ar.

> **Auguste Forel:** O objeto da Psicologia é o estudo das chamadas funções psíquicas de nosso cérebro por introspecção direta. [...] As funções cerebrais que não pertencem ao campo ordinário de atenção de nossa consciência em um estado desperto, ou suas recordações, escapam à Psicologia introspectiva direta. Mas estudos recentes nos tornaram cada vez mais cientes de que grande parte das funções cerebrais chamadas de inconscientes possui um brilho introspectivo que podemos surpreender em certas circunstâncias, e se pode designar este fato pelo termo "subconsciente", um termo que, por uma boa razão, tem sido adotado cada vez mais.[50]
>
> **Freud:** Reparei, em meu trabalho psicanalítico, que o estado de espírito geral de um homem que reflete é totalmente distinto de um homem que observa seus próprios processos psíquicos. [...] Em ambos os casos, a atenção precisa ser

---

44 Freud, The psychopathology of everyday life, *SE* 6, p.49.
45 Delbœuf, *Le sommeil et les rêves, et autres textes*, p.109-18.
46 Ver os judiciosos comentários de Duykaerts, Les références de Freud à Delbœuf, *Revue internationale d'histoire de la psychanalyse*, v.6, p.241.
47 Mayer, L'hypnotisme introspectif et l'auto-analyse de Freud, *Revue d'histoire des sciences humaines*, v.5, p.171-96.
48 As auto-observações de Bleuler e Forel foram reproduzidas em Forel, *Der Hypnotismus*, sob o título "Dois hipnotizadores hipnotizados". Nas edições subsequentes, Forel omitiu a seção referente a si próprio (na qual ele recordava alucinações do auditório e confusão sensorial sob hipnose). Freud redigiu uma elogiosa resenha da obra de Forel quando ela foi publicada (Freud, *SE 1*, p.89-102).
49 Um exemplo levemente posterior pode ser encontrado em Marcinowski, Selbstbeobachtungen in der Hypnose, *Zeischrift für Hypnotismus*, v.9, p.5-46.
50 Forel, La psychologie et la psychothérapie à l'université, *Journal für Psychologie und Neurologie*, v.17, Ergänzungsheft, p.308.

concentrada, mas o homem que reflete também está exercendo sua faculdade crítica. [...] O auto-observador, por outro lado, precisa apenas se dar ao trabalho de suprimir sua faculdade crítica. Se obtém êxito, inúmeras ideias advêm à consciência, que, não fosse dessa forma, jamais teria apreendido. [...] O que está em questão, evidentemente, é o estabelecimento de um estado psíquico que, em sua distribuição de energia psíquica (ou seja, de atenção instável), comporta certa analogia com o estado anterior ao sono – e, sem dúvida, também com a hipnose.[51]

O próprio Freud não havia conferido especial importância a sua autoanálise, pelo menos no princípio. Na primeira edição de *A interpretação dos sonhos*, como apontou Peter Gay, o termo "autoanálise" não significa muito mais que uma "auto-observação".[52] Freud falou em "autoanálises" (no plural) referindo-se à interpretação de seus sonhos, e utilizou o termo para designar o conjunto de seu trabalho de autoinspeção em *A interpretação dos sonhos*, o que demonstra que ele não o compreendia no sentido estrito do trabalho analítico sobre si mesmo.

> **Freud:** E assim sou conduzido aos meus próprios sonhos, que oferecem um material copioso e conveniente. [...] Sem dúvida, serei confrontado com questões acerca da confiabilidade de "autoanálises" do tipo. [...] Em minha opinião, a situação é, na verdade, mais favorável no caso da auto-observação do que na de outras pessoas; em todas as ocasiões, podemos realizar o experimento e ver quão longe a autoanálise nos conduz com a interpretação dos sonhos.[53]

> **Freud:** [No] sonho sobre a estranha tarefa confiada a mim pelo velho Brücke de realizar uma dissecação de minha própria pélvis [...] a dissecação significava a autoanálise que eu estava conduzindo, por assim dizer, na publicação do presente livro sobre sonhos.[54]

Apenas gradualmente a autoanálise de Freud adquiriu o significado mais técnico – ou seja, propriamente *freudiano* – que possui hoje no vocabulário psicanalítico. De fato, foi apenas no prefácio da segunda edição de *A interpretação dos sonhos* que Freud fez a primeira alusão pública a sua psicanálise sobre si.

---

51 Freud, *The interpretation of dreams*, p.101-2.
52 Gay, *Freud*, p.97.
53 Freud, *The interpretation of dreams*, p.105.
54 Ibid., p.477.

Freud: Pois este livro possui mais uma importância subjetiva para mim, pessoalmente – uma importância que apenas apreendi após havê-lo concluído. Foi, descobri, uma porção de minha própria autoanálise, minha reação à morte de meu pai – ou seja, ao acontecimento mais importante, à perda mais pungente da vida de um homem.[55]

De súbito, o público ficou sabendo que o livro sobre os sonhos foi apenas um fragmento de uma autoanálise, do qual se omitia o conteúdo integral. Isso sem dúvida ressignificou completamente a obra, assim como a psicopatologia da vida cotidiana. Detrás da ciência publicada e pública, havia agora a "ciência" privada, secreta de Freud. Atrás do conteúdo manifesto dos livros sobre os sonhos e sobre a psicopatologia da vida cotidiana, havia também o seu conteúdo "edípico" latente. A psicanálise mesma se tornou uma charada, cuja solução apenas Freud possuía. Além disso, a autoanálise não apenas ornou o significado esotérico da psicanálise; ela agora emergia como algo muito diferente das outras práticas introspectivas, na medida em que a auto-observação se fundia à autoterapia. Observar-se não era mais o bastante: era preciso *curar-se* da cegueira a respeito do inconsciente, como Freud o fizera. O resultado disso foi que qualquer um poderia praticar a psicanálise – ao contrário do caso da hipnose, da sugestão e de outras técnicas terapêuticas médicas ou psicológicas. Para ser um psicanalista, era necessário curar-se, ou, em outras palavras, psicanalisar-se. Em 1909, à pergunta de como se tornava um psicanalista, Freud respondeu: "estudando os próprios sonhos".[56] No ano seguinte, ele comentou que os aspirantes a psicanalistas deveriam se dedicar à autoanálise para que pudessem sobrepujar suas resistências.

Freud: Agora que um número considerável de pessoas pratica a psicanálise e compartilha suas observações, reparamos que nenhum psicanalista avança além do que permitem seus próprios complexos e resistências internas; e por consequência exigimos que ele inicie sua atividade com uma autoanálise[57] e a aprofunde continuamente enquanto faz suas observações sobre os pacientes. Qualquer um que deixe de produzir resultados em uma autoanálise desse tipo

---

55 Freud, *The interpretation of dreams*, p.xxvi. Jakob Freud faleceu em 23 de outubro de 1896, um ano antes da autoanálise propriamente dita.
56 Freud, Five lectures on psycho-analysis, *SE 11*, p.32.
57 Nitidamente acuados por esta passagem, os psicanalistas Jean Laplanche e Jean-Bertrand Pontalis afirmam em *The language of psycho-analysis* que "não é possível, contudo, saber, pelo termo que Freud utilizou na ocasião – *Selbstanalyse* –, se ele fazia referência a uma verdadeira autoanálise ou a uma análise conduzida por outra pessoa" (p.454).

deve, de imediato, abrir mão da ideia de se tornar capaz de tratar pacientes pela análise.[58]

Aparentemente, nada poderia ser mais democrático: qualquer um poderia – e deveria – repetir a autoanálise de Freud. O problema era que tal diretiva não era acompanhada de quaisquer instruções, considerando que ninguém, exceto o próprio Freud, sabia no que consistia essa autoanálise (deve-se ter em mente que suas cartas a Fliess só foram publicadas décadas depois). Consequentemente, o que seria mais natural do que voltar-se ao especialista sobre autoanálise para pedir seu conselho? Uma série de pessoas de fato o fez. Ernest Jones e Sándor Ferenczi, por exemplo, enviaram relatos detalhados de suas autoanálises a Freud, que respondia com interpretações, sugestões e diretivas. Essas "auto"-análises miméticas poderiam, com bastante justiça, ser consideradas meras análises por correspondência. Além disso, mal serviam de exemplos a uma investigação aberta, visto que o que seria descoberto já era sabido de antemão, e guiado pela teoria psicanalítica.

Em outros casos, contudo, a prática da autoanálise escapou perigosamente do controle de Freud. Cada analista poderia apelar às descobertas de sua própria autoanálise, resultando assim em uma cacofonia de interpretações divergentes. Lá onde Freud descobriu Édipo, outros descobriram Electra. Onde ele insistiu no complexo paterno, outros insistiram no complexo materno. Onde ele "descobriu" a sexualidade infantil, outros descobriram a "inferioridade do órgão". Onde ele viu a ação da "libido", outros viram o "impulso agressivo". Não é coincidência que a época em que Freud passou a confiar na prática da autoanálise também tenha sido a dos conflitos monumentais entre Freud, Adler, Stekel e Jung. Enquanto o critério principal para a validade das interpretações psicanalíticas fosse a autoanálise, cada um poderia invocar sua própria para deslegitimar as interpretações e teorias de outros, e acusá-los de projetarem seus próprios complexos não analisados nas teorias, ou de terem sucumbido às resistências neuróticas. Nada permitia apaziguar os conflitos simétricos de interpretações que estavam desfazendo a comunidade psicanalítica.

> **Freud a Ernest Jones, 9 de agosto de 1911:** Quanto à dissensão interna com Adler, era algo previsível e eu recrudesci a crise. Trata-se da revolta de um indivíduo anormal enlouquecido pela ambição, sua influência sobre os outros com base em forte terrorismo e sadismo.[59]

---

58 Freud, The future prospects of psycho-analytic therapy, *SE 11*, p.145.
59 Freud e Jones, *The complete correspondence of Sigmund Freud and Ernest Jones*, p.112.

Alfred Adler: Freud não aceitou bem meus comentários verbais [...] minha delicada rejeição: "Permanecer à sua sombra não é divertido" – isto é, ser culpado por todas as inconsistências do freudianismo apenas por cooperar com a psicologia da neurose. Sem demora, ele o interpretou como uma confissão de minha vaidade rebelde, de modo a poder acusar isso aos leitores desavisados.[60]

Wilhelm Stekel: Em uma sessão, realizada após o afastamento de Adler, [Freud] alegou que Adler sofria de paranoia. Era um dos diagnósticos favoritos de Freud; ele já o havia aplicado em outro importante amigo de quem se separara.[61] Imediatamente, de dentro de seu coro servil, ressoaram vozes a confirmar com entusiasmo esse ridículo diagnóstico.[62]

Foi precisamente para remediar essa situação, que ameaçava destruir o movimento psicanalítico, que Jung propôs em 1912 que cada futuro analista fosse analisado por outro analista – i.e., se submetesse a uma análise didática. Isso foi rapidamente reiterado por Freud naquele mesmo ano.

Jung: Há analistas que acreditam poder empreender bem uma autoanálise. É a psicologia Münchhausen,[63] e eles certamente ficarão presos. Esquecem-se de que um dos fatores terapeuticamente efetivos mais importantes é se submeter ao juízo objetivo de outro. Somos cegos no que diz respeito a nós mesmos, a despeito de tudo e de todos.[64]

Freud: Não basta [...] que [o médico] seja uma pessoa relativamente normal. Deve-se insistir, ainda, que ele passe por uma purificação psicanalítica e se torne consciente dos complexos que possui e que poderiam interferir na apreensão do que o paciente lhe conta. [...] Considero um dos muitos méritos da escola de análise de Zurique o fato de darem uma ênfase crescente a essa exigência, e incorporarem à demanda que qualquer pessoa que deseja realizar análises

---

60 Adler, *Über den nervösen Charakter*, p.56.
61 Alusão a Wilhelm Fliess.
62 Stekel, Zur Geschichte der analytischen Bewegung, *Fortschritte der Sexualwissenschaft und Psychoanalyse*, v.2 (suplemento), p.563.
63 O barão de Münchhausen puxou a si mesmo pelo cabelo para sair de um pântano onde ele e seu cavalo tinham caído.
64 Jung, Zur Psychoanalyse, *Wissen und Leben*, v.5, p.711-14, CW 4 § 449. De imediato, Jones interpretou isso como um ataque a Freud (ver Freud e Jones, *The complete correspondence of Sigmund Freud and Ernest Jones*, p.212). Andrew Paskauskas aponta: "O comentário também foi levado para o lado pessoal por Jones. Certamente tocou-lhe em algum ponto, pois Jones despendeu muita energia na realização de sua própria autoanálise entre 1909 e 1913, e se ressentiu com a opinião de que estaria praticando uma pseudopsicologia" (Ibid., p.213-14).

em outros primeiro se sujeite a uma análise por alguém com conhecimento especializado. [...] Mas qualquer um que tenha desdenhado a precaução de se analisar [...] rapidamente sucumbirá à tentação de projetar para fora algumas peculiaridades de sua própria personalidade, que ele mal notara, para o campo da ciência, como se fosse uma teoria com validade universal; ele trará descrédito ao método psicanalítico e desencaminhará o sujeito inexperiente.[65]

Cumpre notar que a análise didática foi um afastamento impressionante das práticas correntes na Medicina e na Psiquiatria. Enquanto o autoexperimento ainda era comum, teria sido impensável exigir que o futuro praticante da hipnose se submetesse a hipnose, ou que o pretenso cirurgião passasse por cirurgia. Após participar do congresso psicanalítico em Weimar de 1911, James Jackson Putnam falou sobre isso em uma conversa.

> **James Jackson Putnam:** E fiquei sabendo, para minha surpresa e interesse, que grande parte desses pesquisadores se sujeitou, de modo mais ou menos sistemático, ao mesmo tipo de análise de caráter a que eram submetidos os pacientes em seus cuidados. Logo se percebe que uma iniciação do tipo é condição indispensável para um bom trabalho.[66]

Ao menos na teoria, a análise didática deveria garantir que as teorias e interpretações do analista não fossem deformadas por suas "neuroses". Como vimos, este também foi o objetivo da autoanálise anteriormente realizada. Na prática, ela garantia que todos interpretassem de um modo autorizado por Freud ou pelos discípulos que ele analisara. Dali em diante, os analistas não estariam livres para deliberar sobre os significados de seus sonhos. Ou melhor, não eram mais livres para descobrir se eram neuróticos ou não, ou mesmo se foram analisados inteiramente. Tudo isso seria determinado por seus analistas, em uma regressão infinita ao próprio Freud. Dessa maneira, a "purificação psicanalítica" coincidia com um expurgo institucional e uma padronização hermenêutica. Estava terminada a anarquia das autoanálises descontroladas e incontroláveis, e o ciclo infernal de diagnósticos e contradiagnósticos. A retomada do movimento psicanalítico começara. Dali em diante, Freud e seus tenentes teriam a palavra final.

---

65 Freud, Recommendations to physicians practicing psycho-analysis, *SE 12*, p.116-17. O artigo de Freud surgiu no início de junho de 1912, antes de Jung recomendar a análise didática em suas conferências de setembro na Universidade Fordham, em Nova York (Jung, The theory of psychoanalysis, *CW 4*, p.83-226). É, contudo, claro que ela tenha sido adotada sob influência de Jung e da escola de Zurique.
66 Putnam, What is psychoanalysis?, *Putnam papers*.

O papel decisivo da análise didática na institucionalização e propagação do movimento psicanalítico foi apontado com frequência, assim como as relações de poder rigidamente hierárquicas e centralizadas entre os analistas que ela inaugurou.[67] Fala-se menos do fato de que ela foi instituída como uma resposta a uma inevitável dificuldade da teoria psicanalítica. Na verdade, quem poderia confirmar a validade das interpretações psicanalíticas se o inconsciente, por definição, não dá respostas a essa questão (sendo acessível apenas ao ser "traduzido" – o que significa dizer interpretado)?[68] E como chegar a um consenso em caso de discordância? Se um paciente rejeita as interpretações de um analista, este sempre poderia alegar que sabia mais por ter se submetido a uma análise pessoal. Mas e se outro analista contestasse suas interpretações? E se o paciente se recusasse à assimetria da situação analítica e passasse a analisar o analista? Não importa como se observa a questão, nada autoriza o analista a declarar que sua interpretação seja superior à de seu colega ou de seu paciente, exceto pelo acordo institucional que subscreveu sua interpretação. O veículo da análise didática que Jung propôs foi uma resposta institucional a uma aporia que não poderia ser resolvida no plano teórico.

Tal "solução", contudo, logo gerou outra dificuldade: e quanto a Freud? Se todo analista derivou sua autoridade de sua análise didática, de onde Freud deriva a sua? Enquanto os psicanalistas se formavam pela autoanálise, a autoanálise de Freud não representava nenhum problema (ao contrário, era considerada um protótipo). Mas agora as regras do jogo haviam mudado, e a condição da autoanálise de Freud foi explicitada. Quem poderia garantir que a análise de Freud fora concluída? Por um lado, a proposta de Jung permitiu a solução da controvérsia com Adler e Stekel e, por outro, abriu outra, dessa vez entre Freud e ele mesmo. Pois, como Freud poderia impor suas interpretações a Jung, se ele mesmo, por seus próprios termos, não foi analisado?

> **Jung a Jones, 15 de novembro de 1912:** Freud está convencido de que estou pensando sob o domínio de um complexo paterno contra ele, e daí logo se segue um disparate sobre complexos. [...] Contra esta insinuação, estou com-

---

67 Ver, entre outros, Roustang, *Dire Mastery*; Falzeder, The threads of psychoanalytic filiations or psychoanalysis taking effect. In: Haynal, Falzeder (Eds.), *100 years of psychoanalysis*, p.169-94; Falzeder, Family tree matters, *Journal of Analytical Psychology*, v.43, n.1, p.127-54; Shamdasani, Psychoanalysis, Inc., *Semiotic Review of Books*, v.13, n.1, p.6-11.

68 Freud, The unconscious, *SE 14*, p.166: "Como alcançar um conhecimento sobre o inconsciente? Logicamente, nós só conhecemos enquanto algo consciente, após haver passado por uma transformação ou tradução em algo consciente. O trabalho psicanalítico nos mostra todos os dias que é possível uma tradução desse tipo".

pletamente desamparado. [...] Se Freud entende toda tentativa de pensar de maneira nova sobre os problemas da psicanálise como uma resistência pessoal, as coisas ficam impossíveis.[69]

Jung a Freud, 3 de dezembro de 1912: Posso chamar sua atenção para o fato de que você abre *A interpretação dos sonhos* com o pesaroso reconhecimento de sua própria neurose – o sonho da injeção de Irma –, uma identificação com o neurótico carente de tratamento. Muito significativo. Nossa análise, deve-se lembrar, foi interrompida com seu comentário de que você "não poderia se submeter a análise *sem perder sua autoridade*". Estas palavras estão gravadas em minha memória como um símbolo de tudo o que há por vir.[70]

Jones a Freud, 5 de dezembro de 1912: Estou anexando uma curiosa carta de Jung. [...] Brill lhe contou que ele acredita que *você* possui uma neurose grave? Outra bela projeção.[71]

Jung a Freud, *ca.* 11-14 de dezembro de 1912: Nem os comparsas de Adler me veem como um dos seus [*Ihrigen*, ao invés de *ihrigen*, "dos deles"].[72]

Freud a Jung, 16 de dezembro de 1912: Será você "objetivo" o suficiente para considerar o seguinte ato falho sem se enfurecer? "Nem os comparsas de Adler me veem como um dos *seus*."[73]

Jung a Freud, 18 de dezembro de 1912: Você sai por aí farejando todas as ações sintomáticas da vizinhança, reduzindo assim todos ao *status* de filhos e filhas que, ruborizados, admitem a existência das próprias falhas. Enquanto isso, você permanece acima, como o pai, acomodado confortavelmente. Por pura gentileza, ninguém ousa puxar o profeta pela barba e perguntar de uma vez por todas o que você diria a um paciente com tendência a analisar o analista ao invés de si mesmo. Você certamente lhe perguntaria: "*Quem* é neurótico?" [...] A saber, eu não sou minimamente neurótico – três batidas na madeira! A saber, eu tenho *lege artis et tout*, *humildemente* permitindo-me ser analisado, o que foi muito bom para mim. Você sabe, é claro, quão longe um paciente chega com a autoanálise: *não* para fora da própria neurose – tal como você.[74]

---

69 Sigmund Freud Copyrights, Wivenhoe.
70 Freud e Jung, *The Freud/Jung letters*, p.526.
71 Freud e Jones, *The complete correspondence of Sigmund Freud and Ernest Jones*, p.180.
72 Freud e Jung, *The Freud/Jung letters*, p.533.
73 Ibid., p.534; grifo de Freud.
74 Freud e Jung, *The Freud/Jung letters*, p.535.

Freud a Ferenczi, 23 de dezembro de 1912: A constrangedora sensação do momento é a carta anexada de Jung, da qual Rank e Sachs também estão a par. [...] Devo dizer que é deveras impudente. [...] Com deferência a minha neurose, espero manejá-la bem. Mas ele está agindo como um tolo vistoso e o sujeito brutal que é. O mestre que o analisou só pode ter sido *fräulein* Moltzer, e ele é um insensato por se orgulhar do trabalho de uma mulher com quem está tendo um caso.[75]

Freud a Jones, 26 de dezembro de 1912: Quanto a Jung, ele parece fora de si, está agindo de modo bastante desatinado. [...] Dirigi sua atenção a certa *Verschreiben* [escrita falha] em sua carta. [...] Foi depois disso que ele irrompeu furiosamente, proclamando que não era neurótico, tendo passado por um tratamento Ψα (com a Moltzer? Creio que sim, pode-se imaginar o que foi o tratamento), que eu era o neurótico, que eu havia estragado Adler, Stekel etc. [...] É o mesmo mecanismo e com reações idênticas às do caso de Adler.[76]

Ferenczi a Freud, 26 de dezembro de 1912: O comportamento de Jung é estranhamente impudente. Ele se esquece de que foi *ele* quem demandou a "comunidade analítica" de estudantes e que se tratasse estudantes como pacientes. [...] *Análise mútua* é um disparate, além de uma impossibilidade.[77] Todos devem ser capazes de tolerar uma autoridade sobre si, a partir da qual se aceita uma correção analítica. Você é, provavelmente, o único que pode lhe permitir fazê-lo sem um analista [...], apesar de todas as deficiências da autoanálise (certamente mais demorada e mais difícil do que ser analisado), temos de esperar de você a capacidade de manter seus sintomas sob controle. Se tiver a força de superar por si só, sem um líder (*pela primeira vez na história da humanidade*), as resistências que toda a humanidade apresenta contra os resultados da análise, então devemos esperar de você a força para lidar com seus sintomas menores. – Os fatos falam, decididamente, a favor disso.
Mas o que é válido para *você* não vale para o restante de nós. Jung não obteve o mesmo autodomínio que você. Ele recebeu os resultados prontos e aceitou-os encerrados, armazenados e engarrafados, sem testá-los em si mesmo. (Não creio que ser analisado por *Fräulein* Moltzer seja uma análise inteiramente adequada.)[78]

---

[75] Freud e Ferenczi, *The correspondence of Sigmund Freud and Sándor Ferenczi*, p.446. Sobre Maria Moltzer e suas relações com Jung, ver Shamdasani, *Cult fictions*.
[76] Freud e Jones, *The complete correspondence of Sigmund Freud and Ernest Jones*, p.186
[77] No fim da vida, Ferenczi mudou de opinião a respeito disso. Ver Ferenczi, *The clinical diary of Sándor Ferenczi*.
[78] Freud e Ferenczi, *The correspondence of Sigmund Freud and Sándor Ferenczi*, p.470-1; grifo de Ferenzi.

Ferenczi, de maneira mais lúcida que Freud, viu bem que repreender Jung do modo como este repreendera Freud não serviria de nada. Já que a análise mútua não resolveria o problema dos conflitos de interpretação, Ferenczi propôs restabelecer a assimetria (i.e., o princípio de autoridade) por meio da afirmação do caráter excepcional da autoanálise de Freud. Ao invés de se deixar levar por Jung no conflito entre iguais, de onde ninguém sairia incólume, era necessário negar os próprios termos do debate e readquirir o nível "meta". E que melhor maneira de fazê-lo do que substituir uma teoria do grande homem, o gênio singular e inimitável, pelo debate acadêmico e científico comum?

Assim como a inauguração da análise didática foi um meio de solucionar institucionalmente os conflitos hermenêuticos inerentes à psicanálise, a elevação da autoanálise de Freud a uma posição excepcional permitiu-lhe escapar do problema da simetria introduzido pela análise didática – e o de Freud se submeter à análise e à autoridade de outro. Para que a instituição da análise didática funcionasse, era preciso haver uma autoridade máxima, a qual, por sua vez, não poderia ser analisada. Desse modo, a autoanálise de Freud se tornou o pilar central da teoria psicanalítica. Sem ela, a psicanálise desabaria no caos das interpretações rivais, sem meios de arbitrá-las.

> **Lacan:** Ora, é certo, como todos sabem, que nenhum psicanalista pode se auferir o lugar, ainda que de maneira sutil, do conhecimento absoluto. É por isso que, em certo sentido, pode-se dizer que, se existe alguém a quem se possa consultar, exista apenas uma única pessoa capaz. Esta *uma* foi Freud, enquanto ele ainda estava vivo. O fato de Freud, quanto ao tema do inconsciente, ter sido legitimamente o sujeito que se supunha ter o conhecimento absoluto, faz seus pacientes projetarem tudo o que for relacionado ao vínculo analítico, quando este se iniciou, a ele.[79]

Implicitamente, Freud parece ter adotado a solução de Ferenczi, ainda que um grau de modéstia o tenha impedido de se apresentar tão descaradamente como o fez seu discípulo. Daí seu comentário em *Sobre a história do movimento psicanalítico*, claramente uma réplica a Jung:

> **Freud:** Ainda sou da opinião de que esse tipo de análise poderá bastar a qualquer um que seja um bom sonhador e não seja demasiado anormal.[80]

---

79 Lacan, *The four fundamental concepts of psycho-analysis*, p.232; grifo de Lacan.
80 Freud, On the history of the psycho-analytic movement, *SE 14*, p.20.

O "qualquer um" em questão era ele próprio. Após o hiato da guerra, a análise didática rapidamente se tornou regra no interior do movimento psicanalítico. Em 1919, Karl Abraham publicou um artigo no qual descrevia a autoanálise como uma forma particular de resistência à psicanálise.

Abraham: Um elemento nesta "autoanálise" é o desfrute narcísico de si mesmo; outro é uma revolta contra o pai. A ocupação irrefreável com o próprio eu e o sentimento de superioridade já descrito oferecem ao narcisismo do sujeito um rico arsenal de prazer. A necessidade de estar sozinho durante o processo o aproxima extraordinariamente do onanismo e seu equivalente, o devaneio neurótico, ambos antes presentes, em certo grau, em todos os pacientes em questão.[81]

Na Sociedade Psicanalítica de Berlim, fundada em 1920, Abraham, Hanns Sachs e Max Eitingon desenvolveram um método padronizado de produção de analistas por meio da tríade de análise didática, supervisão e seminários. Isso foi prontamente emulado por todas as outras sociedades psicanalíticas e também por escolas rivais de psicoterapia. Em 1925, no congresso psicanalítico em Bad Homburg, foi aprovada uma resolução que formalizava a necessidade da análise didática para todos os candidatos a psicanalista. Desde então, seria de mau gosto recordar a época antecedente de autoanálises. Para Paul Schilder (que não havia sido analisado), Freud escreveu em 1935 que aqueles entre os primeiros psicanalistas que não foram analisados "jamais se orgulharam disso". Quanto a ele próprio, acrescentou, "pode-se talvez reivindicar o direito de uma posição excepcional".[82]

Vemos, assim, que o que foi inicialmente um curto período de auto--observação, que poderia a princípio ser replicado por qualquer um, tornou-se, atravessando uma série de disputas e crises, um acontecimento literalmente extraordinário e sem precedentes, reservado apenas a Freud. De agora em diante, podia-se atribuir qualquer coisa a esse evento excepcional, tendo

---

81 Abraham, A particular form of neurotic resistance against the psycho-analytic method. In: *Selected papers of Karl Abraham*, p.308.
82 Freud a Paul Schilder, 26 de novembro de 1935, Acervo Sigmund Freud, Divisão de Manuscritos, Biblioteca do Congresso, Washington, D.C.; apud Gay, *Freud*, p.97. Ernst Falzeder aponta que Freud, irritado com *O trauma do nascimento* de Rank, insinuou que ele não o teria escrito se houvesse sido analisado. Rank respondeu: "Fiquei curiosamente tocado pelo fato de que você, dentre todos, sugira que eu não teria adotado esse conceito se tivesse sido analisado. É possível. Mas a questão é se este deve ser um motivo de arrependimento. Eu, por exemplo, após todos os resultados que vi com analistas analisados, só posso me considerar afortunado" (Rank, aos membros do comitê anteriormente secreto, 20 de dezembro de 1924, apud Falzeder, Family tree matters, *Journal of Analytical Psychology*, v.43, n.1, p.147).

a própria psicanálise brotado dali. Não foi apenas o abandono da teoria da sedução, ou a descoberta do complexo de Édipo e a sexualidade infantil que atribuímos a ela. Ao final de seu largo volume sobre a autoanálise de Freud, Didier Anzieu enumerou não menos que 116 noções ou conceitos elaborados por Freud no curso de sua autoanálise, datados entre 1895 e 1901.[83] Implícita a isso está a noção de que as descobertas de Freud só poderiam ter sido feitas pela criação de um revolucionário novo método de análise que Freud foi o primeiro a usar. A autoanálise de Freud, assim, torna-se a origem mítica da psicanálise, o evento histórico que a coloca fora da História. Outros, como Schur, não hesitaram em identificar a psicanálise com a autoanálise interminável de Freud (1895-1939).[84] Seguiu-se que não poderia haver progresso em psicanálise que não fosse um aprofundamento *post-mortem* da autoanálise do fundador (1895-). Cada novo desenvolvimento em psicanálise precisava se referir ao evento inaugural em si. A mitificação e a desistoricização da psicanálise estavam assim concluídas.

A POLÍTICA DA REPLICAÇÃO

A heroica autoanálise nunca aconteceu – ou ao menos nunca da maneira como foi recontada. O que aconteceu foi uma construção retrospectiva, visando a imunizar a psicanálise dos conflitos em seu interior. Foi uma lenda, mas com uma função bem específica: silenciar oponentes, dar fim aos diagnósticos mútuos e restabelecer a assimetria das interpretações em benefício de Freud. Para qualquer um que contestasse a arbitrariedade de suas interpretações, ele poderia agora contrapor sua experiência privilegiada, solitária e incomparável do inconsciente. Em última instância, a lenda da autoanálise de Freud foi um meio para justificar o argumento da autoridade.

É importante notar que tal lenda foi elaborada precisamente quando a psicanálise abandonou o domínio da discussão acadêmica para se tornar uma escola *freudiana* de psicoterapia, em que as discordâncias eram resolvidas com a simples exclusão dos dissidentes (depois de Adler, Stekel e Jung, foram Rank, Ferenczi e muitos outros). A lenda da autoanálise correspondeu

---

83 Anzieu, *Freud's self-analysis*, p.564-5. Anzieu também apresentou uma interpretação psicanalítica contemporânea da autoanálise de Freud: "Ao longo da autoanálise sistemática [...] Freud utilizou a teoria como uma defesa contra a depressão. A teoria psicanalítica freudiana foi o produto de uma elaboração da posição depressiva, ao passo que a teoria psicanalítica kleiniana foi o produto de uma elaboração da posição paranoide" (p.577).
84 Schur, Some additional "day residues" of the specimen dream of psychoanalysis. In: Löwenstein, Newman, Schur, Solnit (Eds.), *Psychoanalysis, a general psychology*.

à privatização da ciência psicanalítica, que dali em diante seria a causa de Freud.

Freud frequentemente descrevia a fundação da International Psychoanalytic Association [Sociedade Internacional de Psicanálise] (IPA) como um recurso necessário, dada a unânime rejeição a suas teorias pela Psiquiatria e pelas universidades de Psicologia. Contudo, a história das relações de Freud com seus pares foi, na realidade, muito mais complexa. Longe de a psicanálise ser simplesmente excluída de instituições e intercâmbios acadêmicos, ela se afastou deliberadamente deles, ao invés de tentar criar um consenso em torno de suas teorias de uma maneira aberta. Sob essa perspectiva, o ostracismo da psicanálise não é menos lendária que a autoanálise de Freud. Na verdade, como iremos ver, a privatização gradual da psicanálise foi o marco de um fracasso em se adaptar aos regimes normais de discussão científica e acadêmica.

Inicialmente, Freud tentou obter o reconhecimento de suas teorias por seus pares. Na virada do século, ele já havia obtido certa notoriedade, mas suas teorias estavam longe de ser o centro das discussões entre psiquiatras falantes do alemão (uma das razões para isso era o fato de ele ser visto como um neurologista sem muita experiência psiquiátrica). Como *Privatdozent*,[85] ele estava autorizado a dar conferências na Universidade de Viena, mas seu público era tão pequeno, que ele às vezes tinha problemas em obter o quórum mínimo de três participantes.[86] Os interessados na psicanálise ou eram colegas que se tornaram pacientes (como Wilhelm Stekel) ou pacientes que se tornaram colegas (como Emma Eckstein). Era visível que Freud não estava se saindo bem na promoção de suas teorias. A situação mudou de algum modo em 1902. Instigado por Stekel, ele reuniu um grupo de doutores para reuniões semanais. Os outros membros iniciais foram Alfred Adler, Max Kahane e Rudolf Reitler, logo seguidos por outros. Os encontros não eram harmoniosos.

> **Freud:** Houve apenas duas circunstâncias infelizes que me apartaram internamente do grupo. Não logrei estabelecer entre seus membros as relações amigáveis que se deveriam travar entre homens que estão entretidos com o mesmo trabalho árduo; nem fui capaz de sufocar os conflitos de primazia para o que havia tantas oportunidades sob tais condições de trabalho em comum.[87]

---

85 Título universitário de universidades europeias. (N.T.)
86 Comentado por Falzeder, Profession – psychoanalyst, *Psychoanalysis and History*, v.2, p.44.
87 Freud, On the history of the psycho-analytic movement, *SE 14*, p.23-4.

A estrutura dessas discussões não seguiu a de outras associações psicológicas e psiquiátricas, como Fritz Wittels remontou depois.

Fritz Wittels: O plano de Freud de promover essas reuniões era que seus próprios pensamentos passassem pelo filtro de outras inteligências educadas. Não importava se as inteligências fossem medíocres. De fato, ele não desejava muito que tais associados fossem pessoas de individualidade forte, que fossem colaboradores críticos e ambiciosos. O reino da psicanálise era sua ideia e sua vontade, e ele acolhia qualquer um que aceitasse suas concepções. O que ele queria era olhar em um caleidoscópio alinhado de espelhos que multiplicariam a imagem que ele introduziria dentro dele.[88]

Tudo isso mudou em 1904, quando Eugen Bleuler, o diretor do famoso hospital psiquiátrico Burghölzli, em Zurique, aderiu à concepção de Freud.[89] Naquele ano, Bleuler resenhou *Psychical obsessional phenomena* [Fenômenos psíquicos obsessivos] de Löwenfeld, que continha um capítulo sobre as teorias de Freud e Janet, e destacou Freud para elogiá-lo.[90]

Bleuler: Em seus estudos sobre a histeria e os sonhos, Freud revelou parte de um novo mundo, e isso não é tudo. Nossa consciência vê apenas as marionetes em seu teatro; no mundo freudiano, muitos dos fios que movem os personagens são revelados.[91]

Freud a Fliess: Um reconhecimento absolutamente espantoso de meu ponto de vista [...] por um psiquiatra oficial, Bleuler, em Zurique. Imagine, um professor integral de Psiquiatria e meus ††† estudos da histeria e do sonho, que até então foram rotulados como desprezíveis![92]

---

88 Wittels, *Sigmund Freud*, p.118.
89 A mitologização da relação entre Freud e Jung eclipsou bastante aquelas entre Bleuler e Freud e entre Bleuler e Jung, com efeitos deletérios. Em muitos âmbitos cruciais, o relacionamento e a subsequente separação entre Bleuler e Freud tiveram mais consequências para a história da Psicanálise – e sua separação da Psiquiatria – que a entre Freud e Jung; em segundo lugar, o relacionamento e a posterior separação entre Bleuler e Jung foram mais importantes para Jung que sua relação com Freud; em terceiro, nenhum relato da relação entre Freud e Jung está completo sem a apreensão das complexas triangulações entre eles e Bleuler.
90 Löwenfeld, *Die psychischen Zwangserscheinungen*.
91 Bleuler, resenha sobre Leopold Löwenfeld, "Die psychischen Zwangserscheinungen", *Münchener Medizinische Wochenscrift*, v.51, p.718.
92 Freud, *The complete letters of Sigmund Freud to Wilhelm Fliess*, p.461.

Não foi a primeira vez que Bleuler recomendou Freud à atenção de seus colegas. Em 1892, Bleuler resenhou e elogiou a tradução que Freud fez dos *New studies on hypnosis, suggestion and psychotherapy*, de Bernheim.[93] Em 1895, ele escreveu uma resenha positiva dos *Estudos sobre a histeria* de Breuer e Freud, em que, não obstante, questionava se os resultados não derivavam de sugestão.[94] O interesse de Bleuler pela obra de Freud era, assim, claramente ligado a seu interesse por hipnose e psicoterapia sugestiva. Isso não era casual, pois Bleuler fora pupilo de Auguste Forel, uma das grandes personalidades da Neurologia e da Psiquiatria europeias, promotor de uma psicoterapia de inspiração bernheimiana.[95]

Forel, outra importante figura nessa história, também se interessou pela obra de Freud. Em 1889, Freud começou a se corresponder com ele e escreveu uma resenha muito positiva de seu livro sobre hipnotismo.[96] Forel recomendou Freud a Bernheim quando foi a Nancy, e convidou-o para o comitê editorial do *Zeitschrift für Hypnotismus*, um periódico que fundara em 1892 para reunir o movimento bernheimiano.[97] Citou Freud, na segunda edição de seu livro sobre hipnotismo, entre os médicos que estudaram o tema da hipnose terapêutica acompanhando o trabalho da escola de Nancy.[98] Pouco depois, seguiu os trabalhos de Breuer e Freud com interesse, chegando a apresentá-los a seus colegas norte-americanos em uma conferência que deu em 1899 em celebração ao décimo aniversário da Universidade Clark.[99] Em 1903, mais uma vez mencionou favoravelmente o método de tratamento de

---

93 Bernheim, *Neue Studien über Hypnotismus, Suggestion und Psychoterapie*; Bleuler, resenha sobre Hippolyte Bernheim, *Münchener Medizinische Wochenscrift*, v.39, p.431.
94 Bleuler, resenha sobre Breuer e Freud (1895), *Münchener Medizinische Wochenscrift*, v.43, p.524-5.
95 Forel era franco-suíço e escreveu em francês e alemão. Sua pesquisa foi multifacetada, ficando conhecido por exercer papel central na formulação do conceito de neurônio, em razão de sua pesquisa com formigas e a questão sexual, além de sua militância antialcoolista. Sobre Forel, ver Shamdasani, Auguste Forel. In: Bynum, Bynum (Eds.), *Dictionary of medical biography*, v.2, p.508-9. Sobre suas relações com Freud, ver Tanner, Sigmund Freud and the Zeitschrift für Hypnotismus, *Arc de Cercle: an International Journal of the History of the Mind-Sciences*, v.1, n.1, p.83-95.
96 Freud, resenha sobre August Forel, Hypnotism, *SE 1*, p.89-102.
97 Como aponta Tanner, o comitê editorial era um verdadeiro *Quem é Quem* de personalidades associadas à escola de Nancy: além de Freud, encontravam-se Hippolyte Bernheim, Ambroise Liébeault, Joseph Delbœuf, Max Dessoir, Albert Moll, Paul Möbius, Albert Freiherr von Schrenck-Notzing e Otto Wetterstrand (Tanner, Sigmund Freud and the Zeitschrift für Hypnotismus, *Arc de Cercle: an International Journal of the History of the Mind-Sciences*, v.1, n.1, p.80). Foi no *Zeitschrift für Hypnotismus* que Freud publicou seu primeiro caso clínico, "Um caso de cura pelo hipnotismo".
98 Forel, *Der Hypnotismus, seine psycho-physiologische, medicinische, strafrechtliche Bedeutung und seine Handhabung*, p.26-7.
99 Forel, Hypnotism and cerebral activity. In: Clark University, *Decennial Celebration*.

Freud, não percebendo, ao que parece, que, neste ínterim, Freud desistira da hipnose catártica.[100]

> **Forel:** Principalmente com pessoas histéricas, podem surgir distúrbios mentais regulares por meio da sugestão e da autossugestão, e serem, então, curados apenas com o mesmo método. O doutor Freud em Viena construiu uma doutrina completa e um método de tratamento baseado na existência de tais autossugestões e no modo como elas suscitam as emoções. Ele chama um afeto emocional subconscientemente preservado [...] de *emoção estrangulada*, e com pacientes nos quais isso se apresenta ele, primeiro, procura por sugestão hipnótica recuperar a lembrança da situação original que produziu o problema, pois é frequente que os próprios pacientes a tenham esquecido. Em seguida, ao aquietar as sugestões, ele as coloca de lado. Isso indubitavelmente funciona em alguns casos, mas o mecanismo não é sempre tão simples. Todo caso é distinto, e precisamos individualizar extraordinariamente se quisermos ultrapassar todas as condições psicológicas envolvidas em uma dificuldade como essa. Mas é certo que, quando se logra conquistar aos poucos a total confiança dos pacientes, consegue-se retornar à verdadeira causa de seus distúrbios e descobrir que o problema jaz, na realidade, em efeitos sugestivos de fortes emoções passadas, emoções particularmente desagradáveis, que se estabeleceram de modo crônico no cérebro e perturbam continuamente todas as atividades, com mais ou menos intensidade.[101]

Em 1898, Bleuler sucedeu Forel como diretor de Burghölzli. A clínica provou ser o terreno ideal para a psicanálise. De fato, é importante notar que, antes da introdução da psicanálise em Burghölzli, a prática da psicoterapia já estava estabelecida, bem como a investigação aprofundada das histórias dos pacientes, incluindo o tema da sexualidade. Forel introduziu ali o uso da hipnose e da sugestão e as aproveitou como técnicas de experimentação, terapêutica e controle social. Contudo, alinhado a outros praticantes de hipnose, como Bernheim, chegaram à conclusão de que, embora houvesse benefícios no uso da hipnose e da sugestão com psicóticos, eles possuíam valor terapêutico limitado nessa área. É possível que uma razão para Bleuler introduzir a psicanálise em Burghölzli foi experimentar seu potencial terapêutico com psicóticos. A prática da psicanálise, nesse sentido, seria vista

---

100 Não há nada surpreendente nisso – como apontou Tanner, não foi senão no ano seguinte que Freud (Freud's psycho-analytic procedure, *SE* 7) tornou público seu abandono do método hipnótico (Tanner, Sigmund Freud and the Zeitschrift für Hypnotismus, *Arc de Cercle: an International Journal of the History of the Mind-Sciences*, v.1, n.1, p.124).
101 Forel, *Hygiene of nerves & mind in health and disease*, p.221-2.

apenas como um acréscimo de algumas variações ao repertório existente das técnicas sugestiva e hipnótica. A organização institucional em Burghölzli permitia tal utilização experimental.

Em 1905, Bleuler e Freud começaram a se corresponder, o que durou até 1914. As cartas de Bleuler a Freud estão disponíveis para o público na Biblioteca do Congresso, mas, à parte alguns poucos excertos que já foram citados, as cartas de Freud não são liberadas.[102] Em 9 de outubro de 1905, Bleuler escreveu a Freud dizendo que estava convencido da exatidão de *A interpretação dos sonhos* assim que leu o texto. Contudo, tinha problemas em analisar seus sonhos e, por isso, gostaria de enviar alguns para o mestre. Estaria Freud disposto a ajudá-lo? O experimento autoanalítico de Bleuler seguiu-se diretamente de sua autoinvestigação da hipnose com Forel, e se mantinha, de modo mais geral, com o uso da introspecção em Psicologia. Também se seguiu às práticas simétricas e duais que prevaleciam em Burghölzli. Em *A interpretação dos sonhos*, Freud afirmara que a maneira de se tornar um psicanalista era interpretar os próprios sonhos. O pedido de Bleuler atendia logicamente a esta recomendação: para dominar a psicanálise, ele se voltaria a Freud para aprender a analisar seus sonhos. Bleuler simplesmente tentava replicar a autoanálise de Freud.

Freud ficou muito contente – pois isso lhe permitia considerar seu eminente colega como um *paciente*, introduzindo uma dissimetria na relação deles que estava ausente nas rotações simétricas entre sujeito e experimentador que Bleuler utilizara em Burghölzli. Quando os juízes introspectivos de Bleuler não concordavam com a teoria freudiana, eram desqualificados como resistências. Como seria de se prever, Bleuler protestou vigorosamente.

Bleuler a Freud: Não estou a par de uma luta, nesse sentido, contra a teoria. Também não encontro motivos em mim para travar esta luta.[103]

Em 28 de novembro de 1905, Bleuler contou a Freud que tinha diarreia noturna de tempos em tempos, desde a puberdade. Havia muito pressentia que isso estava ligação à sexualidade, mas não sabia como. A perspectiva era tentadora para Freud. Pelo interesse de Bleuler, a psicanálise encontrou uma plataforma fundamental de onde lançar-se sobre o mundo psiquiátrico

---

102 "[Manfred] Bleuler, quando o entrevistei, contou-me que hesita em fornecer cópias aos Arquivos, pois teme pela reputação de Freud à luz do que este escreveu a seu pai acerca de Jung" (Kurt Eissler, notas manuscritas às margens da tradução de uma carta de Freud a Bleuler de 17 de novembro de 1912, Acervo Sigmund Freud, Divisão de Manuscritos, Biblioteca do Congresso, Washington, D.C.)

103 Ibid.

germanófono. Bastava conseguir que Bleuler aprovasse suas interpretações (e torcer para algum alívio em seus movimentos intestinais).

Freud a Bleuler, 30 de janeiro de 1906: Estou confiante de que em breve conquistaremos a Psiquiatria.[104]

Infelizmente, o intestino de Bleuler permaneceu resistente às interpretações de Freud.

Ernst Falzeder: Um grande fator para a decisão final de Bleuler de não endossar inteiramente a teoria psicanalítica e abandonar o movimento psicanalítico foi que [...] este *experimentum crucis* fracassou. [...] O próprio Freud fomentou amplamente esse tipo de reação negativa (que logo passou a ver como o surgimento da resistência) ao fazer asserções exageradas quanto à simplicidade e à autoevidência desse método de pesquisa e de cura.[105]

Enquanto isso, outros experimentos eram realizados em Burghölzli no campo da psicopatologia experimental baseada em associações, que se inscreviam em uma tendência mais ampla de utilizar os métodos da nova Psicologia Científica na Psiquiatria. O psiquiatra Gustav Aschaffenburg, aluno de Wundt, havia aplicado os conceitos da Psicologia Científica sobre associações verbais à pesquisa psicopatológica. Isso atraiu o interesse dos psiquiatras de Burghölzli, notadamente Jung e Franz Riklin. Esperava-se que o experimento associativo fornecesse um meio rápido e confiável de diagnóstico diferencial. Apesar das grandiosas e promissoras pretensões veiculadas por Bleuler, este projeto foi um fracasso retumbante. Os experimentadores não diferenciaram gêneros, muito menos realizaram discriminações diagnósticas precisas. Jung e Riklin salvaram a operação ligando os fracassos de resposta e os tempos de reação errôneos ao relato de Freud sobre repressão. As palavras-estímulo, afirmaram, podiam ser consideradas indicadores de complexos intensificados afetivamente.

A ligação foi fatal. Jung alegou que a psicanálise era uma arte difícil e que o que faltava era uma estrutura básica. Isso poderia ser fornecido pelo experimento associativo, o que facilitaria e abreviaria a psicanálise.[106] Contudo, o que foi descrito como psicanálise estritamente na linha de Freud

---

104 Apud Bleuler (Ed.), *Beiträge zur Schizophrenielehre der Zürcher Psychiatrischen Universitätsklinik Burghölzli (1902-1971)*, p.21.
105 Ernst Falzeder, manuscrito em inglês de Falzeder, Sigmund Freud und Eugen Bleuler, *Luzifer-Amor, Zeitschrift zur Geschichte der Psychoanalyse*, v.17, n. 34, p.85-104.
106 Jung, *Diagnostische Assoziationsstudien*.

incluía hipnose e a rememoração de lembranças sexuais traumáticas, dos tempos de *Estudos sobre a histeria* e da defunta teoria da sedução. Visivelmente, notícias sobre as mudanças nas teorias de Freud chegavam com vagar a Burghölzli. Jung, ao lado de Forel e da maioria de seus contemporâneos, não percebeu que o método de Freud mudara radicalmente – e por um bom motivo, já que Freud não indicara claramente sua ruptura com Breuer e seu abandono da teoria da sedução.[107]

> **Jung:** Por fim, em uma das últimas sessões, apareceu a narração de um acontecimento que, em todos os aspectos, representava o trauma juvenil de Freud.[108]

Artigo após artigo, as pesquisas de Burghölzli replicavam as teorias abandonadas de Freud. Experimentos de associação, seguidos de ab-reação, faziam brotar uma série de traumas sexuais infantis. Em outras palavras, os psiquiatras de Burghölzli estavam replicando e fornecendo evidências de teorias que Freud já havia abandonado. A situação era paradoxal. Freud finalmente encontrara eco na principal corrente psiquiátrica, mas para teorias das quais já havia abdicado. A replicação científica, que era supostamente a fonte de consenso confiável, conduzira a uma incontrolável proliferação de simulacros. Freud, como se pode ver nas primeiras correspondências com Jung e Abraham, tinha nas mãos um exercício delicado de contenção de danos.

Sob qualquer perspectiva, a defesa de Freud empreendida por Bleuler e Jung (e antes deles, por Forel) concedeu à psicanálise uma visibilidade muito maior na Psiquiatria germanófona. Burghölzli tornou-se o viveiro da psicanálise, e os visitantes estrangeiros, como Ernest Jones, Sándor Ferenczi e Abraham Brill, alimentaram-se ali, dado que era a única instituição onde se

---

107 Em 1905, Freud escreveu: "Não consigo concordar que em meu artigo 'A etiologia da histeria' (1896) tenha exagerado a frequência ou a importância dessa influência" (Freud, Three essays on the theory of sexuality, SE 7, p.190). Foi apenas no ano seguinte que ele admitiu ter cometido um erro uma década antes: "Superestimei, assim, a frequência de tais acontecimentos (*embora em muitos aspectos eles não estivessem abertos a dúvida*)" (Freud, My views on the part played by sexuality in the aetiology of the neuroses, SE 7, p.274; grifo nosso). Em âmbito privado e para Jung, ele parece ter continuado a afirmar que tais seduções foram reais: "[Jung:] Por exemplo, leio este artigo sobre os treze casos da chamada histeria traumática e lhe pergunto, diga-me, professor, você está certo de que essas pessoas realmente contaram a verdade? Como sabe se esses traumas ocorreram? Ele me responde [risos]: Mas essas pessoas eram boas! E eu: Desculpe-me, mas elas são histéricas! [...] Eu sou um psiquiatra [...] e sei do que os histéricos são capazes nessas ocasiões! Mas ele não admitiu isso. [...] Não admitiu nada, nada! Não corrigiu coisa alguma". Entrevista datilografada de 29 de agosto de 1953 com Kurt Eissler, Acervo Sigmund Freud, Divisão de Manuscritos, Biblioteca do Congresso, Washington, D.C.
108 Jung, Psychoanalysis and associations experiment, CW 2, § 717.

podia aprender a praticar a psicanálise. A psicanálise não era tratada como uma disciplina separada, exigindo treinamento específico ou autorização para praticar, mas como uma técnica auxiliar da Medicina e da Psiquiatria. Os visitantes em Burghölzli podiam assistir a conferências sobre o tema, frequentar reuniões de equipe em que pacientes eram submetidos a anamnese analítica e realizar algumas sessões de análise com personalidades como Jung, Riklin e Maeder. Burghölzli utilizou um modelo aberto de instrução, similar ao que Bernheim estabelecera em Nancy para o ensino da hipnose.

Além disso, a reformulação que Jung e Riklin fizeram do experimento associativo em uma ferramenta de experimentação clínica surgiu para a presente psicanálise de uma maneira experimental contemporânea. Era demonstrável publicamente, complementada por estatísticas, medidas ao milésimo de segundo e com sofisticados equipamentos de laboratório, como o pneumógrafo. O experimento associativo detinha, assim, toda parafernália que era cada vez mais considerada como emblema da ciência em Psicologia. Comparado a isso, o solitário aparato de Freud, o divã, parecia uma relíquia da era hipnótica. Portanto, caso se quisesse conhecer a psicanálise, o primeiro destino escolhido não seria Viena, mas Zurique. Isso trouxe vários problemas, ao menos na opinião de Freud. Na verdade, fomentava uma situação em que um número crescente de psiquiatras começou a se interessar pela psicanálise sem ter contato direto com ela. Ademais, e o mais preocupante, se a psicanálise pudesse ser praticada e testada facilmente, poderia com a mesma facilidade ser refutada.

Quando uma teoria adquire maior visibilidade, ela inevitavelmente atrai discussões e contradições. A partir de 1906, uma série de debates acerca da psicanálise foi realizada em congressos psiquiátricos, o que perdurou até 1913. É impressionante como, apesar dos convites, o próprio Freud não tomou parte. O desligamento indiferente e a delegação de representação passariam a ser o estilo de Freud. Ele delegou a tarefa de defender suas teorias a seus seguidores e retirou-se atrás de um altivo silêncio, o que seus contemporâneos viam como uma recusa ao debate.

> **Jung, 29 de agosto de 1953:** Ele nunca se arriscava em um congresso e nunca defendia sua causa em público! [...] Isso sempre o assustou! Os Estados Unidos foram a primeira e única vez! [...] Ele era muito melindroso![109]

Maio de 1906, Baden-Baden: um congresso de neurologistas e psiquiatras do sudoeste alemão. Gustav Aschaffenburg, professor de Psiquiatria em

---

[109] Entrevista com Kurt Eissler (ver nota 102), p.58.

Colônia e ex-aluno de Wilhelm Wundt, apresentou o artigo "Relações da vida sexual com o desenvolvimento de enfermidades nervosas e mentais". Após considerar a obra de Leopold Löwenfeld e Willy Hellpach, Aschaffenburg voltou sua atenção a Freud. Löwenfeld notara que, naquele momento, como Freud era o único mestre do método psicanalítico, não havia maneira de testar seus resultados. Aschaffenburg sustentava, ao contrário, que isso poderia ser feito por experimento associativo. Referindo-se ao trabalho recente de Jung, argumentou que a psicanálise não era fundamentalmente distinta do experimento associativo, e uma consideração deste último demonstrava que Freud interpolava um significado sexual a processos inofensivos. Contra essa explicação, Aschaffenburg reconheceu que era necessário levar em conta a objeção de que pacientes confirmavam as interpretações de Freud. A experiência diária revela que pacientes frequentemente expressavam explicações superficiais para os acontecimentos, e aceitavam as de outros. O poder da influência – particularmente quando o próprio Freud estava convencido da precisão de suas concepções e de que seus pacientes eram histéricos – era suficiente para explicar por que isso acontecia.

> **Gustav Aschaffenburg:** Freud permite que a pessoa a quem examina associe livremente, e isso prossegue até que, de tempos em tempos, ele julga haver descoberto um indicador preciso e, então, chama a atenção do paciente para isso e o estimula a fazer novas associações a partir deste ponto. Mas a maioria dos pacientes que se dirigem a Freud já sabe de antemão aonde ele quer chegar, e isso evoca imediatamente complexos de representações ligados à vida sexual. [...] Mas se o trauma sexual sempre aparece com ele como resultado final de suas psicanálises, há em minha opinião apenas uma explicação possível: que Freud, assim como seus pacientes, seja vítima de uma *autossugestão*.[110]

Assim, era bem possível realizar uma avaliação objetiva do procedimento analítico. Mas a avaliação de Aschaffenburg foi estrondosamente negativa.

> **Aschaffenburg:** O método de Freud é incorreto para a maioria dos casos, duvidoso para muitos e desnecessário para todos.[111]

Freud não respondeu à crítica de Aschaffenburg. Ao invés disso, ela foi respondida em uma publicação de Jung. Este começou por escrever que esta-

---

110 Aschaffenburg, Die Beziehung des sexuellen Lebens zur Entstehung von Nerven- und Geistes Krankheiten, *Münchener Medizinische Wochenschrift*, v.53, p.1797. Realce de Aschaffenburg.
111 Ibid., p.1798.

va respondendo à "bastante moderada e cuidadosa crítica" de Aschaffenburg para que a emenda não saísse pior do que o soneto. Sua linha de defesa era bastante simples. Primeiro, ele modificou os "princípios" de Freud, "com a compreensão do autor", para a declaração de que um número inestimável de casos de histeria tem raízes sexuais.[112] Em seguida, argumentou que a única maneira de refutar essa ideia seria utilizar o método de Freud. Se quisesse confirmar sua crítica da interpretação arbitrária e de autossugestão, bastava a Aschaffenburg fazer isso.

> **Jung**: Tão logo Aschaffenburg cumpra esses requisitos, isto é, divulgue psicanálises com resultados totalmente distintos, acreditaremos em sua crítica, e então poderá ser aberta a discussão sobre a teoria de Freud.[113]

A resposta de Jung apareceu na *Müncher Medizinische Wochenschrift* em outubro. No mês seguinte, foi realizada uma conferência dos psiquiatras do sudoeste alemão em Tübingen. Dois psiquiatras suíços e ex-alunos de Forel, Ludwig Frank e Dumeng Bezzola discorreram sobre a análise de sintomas psicotraumáticos. O interesse pelo método catártico de Breuer e Freud fora encorajado por Forel e seu colaborador próximo Oskar Vogt.[114] Frank continuou a desenvolvê-la. Encorajado a isso por Forel e Vogt, ambos partilhavam do interesse pelo método catártico de Breuer e Freud, o qual Frank continuou a desenvolver sob o nome de psicanálise (*Psychanalyse*).[115] A apresentação de Frank foi suscitada pela crítica de Aschaffenburg no congresso em Baden-Baden, à qual se opôs, assim como Jung, alegando que apenas aqueles que praticaram a psicanálise poderiam julgá-la. Baseando-se em sua própria experiência, Frank apresentou uma série de casos que, segundo alegava, demonstravam a eficácia do método original de Breuer-Freud.

O apoio que Bezzola e Frank poderiam prover a Freud e à equipe de Burghölzli era considerável, visto que podiam aludir a Forel e possuíam

---

112 Em 5 de outubro de 1906, Jung escreveu a Freud sobre Aschaffenburg e comentou: "parece-me que, embora a gênese da histeria seja predominantemente sexual, não o é exclusivamente" (Freud e Jung, *The Freud/Jung letters*, p.4-5). Em sua resposta, Freud discordou inteiramente, respondendo que estava ciente de que Jung não partilhava de todas as suas opiniões, mas esperava que no curso dos anos pudesse se acercar delas.
113 Jung, Freud's theory of hysteria, *The Collected Works of C. G. Jung*, § 16.
114 Vogt, Zur Methodik der ätiologischen Erforschung der Hysterie, *Zeitschrift für Hypnotismus*, v.8, p.65-83; resenha sobre Freud, Die Sexualität in der Aetiologie [der Neurosen], *Wiener Klinische Rundschau*, 12 Jahrg., *Zeitschrift für Hypnotismus*, v.8, p.366-7. Sobre o uso por Vogt da hipnose e da psicoterapia ou análise causais, ver Satzinger, *Die Geschichte der genetisch orientieren Hirnforschung von Cécile und Oskar Vogt in der Zeit von 1895 bis ca. 1927*, p.100-32. Contra Breuer e Freud, Vogt argumentou que era tarefa dos próprios pacientes descobrir as conexões causais, ao invés de o médico realizá-las por eles (Ibid., p.118-9).
115 Distinta da *psychoanalysis* freudiana. Em português, a vogal "o" é suprimida. (N.T.)

inúmeros emuladores da escola de Forel (Karl Graeter, R. Loÿ, Charles de Montet, Philipp Stein, W. Warda etc.).[116] Lá estavam psiquiatras de toda a Europa, replicando a psicanálise e produzindo confirmações independentes dela – exatamente o que seria necessário, a princípio, para criar um consenso em torno das teorias de Freud. Contudo, o problema era que a psicanálise da qual Frank falava não era menos diferente do método de Freud do que os primeiros experimentos associativos de Jung e Riklin.

Acima de tudo, era uma psicanálise sem o "o". A primeira vez que Freud usou o termo *psychoanalysis* foi em um artigo publicado em francês no *Revue neurologique*.[117] O neologismo francês, *psychoanalyse*, parece ter sido modelado diretamente da palavra *psicoterapia*.

> **Freud:** Devo meu resultado a um novo método de psicanálise [*d'une nouvelle méthode de psychoanalyse*], o procedimento exploratório de Josef Breuer. [...] Por meio deste procedimento – aqui não é o espaço para descrevê-lo –, sintomas histéricos são rastreados até sua origem, que é sempre encontrada em algum acontecimento da vida sexual do sujeito apropriada para a produção de uma emoção angustiante.[118]

Curiosamente, Freud não forneceu uma definição, justificativa ou descrição ampliada do termo, mas apenas a aplicou retroativamente ao que se satisfizera em descrever no ano anterior como um método de psicoterapia. Pierre Janet queixou-se mais tarde de que Freud simplesmente se apropriara de seu trabalho e de que sua psicanálise nada mais era do que um plágio de sua própria análise psicológica (*analyse psychologique*).

---

116 Em 1900, Warda publicou o relato de um caso de histeria hipnoide tratada pelo método catártico de Breuer e Freud (Warda, Ein Fall von Hysterie, *Monatschrift für Psychiatrie und Neurologie*, v.7, p.301-18, 471-89).

117 Contrariando a opinião geral, a palavra "psicoanalítica" foi empregada antes de Freud. Em 1979, Kathleen Coburn apontou que o termo fora usado por Coleridge em seus cadernos (apud Eng, Coleridge's "psycho-analytical understanding" and Freud's psychoanalysis, *International Review of Psycho-analysis*, v.11, p.463). Coleridge escrevera sobre a necessidade de uma compreensão psico-analítica. Como afirmou Erling Eng, Coleridge entendia isso como o que era "necessário para recuperar a presença do mito grego oculto, com o verso épico da Renascença, isso para o bem da concretização de uma fé cristã purificada" (ibid., 165). Mas se os diários de Coleridge não foram publicados antes do século XX, o *Dicionário de Inglês Oxford* também registra um uso público da palavra em 1857 em *Russell's Magazine*: "[Poe] escolheu [...] o psico-analítico. Seus heróis são reflexos monstruosos de seu próprio coração em desespero, sem paz". Se o termo circulou com maior amplitude, isso ainda não pode ser verificado.

118 Freud, Heredity and the aetiology of the neuroses, *SE* 3, p.151. O alemão *Psychoanalyse* é utilizado pela primeira vez em Further remarks on the neuro-psychoses of defence, *SE* 3, p.162.

Pierre Janet: Eles [Breuer e Freud] falaram em psicanálise onde falei em análise psicológica. Inventaram o nome complexo, ao passo que eu utilizei o termo "sistema psicológico". [...] Eles falaram em catarse onde falei de dissociação de ideias fixadas ou de desinfecção moral. Os nomes diferiram, mas as ideias essenciais que apresentei [...] foram adotadas sem modificação.[119]

Desse modo, para Janet, a psicanálise nada mais era que uma imitação de sua própria análise psicológica. Forel e seus alunos, por outro lado, apontaram que o termo freudiano era um barbarismo que indicava ignorância referente à formação correta de palavras a partir de raízes gregas.[120]

Dumeng Bezzola a Jung, 1º de maio de 1907: Fala-se em *psychoanalysis* como se apostrofar não fosse tão apropriado quanto inserir outros compostos. Quem diz psiqu*o*iatria, psic*o*astenia etc.?[121]

Forel: Escrevo "psicanálise" como Bezzola, Frank e Bleuler, e não "psico-análise" como Freud o faz, de acordo com uma derivação racional e eufônica do termo. Sobre isso, Bezzola razoavelmente comenta que se escreve "psiquiatria" e não "psicoatria".[122]

Ademais, essa psicanálise liberada de seu "o" era uma psicanálise *breueriana*. Frank e Bezzola repreenderam Freud por ter abandonado o elemento essencial do método catártico – a hipnose – sem uma explicação convincente. Dessa forma, Frank recomendava um tipo de hipnoanálise combinada com a interpretação e a indução de um estado hipnoide. (Assim, antes de Lacan retornar a Freud, já havia ocorrido um retorno a Breuer na história da psicanálise.)

Ludwig Frank: O método original de Breuer-Freud que mais tarde Freud abandonou era o da análise sob hipnose. Utilizei este método com mais frequência e estudei-o ao longo dos anos – e ele me pareceu valioso.[123]

---

119 Janet, *Les médications psychologiques*, p.601-2.
120 Isso foi sinalizado por Horst Gundlach, Psychoanalysis and the story of "O", *Semiotic Review of Books*, v.13, n.1, p.4-5, que destacou a recepção constrangedora do termo deformado "psychoanalysis" por colegas e seguidores de Freud. Ver também Shamdasani, Psychotherapy, *History of the Human Sciences*, v.18, p.1-22.
121 Arquivos de Bezzola.
122 Forel, *Der Hypnotismus oder die Suggestion und die Psychologie*, p.218.
123 Frank, *Die Psychanalyse*, p.19.

Da mesma maneira, Bezzola propôs uma "modificação do procedimento de Breuer-Freud", que ele cunhou de "psicossíntese". Ele punha o paciente em uma posição relaxada com os olhos fechados e, ao invés das associações freudianas, coletava impressões sensoriais diretas. A esse respeito, considerou os complexos associativos de Jung de grande valor heurístico. A hipnose introdutória e o procedimento interpretativo de Freud eram desnecessários, visto que a auto-observação das sensações neuróticas poderia trazer, por si mesma, a experiência correspondente ao estado hipnoide.

Bezzola a Jung, 1º de maio de 1907: Assim como a psicanálise, trata-se de outra modificação do método breueriano. O princípio de cura (descoberto por Breuer) permanece o mesmo.[124]

Finalmente, assim como Breuer, também Frank e Bezzola se recusaram a seguir Freud em sua insistência unilateral na sexualidade, ainda que ampliada.

Frank: Freud abandonou este método [o método catártico] há muitos anos. É de se lastimar que não tenha fornecido as razões para isso. Seu novo método de tratamento por meio da interpretação e a ampliação ilimitada de seu conceito de sexualidade provocaram no debate uma oposição tão violenta a tudo o que foi defendido e logrado por Freud, que existe um risco de que também o método de tratamento de Breuer e os avanços valiosos de Freud [uma alusão ao método da pressão descrito em *Estudos sobre a histeria*] sejam esquecidos e subestimados. [...] Parece-me que Freud não considera em seu método de interpretação, ao menos em um grande número de casos, o importante papel do estado hipnoide em sua gênese, para o qual ele mesmo chamou a atenção.[125]

Frank também apontou que não poderia remontar todos os casos à causa sexual, e não achava necessário procurar uma causa se o tratamento fosse bem-sucedido. Claramente, a psicanálise e a psicossíntese que Frank e Bezzola defendiam contra Aschaffenburg eram *rivais* da psicanálise de Freud. Esses novos aliados eram, na verdade, concorrentes.

No debate que se seguiu às apresentações de Frank e Bezzola, o psiquiatra Alfred Hoche expressou seu profundo ceticismo ante o novo método de Freud.

---

124 Arquivos de Bezzola.
125 Frank, *Die Psychanalyse*, p.127-8; este artigo apareceu em um livro em homenagem a Forel.

Hoche: Há certamente muito de novo e de bom nos ensinamentos de Freud sobre a psicanálise da histeria; infelizmente, o bom não é novo, e o novo não é bom. Que apenas o bom possa advir do efeito médico-terapêutico de uma análise aprofundada dos fenômenos psíquicos e de um ingresso intensivo na particular individualidade de um único caso, que o paciente se esclareça acerca de coisas opressivas latentes e possa, assim, chegar a uma expressão em que a compreensão seja acessível: isso pode ser um alívio, e até mesmo uma solução. Nada disso é novo. Mas não é boa a frequência com que o fator especificamente sexual deva exercer o protagonismo de acordo com Freud e outros. O que, então, ouvimos hoje? Que os doutores que aplicaram a psicoterapia com interesse e energia lograram eliminar, de um modo sugestivo, uma série de condições subjetivamente perturbadoras. Que isso é possível, já sabemos há bastante tempo, mas não é necessário o rótulo de um método especial, que surge com a pretensão de indicar algo completamente novo. Aquele que lê *Fragmento da análise de um caso de histeria* de Freud, sem preconceitos, simplesmente abandonará essa tese com um meneio. Quanto a mim, devo confessar que é totalmente incompreensível que alguém consiga tomar este curso de pensamento ali produzido com a maior seriedade. Entendo ainda menos quando nós – aqui presentes – somos repreendidos por não termos nenhuma condição de argumentar, já que não utilizamos este "método". Tal reprimenda é equivocada, visto que consideramos inválido todo o pressuposto. Isso, portanto, beira o alívio cômico, pois a oposição às ideias freudianas tem paralelos com a resistência dos contemporâneos às visões copernicanas, como ocorria em discussões privadas.[126]

Em resposta, Jung, que também estava presente, reiterou a visão de Frank (e também sua própria) de que não se podia afirmar que Freud estava errado sem haver empregado a psicanálise. A isso, o psiquiatra Max Isserlin respondeu que procurara replicar os experimentos de Jung e que, se de um lado confirmou a tese de Jung de que complexos investidos de afeto provocavam tempos de reação prolongados, não havia chegado a nenhum dado que justificasse uma padronização desses complexos no sentido de uma teoria freudiana, i.e., de trauma sexual. Por fim, Robert Gaupp advertiu quanto à aspereza das visões de Hoche. Embora se opusessem aos exageros dos ensinamentos freudianos, Bleuler e sua escola tinham direito a uma verificação experimental sem preconceitos de suas posições.

Na versão publicada deste artigo, Bezzola acrescentou um apêndice em que defendia a completa identificação das visões de Hoche com a teoria

---

126 Hoche, Vereinsbericht, Sammlung südwestdeutscher Irrenärzte in Tübigen am 3 und 4 November 1906, *Zentralblatt für Nervenheilkunde und Psychiatrie*, v.31, p.184-5.

da neurose de Freud. Não havia salientado suas diferenças neste artigo, escreveu, por respeito aos estímulos que recebeu de *Estudos sobre a histeria* de Breuer e Freud.

> **Bezzola:** Freud analisa o simbolismo e o interpreta de acordo com a experiência causal. Ele constrói e sugere isso. Eu permito que isso seja formado pelo próprio paciente, por meio de sensações primárias e impulsos de movimento. Permito que isso seja vivido diretamente. Com Freud, o médico trabalha sob controle do paciente; comigo, o paciente trabalha sob controle do médico. Comigo, o perigo da falsa interpretação fica excluído, pois evito qualquer sugestão, exceto as do relaxamento.[127]

Bezzola não poderia ser mais claro: a psicanálise de Freud – com suas falsas sugestões e interpretações – foi substituída por sua própria psicossíntese. Vale notar aqui que Freud não foi a única personalidade na época a alegar que não se impunha sobre o paciente: Bezzola utilizava contra Freud o mesmíssimo argumento aplicado para distinguir seu método de outras técnicas terapêuticas. Freud via a situação de modo diferente. A essa altura, ele não sentia necessidade de diferenciar a psicanálise da psicossíntese.

> **Freud a Jung, 7 de abril de 1907:** O trabalho de Bezzola não me transmite honestidade. [...] Os comentários anexos brotam de uma covardia pessoal demasiado esperançosa. Negar que psicossíntese seja o mesmo que psicanálise parece totalmente enganoso.[128]

As relações de Jung com Bezzola azedaram. Em 24 de maio, ele o descreveu para Freud como uma "alma pequena *e ordinária*".[129] Freud respondeu: "Não vejo razão para considerar Bezzola e Frank como integrantes de nosso grupo".[130]

O projeto de Frank e Bezzola, de se dissociarem de Freud e proporem uma psicanálise ou psicossíntese não freudiana tinha o total apoio de Forel. Desde o momento em que percebeu quanto Freud havia se afastado de seu método original, Forel se tornara muito crítico em relação a ele. Do mesmo modo que Aschaffenburg e Hoche, ele se inquietou com a arbitrariedade

---

[127] Bezzola, Zur Analyse psichotraumatischer Symptome, *Journal für Psychologie und Neurologie*, v.8, p.219.
[128] Freud e Jung, *The Freud/Jung letters*, p.29.
[129] A frase em itálico foi removida na versão publicada. Os originais podem ser acessados na Biblioteca do Congresso.
[130] Freud e Jung, *The Freud/Jung letters*, 26 de maio de 1907, p.53.

das interpretações de Freud e com sua crescente influência sobre a antiga instituição de Forel, a Burghölzli. Como revela sua correspondência entre 1907 e 1910, ele instou seus discípulos a tomarem posições firmes contra o desvio freudiano, de modo a poder separar o "o joio do verdadeiro trigo".[131]

> **Forel a Frank, 15 de novembro de 1907:** Esse culto a Freud me enoja, assim como enoja Bezzola. Deixo aberta a questão de se a famosa descoberta de Freud é realmente dele ou se pertence a Breuer, mas é certo que em Viena, onde as pessoas não são puritanas, Freud possui uma reputação muito ruim, nada infundada. [...] Parece-me que Bleuler não é mais diretor de Burghölzli, mas Jung, e eu lastimo isso.[132]

> **Forel a Bezzola, 22 de novembro de 1907:** Por esse motivo, não é necessário se filiar a nenhum clube de Freud, de modo algum. Para mim, o próprio Freud é extremamente antipático, mas creio que se ganha mais quando se confronta Frank de modo pacífico e franco e quando, em algum momento, engaja-se na luta contra os tolos de Freud, ao invés de abrir caminho para eles.[133]

> **Forel a Bezzola, 21 de setembro de 1908:** Tenho agora um caso em tratamento (por hipnose) que foi totalmente despedaçado pela psicanálise de Freud e sua escola. A pessoa enlouqueceu parcialmente com sinceras interpretações "sexuais" das coisas mais inofensivas. Acho que existe um tipo de psicanálise que produz mais complexos do que os elimina![134]

> **Bezzola a Forel, 22 de agosto de 1909:** Espero, em algum momento do mês de janeiro, fazer os últimos ajustes de uma importante publicação. O objetivo essencial é defender a soberania do psíquico sobre as interpretações estranhas de seus meios de expressão e antever as objeções da escola freudiana de que não mergulho profundamente nos "complexos".[135]

> **Forel a Bezzola, 17 de maio de 1910:** Preocupa-me que você não tenha escrito um livro sobre suas experiências. É um imperativo *urgente*. Toda a questão é inteiramente corrompida e desacreditada por Freud e seu círculo. Já é

---
131 Forel e Bezzola, D. August Forel und Dumeng Bezzola. In: Müller (Ed.), *Gesnerus*, v.46, p.74.
132 Ibid., p.64. A resposta de Frank foi reproduzida em Forel, *August Forel*, p.393-5.
133 Forel e Bezzola, D. August Forel und Dumeng Bezzola. In: Müller (Ed.), *Gesnerus*, v.46, p.66.
134 Ibid., p.69.
135 Ibid., p.71.

tempo de os psicanalistas razoáveis e científicos intervirem com obras sérias e importantes.[136]

Não contente com a relegada agitação antifreudiana, Forel escreveu a Breuer, que conhecera enquanto estudava em Viena, para pedir que indicasse precisamente "que parte da psicanálise divergia dele, qual papel possuía na psicanálise".[137] Breuer demonstrou gratidão. Ele próprio era responsável por "tudo que se seguiu diretamente ao caso Anna O." – a teoria dos estados hipnoides e as representações afetivas não ab-reagidas, a noção de histeria de retenção e a terapia analítica (Breuer usou primeiro o termo "psicanalítica"). Freud era responsável pelos conceitos de conversão e neuroses de defesa e pela ênfase dada à defesa em detrimento de estados hipnoides (dificilmente "em benefício de sua teoria", acrescentou Breuer). A ambos pertencia a ênfase sobre o "lugar proeminente assumido pela sexualidade".[138] Breuer, portanto, não hesitou em reivindicar sua parte na descoberta do papel da sexualidade na histeria. Ao mesmo tempo, tal como o fez em *Estudos sobre a histeria*, salientou o caráter assexual de Anna O.

> **Breuer a Forel, 21 de novembro de 1907:** O caso de Anna O., que foi a célula germinal de toda a psicanálise, prova que um caso relativamente grave de histeria pode se desenvolver, florescer e ser resolvido sem uma base sexual.[139]

Forel encaminhou imediatamente a carta a Bezzola, recomendando que "lesse as entrelinhas":[140] Breuer declarara que a terapia analítica derivava diretamente do caso de Anna O. Podia-se concluir que, uma vez que este

---

136 Ibid., p.73. Bezzola nunca escreveu tal livro, para grande desgosto de Forel.
137 Ibid., p.67.
138 Apud Cranefield, Josef Breuer's evaluation of his contribution to psycho-analysis, *International Journal of Psychoanalysis*, v.39, n.5, p.320.
139 Apud ibid., p.320. Aparentemente, Breuer continuou a se corresponder com Forel até 1908, mas essas cartas foram perdidas (ver Tanner, Sigmund Freud and the Zeitschrift für Hypnotismus, *Arc de Cercle*, v.1, n.1, p.125). Vale mencionar aqui a lembrança de Ludwig Binswanger de sua visita a Breuer, a quem transmitiu os cumprimentos de seu pai (Robert Binswanger, para quem Breuer enviou Bertha Pappenheim depois do tratamento): "Não recordo as palavras exatas de Breuer, mas me lembro de gestos e expressões faciais vívidos com os quais reagiu a minha ingênua pergunta de qual era sua posição concernente a Freud a partir dos *Estudos*. Sua expressão de lástima e superioridade, assim como o aceno de sua mão, uma dispensa no mais completo sentido da palavra, não deixou a menor dúvida de que em sua opinião Freud cientificamente se desencaminhara, em tal medida que ele não poderia ser mais levado a sério, e portanto era melhor não falar sobre ele" (Binswanger, *Sigmund Freud*, p.4).
140 Forel e Bezzola, D. August Forel und Dumeng Bezzola. In: Müller (Ed.), *Gesnerus*, v.46, p.67.

caso carecia de "base sexual", a verdadeira psicanálise nada tinha que ver com a sexualidade dos freudianos e sua "fabricação de complexos".[141]

Forel, 1908: Por outro lado, o método psicanalítico descoberto por Breuer e Freud é muito importante, graças ao qual, ao permitir que se revivam traumas emocionais, se consegue eliminar seu efeito patogênico e a possibilidade de que continuem a exercer efeitos suplementares devastadores na vida cerebral subconsciente. Nesse aspecto, contudo, Freud também fez uma construção unilateral e simplesmente abandonou a fundação da sugestão e da hipnose, ao passo que, na realidade, todos esses fenômenos deveriam ser estudados e compreendidos em sua interdependência harmoniosa. Quando se procede de maneira diferente, como quando se empregam na pesquisa os pretensos complexos, arrisca-se, nos inúmeros casos em que estes emergem continuamente, a chegar a um treinamento cerebral nocivo, a uma fabricação de complexos que pode ser particularmente desastrosa no caso dos complexos sexuais.[142]

Discussões relativas à psicanálise prosseguiram no Congresso Internacional de Psiquiatria, Neurologia e Psicologia de Amsterdã, em setembro de 1907. A controvérsia começava a se internacionalizar. De início, Freud foi convidado, assim como Janet.

Freud a Jung, 14 de abril de 1907: Quando fui convidado, Aschaffenburg não seria o outro palestrante; dois foram mencionados, Janet e um holandês. Ao que parece, foi planejado um duelo entre mim e Janet, mas detesto lutas gladiatórias diante da nobre turba e não me é fácil submeter minhas descobertas ao crivo de uma multidão indiferente.[143]

Como não aconteceria um duelo entre Freud e Janet, devido à ausência daquele, havia ainda outro duelo sendo oferecido.

Monatsschrift für Psychiatrie und Neurologie: O duelo *Jung-Aschaffenburg* era há muito aguardado por vários participantes germanófonos.[144]

A quinta sessão foi sobre histeria, com apresentações de Janet, Aschaffenburg, Jung e Gerbrandus Jelgersma. Janet abriu a sessão apresentando

---
141 Ibid., p.70.
142 Forel, Zum heutigen Stand der Psychotherapie, *Journal für Psychologie und Neurologie*, v.11, p.268.
143 Freud e Jung, *The Freud/Jung letters*, p.33.
144 V.21, 1907, p.563.

um resumo de sua obra sobre histeria. Aschaffenburg falou em seguida, limitando-se a uma discussão sobre o método de livre associação de Freud e dos experimentos associativos de Jung: por que Freud e seus seguidores encontravam complexos sexuais com tanta frequência? Para responder à pergunta, Aschaffenburg narrou um caso de neurose obsessiva que ele tratara para testar o método freudiano. Era claramente uma resposta ao artigo anterior de Jung, e Aschaffenburg alegou que esse caso demonstrava como os pensamentos podiam ser conduzidos a determinada direção.

> **Aschaffenburg:** O método freudiano e junguiano culmina em representações sexuais porque promove a emergência de representações sexuais por meio da atenção dirigida e, com frequência, verdadeiramente forçada para a esfera sexual.[145]

Desta forma, Freud e Jung estariam sugerindo as associações que alegavam apenas observar. Sua própria pesquisa convencera Aschaffenburg de que tal investigação era constrangedora e potencialmente prejudicial para o paciente e que o sucesso do tratamento não superava o de outros métodos inofensivos.

Aschaffenburg foi seguido por Jung, que começou salientando que o fato de ele se restringir a Freud não era devido a desconsideração às obras notáveis de Charcot, Moebius, Strümpell, Janet, Sollier, Vogt, Binswanger, Krehl e Dubois (curiosamente, esta declaração foi cortada quando Jung republicou o artigo naquele mesmo ano). A melhor maneira de entender a obra de Freud, argumentava Jung, era por meio de um panorama histórico.

> **Jung:** Os pressupostos teóricos para o trabalho mental da pesquisa freudiana repousam, acima de tudo, no conhecimento dos experimentos janetianos. A primeira formulação de Breuer e Freud do problema da histeria parte dos fatos da dissociação psíquica e dos automatismos psíquicos inconscientes. Um pressuposto posterior salientado muito enfaticamente por Biswanger, dentre outros, é a importância etiológica dos afetos. Ambos os pressupostos, reunidos aos experimentos extraídos da teoria da sugestão, resultaram na geralmente reconhecida concepção atual da histeria enquanto neurose psicogênica. A pesquisa de Freud se dedica a descobrir por quais meios e de que modo funciona o mecanismo de produção de sintomas histéricos.[146]

---

145 Freud e Jung, *The Freud/Jung letters*, p.566.
146 Jung, The Freudian theory of hysteria, *CW* 4, § 28.

Jung prosseguiu com o relato do desenvolvimento teórico de Freud. Referia-se à psicanálise sem "o". Apontou que, reconhecidamente, o presente método psicanalítico era muito mais complicado que o método catártico original, e levava dois anos de prática extensa para alguém ser capaz de utilizá-lo com alguma segurança.[147] Mas também acrescentou que isso a aproximava de outros métodos contemporâneos.

> **Jung:** Quanto a isso, o novo método freudiano possui grande similaridade com o método de Dubois de educação. [...] O método de psicossíntese de Bezzola, por outro lado, é um desenvolvimento direto muito interessante do método catártico de ab-reação de Breuer-Freud. A base teórica do método psicanalítico freudiano, alimentada inteiramente por meio do empirismo prático, está ainda encoberta por uma densa escuridão. Com minha pesquisa sobre associações, creio que tenha tornado ao menos alguns pontos acessíveis a investigação experimental, ainda que nem todas as dificuldades teóricas tenham sido superadas.[148]

Só nos resta presumir que, ao ler isso, Freud possa ter se arrependido ao decidir não comparecer ao congresso. Na história de Jung, os pressupostos básicos de sua própria pesquisa repousavam sobretudo na obra de Janet sobre dissociação e automatismos, além da obra de Otto Binswanger, da teoria da sugestão (i.e., Bernheim e Forel) e da noção reconhecida de histeria como neurose psicogênica. Ademais, o novo método de Freud estava ligado a Dubois e era posto ao lado do de Bezzola. Jung buscava claramente recrutar aliados e o fazia atirando sua rede o mais amplamente que conseguia. Contudo, isso acabou diluindo a especificidade da psicanálise como Freud a concebia. E o que é pior, Jung sugeria que a escuridão densa que jazia sobre a base teórica do método de Freud estava sendo esclarecida pela luz lançada pelo experimento associativo do próprio Jung. Freud não poderia deixar de notar as semelhanças com Frank e Bezzola. Corria o risco de se tornar um espectador, uma nota de rodapé na história do movimento psicanalítico.

O artigo de Jung ultrapassou o tempo previsto e foi interrompido.

> **Ernest Jones:** Infelizmente, [Jung] cometeu o equívoco de não cronometrar seu artigo e também de se recusar a obedecer ao sinal reiterado do mediador para terminar. Ao final, foi obrigado a fazê-lo e, diante disso, com o rosto raivoso e

---

147 Jung apagou isso ao republicar o artigo.
148 Jung, Apresentação, *Compte-rendu des travaux du Ier Congrès international de neurologie, de psychologie et de l'assistance des aliénés, du 2 au 7 Septembre 1907*, p.277. Na versão publicada no mesmo ano, sob o título de "A teoria freudiana da histeria", Jung apagou a passagem sobre Bezzola.

ruborizado, saiu pisando firme para fora da sala. Lembro-me da desafortunada impressão que seu comportamento provocou no impaciente e já preconceituoso público, de modo que não poderia haver dúvida acerca do tema do debate.[149]

Durante o debate, o tema da possibilidade de replicação dos resultados de Freud foi mais uma vez destacado. Otto Gross notou que toda a discussão se centrava na questão da possibilidade de se verificar o método freudiano sem um conhecimento da técnica especial freudiana. Frank repetiu seu argumento e o de Jung de que aqueles que não praticaram o método não poderiam julgá-lo. A isso, Heilbronner respondeu que, em sua clínica em Utrecht, seu assistente Schnitzler realizara experimentos concernentes à existência de complexos salientados afetivamente, e os resultados foram negativos. A discussão foi concluída por Pierre Janet, cujas primeiras referências a Freud em seus trabalhos haviam sido até então respeitosas. Não seria o caso dessa vez.

> **Janet:** A primeira obra de Breuer e Freud sobre a histeria é, em minha opinião, uma interessante contribuição à obra dos médicos franceses, que durante quinze anos analisaram os estados mentais de pessoas histéricas por meio da hipnose e da escrita automática. Os autores franceses mostraram alguns casos interessantes em que ideias fixas subconscientes representavam um papel importante. Breuer e Freud revelaram casos similares, mas os generalizaram de imediato e declararam que toda histeria é constituída por ideias subconscientes fixadas. Em um segundo estudo, observaram problemas de sentido genital em algumas histerias. Isso é exato: notam-se ideias fixadas de ordem erótica em algumas pessoas histéricas, uma insuficiência do sentido sexual, ou perversões mais ou menos leves dos instintos genitais. Isso é incontestável e foi descrito muitas vezes em grande profundidade pela análise patológica. Mas por que generalizar essas observações verídicas de um modo completamente excessivo? Por que declarar que toda histeria consiste de perturbação genital de diversos pacientes?[150]

---

149 Jones, *The life and work of Sigmund Freud*, v.2, p.126.
150 Janet, Discussion, *Compte-rendu des travaux du Ier Congrès international de neurologie, de psychologie et de l'assistance des aliénés, du 2 au 7 Septembre 1907*, p.301-2. Janet expressou a mesma posição em 1913, em Londres, no 17º Congresso Médico Internacional: "Devo admitir, com grande embaraço, que não compreendi inteiramente a importância da sublevação [freudiana] e ingenuamente considerei seus primeiros estudos por Breuer e Freud como uma confirmação muito interessante de meus estudos: 'Ficamos contentes', escrevi na época, 'por Breuer e Freud terem verificado nossa já antiga interpretação das ideias fixas nas pessoas histéricas'. [...] Se muito, tais autores mudaram algumas palavras em suas descrições psicológicas: chamaram de psicanálise o que eu havia chamado de análise psicológica. [...] De novo, mais uma vez, quando se deixam de lado as aventurosas dis-

Em outras palavras, o bom da psicanálise não era novo, e derivava da própria obra de Janet. O que era novo não era bom, e podia seguramente ser atribuído a Freud.

FREUD S.A.[151]

A psicanálise não estava se saindo bem nos debates abertos dos congressos psiquiátricos. Se as defesas de Bleuler e Jung inseriram a psicanálise no mapa, havia o perigo bastante real de que ela fosse testada publicamente, refutada e descartada por psiquiatras eminentes. Assim, formou-se um novo plano de ação. Em 30 de novembro de 1907, Jung informou a Freud que um recém-chegado de Londres, Dr. Jones, ao lado dos amigos de Jung em Budapeste,[152] sugeriu um congresso de seguidores freudianos. Em 30 de janeiro de 1908, Jung informou a Karl Abraham que não convidaria Bezzola e pediu-lhe que encontrasse mais participantes, "contanto que sejam pessoas com interesses pró-freudianos. Por favor, enfatize a cada um a natureza privada do projeto".[153] O "Primeiro Congresso de Psicologia Freudiana", realizado no final de abril em Salzburgo, deveria ser um evento secreto, de participação exclusiva de convidados, em que críticas eram proibidas. Essa reunião *privada*, que definiu o tom de futuros congressos psicanalíticos em todo o mundo, representou um retorno às reuniões semanais de Freud com seus discípulos em Viena. Mais uma vez, Freud podia ver suas ideias replicadas pelo caleidoscópio a que Wittels se referiu.

---

cussões e apenas se examinam as observações publicadas pelos estudantes de Freud sobre memórias traumáticas, encontram-se descrições muito semelhantes às que publiquei anteriormente. Ao considerar essas primeiras teorias e observações, tem-se dificuldade em compreender como a Psicanálise se diferencia da análise psicológica e onde se deve encontrar o novo ponto de vista que ela traz à psiquiatria" (Janet, Psycho-analysis, *XVIIth International Congress of Medicine*, p.8).

151 Após a publicação da edição francesa deste livro (2006), foi publicado *Revolution in mind: the creation of psychoanalysis*, de George Makari. A obra é até o momento a mais importante história da Psicanálise já feita, e sua análise converge em uma série de pontos com a desenvolvida aqui, particularmente esta seção com os capítulos 6 e 7 de seu livro. Nosso principal ponto de discordância está no argumento de Makari de que, após o primeiro cisma, Freud mudou de atitude em relação à posição autoritária anterior, mantendo a partir de então um controle relativamente frouxo do movimento psicanalítico. Nós preferimos enfatizar o fato de que, no âmbito teórico, os limites do alcance das divergências (em parte exigidos pelo controle de danos perante as obras de figuras como Adler e Jung) eram pautados pela condição de que a lenda de Freud e a autoridade fundamental de Freud permanecessem intocadas.

152 Freud e Jung, *The Freud/Jung letters*, p.157.

153 Jung, *C. G. Jung letters 1*, p.7.

Porém o que Bleuler chamaria mais tarde de política das portas fechadas não resolveu inteiramente a situação; longe disso. Em consonância com um padrão que seria repetido com certa frequência, as controvérsias às quais os freudianos tentavam evadir externamente logo reapareceram internamente. Em última análise, houve pouca diferença entre os debates externos e as desavenças internas.

Já na primeira reunião em Salzburgo, emergiu um conflito entre Jung e Abraham, que trabalhara antes sob Jung e Bleuler em Burghölzli. Ambos apresentaram artigos sobre demência precoce (que logo seria chamada de "esquizofrenia" por Bleuler), e, enquanto Abraham procurou aplicar a teoria da libido de Freud em sua elucidação, Jung apresentou sua concepção de que a perda da realidade na demência precoce não podia ser explicada com base na teoria da libido e que, na realidade, a condição não poderia ser esclarecida de modo puramente psicogênico, invocando uma toxina desconhecida como possível fator etiológico. Embora Abraham não tenha mencionado seus antigos superiores em Burghölzli, à parte alguns gestos elogiosos, o artigo de Jung foi em essência independente do trabalho de Freud. Freud interpretou essa disputa doutrinária entre Jung e ele como um conflito de precedência entre Abraham e Jung.

> **Ernst Falzeder:** A controvérsia entre Abraham e Jung culminou em uma "guerra por procurações". Ambos falavam não apenas por si próprios, mas também por Freud e Bleuler respectivamente, e vale repetir que Abraham havia sido também membro da equipe de Burghölzli. [...] Freud encorajou Abraham ativamente a apresentar seu artigo e até o assegurou de que isso não provocaria um conflito com Jung. [...] Assim, parece que Freud atraiu o próprio conflito que deplorava. Em seguida procurou ofuscar esse fato e depositou a culpa em Abraham e Jung. Como resultado do Congresso, Freud reinterpretou o conflito como uma *disputa de precedência entre Abraham e Jung*; um conflito pela precedência de ser o primeiro a resolver o enigma da esquizofrenia com ajuda da psicanálise. Simultaneamente, contudo, Freud deixou bem claro que a verdadeira precedência era *dele*.[154]

Isto definiu o tom de como Freud tentaria resolver as disputas no interior de seu movimento, pelo arranjo de seus seguidores de uma maneira hierárquica e pela afirmação de sua autoridade. Ao transformar seu conflito horizontal com Jung em um entre seus discípulos, Freud arrogava-se o direito de intervir no debate verticalmente, de uma posição de autoridade

---

154 Freud e Abraham, Introdução, *The complete correspondence of Sigmund Freud and Karl Abraham*, p.xxvii; realce de Falzeder.

incontaste. Tal estratégia moldou a forma como Freud reagiria a conflitos internos subsequentes: toda vez que um de seus colaboradores tentasse discutir abertamente com ele como entre iguais, tal qual seus colegas psiquiatras tentaram fazer de fora, ele o reduziria à condição de pupilo, não lhe deixando outra opção senão seguir a linha ou abandonar o movimento e se unir à crescente multidão de críticos. Por isso, a fronteira entre o interior e o exterior do movimento seria extremamente fluida e foi redesenhada constantemente como resultado das expulsões. A porta fechada começou a se assemelhar a uma porta giratória.

Na mesma conjuntura, existiram movimentos significativos do lado de fora. Em 1908, Forel publicou um artigo propondo uma associação geral de psicoterapia.[155] Ao avaliar o estado geral da disciplina, notou a presença indesejável de todo tipo de pseudoterapeutas: "Charlatães, curandeiros magnéticos, o Instituto de Ciência de Nova York, operários do milagre de Lourdes, spas, naturopatas e cia.".[156] Em contraste, havia as terapias antissugestivas de Lévy e Dubois, defendendo a persuasão e a vontade, baseadas em uma confusa psicologia dualista. E havia o método psicanalítico de Breuer e Freud, que representava um desenvolvimento muito importante. Infelizmente, Freud desenvolvera seus primeiros estudos de modo unilateral, descartando arbitrariamente a hipnose e a sugestão, ao invés de estudar os fenômenos em sua interdependência. Diante dessa situação lamentável, Forel propôs a criação de uma sociedade internacional de psicoterapia verdadeiramente científica. Acrescentou que, em essência, o objetivo de tal sociedade seria organizar congressos anuais que aproximariam psicoterapeutas de todas as tendências, sem exclusões. Em agosto de 1909, Forel enviou uma circular aos principais representantes da psicoterapia europeia, incluindo Freud e Jung, convidando-os a se unir à Sociedade de Psicologia Médica e Psicoterapia, que propôs estabelecer com Oskar Vogt e Ludwig Frank. Forel sentia que a falta de coordenação entre as diferentes orientações da psicoterapia era um problema crítico. Desejava criar ordem nessa "torre de Babel",[157] facilitando a troca científica pelo estabelecimento de uma "clara terminologia internacional, apta à aceitação geral por diferentes pessoas".[158]

---

155 Forel, Zum heutigen Stand der Psychotherapie, *Journal für Psychologie und Neurologie*, v.11, p.266-9.
156 Ibid., p.266.
157 Forel, Fondation de la Société Internationale de Psychologie Médicale et de Psychothérapie, *Informateur des aliénistes et des neurologistes* (suplemento para *L'Encéphale*), v.5, p.42, 44.
158 Forel, La psychologie et la psychothérapie à l'université, *Journal für Psychologie und Neurologie*, v.17, Ergänzungsheft, p.315-16.

Forel, circular de agosto de 1909: Por um lado, a psicoterapia é completamente negligenciada pelas faculdades da Medicina; por outro, consiste em tentativas individuais completamente dispersas, sem ligação entre elas. Nos congressos, mal se tem tempo para discutir as questões importantes que são trazidas: hipnotismo, sugestão, psicanálise, tendo em vista que até agora essas reuniões são ocupadas por outros temas.[159]

Forel, primeiro Congresso da Sociedade Internacional de Psicologia Médica e Psicoterapia (7-8 de agosto de 1910):[160] Sugestão hipnótica (há pouca diferença se é empregada em estado de vigília ou no sono) e psicanálise são agentes psicoterapêuticos de primeira ordem que se provaram confiáveis. Há hoje, contudo, total ignorância acerca delas nas faculdades de Medicina, assim como se ignora a verdadeira Psicologia científica.[161]

Forel, anúncio oficial de fundação da Sociedade Internacional de Psicologia Médica e Psicoterapia: Assim, [a psicoterapia] compreende, acima de tudo, a sugestão terapêutica, a psicanálise e métodos análogos, baseados diretamente em uma Psicologia bem-compreendida. [...] Geralmente desprezada e negligenciada pelas faculdades de Medicina, a Psicologia e a Psiquiatria foram estudadas sobretudo por autodidatas que formaram escolas especiais e locais, tais como em Paris, Nancy, Viena etc., tendo se desenvolvido cada qual segundo suas ideias especiais, sem contato umas com as outras, sem discussões científicas aprofundadas, sem acordos terminológicos.
Em consequência dessa situação, parece-me que muitas coisas são extremamente necessárias.
1. Chegar a um acordo internacional para auxiliar as discussões científicas no domínio do qual nos ocupamos – acordo sobre os fatos e os termos.
2. Unificar a ciência neurológica e torná-la conhecida em todos os seus ramos pelas faculdades de Medicina.[162]

Freud e Jung já haviam partido para se apresentarem na conferência na Clark e conquistar os Estados Unidos. Encontraram a circular de Forel

---

159 Forel e Bezzola, August Forel und Dumeng Bezzola – ein Briefwechsel. In: Müller (Ed.) *Gesnerus*, v.46, p.70.
160 Entre os presentes estavam: Bernheim, Janet, Forel, Vogt, Jones, Leonhard Seif (freudiano, na época), Loÿ, de Montet, Muthmann, van Renterghem e Warda. Bezzola e Frank não puderam comparecer.
161 La psychologie et la psychothérapie à l'université, *Journal für Psychologie und Neurologie*, v.17, Ergänzungsheft, 1910, p.313.
162 Forel, Fondation de la Société Internationale de Psychologie Médicale et de Psychothérapie. *Informateur des aliénistes et des neurologistes* (suplemento para *L'Encéphale*), v.5, p.44.

quando retornaram, no início de outubro. Àquela altura, a Sociedade já havia sido fundada.[163] A formação da sociedade os colocava em situação inesperadamente embaraçosa. Forel propunha que se unissem as diversas psicoterapias, sem conceder uma condição especial à psicanálise. Forel e Frank tomavam as rédeas, com a bandeira da verdadeira Psicologia científica, e ofereciam a Freud e Jung um assento traseiro em sua nova organização. Mesmo assim, e após longa hesitação, Freud e Jung resolveram aceitar o convite de Forel em meados de novembro, de modo a não entregar o campo aos rivais.[164] No mesmo mês, em uma reunião profissional de psiquiatras suíços, Forel e Jung fizeram uma aliança para isolar Constantin von Monakow, cofundador ao lado de Paul Dubois de uma terceira associação de psicoterapeutas, a Sociedade dos Neurologistas.[165] Em dezembro, Forel enviou a Freud um exemplar com dedicatória da décima primeira edição de seu livro *Brain and Soul* [Cérebro e Alma].[166] Ainda mais surpreendente, Freud vislumbrou rapidamente infiltrar-se na Ordem Internacional de Ética e Cultura de Pastor Kneipp, uma organização da qual Forel participava ativamente, antes de abandonar a ideia por recomendação de Jung.[167]

> **Jung a Freud, 11 de fevereiro de 1910:** A PsA me deixa "orgulhoso e insatisfeito", não quero vinculá-la a Forel, aquele João do Gafanhoto de roupas de pele, mas gostaria de vinculá-la a tudo o que sempre foi dinâmico e vivo.[168] [...] Devo encaminhar essa questão crucial para a PsA ao Congresso de Nuremberg.[169]

Nesse meio-tempo, foi germinada a ideia de uma Associação Internacional de Psicanálise, agrupando formalmente adeptos da doutrina de Freud. O momento em que isso se deu certamente não foi casual.

> **Freud a Ferenczi, 1º de janeiro de 1910:** Por acaso, o que você acha de uma organização mais restrita, com regras formais e uma pequena taxa de

---

163 A sociedade foi fundada oficialmente em Salzburgo, em 19-25 de setembro de 1909. O presidente foi Fulgence Raymond, sucessor de Charcot em Salpêtrière, com Frank, Forel e Vogt como secretários. A sociedade compreendia não menos que 56 membros.
164 Pode-se acompanhar esta discussão em Freud e Jung, *The Freud/Jung letters*, p.247, 249, 253, 257, 259.
165 Freud e Jung, *The Freud/Jung letters*, p.268.
166 Forel, *Gehirn und Seele*, apud Tanner, Sigmund Freud and the Zeitschrift für Hypnotismus, *Arc de Cercle*, v.1, n.128, p.75-142.
167 Freud e Jung, *The Freud/Jung letters*, p.288 e 295.
168 Referência a são João Batista, que segundo a lenda cristã comia gafanhotos e trajava vestes feitas de pele de camelo. (N.T.)
169 Freud e Jung, *The Freud/Jung letters*, p.294-5.

adesão? Você consideraria vantajoso? Também escrevi a Jung algumas palavras sobre isso.[170]

Ferenczi a Freud, 2 de janeiro de 1910: Acho sua sugestão (organização mais restrita) extremamente útil. A aceitação dos membros, contudo, seria tão estritamente controlada quanto na Sociedade de Viena; esse seria um modo de manter distantes os elementos indesejados.[171]

Enquanto isso, continuavam a brotar discussões referentes à psicanálise. Em 29 de março, houve um acalorado debate sobre a psicanálise na Sociedade Médica de Hamburgo, após uma palestra de Jan van Embden sobre as psiconeuroses, em que lançou um ataque à psicanálise. Argumentava que não tinha sido provado o papel significativo que Freud atribuía à sexualidade e que o sucesso da teoria de Freud, como da de Dubois, repousava na sugestão e na educação. Alertava contra o envio de pacientes para asilos onde era praticada psicanálise (ao que tudo indica, seu alvo principal era Burghölzli). Na discussão, Trömner argumentou que eram bons os elementos básicos da teoria da histeria de Freud (i.e., a conversão dos afetos não ab-reagidos), mas que Freud erigira teorias monstruosas com base no acertado ponto de partida de Breuer. Quanto às interpretações de sonhos de Freud, ele destaca serem quase idênticas àquelas propostas há tempos por Scherner. Max Nonne apontou que, seguindo Emil Kraepelin e Theodor Ziehen, a maioria dos psiquiatras alemães criticava a psicanálise. Argumentou que os traumas sexuais eram, na verdade, comuns na infância, mas que não seriam a causa de traumas no sentido freudiano. Assim como Embden, ele afirmava que não deixaria que um paciente de um sanatório fosse tratado ao modo freudiano.[172]

Pouco após a discussão de Hamburgo, os freudianos se reagruparam e foi anunciada formalmente a criação da Associação Internacional de Psicoanálise, no Congresso de Nuremberg (30-31 de março de 1910). Em Nuremberg, Ferenczi apresentou a justificativa para a nova organização. Apresentando um heroico relato da luta de Freud contra opositores, ele sustentava que, desde o início, psicanalistas têm encontrado invectivas vazias e que, portanto, "fomos assim, muito contra nossa vontade, envolvidos em uma guerra".[173]

---

170 Freud e Ferenczi, *The correspondence of Sigmund Freud and Sándor Ferenczi*, p.119. Ver também Freud e Jung, *The Freud/Jung letters*, p.282.
171 Freud e Ferenczi, *The correspondence of Sigmund Freud and Sándor Ferenczi*, p.120.
172 *Neurologisches Centralblatt*, 1910, 660.
173 Ferenczi, On the organization of the psychoanalytic movement. In: Balint (Ed.), *Final contributions to the problems and methods of psycho-analysis*, 1955, p.299. Nas palavras de Jung, "a grande batalha de Freud" (Freud e Jung, *The Freud/Jung letters*, p.50)

Ferenczi: Novos operários aportaram no novo campo científico descoberto por Freud, tal como aportaram, no encalço de Américo Vespúcio, no novo continente descoberto por Colombo, e eles também precisavam, e ainda precisam, conduzir uma guerra de guerrilhas, tal como o fizeram os pioneiros do Novo Mundo.[174]

Se Freud era Colombo, por consequência os outros psicólogos e psiquiatras tinham de representar o papel dos índios nativos. Ferenczi, em sua impermeabilização estratégica, comentou que a guerra travada pelos psicanalistas ainda não havia sido vitoriosa por conta da falta de uma normativa central e da conduta individualista de alguns psicanalistas. Com o tempo isso acabaria corrigido com a formação de uma organização centralizada, o que traria a vantagem de segregar aqueles que assumiram um interesse independente pela psicanálise. Esses "amigos", argumentava, eram mais perigosos que os inimigos. Como exemplo, citou a psicossíntese, sem nem mesmo mencionar Bezzola nominalmente. Assim, para Ferenczi, a formação da Associação era justificada tanto pela necessidade de se defender de aliados indesejados quanto pela imprescindibilidade de agrupar as tropas contra os inimigos. Mais tarde naquele ano, Freud fez ressoar a justificativa de Ferenczi.

Freud: Nem eu, nem meus amigos e colegas achamos aceitável reivindicar tal monopólio do uso da técnica médica. Mas, em face dos riscos aos pacientes e da causa da psicanálise, que são inerentes à prática antevista de uma psicanálise selvagem, não tivemos outra escolha. Na primavera de 1910, fundamos a International Psychoanalytic Association [IPA – Associação Internacional Psicanalítica], à qual seus membros declaram adesão pela publicação de seus nomes, de modo a poder se isentar da responsabilidade pelo que é feito por aqueles que não pertencem ao nosso grupo e contudo chamam seus procedimentos médicos de psicanálise. Pois, na realidade, os analistas selvagens desse tipo fazem mais mal à causa da psicanálise do que aos seus pacientes particulares.[175]

Por psicanalistas selvagens, Freud evidentemente tinha em mente figuras como Bezzola e Frank.

Em *História do movimento psicanalítico*, Freud justificou a criação da IPA pela necessidade de reagrupar as formações, "visto que a ciência oficial pronunciara a solene expulsão da psicanálise".[176] Contudo, é evidente que a IPA foi acima de tudo um meio de impedir que a psicanálise fosse engolida pela

---

174 Ferenczi, op. cit., p.301.
175 Freud, "Wild" psycho-analysis, *SE 11*, p.226-7.
176 Freud, On the history of the psycho-analytic movement, *SE 14*, p.43-4.

concorrência, representada por Forel e seus amigos. Como Freud explicou a Bleuler em outubro do mesmo ano, uma das "razões para organizar uma sociedade" era "a necessidade de apresentar ao público a genuína psicanálise e protegê-la de imitações (falsificações) que logo adviriam".[177] Estamos tão acostumados a considerar a psicanálise como *freudiana*, que nem ao menos consideramos que podem ter existido psicanalistas não freudianos. Mas trata-se de uma ilusão retrospectiva (assimétrica), que concede a vitória à IPA sobre as organizações rivais. Na época, a identificação estrita da psicanálise com Freud não era de modo algum óbvia. Como vimos, havia um amplo debate sobre quem poderia reivindicar a posse da herança de *Breuer*. Quanto a isso, a criação da IPA era uma tentativa de obter vantagem na rivalidade mimética (simétrica) entre freudianos e forelianos. Quem iria conquistar o novo continente da psicoterapia: os psicanalistas segundo Breuer, Forel e Frank, ou os psicoanalistas segundo Freud e seus seguidores? Sem muito exagero, podia-se afirmar que, antes da divisão em grupos rivais, a própria IPA foi produto de um cisma no interior do movimento psic(o)analítico.

Por volta dessa época, Frank publicou um livro intitulado *Psicanálise*,[178] no qual defendia abertamente o retorno da psicanálise a Breuer, criticando o desvio freudiano. Previsivelmente, Freud não gostou disso.

> **Freud a Jung, 22 de abril de 1910:** Por outro lado, é com puro desgosto que li o covarde e abjeto livro de Frank sobre psicanálise, onde ele logicamente me acusa de exagerar a importância da sexualidade e, então, prossegue defendendo algo melhor.[179]

De início, contudo, as relações entre forelianos e freudianos não eram de franca hostilidade. Já vimos sinais deste fato.

Frank participou do Congresso Psicanalítico de Nuremberg[180] (pode-se imaginar o que ele achou da arenga de Ferenczi), e Ernest Jones foi ao primeiro congresso da sociedade de Forel em Bruxelas, em agosto de 1910[181] (Freud declinara do convite de Vogt, como de costume).[182] A aparência era de que os freudianos continuavam a jogar o jogo do intercâmbio científico.

---

177 Acervo Sigmund Freud, Divisão de Manuscritos, Biblioteca do Congresso, Washington, D.C.; apud Alexander e Selesnick, Freud-Bleuler correspondence, *Archives of General Psychiatry*, v.12, n.1, p.4.
178 Frank, *Die Psychanalyse*.
179 Freud e Jung, *The Freud/Jung letters*, p.310.
180 Ibid., p.300.
181 Freud e Jones, *The complete correspondence of Sigmund Freud and Ernest Jones*, p.65.
182 Freud e Jung, *The Freud/Jung letters*, p.300.

Entretanto, um incidente na época da inauguração da IPA revelou que esta não era uma sociedade acadêmica como as outras. O psiquiatra Max Isserlin, que escrevera uma resenha crítica de *A psicologia da demência precoce*,[183] solicitou permissão para participar da conferência de Nuremberg.

> **Jung a Freud, 2 de março de 1910:** Rogo que me informe, *em contrapartida*, se devemos permitir que este verme venha a N. [Nuremberg]. Quanto a mim, prefiro não ter o bastardo por lá, pois pode tirar o apetite de alguém. Mas nosso *splendid isolation* deve chegar ao fim algum dia.[184]

> **Freud a Jung, 6 de março de 1910:** Também acredito que nosso isolamento deve algum dia chegar ao fim, e então não teremos de realizar congressos separados. Mas creio que esse dia ainda está longe e que podemos aceitar outros convidados que não Isserlin.[185]

Isserlin foi impedido de participar. O incidente escandalizou muitas pessoas, visto que tais práticas exclusivistas eram desconhecidas na Medicina e na Psiquiatria da época. Emil Kraepelin se enfureceu.[186] Foi nesse contexto que Hoche, dois meses depois, entregou um artigo ao congresso de neurologistas e psiquiatras do sudoeste alemão em Baden intitulado: "Uma epidemia psíquica entre médicos". Sua acusação era clara: os freudianos se comportavam como um culto.

> **Hoche, 28 de maio de 1910:** De modo surpreendente, um grande número de discípulos, alguns nitidamente fanáticos, apresenta-se a Freud e o seguem para onde ele os conduzir. Chamar isso de uma escola freudiana é na verdade inteiramente equivocado, visto que não se trata de uma questão de fatos cientificamente provados e demonstráveis, mas de profissões de fé; na realidade, com exceção de algumas mentes prestigiadas, trata-se uma comunidade de crentes, uma espécie de seita, com todas as características análogas a ela. [...] Tornar-se um membro da seita não é tão fácil. É preciso um longo noviciado, concluído idealmente pelo próprio mestre. Ao mesmo tempo, nem todos podem se tornar discípulos, mas apenas aqueles que possuem a fé. Aquele que não crê não obtém êxito e, com algumas exceções, não pode falar. O que é comum a todos

---

183 Isserlin, Ueber Jung's "Psychologie der Dementia Praecox" und die Anwendung Freud'scher Forschungsmaximen in der Psychopathologie, *Centralblatt für Nervenheilkunde und Psychiatrie*, v.29, p.330-43.
184 Freud e Jung, *The Freud/Jung letters*, p.299-300; grifo de Jung.
185 Ibid., p.300.
186 Ibid., p.308.

os membros da seita é o alto grau de veneração pelo Mestre, que encontra seu análogo talvez apenas no culto à personalidade do círculo de Bayreuth [i.e., em torno de Wagner]. [...] O movimento freudiano é, na realidade, um retorno, de uma forma moderna, de uma *medicina magica*, uma doutrina secreta que pode ser praticada apenas por qualificados intérpretes de signos.[187]

Bleuer se espantou tanto com o incidente Isserlin, que hesitou em se unir à nova associação. Não contente em impedir Isserlin de participar do congresso, os freudianos decidiram restringir a filiação à IPA aos fiéis. Bleuer achava que essas táticas excludentes não tinham lugar em uma sociedade científica, e escreveu uma longa carta a Freud em 13 de outubro de 1910 para tentar persuadi-lo a reverter tal decisão.[188] Foram realizadas iniciativas diplomáticas para inserir Bleuer na diretoria. Até mesmo a análise de sonhos uniu-se à causa. Jung escreveu a Freud sobre por que Bleuer não havia participado:

> **Jung a Freud, 13 de novembro de 1910:** O sonho conta qual é o verdadeiro motivo [da resistência de Bleuer]. Não é como ele diz, de que Stekel esteja na sociedade; sou eu quem o está impedindo. Ele atira Isserlin contra mim, obviamente como uma fachada para sua resistência homossexual.[189]

No início de 1911, Bleuer finamente cedeu. Contudo, como veremos, não por muito tempo. A porta giratória começava a correr.

De fato, embora eclodissem esses conflitos externos, havia conflitos internos bem no coração do movimento, entre Freud e Alfred Adler, seu mais talentoso seguidor em Viena. Nos anos seguintes à conferência de Salzburgo, intensificaram-se a rivalidade e o conflito entre os seguidores vienenses e suíços de Freud, enquanto Freud tentava mudar o posto de poder para Zurique, para forjar um movimento internacional. Em 1910, Adler e Wilhelm Stekel tornaram-se editores do recém-criado periódico *Zentralblatt für Psychoanalyse*, feito em parte para rivalizar o *Jahrbuch*, dominado pelos suíços. Quando a Sociedade Psicanalítica de Viena começou a se formalizar, Adler foi designado seu primeiro presidente, em 1910. As concepções de Adler divergiam cada vez mais das de Freud. Em essência, possuíam menos inspiração em Freud que nas ideias de Jung sobre demência precoce

---

187 Hoche, Eine psychische Epidemie unter Aerzten, *Medizinische Klinik*, v.6, n.26, p.1009.
188 Acervo Sigmund Freud, Divisão de Manuscritos, Biblioteca do Congresso, Washington, D.C.
189 Freud e Jung, *The Freud/Jung letters*, p.371.

ou nos procedimentos psicossintéticos de Bezzola. A resposta de Freud? Diagnóstico.

Freud a Jung, 25 de novembro de 1910: Meu espírito está encharcado de irritação por Adler e Stekel, com quem é muito difícil conviver. Você conhece Stekel, ele está passando por um período maníaco. [...] Adler é um homem muito honesto e inteligente, mas é paranoico; no *Zentralblatt*, põe tanta ênfase em suas teorias quase ininteligíveis, que os leitores ficam totalmente confusos. [...] Está sempre exigindo a precedência, pondo nomes em tudo, reclamando que está desaparecendo sob a minha sombra e me obrigando ao indesejável papel do velho déspota que impede os jovens de tomarem a dianteira.[190]

Freud a Jung, 3 de dezembro de 1910: Está ficando muito difícil com Adler. Vê-se uma semelhança com Bleuler; em mim, ele desperta a lembrança de Fliess; mas uma oitava abaixo. A mesma paranoia.[191]

Com este simples passo, suas teorias podiam ser descartadas. Para Freud, a palestra recente de Adler "sofre de imprecisão paranoica".[192]

Freud a Ferenczi, 16 de dezembro de 1910: Agora dominei o Fliess, sobre quem você estava tão curioso. Adler é o pequeno Fliess *redivivus*, igualmente paranoico. Stekel, seu apêndice, ao menos se chama Wilhelm.[193]

Freud a Jones, 26 de fevereiro de 1911: Mas [Adler] tem uma sensibilidade mórbida. [...] As ideias de Adler eram inteligentes, mas equivocadas e perigosas para a difusão da PsA, suas intenções e seu comportamento são todos atravessados pela natureza neurótica.[194]

---

190 Freud e Jung, *The Freud/Jung letters*, p.373.
191 Ibid., p.376. Freud atribuiu sua disputa pela precedência pública com Fliess (ver Fliess, *In eigener Sache*) à paranoia deste suscitada pela homossexualidade reprimida: "A forma paranoide é provavelmente condicionada por restrições dos componentes homossexuais. [...] Meu outrora amigo Fliess desenvolveu um caso temeroso de paranoia após expor seu afeto por mim, o que era sem dúvida considerável. Devo essa ideia a ele, isto é, a este comportamento" (Freud e Jung, *The Freud/Jung letters*, p.121). Ver também carta de Freud a Ferenczi de 10 de janeiro de 1910, em que Freud atribuía sua ruptura final com Fliess a uma interpretação que Freud lhe fez: "Essa porção de análise, muito desprezada por ele, foi a verdadeira razão do rompimento entre nós, que ele arquitetou desta forma (paranoica) patológica" (Freud e Ferenczi, *The correspondence of Sigmund Freud and Sándor Ferenczi*, p.122).
192 Freud e Jung, *The Freud/Jung letters*, p.376.
193 Freud e Ferenczi, *The correspondence of Sigmund Freud and Sándor Ferenczi*, p.243.
194 Freud e Jones, *The complete correspondence of Sigmund Freud and Ernest Jones*, p.93; ver também p.101: "Ele é um paranoico, sinto dizer".

> **Ferenczi a Freud, 17 de março de 1911:** Você não é apenas o descobridor de novos fatos psicológicos, mas também o *médico* que trata de nós, médicos. Como tal, você deve carregar os fardos da transferência e da resistência. É decerto desagradável quando precisa lidar com médicos incuráveis ou não tão facilmente acessíveis (um Stekel perverso e infantil e um Adler paranoide, por exemplo).[195]

Essa patologização da discordância não apenas permitiu a deslegitimação das inovações teóricas de Adler como também mitigou uma previsível réplica dos críticos de Freud: "nem seus próprios psicanalistas concordam com você!". De fato, se Adler permanecesse psicanalista – e com proeminente posição institucional e numa condição de poder em relação à literatura psicanalítica –, as defesas de Freud contra seus críticos produziriam apenas resultados negativos. A réplica simples de que as visões dos críticos eram anuladas porque estes não praticaram a psicanálise representava agora um problema sério quando alguém como Adler, um dos membros fundadores da sociedade psicológica das quartas-feiras de Freud, de 1902, apresentava visões que em temas críticos coincidiam com as dos críticos de Freud.

> **Freud a Jung, 3 de dezembro de 1910:** O ponto crucial da questão – e é o que realmente me alarma – é que ele [Adler] minimiza a pulsão sexual, e nossos oponentes logo poderão falar de um psicanalista experiente cujas conclusões são radicalmente diferentes das nossas.[196]

As inovações de Adler abriram a possibilidade de uma proliferação de psicanálises concorrentes, precisamente o que a fundação da IPA tentava impedir. Para isso, bastava uma simples discordância teórica – era necessário que Adler perdesse toda sua credibilidade.

Em janeiro e fevereiro de 1911, foi realizada em Viena uma série de quatro reuniões para discutir as diferenças teóricas entre Freud e Adler.

> **Stekel:** Um a um, os freudianos ergueram-se para denunciar, em discursos bem preparados, os novos conceitos de Adler. Até mesmo o próprio Freud leu um artigo contra seu pupilo.[197]

> **Minutas da Sociedade Psicanalítica de Viena, 1º de fevereiro de 1911:** Pessoalmente, ele [Freud] ressentia-se do fato de que o autor falava sobre as mesmas coisas que ele, mas sem designá-las pelos mesmos termos com que

---

195 Freud e Ferenczi, *The correspondence of Sigmund Freud and Sándor Ferenczi*, p.262.
196 Freud e Jung, *The Freud/Jung letters*, p.376.
197 Stekel, *The autobiography of Wilhelm Stekel*, p.141.

já o faziam e sem fazer qualquer esforço para estabelecer uma relação entre seus termos e os antigos. [...] Os escritos de Adler não eram uma continuação progressiva, nem uma fundação subjacente; eram algo totalmente distinto. Isso não é psicanálise. [...] Ao negar a realidade da libido, Adler comporta-se exatamente como o eu neurótico.[198]

Stekel: Na reunião seguinte, Freud defendeu seu comportamento perante Adler. Disse: "Adler não é um homem normal. Sua inveja e ambição são mórbidos".[199]

A patologização dos oponentes era agora publicamente imposta aos pupilos de Freud. Após esses encontros, Adler e outros associados renunciaram e formaram uma Sociedade pela Livre Pesquisa Psicanalítica, uma contundente resposta às táticas autoritárias de Freud. O próprio Freud imediatamente assumiu a presidência da sociedade de Viena e denunciou a partida de Adler como uma heresia.[200] Em outubro do mesmo ano, a Sociedade Psicanalítica de Viena proibiu a adesão a ambas as sociedades.

Adler, 1912: O impulso de fundar a "Sociedade pela Livre Pesquisa Psicanalítica" surgiu, em junho de 1911, de vários membros da "Sociedade Psicanalítica de Viena", sob direção do professor Sigmund Freud. Esses membros tiveram a ocasião de afirmar que se estava realizando o engajamento de membros da Sociedade original, do ponto de vista científico, a todo o escopo de pressupostos e teorias de Freud. Para tais membros, esse desenvolvimento não apenas parecia difícil de reconciliar com os princípios fundamentais da pesquisa científica, como também eram particularmente perigosos com uma ciência tão jovem como a psicanálise. Na opinião deles, aquilo colocaria em questão o valor dos resultados que estavam sendo obtidos caso a Sociedade se vinculasse prematuramente a certas fórmulas e se visse, portanto, obrigada a abandonar a possibilidade de dar prosseguimento a pesquisas direcionadas a novas soluções.[201]

Não era o bastante apenas expulsar dissidentes; outros tinham de ser impedidos de entrar. Um ano após o episódio Isserlin, Hans Maier, que sucedera Jung em Burghölzli, foi impedido de participar da Sociedade Psicanalítica de Zurique. Antes, Freud pedira a Bleuler que rompesse relações com os psiquiatras Alfred Hoche e Theodor Ziehen, sob alegação de que

---
198 Nunberg e Federn, *Minutes of the Vienna Psychoanalytic Society*, v.3, p.145, 146, 148.
199 Stekel, *The autobiography of Wilhelm Stekel*, p.142.
200 Freud e Jung, *The Freud/Jung letters*, p.399.
201 "And der Leser" [Ao leitor]. In: Furtmüller, *Psychoanalyse und Ethik*, p.iii; apud Stepansky, *In Freud's shadow*, p.203.

eram críticos da psicanálise. Após o episódio Maier, Bleuler julgou que aquilo era demais e abandonou a IPA.[202]

Hans Maier a Alphonse Maeder, 25 de outubro de 1911: O que desde o início eu tinha contra a Associação era sua organização e composição, que achava que resultariam na formação de um clube fechado, o que detesto totalmente no campo científico. Devo dizer que os acontecimentos dos anos subsequentes ultrapassaram em muito meu temor, e jamais poderia antever uma mudança dessa natureza, e em tão pouco tempo, em personalidades individuais e suas atitudes gerais para com assuntos científicos e profissionais, de tal maneira e com tamanha força, como ocorreu.[203]

Bleuler a Freud, 27 de novembro de 1911: Para meu enorme pesar, devo, mais uma vez, abandonar a associação psicanalítica. De maneira cordial mas muito direta, meu médico secundário, a quem convidei ocasionalmente para as reuniões científicas, foi solicitado a não mais comparecer. Para ser mais exato: ele foi informado de que deveria escolher entre aderir ou deixar de aparecer, ao que respondeu que não poderia aderir, devido a razões bem definidas.[204]

Freud a Jung, 30 de novembro de 1911: Maier deve sair de qualquer maneira.[205]

Bleuer a Freud, 4 de dezembro de 1911: O "quem não está conosco está contra nós", o "tudo ou nada", é em minha opinião necessário em comunidades religiosas e útil em partidos políticos. Por tal razão, posso compreender o princípio como tal, mas o considero prejudicial à ciência. [...] Não reconheço na ciência uma porta aberta ou fechada, mas porta alguma, nenhum batente. Para mim, a posição de Maier é tão válida ou inválida quanto a de qualquer um. Você diz que ele apenas desejava as vantagens [de ser um membro], mas sem nenhum sacrifício. Não posso compreender que tipo de sacrifício ele deveria ter feito, exceto o de sacrificar parte de suas visões. Você não pode exigir isso de ninguém. [...] Não acredito que o interesse da Associação demande qualquer

---

202 De modo um tanto exagerado, mas com alguma justiça, Alexander e Selesnick (Freud-Bleuler correspondence, *Archives of General Psychiatry*, v.12, n.1) afirmaram que, sem a dissensão que levou Bleuler a renunciar, não teria ocorrido o subsequente isolamento da psicanálise no interior de universidades e escolas médicas (p.1-2).
203 Artigos de Alphonse Maeder.
204 Acervo Sigmund Freud, Divisão de Manuscritos, Biblioteca do Congresso, Washington, D.C.
205 Freud e Jung, *The Freud/Jung letters*, p.468.

tipo de comportamento excludente; creio, definitivamente, no contrário. Isso não é *"Weltanschauung"*.[206]

Bleuler a Freud, 1º de janeiro de 1912: Se esta fosse uma associação científica no mesmo sentido que as outras, ninguém poderia se opor, e teria sido apenas algo útil. Mas é o *tipo* de associação que é prejudicial. Ao invés de buscar muitos pontos de contato com o restante da ciência e com outros cientistas, a Associação encerrou-se com arames farpados do mundo exterior, o que fere tanto inimigos quanto aliados. [...] Os próprios psicanalistas validaram as palavras maliciosas de Hoche quanto ao sectarismo, na época injustificadas.[207]

Agora era a vez de Forel se fazer valer. Com a sexta edição de seu livro *Hipnotismo*, acrescentou um longo capítulo sobre psicanálise. O primeiro parágrafo retificava o neologismo de Freud. O segundo atribuía a descoberta a Breuer. Após lembrar que as raízes da psicanálise podiam ser encontradas na teoria da sugestão de Liébeault, enumerou os autores que desenvolveram o método psicanalítico: Freud, Vogt, Graeter, Frank, Bezzola, Du Montet, Loÿ etc. Pode-se imaginar a reação de Freud de encontrar-se citado como um continuador entre outros da obra de Breuer. O restante do capítulo era uma crítica detalhada às teorias de Freud e Jung, acusando-os de insistir de maneira unilateral na sexualidade e por terem abandonado os valiosos recursos do método catártico, da hipnose e da autossugestão por um sistema arbitrário e dogmático de interpretação.

Forel: O descobridor do método psicanalítico, do ponto de vista de sua importância psicológica e terapêutica, foi o Dr. Joseph [sic] Breuer de Viena. [...] Encerramos este capítulo agradecendo principalmente a Breuer, mas também a Freud, K. Graeter e Frank, bem como os outros autores que citamos, por suas fecundas ideias. Tais agradecimentos não se estendem às perigosas hipóteses e dogmas da escola freudiana, propriamente falando.[208]

Freud a Ferenczi, 21 de maio de 1911: Forel me presenteou com a sexta edição de seu *Hipnotismo*; mas o que está lá sobre ΨA é, lamentavelmente, torpe e representa tendências decididamente nada torpes de Frank e O. Vogt,

---

206 Acervo Sigmund Freud, Divisão de Manuscritos, Biblioteca do Congresso, Washington, D.C.; apud Alexander e Selesnick, Freud-Bleuler correspondence, *Archives of General Psychiatry*, v.12, n.1, p.5.
207 Ibid., com destaque de Bleuler; apud Alexander e Selesnick, op. cit., p.7.
208 Forel, *Der Hypnotismus oder die Suggestion und die Psychologie*, p.221. Ambroise-Auguste Liébeault foi o médico da região de Nancy que iniciou Bernheim na hipnose.

cujos serviços – não sei o que são – ele não se cansa de louvar – não passam de recém-chegados. Seus argumentos, como os contra a sexualidade, são deveras deprimentes para um homem que escreveu um grosso livro sobre a questão sexual.[209] Para variar, a obra me excluiu.[210]

Oito meses depois, a disputa entre as duas facções psic(o)analíticas eclodiu em uma série de publicações trocadas no *Neue Zürcher Zeitung* (NZZ), o principal jornal de Zurique. A importante controvérsia, inicialmente reconstruída por Ellenberger,[211] foi ignorada pela historiografia freudiana. Ela constitui o primeiro exemplo das numerosas guerras polêmicas que Freud viveu em jornais e periódicos populares. O estopim que o gerou foi a fala muito crítica sobre a psicanálise pelo Dr. Max Kesselring, um especialista em transtornos nervosos de Keplerbund, em Zurique – uma organização anti-haeckeliana dedicada a denunciar o uso da ciência para a propaganda ateísta. Ao que parece, Keplerbund decidiu discutir a psicanálise após uma resenha do livro de Frank no *NZZ*, que encontrou ali uma lição materialista. Em 2 de janeiro, o *NZZ* publicou uma resenha que denunciava o argumento de Kesserling, bem como o de Keplerbund. Isso gerou uma avalanche de cartas de adeptos e de adversários da psicanálise. Os ataques mais insolentes contra a psicanálise partiram de Franz Marti, que zombou das obsessões sexuais da psicanálise com exemplos cômicos. Jung interveio para defender a honra da psicanálise. Criticou Kesserling por provocar um debate em questões de pesquisa médica diante do público geral.[212] Acusou Marti de não possuir qualificação médica e de se comportar de um modo anticientífico ao expor a controvérsia nos jornais. Também alegou que o conceito psicanalítico de sexualidade era muito mais amplo que a concepção "vulgar" que os críticos tinham.[213] A isso, Marti retorquiu que, na prática, as interpretações psicanalíticas sempre retornavam ao significado supostamente vulgar.

---

209 *The Sexual Question*, de Forel, surgiu no mesmo ano dos *Três ensaios da teoria da sexualidade* (1905) e recebeu atenção muito maior, sendo amplamente traduzido. Forel também publicou o livro *Conflitos éticos e legais da vida sexual dentro e fora do casamento* (1909), do qual Jung fez resenha favorável, apontando: "O autor abre o livro com as seguintes palavras: 'As páginas a seguir são para a maioria das pessoas um ataque – baseado em material documentado – à hipocrisia, à desonestidade e à crueldade de nossa moralidade atual e nossos direitos quase inexistentes nas questões da vida sexual'. Disto se torna evidente que essa obra é outra contribuição à grande tarefa social para a qual Forel já prestou notáveis serviços" (Jung, resenha sobre August Forel, *Ethische und rechtliche Konflikte im Sexualleben in- und ausserhalb der Ehe*, CW 18, § 921).
210 Freud e Ferenczi, *The correspondence of Sigmund Freud and Sándor Ferenczi*, p.281.
211 Ellenberger, *The discovery of the unconscious*, p.810-14.
212 Jung, carta à *Neue Zürcher Zeitung*, 10 de janeiro de 1912, CW 18, §§ 1034-8.
213 "On psychoanalysis", carta de Jung ao *Neue Zürcher Zeitung*, 17 de janeiro de 1912 (Ibid., §§ 1039-40).

Jung a Freud, 23 de janeiro de 1912: Fomos vítimas de "chantagem"[214] nos jornais, além de injuriados, embora nenhum nome tenha sido mencionado. Até cheguei a consultar um bom advogado com uma perspectiva possível de conduzir uma ação indenizatória. Mas há pouca perspectiva de sucesso, já que o ataque foi indireto. Tenho, portanto, restringido-me ao protesto público pela IPA, ramificação de Zurique; ele logo aparecerá na imprensa.[215]

Em 25 de janeiro, foi a vez de Forel entrar no debate, defendendo a psicanálise. Ele acusou Kesserling e Marti de confundir a verdadeira psicanálise de Breuer e Frank com os desvios psicoanalíticos de Freud e Jung.

Forel: Deve se lamentar profundamente que uma teoria íntegra e tão frutífera como a teoria catártica de Breuer entre em descrédito por meio de uma digressão infindável e unilateralmente sexual da escola freudiana. Do lado da escola freudiana, foram trazidos à tona muita exegese, interpretação de sonhos e estudos beletristas de antiguidade literária, e destarte o método científico foi abandonado. Em público, a questão tornou-se então uma brincadeira diletante.[216]

Kesserling e Marti responderam assimilando implicitamente Forel aos freudianos. Em 1º de fevereiro, Forel respondeu que, se de um lado tinham boas razões para criticar a escola freudiana, não se deveria condenar a psicanálise da mesma maneira – que não era freudiana, mas breueriana.

Forel: Devo, consequentemente, declarar com clareza que pesquisadores sérios partilham por completo com o sr. F[ranz] M[arti] da condenação do caráter unilateral da escola freudiana: sua igreja sexual, fora da qual não há salvação, sua sexualidade infantil, suas interpretações talmúdico-teológicas e assim por diante. [...] O que o sr. F. M. não diz é que ao lado dos descarrilamentos sectários, sexuais e de distanciamento do movimento internacional psicoanalítico, há uma outra psicanálise sem o, que se apresenta honestamente, paralela ao estudo da teoria da sugestão (hipnose) e da psicoterapia, para separar o verdadeiro núcleo científico de pesquisas de Breuer e Freud, para aprofundá-

---

214 Em inglês, no original: *"blackmail"*.
215 Este protesto oficial apareceu no *Neue Zürcher Zeitung* de 27 de janeiro de 1912, assinada por Jung e Franz Riklin, para a IPA, e Alphonse Maeder e J. H. W. van Ophuijsen para a Sociedade Psicanalítica de Zurique. Em 28 de janeiro, Jung publicou uma carta acalorada sobre o debate no jornal *Wissen und Leben* (Jung, Zur Psychoanalyse, *Wissen und Leben*, v.5, p.711-14).
216 "A word about psychanalysis", carta de Forel à *Neue Zürcher Zeitung*, 25 de janeiro de 1912.

-las graças a um estudo silencioso e sério e torná-las úteis para a terapia dos transtornos nervosos.[217]

Esta carta foi seguida de uma breve resposta de Marti, agradecendo a Forel pelo esclarecimento e declarando que a discussão se encerrava, para satisfação de todos. Graças ao movimento de Forel, Jung ficou relegado à margem, e ele próprio estava se apropriando de uma psicanálise purgada de seus excessos freudianos.

> **Ludwig Binswanger a Freud, 5 de março de 1912:** Na campanha da imprensa de Zurique, foi Forel quem mais me irritou com sua conduta traiçoeira.[218]

Preso entre Freud e seus colegas (entre o dentro e o fora), a posição de Jung tornou-se cada vez mais insustentável. Como já vimos, isso ocorreu no mesmo ano em que o conflito entre Freud e Jung eclodiu e se evidenciou[219] – o que foi potencialmente desastroso. Freud não estava apenas a ponto de perder seu mais precioso aliado, que liderara a guerra da qual falara Ferenczi (e tomara os golpes em seu lugar), como também a escola inteira de Zurique, e com ela a esperança de internacionalizar o movimento psicanalítico e colonizar a Psiquiatria. A psicanálise corria o risco de retornar a sua conformidade local, um tema vienense. Além disso, depois de Adler, Jung foi o segundo psicanalista a apresentar posições que cada vez mais lembravam as dos críticos de Freud.

> **Freud a James Mackson Putnam, 20 de agosto de 1912:** Após a desgraçada deserção de Adler, auspicioso pensador porém um paranoico malicioso, estou agora em apuros com nosso amigo Jung, que aparentemente não superou sua própria neurose.[220]

> **Freud a Putnam, 1º de janeiro de 1913:** Para mim, isso parece uma experiência de *déjà vu*. Tudo o que encontro nas objeções desses semianalistas, já vi nas objeções dos não analistas.[221]

Tais questões chegaram ao ápice no congresso psiquiátrico em Braslau, em 1913, o que parece ter sido a última grande batalha da primeira guerra de

---

217 "Psychanalysis and psychoanalysis, or Science and Lay understanding", carta de Forel à *Neue Zürcher Zeitung*, 1º de fevereiro de 1912.
218 Freud e Binswanger, *The Sigmund Freud – Ludwig Binswanger Correspondence*, p.79.
219 Veja anteriormente, p.46-51.
220 Hale Jr., *James Jackson Putnam and psychoanalysis*, p.146.
221 Ibid., p.153.

Freud.[222] Os organizadores providenciaram uma palestra sobre a importância da psicanálise, feita por Bleuler e Hoche. Ficou evidente, logo de início, que os adversários de Freud estavam determinados a lançar um ataque final a sua psicanálise. Antes do congresso, Hoche enviara uma circular aos colegas, à procura de informações concernentes a tratamentos de psicanálise malogrados. Em uma tentativa de controle de danos preventivo, os freudianos publicaram a circular de Hoche na *Internationale Zeitschrift für Psychoanalyse*.

Freud a Jung, 3 de março de 1913: A circular de Hoche chegou às nossas mãos. Maeder irá enviá-la a você para publicação na *Internat. Zeit.*[223]

Internationale Zeitschrift für ärztliche Psychoanalyse, 1913:
Um oponente da psicanálise
Acreditamos estar cumprindo um dever caso sigamos a circular do Prof. Hoche em Freiburg.
    Freiburg I. B., 1º de fevereiro de 1913. Estimado colega! Assumi ao lado de Bleuler o relatório *Sobre o valor da psicanálise* para a reunião anual da Associação Alemã de Psiquiatria (em maio, em Braslau). Seria de grande valor para mim e para outros obter um julgamento confiável do modo e da extensão dos danos causados pelos procedimentos psicanalíticos aos pacientes. Peço-lhe a cortesia, caso possua esse material factual à disposição, de comunicá-lo a mim na forma que achar apropriada. (Não tenho em mente pessoas específicas nem históricos de casos individuais detalhados.) O uso que pretendo fazer não incluirá indicação de nomes e ocorrerá de modo a não anteciparossíveis comentários ou discussões de sua parte. Por experiência, sei quão desagradável poderá soar esta pesquisa, mas, para meu infortúnio, não vejo outra maneira de obter tal valioso material. Envio a expressão de meus amigáveis agradecimentos. Atenciosamente, Hoche.[224]

Hoche, apresentação em Breslau, 1913: Ao que parece, os editores deste jornal já se tornaram tão alheios aos modos médicos que desconhecem que se costuma mensurar os riscos de determinada intervenção terapêutica, por exemplo, narcose e outras, por meio de métodos estatísticos.[225]

---

222 Após o surgimento da edição francesa deste livro (2006), Ernst Falzeder e John Burnham publicaram um artigo sobre a conferência de Breslau, que se justapõe em alguns pontos ao nosso estudo (A perfectly staged "concerted action" against psychoanalysis, *International Journal of Psycho-Analysis*, v.88, n.5, p.1223-44).
223 Freud e Jung, *The Freud/Jung letters*, p.545.
224 *Internationale Zeitschrift für ärztliche Psychoanalyse*, v.1, p.199.
225 Hoche, Ueber den Wert der "Psychoanalyse", *Archiv für Psychiatrie*, v.51, n.3, p.1068.

À primeira vista, parecia que Bleuler iria defender a psicanálise, na então estabelecida tradição dos duelos de congresso. Contudo, a julgar pela carta de Sweasey Powers a Smith Ely Jelliffe, escrita imediatamente após o congresso, a verdade foi um tanto distinta. Esgueirando-se nos bastidores estava ninguém menos que Emil Kraepelin. Segundo ele, o objetivo do congresso era dar a Bleuler uma oportunidade de renunciar a Freud.

> **Sweasey Powers a Smith Ely Jelliffe, 25 de maio de 1913:** [Kraepelin] perguntou-me se eu não percebera que todos os membros, e com isso se referia a todos os psiquiatras proeminentes na Alemanha, eram contra. Afirmei, então, que esperava ouvir fatos científicos que o contradissessem. Aí ele respondeu que o propósito não era provocar discussão. O propósito era dar a Bleuler a oportunidade de se retirar publicamente da escola Freud, já que seu nome era considerado decisivo na preservação das teorias de Freud. O propósito foi também registrar que os psiquiatras alemães se opunham às teorias de Freud.[226]

Bleuler começou sua "Crítica à teoria freudiana" articulando um ponto de vista subjetivo.

> **Bleuler:** Minha crítica é, nesse aspecto, subjetiva: considero as teorias de Freud em primeira instância por meio de minha própria experiência.[227]

Bleuler não poderia ter sido mais claro: longe de estar de fora, sua crítica era baseada nos resultados de sua autoanálise, mas também em seu curso da análise por correspondência com Freud. Bleuler observou que seu artigo de 1911 sobre psicanálise salientara o lado positivo;[228] este ressaltaria o lado negativo, possuindo a vantagem da experiência que adquirira com o tempo. A tática de Bleuler foi identificar e destacar cada aspecto das teorias de Freud, e algumas das de seus seguidores, e indicar o que aceitava e o que rejeitava, de um modo meticuloso e detalhado. Era precisamente contra essa abordagem discriminada que Freud militava. O artigo de Bleuler representou o exame mais detalhado dos conceitos psicanalíticos realizado até então.

Hoche abriu seu artigo declarando que estudou a literatura psicanalítica e que também analisara seus próprios sonhos segundo as interpretações freudianas (de acordo com a declaração de Freud na conferência em Clark, em 1909, isso seria suficiente para torná-lo psicanalista). A partir de uma perspectiva teórica, a teoria de Freud era uma das muitas filosofias possíveis

---

226 Burnham, *Jelliffe*, p.74.
227 Bleuler, Kritik der Freudschen Theorien, *Zeitschrift für Psychiatrie*, v.70, p.665.
228 Bleuler, Die Psychanalyse Freuds, *Jahrbuch für psychoanalytische und psychopathologische Forschungen*, v.2, p.623-730.

do inconsciente e, como tal, fazia afirmações que ultrapassavam qualquer experiência possível.

> **Hoche:** No palco negro do inconsciente, a teoria permite que aconteça o que ela quiser.[229]

Por serem inverificáveis, as interpretações psicanalíticas eram, dessa forma, totalmente arbitrárias. Quanto a isso, o estudo dos produtos literários da seita permitia que fosse identificada uma metodologia específica.

> **Hoche:** Um dos meios mais importantes pelos quais os resultados são obtidos e assegurados é o da confusão entre a possibilidade de pensar em uma ligação e a comprovação dessa ligação; a confusão entre a descoberta da analogia entre diferentes processos, de um lado, e a prova de sua identidade, de outro; a confusão entre a emergência de uma ideia e o conhecimento estabelecido.[230]

Conforme Hoche o enxergava, isto foi obtido por meio de afirmações impetuosas, apodícticas e dogmáticas e da abdicação de provas universalmente convincentes. Dado o caráter de seita do movimento, isso exercia um efeito sugestivo nos fiéis.

> **Hoche:** O que ocorre hoje a uma pessoa já se tornará no dia seguinte um fato comprovado a ser utilizado como base de inferências posteriores.[231]

Essa peculiar psicologia social do movimento era incrementada pela deliberada evitação de Freud de congressos gerais e da instauração de congressos privados. Referindo-se às boas-vindas de Wilhelm Stekel ao congresso psicanalítico de Weimar, Hoche notou sarcasticamente que sua caracterização do movimento como seita, três anos antes, fora de certa forma aceita pelos próprios freudianos.

> **Stekel, 1911:** Todos possuímos a necessidade de sentir que não estamos sós e que pertencemos a uma grande escola, cujas disciplinas se disseminam por toda a Terra. Cada um de nós enfrenta um mundo de opositores e deve se afirmar contra o escárnio e a zombaria do oponente. [...] *Sabemos que o futuro é nosso.* Não se pode trabalhar e criar sozinho sem a ressonância de reconhecimento de companheiros. Deve-se erigir a própria fé a partir da fé dos outros. Esse é

---
229 Hoche, Ueber den Wert der "Psychoanalyse", *Archiv für Psychiatrie*, v.51, n.3, p.1057.
230 Ibid., p.1059.
231 Ibid., p.1060.

o significado profundo dos congressos psicanalíticos, que se tornou para nós uma questão essencial. [...] Neste dia de celebração, sentimos que somos irmãos de uma Ordem que requer um sacrifício de cada indivíduo a serviço da generalidade.²³²

O caráter de seita do movimento refletia-se nos cismas, e Hoche considerou-os um bom sinal de que as melhores mentes deixavam o movimento.

Ao reprovar a psicanálise por haver retornado a uma forma privada de conhecimento, Hoche não sabia quanto estava certo. Em 1912, Ernest Jones já havia proposto a Freud a formação de um comitê secreto, encarregado de defender a pureza da doutrina freudiana contra desvios heréticos.

> **Jones a Freud, 30 de julho de 1912:** [Um] pequeno grupo de homens poderia ser inteiramente analisado por você, de modo que pudessem representar a teoria pura não adulterada por complexos pessoais, e assim erguer um círculo interno extraoficial no *Verein*²³³ que servisse como centros onde outros (iniciantes) fossem aprender o ofício.²³⁴

> **Freud a Jones, 1º de agosto de 1912:** O que ocupou minha imaginação quase de imediato foi sua ideia de um conselho secreto composto pelos melhores e mais confiáveis dentre os nossos homens, para cuidar do ulterior desenvolvimento da Ψα.²³⁵

> **Jones a Freud, 7 de agosto de 1912:** A ideia de um corpo pequeno e coeso designado para, como os paladinos de Carlos Magno, guardar o reino e proteger seu mestre, foi produto de meu próprio romantismo.²³⁶

> **Jones, 1955:** Haveria apenas uma obrigação definida exercida por nós: a saber, que, se alguém desejasse se afastar de qualquer uma das doutrinas fundamentais da teoria psicanalítica, como o conceito de repressão, de inconsciente, de sexualidade infantil etc., ele prometeria não o fazer publicamente antes de discutir suas opiniões primeiro com o resto.²³⁷

Para cada um de seus paladinos, Freud deu um anel dourado.

---

232 Stekel, Festgruss an den dritten psychoanalytischen Kongress in Weimar, *Zentralblatt für Psychoanalyse*, v.1, p.36; grifo de Stekel.
233 Do alemão: clube, associação. (N.T.)
234 Freud e Jones, *The complete correspondence of Sigmund Freud and Ernest Jones*, p.146.
235 Ibid., p.147-8.
236 Ibid., p.149.
237 Jones, *The life and work of Sigmund Freud*, v.2, p.172.

A atenção principal de Hoche se dirigia à terapia psicanalítica. Ele a via "essencialmente como uma velha técnica sugestiva sob um disfarce pseudocientífico". Não era de espantar que as pessoas histéricas eram receptivas a ela, já que o faziam com todos os novos métodos envoltos em mistérios. Médico e paciente estavam, os dois, crédulos, sob efeito sugestivo do mesmo círculo de ideias. Outra categoria de pacientes era daqueles cujas remissões espontâneas se faziam comuns, como a neurastenia e a depressão. Mas, acima de tudo, Hoche contestava que a terapia psicanalítica fosse desprovida de riscos. Baseando-se nos resultados de sua investigação, apresentou uma série de casos em que, supostamente, a psicanálise fez mais mal do que bem. Concluiu que os freudianos alardeavam seus êxitos enquanto relegavam os fracassos ao silêncio.

Hoche: Em muitos casos, a terapia psicanalítica é um dano direto ao paciente.[238]

O único interesse que permanecia pela psicanálise repousava no campo cultural e histórico. Na discussão, uma após a outra, as maiores mentes da Psiquiatria alemã – Kraepelin, Stransky, Weygandt, Liepmann, Forster, Kohnstamm – e da Psicologia, na figura de William Stern, ergueram-se para condenar Freud e suas pretensões de originalidade.

Kraepelin: Munique rejeita a psicanálise de Freud. [...] O seu lado bom não é original, e deriva de Janet. Kr. destaca o mal que já foi causado por este método e alerta energicamente contra seu uso.[239]

Wilhelm Weygandt: Por precisão histórica, deve-se notar que foi acima de tudo Breuer quem, seguindo autores franceses como Janet, fundou a base dos elementos mais sólidos da psicanálise, enquanto Freud hoje colhe as recompensas.[240]

O. Kohnstamm: A honestidade exige que se perceba que esse método de psicanálise já foi praticado por P. Janet. Depois, seguiram-se ao mesmo tempo Breuer-Freud e Oskar Vogt e, *por último mas não menos importante*, L. Frank.[241]

---

238 Hoche, Ueber den Wert der "Psychoanalyse", *Archiv für Psychiatrie*, v.51, n.3, p.1068.
239 Kraepelin, Intervention in Bericht über die Jahresversammlung des Deutschen Vereins für Psychiatrie zu Breslau am 13. und 14. Mai 1913, *Allgemeine Zeitschrift für Psychiatrie*, v.70, p.787.
240 Weygandt, Intervention in Bericht über die Jahresversammlung des Deutschen Vereins für Psychiatrie zu Breslau am 13. und 14. Mai 1913, *Allgemeine Zeitschrift für Psychiatrie*, v.70, p.787.
241 Kohnstamm, Intervention in Bericht über die Jahresversammlung des Deutschen Vereins für Psychiatrie zu Breslau am 13. und 14. Mai 1913, *Allgemeine Zeitschrift für Psychiatrie*, v.70, p.790-1.

William Stern: Psicanalistas, que recriminam regularmente seus adversários baseando-se em ignorância profissional, também trabalham neste campo [a psicologia da infância] como completos diletantes; a pesquisa científica com crianças ou não existe para eles ou é submetida a todo tipo de modificações interpretativas até que possa ser ligada ao seu sistema conceitual.[242]

Erwin Stransky: A ignorância sistemática das obras de outros pesquisadores e a recusa sistemática de se abrirem às críticas é um dos traços distintivos da obediência psicanalítica. [...] O erro mais fatal [da teoria freudiana] reside na mania interpretativa e sem restrições e na confusão entre interpretação e prova.[243]

Apenas Stegmann se levantou para defender a causa freudiana. Em conclusão, Bleuler indicou que havia muito de correto no que Hoche dissera, ao qual ele poderia assinar embaixo. Sustentou que havia muita coisa boa, e muita coisa falsa em psicanálise. A diferença entre eles era que ele, Bleuler, gostaria de manter e purificar o havia de bom ali. Não obstante, Hoche apontou Bleuler, a quem descreveu como figura-chave da seita, com sua reputação científica, como diretamente responsável pela disseminação da psicanálise. Expressou sua simpatia por Bleuler por ter sido excluído do movimento. Segundo Eitingon, Hoche solicitou que Bleuler abdicasse de seu protetorado do movimento psicanalítico. Breslau foi uma enorme derrota para o movimento. Ruíra o sonho de Freud de conquistar a Psiquiatria, e a psicanálise era quase por unanimidade rejeitada pela profissão.

Freud a Abraham, 23 de maio de 1913: Breslau foi ruim. Segundo Eitingon, que esteve lá, Bleuler se comportou com muita descortesia. [...] Apenas Stegmann manteve-se ao nosso lado. [...] Hoche se saiu bem.[244]

Após a conferência, o artigo de Bleuler foi criticado por Ferenczi, que procurou patologizar Bleuler.

---

242 Stern, Intervention in Bericht über die Jahresversammlung des Deutschen Vereins für Psychiatrie zu Breslau am 13. und 14. Mai 1913, *Allgemeine Zeitschrift für Psychiatrie*, v.70, p.785.
243 Stransky, Intervention in Bericht über die Jahresversammlung des Deutschen Vereins für Psychiatrie zu Breslau am 13. und 14. Mai 1913, *Allgemeine Zeitschrift für Psychiatrie*, v.70, p.786.
244 Freud e Abraham, *The complete correspondence of Sigmund Freud and Karl Abraham*, p.184.

Ferenczi: Só resta supor que o fundador do conceito de ambivalência seja ele próprio ambivalente com respeito à psicanálise.[245]

Contudo, isso não poderia ocultar a gravidade da situação. A derrota pública em Breslau apenas intensificou o conflito com Zurique. Todo o movimento psicanalítico estava em perigo de escapar do controle de Freud, visto que Jung era o líder da IPA. Após ser rejeitado externamente, Freud corria o risco de ser rejeitado internamente. A correspondência entre Freud, Jones, Abraham e Ferenczi, publicada na íntegra apenas recentemente, revela que Freud estava bem ciente do perigo e buscou tomar uma ação evasiva. Deveria dissolver a IPA e formar uma nova organização? Ou deveria abdicar antes de ser destituído por Jung? Nenhuma dessas soluções parecia viável. Não havia quantidade suficiente de pessoas para impor a dissolução da IPA pelo contingente de Zurique. Quanto a deixar a IPA, é possível imaginar o prazer que Forel, Bleuler, Kraepelin, Hoche, Frank, Bezzola e seus colegas teriam ao ver Freud abandonar sua própria organização.

Jones a Freud, 25 de abril de 1913: Estou profundamente impressionado com o sucesso da campanha de Jung, pois ele apela a preconceitos formidáveis. Este é, em minha opinião, o período mais crítico que a Ψα terá de enfrentar em sua história, e até que demoramos para formar nosso comitê [secreto].[246]

Freud a Ferenczi, 8 de maio de 1913: Segundo relatórios de Jones, podemos esperar coisas ruins de Jung e devemos nos preparar para o colapso da organização no Congresso. É claro, tudo que se esforça para se afastar de nossas verdades possui aprovação pública a seu favor. É bem possível que eles nos

---

245 Ferenczi, resenha sobre Eugen Bleuler, "Kritik der Freudschen Theorien", *Internationale Zeitschrift für Ärztliche Psychoanalyse*, v.2, p.62-3. Freud assumiu a seguinte explicação simplista em seu estudo autobiográfico de 1925: "[Bleuler] empenhou-se com muita obstinação em aparentar imparcialidade; não é à toa que nossa ciência deva a ele o valioso conceito de ambivalência. [...] Ele o abandonou como resultado de um desentendimento com Jung, e Burghölzli foi perdida para a análise" (Freud, An autobiographical study, *SE 20*, p.51). Três anos depois, Bleuler replicou: "Permita-me uma pequena correção. O presente resenhista não deixou a International Psychoanalytic Assotiation 'devido a diferenças com Jung', mas considerou as impossíveis demandas da associação de que seus assistentes ou se tornassem membros ou se afastassem das reuniões realizadas em Burghölzli, como um sinal de que ele não mais desejava fazer parte; e ele compreendeu isso facilmente, porque alertara na época, antes de sua fundação, que isso levaria a secessões, e considerou a luta pela ortodoxia como incorreta na ciência. Foi uma questão de princípios, não de pessoas. Desconheço quaisquer diferenças com Jung" (Bleuler, resenha sobre Sigmund Freud, "Gesammelte Schriften", *Münchener Medizinische Wochenschrift*, v.75, p.1728).
246 Freud e Jones, *The complete correspondence of Sigmund Freud and Ernest Jones*, p.199.

enterrem de verdade dessa vez, depois de tanto haverem cantado marchas fúnebres em vão.[247]

Jones a Freud, 4 de novembro de 1913: *Vereinigung*. Sou a favor de dissolver, como todos vocês, mas não compreendo a urgência em agir imediatamente até que possamos nos corresponder uns com os outros. [...] Ferenczi diz que uma dissolução é melhor que sermos forçados a sair.[248]

Ferenczi a Freud, 8 de novembro de 1913: Após as explanações de Jones e Abraham, não creio que possamos provocar a dissolução da IPA. Nada resta senão a renúncia coletiva dos membros de todos os grupos que estão com você. Uma Associação Psicanalítica Internacional da qual você, Abraham, Jones, todos os de Viena e de Budapeste, Brill (Putnam, talvez) tenham renunciado – com Jung na direção – não terá muito valor. Você precisa dar início imediatamente à fundação da nova Associação.[249]

Freud a Jones, 22 de novembro de 1913: Sabemos que a posição de J. é muito forte, nossa única esperança ainda é a de que ele a ponha a perder.[250]

Em resposta a essa situação, Freud decidiu apostar tudo. Abraham, Jones, Ferenczi e Eitington foram designados para publicar ataques conjuntos a Jung, em uma campanha cuidadosamente orquestrada. O próprio Freud ocupou-se em escrever sua "bomba", a *História do movimento psicanalítico*. Desde as primeiras linhas, ficava bem claro não se estava mais lidando com uma discussão científica pretensamente aberta. Como vimos, Freud declarou peremptoriamente que apenas ele tinha autorização para dizer o que era a psicanálise, sua criação. Este argumento de autoridade foi evidentemente uma resposta à proliferação de desvios breuerianos, forelianos, adlerianos e junguianos. A veemência com que Freud denunciou Breuer, Jung, Adler e a ciência oficial indicava seu fracasso em resolver a questão no âmbito teórico, em persuadir seus colegas de sua definição de psicanálise. O tom extraordinariamente polêmico da *História* de Freud reflete essa derrota. Abdicando de qualquer pretensão à objetividade, Freud acusou seus adversários de motivações vergonhosas, falsidade, incompetência, patologia mental e, no caso de Jung, racismo.

---

247 Freud e Jones, *The complete correspondence of Sigmund Freud and Ernest Jones*, p.482-3.
248 Ibid., p.234.
249 Freud e Ferenczi, *The correspondence of Sigmund Freud and Sándor Ferenczi*, p.519.
250 Freud e Jones, *The complete correspondence of Sigmund Freud and Ernest Jones*, p.242.

Freud a Ferenczi, 24 de abril de 1914: A surpreendente renúncia de Jung tornou nossa tarefa muito mais fácil. [...] Talvez tenha sucumbido à saraivada no *Zeitschrift*, e a bomba no *Jahrbuch* esteja chegando tarde demais.[251]

Freud a Abraham, 25 de junho de 1914: Agora que a bomba explodiu, logo descobriremos que efeitos teve. Creio que devamos dar às vítimas de duas a três semanas para que elas possam se recompor e reagir.[252]

Confrontado por isso, o grupo de Zurique decidiu deixar Freud com sua psicanálise e renunciou em massa – precisamente o que Freud tentava obter. Tal como Adler havia feito antes deles, justificaram sua decisão pela incompatibilidade entre a atitude de Freud e a liberdade para se realizar pesquisas científicas.

Minutas da Sociedade Psicanalítica de Zurique, 10 de julho de 1914: A demonstração de Freud publicada no Anuário de Ψα (*Sobre a história do movimento Ψα*) é inequivocamente atada à autoridade da teoria de um indivíduo. A sucursal de Zurique considera esse ponto de partida incompatível com o princípio da livre pesquisa.[253]

Em termos de posteridade, a estratégia de Freud foi um golpe de mestre. Na ausência de relatos alternativos de monta por Adler e Jung, a suposta *História* de Freud tornou-se o documento fundador do movimento psicanalítico e a base de sua história oficial, subsequentemente elaborada em numerosos artigos, livros e biografias. Freud conseguiu obter a vitória no interior da derrota, silenciando episódios constrangedores (Forel, o congresso de Breslau) e transformando discordâncias referentes à psicanálise em resistências irracionais. Não é demasiado afirmar que, sem esta reescrita tendenciosa da história, a psicanálise não teria conseguido se propagar e adquirir a proeminência que teve no século XX.

É importante notar que essa vitória foi o oposto de seu fracasso em lograr um assentimento geral por meio de discussão e debate abertos, obtida às custas da privatização completa da ciência da psicanálise sob a posse única de Freud e de sua separação das normas vigentes do mundo acadêmico. Entre 1905 e 1914, Freud buscou internacionalizar o movimento psicanalítico buscando aliados, inicialmente por meio de Bleuler e Jung. Dali em diante, a psicanálise passou a ser propagada a partir de seu interior, pela produção de

---

251 Freud e Ferenczi, *The correspondence of Sigmund Freud and Sándor Ferenczi*, p.550.
252 Freud e Abraham, *The complete correspondence of Sigmund Freud and Karl Abraham*, p.251.
253 Arquivos do Clube Psicológico, Zurique.

mais psicanalistas na forma de pacientes convertidos em discípulos. A esse respeito, o sucesso que a psicanálise obteve se devia não a sua capacidade de convencer os oponentes (que permaneciam céticos), mas à forma única de transmissão que ela inaugurava.

Não foi por acaso que Hoche comparou esse modo de transmissão a um proselitismo sectário. Não obstante, juntou-se a um notável modernismo, perfeitamente adaptado à economia de mercado na florescente área da prática privada de psicoterapia. Era preciso pagar quantias significativas para ter acesso à arte secreta de Freud (em contraste com a forma aberta de transmissão praticada pela psicoterapia sugestiva e hipnótica bernheimiana). Mas também era possível, em contrapartida, recuperar o gasto, já que a prática permitia uma vida independente. Separada da universidade e das escolas de Medicina (Freud parou de lecionar formalmente em 1917), a psicanálise tornou-se um empreendimento privado, recrutando clientes (e, portanto, seguidores em potencial) em um mercado não regulado, independente de qualquer universidade ou autoridade governamental. A psicanálise tornou-se, efetivamente, a firma de Freud, organizada como uma empresa internacional baseada em franquias. Podia-se formar todo tipo de subsidiárias ao redor do mundo, com a condição de que reproduzissem fielmente o modo proprietário na formação de analistas.

> **Thomas Szasz:** Para Freud, a psicanálise era como uma invenção que o inventor poderia patentear, restringindo assim os direitos de terceiros sobre seu uso. Dessa forma, Freud insistiu que a psicanálise poderia ser administrada apenas de acordo com suas especificações. Mas foi ainda além: declarou que apenas ele, e ninguém mais, poderia alterar ou modificar a fórmula original. [...] Eis a explicação, em suas próprias palavras, de sua objeção a Adler: "Desejo apenas mostrar que essas teorias contradizem os princípios fundamentais da análise (e em quais pontos elas os contradizem), e por essa razão não devem ser conhecidas pelo nome de análise".[254] Portanto, a questão não era se Adler estava certo ou errado, mas o que deveria ser chamado de psicanálise. Era como se Freud tivesse patenteado a Coca-Cola. Ele não se importava tanto se a Pepsi Cola, ou a Royal Cola ou a Crown Cola eram melhores. Queria meramente se certificar de que apenas seus produtos carregassem o rótulo original.[255]

---

254 Freud, On the history of the psycho-analytic movement, *SE 14*, p.50.
255 Szasz, Freud as a leader. In: Spurling (Ed.), *Sigmund Freud*, v.4. p.149-50; destaque de Szasz. Pode-se compará-lo ao que Freud escreveu em sua última carta a Fliess: "as ideias tampouco podem ser patenteadas. [...] Uma vez soltas, tomam seu próprio caminho". (Freud, *The Complete Letters of Sigmund Freud to Wilhelm Fliess*, p.466).

Desse ponto de vista, o importante não era mais o conteúdo da teoria, mas o fato de ter sido sancionada por Freud e seus representantes oficiais. A unidade do movimento psicanalítico não era de fato mantida por uma aliança a um corpo doutrinário (vimos que nunca houve um consistente) ou a uma metodologia de pesquisa, mas unicamente pela referência ao rótulo Freud, sustentada por uma estrutura feudal de autoridade. Freud não hesitou, depois das primeiras guerras freudianas, em se apropriar silenciosamente de muitas inovações teóricas que ele tão violentamente denunciou quando foram propostas. Após a partida de Adler, Freud incorporou aspectos de suas teorias sob a bandeira da psicanálise, e o mesmo aconteceu com outros. Como aponta Ellenberger, Freud apossou-se dos conceitos de pulsão agressiva autônoma, de fusão e deslocamento das pulsões e de internalização das demandas externas, todos de Adler.

Ellenberger: A transformação da psicanálise em psicologia do ego foi em grande medida uma adaptação de conceitos anteriormente adlerianos.[256]

Stekel: Tudo que descobri foi considerado propriedade comum ou atribuído a Freud. Poderia citar incontáveis exemplos disso.[257]

Stekel: Mais tarde, Freud adotou algumas de minhas descobertas sem mencionar meu nome. Mesmo o fato de, na primeira edição, ter definido ansiedade como a reação do *instinto de vida* contra a emergência do *instinto de morte* não foi mencionado em seus livros posteriores, e muitas pessoas acreditam que o instinto de morte seja uma descoberta de Freud.[258]

Jung, 1957: [Freud,] posteriormente, começou a trabalhar em conceitos que não eram mais freudianos em seu sentido original. [...] Ele se viu impelido a seguir a minha linha, mas isso não conseguiu admitir para si mesmo.[259]

Freud a Ferenczi, 8 de fevereiro de 1910: Possuo um intelecto decididamente caprichoso e sou muito inclinado ao plágio.[260]

---

256 Ellenberger, *The discovery of the unconscious*, p.638.
257 Stekel, Zur Geschichte der analytischen Bewegung, *Fortschritte der Sexualwissenschaft und Psychoanalyse*, v.2 (suplemento), p.570.
258 Stekel, *The autobiography of Wilhelm Stekel*, p.138.
259 Protocolos das entrevistas de Aniela Jaffé com Jung, durante a preparação de *Memories, dreams, reflections*, p.154; Acervo Jung, Divisão de Manuscritos, Biblioteca do Congresso, Washington, D.C. A respeito da influência de Jung sobre Freud na análise do ego e a segunda teoria das pulsões, ver Borch-Jacobsen, *The Freudian subject*.
260 Freud e Ferenczi, *The correspondence of Sigmund Freud and Sándor Ferenczi*, p.133.

Essa recuperação tática das teorias de dissidentes ou de críticos externos tornou-se um dos traços mais marcantes do movimento psicanalítico, e demonstra que o que estava em jogo nas terríveis disputas entre Freud e seus adversários não era o valor intrínseco de determinadas ideias, mas quem poderia reivindicá-las. Uma concepção particular não era psicanálise quando apresentada por Adler, Stekel ou Jung, mas poderia assim se tornar quando fosse aventada por Freud. Como comentou Szasz, a psicanálise tornara-se uma marca registrada.

A IMACULADA CONCEPÇÃO

A privatização da teoria analítica é particularmente assinalada na *História do movimento psicanalítico*. Freud justificou o caráter subjetivo de sua narrativa pela necessidade de reafirmação de seu monopólio sobre a psicanálise – sua ciência – contra as reivindicações dos rivais.

> **Freud:** Ninguém precisa se surpreender com o caráter subjetivo da contribuição que proponho realizar aqui à história do movimento psicanalítico, nem se espantar com o papel que exerço nele. Pois a psicanálise é criação minha. [...] Considero-me justificado em sustentar que até hoje ninguém sabe o que é a psicanálise mais do que eu, como ela se diferencia de outras formas de investigação da vida psíquica e precisamente o que deveria ser chamado de psicanálise, e o que seria melhor descrito por outro nome. Em repúdio, portanto, ao que me parece um frio ato de usurpação, estou informando indiretamente aos leitores desta *Jahrbuch* sobre os acontecimentos que levaram às mudanças em sua editoria e formato.[261]

Consequentemente, a primeira seção da obra foi dedicada à reivindicação de Freud sobre sua invenção de uma maneira quase obsessiva. Reformulando o que afirmara cinco anos antes na conferência em Clark, Freud agora negava a Breuer qualquer papel na concepção da psicanálise propriamente falando. Recordava, em público pela primeira vez, como Breuer reagira quando defrontado com o "evento inesperado" da sexualidade de Anna O.

> **Freud:** Pode-se recordar que Breuer afirmou desta famosa primeira paciente que o elemento da sexualidade era surpreendentemente mal desenvolvido

---

[261] Freud, On the history of the psycho-analytic movement, *SE 14*, p.7. Freud assumia o controle da *Jahrbuch für psychoanalytische und psychopathologische Forschungen*, após Bleuler e Jung renunciarem como editores.

e em nada contribuíra para o muito rico perfil clínico do caso. [...] Nessas circunstâncias, tenho fortes razões para suspeitar que, após todos os sintomas terem sido desatados, Breuer deve ter intuído, por meio de sinais posteriores, a motivação sexual dessa transferência, deixando de notar a natureza universal desse inesperado fenômeno, e acabou, como que surpreendido por um *evento adverso*, interrompendo ali sua investigação. Isso é algo que ele nunca me contou com tantas palavras, mas em diversas ocasiões me forneceu indícios suficientes para justificar essa reconstrução.[262]

Tradução: por covardia, Breuer recuou onde Freud teve a coragem de prosseguir. No mesmo sentido, Freud contou que Breuer, Jean-Martin Charcot e Rudolf Chrobak fizeram comentários obscuros e passageiros acerca do papel da sexualidade nas neuroses.

Freud: Estes três homens me transmitiram parte de um conhecimento que, estritamente falando, eles mesmos não possuíam. Dois deles, mais tarde, desmentiram tê-lo feito quando lembrei-lhes disso; o terceiro (o grande Charcot) provavelmente teria feito o mesmo se tivesse sido possível encontrá-lo de novo.[263]

Tradução: ninguém antes de Freud estabelecera um elo explícito entre a sexualidade e as neuroses. Melhor ainda, quando ele apresentou suas opiniões sobre a etiologia sexual das neuroses, seus colegas (notadamente Krafft-Ebing, mas também Breuer) as rejeitaram de modo unânime.

Freud: Mas o silêncio que encontraram minhas declarações, o vazio que se formou ao redor de mim, os indícios que me foram transmitidos, gradualmente me fizeram perceber que afirmações sobre o papel exercido pela sexualidade na etiologia das neuroses não podiam contar com a mesma recepção que outras declarações. [...] Enquanto isso, como Robinson Crusoé, acomodei-me da maneira mais confortável que pude em minha ilha deserta. Quando volto os olhos para aqueles solitários anos, distantes das pressões e confusões de hoje, parece-me uma era heroica, uma era gloriosa. Meu *isolamento esplêndido* não ocorreu sem suas vantagens e encantos. Eu não precisava ler nenhuma publicação, nem dar atenção a opositores mal informados; não estava sujeito a influências de parte alguma; nada havia para me acossar. [...] Nesse meio-tempo, meus escritos

---

262 Freud, On the history of the psycho-analytic movement, *SE 14*, p.11-12.
263 Ibid., p.13.

não eram analisados nos periódicos médicos, ou, se por um acaso o fossem, eram desqualificados com expressões de desdém ou superioridade apiedada.²⁶⁴

Freud: Por mais de dez anos após minha separação com Breuer, não tive seguidores. Fiquei completamente isolado. Em Viena, era rejeitado; fora do país, ninguém tinha conhecimento de mim. Minha *Interpretação dos Sonhos*, publicada em 1900, mal foi comentada em periódicos técnicos.²⁶⁵

Isolado, rejeitado, incompreendido, Freud não devia nada a ninguém. Ademais, ele nem ao menos lia o que os outros escreviam.

Freud: A teoria da repressão certamente me veio de modo independente de qualquer outra fonte; desconheço impressões externas que podem tê-la sugerido, e por um longo tempo imaginei que fosse inteiramente original, até que Otto Rank nos mostrou a passagem de *O mundo como vontade e representação* de Schopenhauer, em que o filósofo buscava dar uma explicação para a insanidade. O que ele afirma ali [...] coincide tão inteiramente com meu conceito de repressão, que mais uma vez posso dar graças à minha falta de erudição, que me possibilitou fazer uma descoberta. [...] Em anos posteriores, recusei-me o enorme prazer de ler as obras de Nietzsche, com o intuito deliberado de não ser influenciado ao trabalhar as impressões recebidas pela psicanálise por qualquer tipo de ideias antecipatórias.²⁶⁶

Freud: Li Schopenhauer muito tarde em minha vida. Nietzsche, outro filósofo cujas intuições e palpites frequentemente coincidem de modo assombroso com as laboriosas descobertas da psicanálise, foi por muito tempo evitado por mim pelo mesmo motivo; estava menos preocupado com a questão de precedência do que em manter minha mente desimpedida.²⁶⁷

Freud: Desconheço qualquer influência externa que tenha atraído meu interesse ou me inspirado a quaisquer vantajosas perspectivas. [...] Ative-me ao hábito de sempre estudar as coisas antes de buscar informações nos livros, e portanto fui capaz de estabelecer, eu mesmo, o simbolismo dos sonhos antes de ser levado ao trabalho de Scherner sobre o tema.²⁶⁸ [...] Mais tarde, redescobri

---

264 Freud, On the history of the psycho-analytic movement, *SE 14*, p.21-3.
265 Freud, An autobiographical study, *SE 20*, p.48.
266 Freud, On the history of the psycho-analytic movement, *SE 14*, p.15. Resta-nos imaginar como Freud sabia que teria grande prazer na leitura de Nietzsche sem nunca o ter lido.
267 Freud, An autobiographical study, *SE 20*, p.59-60.
268 Scherner, *Das Leben des Traums*.

as características essenciais e a parte mais importante de minha teoria do sonho – a derivação da distorção onírica de um conflito interno, uma espécie de desonestidade interior – no [...] famoso engenheiro J. Popper, que publicou suas *Phantasien eines Realisten* [Fantasias de um realista][269] sob o nome de Lynkeus.[270]

Esta enumeração de atestados de virgindade teórica podia parecer simplesmente vã ou pretensiosa, mas na verdade serviu a um objetivo preciso: afirmar os direitos exclusivos de Freud sobre sua criação. Se Freud começou do zero, se não se submeteu a qualquer influência externa, se realizou suas descobertas em total isolamento e mesmo apesar de seus colegas, a psicanálise pertencia apenas a ele, como uma invenção patenteada. Assim, ele poderia fazer o que quisesse com ela, decidir quem poderia utilizá-la, denunciar cópias não autorizadas e piratarias. O intuito da história de Freud era postular sua autocrática autoridade política por meio da afirmação da originalidade absoluta da teoria.

O problema é que essa história é uma fábula, um conto de fadas científico. Como revelaram diversos estudiosos de Freud, não há um único elemento de sua narrativa que resista ao escrutínio cuidadoso. *O isolamento esplêndido*, por exemplo? Freud nunca ficou isolado como afirmou nos anos seguintes à publicação de *Estudos sobre a histeria*. Pelo contrário, sua obra lhe deu certa notoriedade local e internacional, e o método Breuer-Freud foi discutido com frequência e praticado por aqueles interessados em psicoterapêutica, como já mostramos.

Janet, 1894: Estamos felizes por Breuer e Freud terem verificado recentemente as já antigas interpretações sobre ideias fixas em pessoas histéricas.[271]

William James, 1902: Na maravilhosas explorações de Binet, Janet, Breuer, Freud, Mason, Prince e outros sobre a consciência subliminar de pacientes com histeria, foram revelados sistemas inteiros de vida subterrânea, na forma de lembranças de tipo doloroso que resultam numa experiência parasitária, enterrada fora dos campos primários da consciência.[272]

Havelock Ellis, 1898: Concordo com Breuer e Freud, os renomados investigadores vienenses da histeria, que me parecem haver lançado mais luz sobre suas características psíquicas que quaisquer outros investigadores recentes, sobre as necessidades sexuais das pessoas histéricas serem tão individuais e

---
269 Popper, *Phantasien eines Realisten*.
270 Freud, On the history of the psycho-analytic movement, *SE 14*, p.19-20.
271 Janet, *L'état mental des hystériques*, v.2, p.68.
272 James, *The varieties of religious experience*, p.234.

variadas quanto as das mulheres normais, mas que elas sofrem mais em razão de um embate moral com seus próprios instintos e da tentativa de inseri-las no segundo plano da consciência.[273]

Ellis, 1898: Charcot postulara o caráter psíquico da [histeria]. [...] Quanto à natureza e o mecanismo desse processo psíquico, ele os deixou totalmente inexplicados. Este passo foi deixado para outros, em parte ao sucessor de Charcot – Janet – e em grande medida, sou inclinado a pensar, aos investigadores vienenses Breuer e Freud, que, ao assumi-lo, fizeram, arrisco dizer, não apenas a primeira contribuição realmente importante sobre nosso conhecimento a respeito da histeria desde as investigações de Charcot, como também abriram caminho ao único campo em que o estudo da histeria pode agora ser possivelmente frutífero. [...] As investigações de Breuer e Freud [...] serviram, ademais, para revelar que a histeria pode ser definitivamente considerada, em muitos casos ao menos, uma manifestação de emoções sexuais e suas lesões, em outras palavras, uma transformação do autoerotismo.[274]

Bleuler, 1896 (acerca de *Estudos sobre a histeria*): De toda forma, o fato de este livro oferecer uma maneira inteiramente nova de abordar o modo como funciona o psiquismo é uma das mais importantes contribuições dos últimos anos ao campo da Psicologia normal ou patológica.[275]

Além do mais, Freud foi respeitado e apoiado profissionalmente por importantes figuras, como Kraft-Ebbing e Hermann Nothnagel, que reforçaram sua candidatura ao posto de *professor extraordinarius* (após ele ter tornado públicas suas afirmações sobre a etiologia sexual das neuroses). Ele colaborava intelectualmente com Wilhelm Fliess, a ponto de Freud propor a este a coautoria do trabalho que se tornou os *Três ensaios sobre a teoria da sexualidade*,[276] e trocou correspondência com figuras eminentes, como Havelock Ellis e Leopold Löwenfeld.[277] Obteve discípulos rapidamente (ainda que não perdurassem): Falix Gattel e o futuro vencedor do prêmio Nobel de Medicina Robert Bárány em 1897-8, Hermann Swoboda em 1900, Stekel

---

273 Ellis, Auto-erotism, *Alienist and Neurologist*, v.19, n.2, p.279.
274 Ellis, Hysteria in relation to the sexual emotions, *Alienist and Neurologist*, v.19, n.4, p.608-9 e 614.
275 Bleuler, resenha sobre Breuer and Freud (1895), *Münchener Medizinische Wochenscrift*, v.43, p.525.
276 Freud, *The complete letters of Sigmund Freud to Wilhelm Fliess*, p.448.
277 Sobre a correspondência entre Freud e Ellis, ver Sulloway, *Freud, biologist of the mind*, p.464; e Makari, Between seduction and libido, *Bulletin of the History of Medicine*, v.72, p.654; sobre a correspondência de Löwenfeld, ver Freud, *The complete letters of Sigmund Freud to Wilhelm Fliess*, n.3, p.413.

em 1901, Adler, Kahane e Reitler em 1902.[278] As resenhas iniciais sobre seus livros não eram escassas nem negativas, como ele afirmou depois.[279]

Freud não foi, de modo algum, o primeiro a se interessar por sexualidade e sua relação com as neuroses. O elo entre neurastenia e masturbação, que constituiu parte essencial de sua teoria das neuroses reais, derivou diretamente de *Sexual neurasthenia*, de George Beard,[280] e se pode encontrá-lo em muitas personalidades da Medicina na época, como Krafft-Ebing, Löwenfeld, Erb, Strümpel, Peyer ou Breuer.[281] Ademais, enquanto Charcot, na esteira de Briquet, rejeitara a velha teoria uterina da histeria,[282] a histeria continuou a ser associada à sexualidade feminina por muitos profissionais, inclusive Breuer.[283]

> **H. B. Donkin:** Entre as atividades artificialmente reprimidas nas meninas, é preciso reconhecer que a sexual exerce um papel importante, e, de fato, a evidência frequentemente apresentada de emoções sexuais sufocadas [...] levou muitos a considerar o desejo sexual insatisfeito como uma das causas principais da histeria [...] a abstinência forçada de satisfação de quaisquer desejos inerentes e primitivos deve ter resultados adversos.[284]

> **F. A. King:** [A histeria] ocorre mais frequentemente em mulheres solteiras, ou naquelas, solteiras ou casadas, cujos anseios sexuais permanecem insatisfeitos. "É às vezes curada pelo casamento" (*Watsons practice*, p.455) [...] *Carter on hysteria*

---

278 Sobre Gattel, ver Sulloway, *Freud, biologist of the mind*, p.513-15; Schröter e Hermanns, Felix Gattel (1870-1904), *International Review of Psychoanalysis*, v.19, p.91-104; sobre Bárány, ver Jones, *The life and work of Sigmund Freud*, v.2, p.189; Gicklhorn e Gicklhorn, *Sigmund Freud's akademische Laufbahn im Lichte der Dokumente*, p.187; sobre Swoboda, ver Freud, *The Complete Letters of Sigmund Freud to Wilhelm Fliess*, p.461-4, 466-7.
279 O mito da receptividade universalmente hostil à obra de Freud foi demolido por Bry, Rifkin e Masserman, Freud and the history of ideas, *Science and Psychoanalysis*, v.5, p.6-36; Ellenberger, *The discovery of the unconscious*, p.448, 450, 455, 508 e 772-3; Decker, The medical reception of psychoanalysis in Germany, 1894-1907, *Bulletin of the History of Medicine*, v.45, p.461-81; Cioffi, The myth of Freud's hostile reception. In: _____ (Ed.), *Modern judgements*; Decker, The interpretation of dreams, *Journal of the History of the Behavioral Sciences*, v.11, p.129-41; Decker, Freud in Germany, *Psychological Issues*, v.11, n.1 (monografia 41); Sulloway, *Freud, biologist of the mind*, p.449-67; Tichy e Zwetter-Otte, *Freud in der Presse*. Ver também a antologia de Norman Kiell acerca das resenhas sobre Freud (Kiell, *Freud without hindsight*).
280 Ver, Macmillan, *Freud evaluated*, cap. 5, principalmente p.129-30.
281 Makari, Between seduction and libido, *Bulletin of the History of Medicine*, v.72, p.646-7.
282 Micale, Charcot and the idea of hysteria in the male, *Medical History*, v.34, n.4, p.363-41. Micale, *Hysterical men*.
283 Hirschmüller, *The life and work of Josef Breuer*, p.100.
284 Donkin, Hysteria. In: Tuke (Ed.), *A dictionary of psychological medicine, giving the definition, etymology and synonyms of the terms used in medical psychology with the symptoms, treatment, and pathology of insanity and the law of lunacy in Great Britain and Ireland*, p.620; apud Cioffi, The myth of Freud's hostile reception. In: _____ (Ed.), *Modern judgements*.

(p.35, 36) observa: "A paixão sexual é mais envolvida do que qualquer outra emoção isolada, e talvez mais do que todas as outras reunidas, na produção do paroxismo histérico".[285]

J. Michel Clarke (acerca de *Estudos sobre a histeria*): É interessante notar um retorno, ao menos em parte, da velha teoria da origem da histeria nos transtornos sexuais, especialmente em face da tendência dos últimos anos de conceder importância muito menor a eles.[286]

Alfred Binet e Théodore Simon: [Freud e Breuer] foram levados a retomar a velha ideia de que a histeria faz juz a seu nome quando se toma o útero como ponto de partida; é um dos mais singulares resgates de que se tem notícia.[287]

Konrad Alt: Muitas histéricas sofreram intensamente com o preconceito de seus familiares de que histeria apenas pode se erguer sob o fundamento sexual. Nós, neurologistas alemães, tivemos um trabalho infindável para desfazer este preconceito amplamento difundido. Agora, se a opinião freudiana acerca da gênese da histeria ganhar espaço, as pobres histéricas voltarão a ser condenadas como antigamente. Esse retrocesso seria muito prejudicial.[288]

Breuer: Não creio estar exagerando quando afirmo que *a maioria das neuroses severas em mulheres tem origem no leito matrimonial*. [...] Talvez valha insistir mais que o fator sexual é de longe o mais importante e o que mais produz resultados patológicos. As observações rudimentares de nossos predecessores, cujos resíduos são presevados no termo "histeria", aproximaram-se mais da verdade do que a visão mais recente que coloca a sexualidade quase em último lugar, de modo a resguardar os pacientes de repreensões morais.[289]

Breuer a Fliess, 16 de outubro de 1895: Quanto à base sexual da doença, meu exame de Selma B. foi rigoroso e completo. Ela afirma que às vezes se masturbava quando criança, por volta dos 10 ou 12 anos de idade, e presumivemente dali em diante. Nada pode dizer sobre a duração ou a intensidade, mas, tendo em vista que com 16 ou 17 ela tenha experimentado uma grave condição neurastênica, pode-se supor que ambas eram consideráveis. Não obstante, ela

---

285 King, Hysteria, *American Journal of Obstetrics and Diseases of Women and Children*, v.24, n.5, p.518.
286 Clarke, resenha sobre Breuer and Freud (1895), *Brain*, v.19, p.414.
287 Binet e Simon, Hystérie, *L'Anné Psychologique*, v.16, p.95.
288 Alt. In: Weyenburg (Ed.), *Comptes rendus du Congrès International de Psychiatrie et de Neurologie*.
289 Breuer e Freud, *Studies on hysteria*, p.246; grifo de Breuer.

pode facilmente ter sido uma dessas pessoas para quem um pequeno dano produz graves consequências.[290]

Breuer: Uma terceira objeção [às teorias de Freud] diz respeito à superestimação da sexualidade. Pode-se dizer que, para se ter certeza quanto a esta ligação, nem todo sintoma de histeria seja sexual, mas a raiz original do mesmo provavelmente o é. A neurastenia certamente é uma enfermidade que possui raiz sexual.[291]

Ao contrário do que Freud afirmou, o desacordo de Breuer com seu jovem colega após a publicação de *Estudos sobre a histeria* não tinha a ver com o papel da sexualidade nas neuroses, mas apenas com o que lhe parecia uma exigência excessivamente exclusiva no tocante ao papel da sexualidade na histeria e na neurastenia.[292] As ideias da libido, da sexualidade infantil, das zonas erógenas e da bissexualidade, para as quais Freud se voltou após o abandono de sua teoria da sedução, eram todas parte da herança darwinista que ele compartilhava com os colegas sexologistas e, em especial, com Fliess (a quem Freud omitiu sistematicamente de seus relatos históricos).[293]

Sanford Bell: A emoção do sexo-amor [...] não aparece pela primeira vez no período da adolescência, como já se pensou. [...] A mente sem preconceitos para observar tais manifestações em centenas de casais de crianças não pode deixar de referi-las à origem sexual.[294]

Em suma, quando se reinsere as teorias de Freud sobre sexualidade em seu contexto, conclui-se que não eram nem revolucionárias, nem escandalosas, como ele alegava.

Da mesma maneira, é difícil imaginar que o interesse de Freud por sonhos nada se deva à volumosa literatura psicológica sobre o tema por figuras como Scherner, Hervey de Saint-Denys, Maury, Strümpell, Wundt, Volkelt, Hildebrandt ou Delbœuf (seletivamente citados por ele no primeiro

---

290 Hirschmüller, *The life and work of Josef Breuer*, p.316-17.
291 Breuer, review of the intervention of 4th November 1895 of Josef Breuer at the Vienna Medical College on the subject of the lecture of Sigmund Freud "On hysteria", *Wiener Medizinische Presse*, v.36, p.1718.
292 Sulloway, *Freud, biologist of the mind*, p.509.
293 Ritvo, *Darwin's influence on Freud*; Sulloway, *Freud, biologist of the mind*; Makari, Towards defining the Freudian unconscious, *History of Psychiatry*, v.8, n.32, p.459-86.
294 Bell, A preliminary study of the emotions of love between the sexes, *American Journal of Psychology*, v.13, p.325-54, citado pelo próprio Freud (Five lectures on Psycho-Analysis, *SE 11*, p.42). Cinco anos antes, Freud citara outra passagem do mesmo artigo para ilustrar a *ausência* de conhecimento sobre sexualidade infantil na literatura científica (Freud, Three essays on the theory of sexuality, *SE 7*, p.173).

capítulo de *A interpretação dos sonhos*) ou por Charcot, Janet e Krafft-Ebing (estranhamente relegados ao silêncio).[295] Afirmar, como o fez Freud em seu estudo autobiográfico, que a ciência da época pronunciou uma "excomunhão" da temática dos sonhos é simplesmente falso.[296] Quanto a isso, pode-se muito bem indagar a razão pela qual ele tanto insistiu no fato de ter chegado à teoria do simbolismo do sonho (ausente na primeira edição de *A interpretação dos sonhos*) independentemente de Scherner,[297] quando este antecipou outras partes mais importantes de sua teoria, tais como os sonhos serem realizações disfarçadas de desejos sexuais. Como apontaram Irving Massey e Stephen Kern, Freud, em sua revisão histórica da literatura sobre os sonhos, parece ter evitado deliberadamente a citação de passagens das obras de seus predecessores que se aproximavam de suas próprias teorias.

> **Karl Albert Scherner:** Impulsos sexuais que emergem durante o sono, e suas representações nos sonhos, são inteiramente indiferentes à moralidade; a fantasia apenas toma como seu motivo a vitalidade sexual dada ao organismo físico e a apresenta simbolicamente; a virgem mais casta, a respeitável matrona, o padre que renunciou às matérias terrenas e o filósofo que concede ao impulso sexual apenas a medida e o propósito decretados pela moralidade são igualmente, de um jeito ou de outro, sonhadores excitados pelo sexo.[298]

> **F. W. Hildebrandt:** O sonho nos fornece uma apreensão tão refinada de autoconhecimento, alusões tão instrutivas às nossas fraquezas, revelações tão esclarecedoras das disposições semi-inconscientes de sentimentos e poderes, que ao despertar temos direito de nos espantar com o demônio que, com

---

295 Sand, Pre-Freudian discovery of dream meaning. In: Gelfand e Kerr (Eds.), *Freud and the history of psychoanalysis*, p.215-29; sobre a inserção da obra de Freud sobre o sonho na história do estudo dos sonhos, ver o notável e negligenciado estudo de Raymond de Saussure, La psychologie du rêve dans la tradition française. In: Laforgue (Ed.), *Le rêve et la psychanalyse*, p.18-59; Ellenberger, *The discovery of the unconscious*, p.303-11; Kern, The prehistory of Freud's dream theory, *Medical History*, v.6, n.3-4, p.83-92; e Shamdasani, *Jung and the making of modern history*, seção 2.
296 Freud, An autobiographical study, *SE 20*, p.43. Ver também Freud, Introductory lectures on psycho-analysis, *SE 15-16*, p.84: "Mas se preocupar com os sonhos não é apenas impraticável e inoportuno, como também verdadeiramente escandaloso. É algo que traz consigo o ódio por ser anticientífico e suscita a desconfiança de uma inclinação pessoal para o misticismo".
297 Ver também a nota que Freud acrescentou em 1911 à *A interpretação dos sonhos*: "Embora grande parte da visão de Scherner sobre o simbolismo do sonho possa diferir da desenvolvida nestas páginas, devo insistir que ele tem de ser considerado como o verdadeiro descobridor do simbolismo nos sonhos" (p.359).
298 Scherner, *Das Leben des Traums*; apud Massey, Freud before Freud, *Centennial Review*, v.34, n.4, p.571.

verdadeiros olhos de falcão, olhou as cartas que temos nas mãos. Mas, se é assim, que base racional pode nos resguardar de certas perguntas de autoinvestigação, e especialmente da maior das questões: quem é o verdadeiro senhor de nossa casa?[299] As pistas que a vida onírica oferece devem ser, sem dúvida, observadas![300]

Da mesma maneira, independentemente de Freud ter ou não ter lido Schopenhauer – e há muitas razões para acreditar que leu[301] –, é muito provável que ele tivesse ciência de que o termo e o conceito de repressão exerciam uma função importante na obra de seu professor Meynert, que o tomara de Herbart,[302] e de que, em suas formulações iniciais, o mecanismo psíquico derivado disso era muito semelhante à dissociação de Charcot, Binet e Janet. Quanto a suas afirmações de ter evitado a leitura de Nietzsche, William McGrath demonstrou que seria quase impossível que ele não o tivesse lido quando jovem estudante e membro do *Lese-verein der deutschen Studenten Wiens*, um grupo de leitura pangermânico que estudava avidamente as obras de Schopenhauer, Wagner e Nietzsche.[303] Ademais, sabe-se, por uma carta a Fliess, que Freud "adquirira Nietzsche" (muito provavelmente a edição Naumann das obras de Nietzsche, que era publicada na época).[304]

Freud a Fliess, 1º de fevereiro de 1900: Acabo de adquirir Nietzsche, em quem espero encontrar palavras para muitas das coisas que permanecem mudas em mim, mas ainda não o abri. Com muita preguiça, por enquanto.[305]

---

299 Pode-se comparar isso à famosa passagem das *Conferências introdutórias* de Freud: "O ego não é senhor de sua própria casa" (Freud, A difficulty on the path of psycho-analysis, *SE* 17, p.143).
300 Hildebrandt, *Der Traum und seine Verwertung für's Leben*, p.55; apontado por Kern, The prehistory of Freud's dream theory, *Medical History*, v.6, n.3-4, p.85.
301 Ver McGrath, Student radicalism in Vienna, *Journal of Contemporary History*, v.2, p.183-201. Freud citou *Sobre a visão e as cores* de Schopenhauer três vezes em *A interpretação dos sonhos* (p.36, 66 e 90). Sobre a importância da filosofia alemã do inconsciente no século XIX, ver Ellenberger, *The discovery of the unconscious*, p.208-10, 275-8 e 542-3; Shamdasani, *Jung and the making of modern history*, seção 3; Liebscher e Nicholls, *Thinking the unconscious*; sobre o schopenhauerismo de Freud, ver Henry, *The genealogy of psychoanalysis*, caps. 5 e 6.
302 Já em 1930, H. L. Hollingworth apontou: "O movimento psicanalítico moderno, e o que é frequentemente chamado de Psicologia freudiana, consiste principalmente na elaboração e na aplicação das doutrinas de Herbart e na ampliação destas por meio de uma abundância de detalhes clínicos" (Hollingworth, *Abnormal psychology, its concepts and theories*, p.48). Ver também Jones, *The life and work of Sigmund Freud*, v.1, p.281 e 371-6; Andersson, *Studies in the prehistory of psychoanalysis*; Hemecker, Sigmund Freud und die Herbartianische Psychologie des 19. Jahrhunderts, *Conceptus*, v.21, p.217-31.
303 McGrath, Student radicalism in Vienna, *Journal of Contemporary History*, v.2, p.183-201.
304 Nietzsche, *Nietzsches Werke*.
305 Freud, *The complete letters of Sigmund Freud to Wilhelm Fliess*, p.398.

Longe de ter nascido do encontro casual e sem pressupostos entre Freud e o inconsciente, a psicanálise foi produto da interseção de múltiplas leituras, debates e discussões. Mesmo as bibliografias de seus primeiros trabalhos revelam que Freud foi um voraz leitor poliglota da literatura científica e filosófica de seu tempo, em constante busca de novidades em campos tão diversos quanto a Biologia Evolutiva (Darwin, Haeckel), Sexologia (Krafft--Ebing, Moll, Ellis, Iwan Bloch, Magnus Hirschfeld), Neurologia alemã e Anatomia Cerebral (Wernicke, Meynert), Psicofisiologia britânica (Maudsley, Bain), Psicologia Anormal francesa (Taine, Ribot, Binet, Janet), hipnotismo experimental e terapêutico (Charcot, Bernheim, Delbœuf, Forel), a Filosofia do Inconsciente (von Hartmann), Estética (Lipps, Fischer) etc. Como muitos pesquisadores de vanguarda, Freud acompanhava com afinco as evoluções em campos relacionados, ciente da precedência ante seus colegas e rivais, na busca da construção da verdadeira Psicologia científica. Quanto a isso, são claramente falsas as alegações de Jones de que Freud "jamais se interessava por questões de precedência, que considerava meramente tediosas".[306] O renomado sociólogo da ciência Robert K. Merton contou não menos que 150 disputas de precedência nas obras de Freud, o que resultava em mais de três por ano – e isso foi antes de as grandes trocas de correspondências serem publicadas.[307]

Freud a Fliess, 29 de novembro de 1895: Os pupilos de Wernicke, Sachs e C. S. Freund, produziram um disparate sobre a histeria (sobre paralisia psíquica),[308] o que a propósito é quase um plágio de meu "Considerações etc." nos *Arquivos de neurologia*.[309] O mais doloroso é o postulado de Sachs sobre a constância de energia psíquica.[310]

Freud a Fliess, 14 de novembro de 1897: Certa vez, fui capaz de dizer-lhe que era uma questão de abandono de antigas zonas sexuais, e ainda consegui

---

306 Jones, *The life and work of Sigmund Freud*, v.3, p.100.
307 Merton, *The ambivalence of scientists*.
308 Freund, Über psychische Lähmungen, *Neurologisches Zentralblatt*, v.14, p.938-46.
309 Freud, Quelques considérations pour une étude comparative des paralysies motrices organiques et hystériques, *Archives Neurologiques*, v.93, n.77, p.29-43.
310 Freud, *The complete letters of Sigmund Freud to Wilhelm Fliess*, p.152. Sobre a questão da propriedade intelectual, Ernst Kris apontou em sua edição de Freud, *The origins of psycho--analysis*, que o artigo de C. S. Freund reproduziu em parte um artigo de Heinrich Sachs publicado em 1893 (Sachs, *Vorträge über Bau und Tätigkeit des Großhirns und die Lehre von der Aphasie und Seelenblindheit*), em uma época em que Freud não havia tornado públicas suas ideias sobre o princípio de constância psíquica. Como de hábito, Freud jamais menciona Sachs em seus textos que se referem a este princípio.

acrescentar que fiquei satisfeito por encontrar ideia similar em Moll. (Entre nós, não concedo precedência desta ideia a ninguém.)³¹¹

Minutas da Sociedade Psicanalítica de Viena, 11 de novembro de 1908: Por estranho que pareça, a sexualidade infantil realmente foi descoberta por ele – Freud; antes disso, não havia indícios na literatura. [...] Moll colheu a importância da sexualidade infantil em *Três ensaios* e, então, escreveu seu livro. Por este motivo, o livro inteiro de Moll é permeado pelo desejo de negar a influência de Freud.³¹²

Freud a Fliess, 10 de março de 1898: Abri um livro de Janet recém-publicado, *Hystérie et idée fixes* [Histeria e ideias fixas], com o coração palpitante e o coloquei de lado com a pulsação tranquila.³¹³ Ele não desconfia do essencial.³¹⁴

Freud a Fliess, 31 de agosto de 1898: Encontrei a essência de minha descoberta afirmada com bastante clareza em Lipps, talvez mais do que seria de meu agrado. "Quem procura costuma encontrar mais do que desejava!" [...] A correspondência [de nossas ideias] também é próxima nos detalhes; quiçá apareça depois a bifurcação a partir da qual minhas ideias possam desenvolver autonomia.³¹⁵

Fliess a Freud, 20 de julho de 1904: Topei com um livro de Weininger, e na primeira parte biológica dele encontro, para minha consternação, uma descrição de minhas ideias sobre bissexualidade e a natureza de sua consequente atração sexual – homens femininos atraem mulheres masculinas e vice-versa. Por uma citação, vejo que Weininger conheceu Swoboda, seu pupilo (antes da publicação de seu livro), e soube que os dois homens eram *intimi*. Não tenho dúvidas de que Weininger obteve conhecimento de minhas ideias por meio de você e confiscou a propriedade de outrem.³¹⁶

Freud a Fliess, 27 de julho de 1904: Para mim, pessoalmente, você sempre (desde 1901) foi o autor da ideia da bissexualidade; temo que, ao examinar a literatura, você descobrirá que muitos pelo menos chegaram perto. Os nomes que mencionei estão em meu manuscrito [os *Três ensaios sobre a teoria da*

---

311 Freud, *The complete letters of Sigmund Freud to Wilhelm Fliess*, p.252.
312 Nunberg e Federn, *Minutes of the Vienna Psychoanalytic Society*, v.2, p.48; citado e comentado por Sulloway, *Freud, biologist of the mind*, p.469-72.
313 Na realidade, Janet, *Névroses et idées fixes* [Neuroses e ideias fixas].
314 Freud, *The complete letters of Sigmund Freud to Wilhelm Fliess*, p.302.
315 Ibid., p.325
316 Ibid., p.463.

sexualidade];³¹⁷ não trago livros comigo, e portanto não posso lhe oferecer documentação mais precisa. Você certamente a encontrará em *Psychopathia sexualis* de Krafft-Ebing. [...] Posso, sem me sentir diminuído, admitir que aprendi isso e aquilo de outros. Mas jamais me apropriei de algo pertencente a outros como se fosse meu. [...] Agora, com relação à bissexualidade, não quero permanecer nessa posição de confronto com você. [...] Por outro lado, há tão pouco da bissexualidade ou de outras coisas que tomei emprestado de você nas coisas que afirmo, que posso fazer justiça a sua parte em alguns comentários. [...] P.S.: Möbius dedicou um panfleto, "Sexo e imoralidade", ao livro de Weininger. [...] Ele reivindica como próprias várias ideias de Weininger. Decerto será de seu interesse ver quais são.³¹⁸

Afirmar que a gênese da obra de Freud está atrelada às múltiplas redes intelectuais e debates de seu tempo é de modo algum afirmar que ele foi um plagiador ou que não havia novidades em sua obra – longe disso. Não há como negar que Freud tenha elaborado uma síntese original das teorias das quais bebeu, e é precisamente isso que torna sua obra interessante. O que os historiadores de Freud contestaram é que a psicanálise, ao contrário de qualquer outra teoria psicológica, tenha nascido por um processo de "imaculada concepção" (Peter Swales).³¹⁹ Longe de surgir acabada, vindo de dentro do que Freud chamou de sua pré-história, ela está atrelada ao interior de contextos históricos e teóricos, sem os quais sua emergência teria sido inexplicável e simplesmente miraculosa.³²⁰

---

317 Na seção da primeira edição de *Três ensaios* dedicada à bissexualidade, Freud citou Gley (Les aberrations de l'instinct sexuel d'après des travaux récents, *Revue Philosophique*, v.17, p.66-92), Kiernan (Sexual perversion, and the Whitechapel murders, *Medical Standard*, v.4, p.129-30,170-2), Lydston (Sexual perversion, satyriasis and nymphomania, *Medical and Surgical Reporter*, v.61, p.253-8, 281-5), Chevalier (*Une maladie de la personalité*), Krafft-Ebing (Zur Erklärung der conträren Sexualempfindung, *Jahrbücher für Psychiatrie und Nervenheilkunde*, v.13, n.1, p.98-112), Hirschfeld (Die objektive Diagnose der Homosexualität, *Jahrbuch für Sexuelle Zwischenstufen*, v.1, p.4-35), Arduin (Die Frauenfrage und die sexuellen Zwischenstufen, *Jahrbuch für Sexuelle Zwischenstufen*, v.2, p.211-23) e Herman (*Genesis*). Apenas na segunda edição de 1910, Freud acrescenta o nome de Fliess: "Posteriormente, Fliess (1906) defendeu como própria a ideia da bissexualidade (no sentido da *dualidade do sexo*)". Não se diz, contudo, que Freud sabia que a ideia de bissexualidade figurava com destaque em Fliess (*Die Beziehung zwischen Nase und weiblichen Geschlechtsorganen*). Em 1924, ele foi além: "Entre os leigos, a hipótese da bissexualidade humana é considerada como proveniente de O. Weininger, o filósofo, morto prematuramente, que converteu a ideia na base de um livro um tanto desigual [*Geschlecht und Charakter*]. Os indivíduos que enumerei anteriormente devem bastar para mostrar quão injustificada é esta afirmação" (Freud, Three essays on the theory of sexuality, *SE* 7, n.1, p.143). O episódio Weininger-Swoboda é discutido por Sulloway, *Freud, biologist of the mind*, p.223-32.
318 Freud, *The complete letters of Sigmund Freud to Wilhelm Fliess*, p.466-7.
319 Swales, Freud's immaculate conception. In: *The Psychoanalytic Century*.
320 Freud, A note on the prehistory of the technique of analysis, *SE 18*.

– 2 –

A INTERPREFACÇÃO DOS SONHOS

> Um recado para psicanalistas: "Buscai e encontrareis". Mateus 7:7; Lucas 11:9.
>
> (Wohlgemuth, *A critical examination of psycho-analysis*, p.223)

A "história da psicanálise" que Freud e seus seguidores narraram não é de modo algum uma história como normalmente é concebida. Trata-se, ao contrário, de uma fábula edificante, um "romance familiar" científico, planejado para negar as humildes origens históricas da psicanálise. De que outro modo se pode compreender por que Freud elaborou esse relato mítico, tão facilmente negado pelo fatos? Ademais, é óbvio que Freud tinha conhecimento de que muitos de seus contemporâneos não levariam a sério suas pretensões de originalidade. Foi precisamente isso que críticos como Hoche, Aschaffenburg, Forel e outros salientaram.

> **Hoche:** Como um movimento [psicanalítico] desses é possível? Sem dúvida, um pressuposto negativo é a carência de noção histórica e de treinamento filosófico por parte dos seguidores capazes de se tornarem fanáticos pela teoria.[1]

---

1 Hoche, Eine psychische Epidemie unter Aerzten, *Medizinische Klinik*, v.6, n.26, p.1009.

Aschaffenburg: Quando Freud se superestima em demasia, bem como a importância de sua teoria, e com palavras cortantes chama de incapazes os psiquiatras com quem ele tanto aprendeu, mesmo no tocante ao conhecimento elementar, pode-se considerá-lo mimado pela admiração cega de seus discípulos.[2]

Forel: Não me ocorre negar o grande serviço de Freud e sua escola. No entanto, preciso fazer-lhe duas objeções; primeiro, que ele ignora os trabalhos de seus predecessores de maneira metódica; e segundo, que ele apresenta todo tipo de coisas hipotéticas como fatos. [...] Pelo livro de Hitschmann [*Freud's theory of neuroses*], poder-se-ia concluir que Freud descobriu o inconsciente![3] Precisamos apenas nos referir aos numerosos trabalhos de Psicologia moderna, assim como ao conceito mais estritamente definido por Dessoir de "subconsciente" [*Unterbewussten*] [...] para mostrar quão incorreta é essa ideia. [...] Freud gostaria de revolucionar todo o domínio da Psicologia e da psicopatologia. Como vimos, ignora por meio de um soberano silêncio seus predecessores e aqueles que não concordam com ele.[4]

Vogt, Congresso Internacional de Psicologia Médica e Psicoterapia, 7-8 de agosto de 1910: Objeto que um homem como eu, que registra seus próprios sonhos desde os 16 anos e que investiga os problemas aqui discutidos desde 1894, ou seja, há quase tanto tempo quanto Freud e mais que seus discípulos, tenha negado o direito de debater essas questões por qualquer freudiano![5]

Morton Prince: Mas, na busca dessas pesquisas [psicanalíticas], costuma haver uma excessiva desconsideração de grande quantidade de fatos, de dados psicopatológicos que foram acumulados por investigações pacientes de outros observadores. É como se um bacteriologista confinasse seus estudos sobre um único bacilo e negligenciasse o grande depósito de conhecimento adquirido em todo o campo bacteriológico.[6]

Victor Haberman: Ora, por que Kraepelin, Ziehen, Hoche, Isserlin, Aschaffenburg etc., homens treinados em Psicologia e Psiquiatria, homens cujos estudos em Psicologia por associação e em psicopatologia (sem falar em seus trabalhos

---

2 Aschaffenburg, resenha sobre Freud (1919a), *Zeitschrift für die gesamte Strafrechtswissenschaft*, v.30, p.754.
3 Hitschmann, *Freuds Neurosenlehre*.
4 Forel, *Der Hypnotismus oder die Suggestion und die Psychologie*, p.224, 232, 235. Ver Dessoir, *Das Doppel-Ich*.
5 Apud Ellenberger, *The discovery of the unconscious*, p.806.
6 Prince, The mechanism and interpretation of dreams, *Journal of Abnormal Psychology*, v.5, p.348-9.

em Neurologia) são familiares a qualquer estudante nesses campos, alguns cujos estudos se tornaram "clássicos" e fundamentais para obras subsequentes – por que investigadores dedicados seriam "ignorantes" ou "desprovidos de tino para o tema"? Por que seriam "incompetentes ou incapazes de julgar"? Por que "não teriam dominado a teoria", esses verdadeiros mestres da Psicologia e da psicopatologia?! Que não sejam capazes de compreender e apreender o que esses notáveis membros da Sociedade Psicanalítica dominaram com facilidade – alguns escrevendo *ex cathedra* sobre o tema quando acabaram de conhecê-lo –, esses fantásticos guardiões da Psicologia profunda, com sua vasta experiência (derivada de onde?) e seus profundos aprendizados na análise da alma (adquiridos onde – todos da leitura da obra freudiana?).[7]

Wohlgemuth: Um desconhecimento quase absoluto se manifesta por toda parte [em Freud] acerca da literatura e dos resultados da Psicologia moderna, do método experimental e da lógica.[8]

Em acréscimo, a maioria dos protagonistas dos relatos de Freud ainda era viva (notadamente Breuer e Bertha Pappenheim), e disso brotava o risco de que pudessem contradizê-lo publicamente. Como devemos compreender, então, essa reescrita da história?

Invocar a "megalomania" ou o "desejo de grandeza" de Freud (confessados abertamente em *A interpretação dos sonhos*) ou sua "paranoia" (o mito da irracionalidade hostil dos colegas, a invocação das "resistências à psicanálise", a patologização dos adversários etc.) é insuficiente e se restringe ao mesmo tipo de interpretação psicopatológica simplificadora que Freud aplicou livremente aos outros. O que tais explicações deixam de fora é que as histórias de Freud eram inicialmente dirigidas a um público específico: a partir de *A história do movimento psicanalítico*, Freud pregava principalmente aos convertidos e não estava mais preocupado com a objeção de seus pares. Os congressos que culminaram em Breslau indicaram que a psicanálise não iria longe em debates acadêmicos abertos nos círculos psiquiátricos. Por meio da formação da International Psychoanalytic Association (IPA – Associação Psicanalítica Internacional), dirigida nos bastidores pelos paladinos do Comitê Secreto, Freud possuía agora o veículo ideal para propagar suas ideias. Com suas próprias sociedades, periódicos e casa editorial, o movimento poderia se disseminar com pouca atenção às opiniões das profissões médica, psiquiátrica e psicológica. Desde então, qualquer um que questionasse a

---

7 Haberman, A criticism of psychoanalysis, *Journal of Abnormal Psychology*, v.9, p.278-9.
8 Wohlgemuth, *A critical examination of psycho-analysis*, p.246.

versão de Freud dos acontecimentos poderia ser simplesmente expulso do movimento. Protegido do mundo por seus discípulos, Freud podia recriar sua própria realidade e sua própria história, sem medo de ser refutado. Dessa perspectiva, a lenda do cientista isolado e perseguido é menos a expressão da megalomania ou da mitomania de Freud do que um reflexo do isolamento institucional da psicanálise. Inversamente, a lenda sustentava a identidade do movimento, retratando sua independência mítica e sua superioridade sobre todas as outras teorias psicológicas e psiquiátricas. Enxergar a lenda simplesmente como um meio de promover a psicanálise no mercado competitivo da Psicologia deixa escapar a ligação íntima entre a lenda e a própria psicanálise.

A IMACULADA INDUÇÃO

É crucial apreender o significado da reescrita freudiana da história e de sua consequente desistoricização. A lenda freudiana não foi apenas um meio distinto de propagação ou autopromoção acrescentado à teoria. Foi parte integrante dela. Sem a lenda, a reivindicação pela psicanálise de *status* científico jamais teria obtido a credibilidade que alcançou. Já vimos como o mito da autoanálise de Freud serviu para proteger a psicanálise do conflito de interpretações que a ameaçava do interior. Do mesmo modo, a lenda da imaculada concepção da psicanálise exerceu um papel de imunização epistemológica contra críticas internas e externas. Se Freud dedicou tantas páginas a reiterar sua originalidade e a virgindade teórica, sem pressuposições anteriores, não foi apenas porque estava obcecado por questões de precedência e propriedade intelectual. Foi predominantemente porque desejava se defender da acusação de que impusera ideias preconcebidas ao material clínico, ao invés de ser levado por ele. O mito da imaculada concepção da psicanálise lhe permitiu afirmar que ele estava livre de toda influência e que suas observações eram inteiramente desprovidas de preconceitos, livres de quaisquer "ideias antecipatórias" que poderiam contaminar o material. Como vimos, esta foi a principal crítica dirigida a ele por seus críticos, os quais alegavam que a psicanálise era um sistema *a priori*, que aplicava um quadro interpretativo completamente arbitrário sobre o material. Para utilizar a linguagem positiva que Freud partilhava com seus detratores, era uma "especulação" sem nenhuma base experimental.

> **Breuer:** Se a princípio as teorias de Freud dão a impressão de serem ingênuos teoremas psicológicos, ligados a fatos mas essencialmente construídos de modo

apriorístico, este palestrante [Breuer] poderá insistir que se trata, na verdade, de uma questão de fatos e interpretações que se desprenderam das observações.[9]

Freud a Fliess, 7 de agosto de 1901: Você toma partido contra mim e me diz que o leitor de pensamentos não lê senão os próprios pensamentos em outras pessoas, o que priva de valor todos os meus esforços.[10]

Albert Moll: A impressão que se produz em mim é a de que a teoria de Freud [...] basta para dar conta dos casos clínicos, não que os casos clínicos bastem para provar a verdade da teoria. Freud se esforça para comprovar sua teoria com ajuda da psicanálise.[11]

William James a Flournoy, 28 de setembro de 1909: [Freud e seus pupilos] não deixam de aclarar a natureza humana, mas confesso que, pessoalmente, ele me deu a impressão de ser um homem obcecado em ideias fixas. Nada aproveito de suas teorias do sonho, e decerto o "simbolismo" é um método demasiado perigoso.[12]

Alfred Binet e Théodore Simon: Eis no que consiste o método da psicanálise. Não é algo muito distinto de uma confissão provocada, com as vantagens e os riscos que conhecemos bem se os autores não aceitarem como um artigo de fé que, graças a tal análise, estados antigos e esquecidos poderiam ser autenticamente restaurados. [...] Essa é a principal hipótese de Freud. É uma hipótese ousada e muito interessante, e muito instigante sob a perspectiva literária. Mas, quanto a nós, consideramo-la perigosa e inútil. Perigosa porque nada disso foi provado, e arrisca-se a aceitar uma verdadeira fantasia como uma restauração autêntica.[13]

Arthur Kronfeld: [Freud] utiliza, como meio de provar, algo que já pressupõe a exatidão do que se quer provar. [...] Mas os resultados do método psicanalítico apenas são corretos segundo o pressuposto da exatidão e da validade da teoria freudiana.[14]

---

9 Breuer, Review of the intervention of 4th November 1895 of Josef Breuer at the Vienna Medical College on the subject of the lecture of Sigmund Freud "On hysteria", *Wiener Medizinische Presse*, v.36, p.1717.
10 Freud, *The complete letters of Sigmund Freud to Wilhelm Fliess*, p.447.
11 Moll, *The sexual life of the child*, p.190.
12 James, *The letters of William James*, v.2, p.327-8.
13 Binet e Simon, Hystérie, *L'Anné Psychologique*, v.16, p.94-5.
14 Kronfeld, Über die psychologischen Theorien Freuds und verwandte Anschauungen, *Archiv für die Gesamte Psychologie*, v.22, p.194.

Janet: O que caracteriza este método [psicanálise] é o simbolismo. Quando é útil à teoria, um acontecimento mental sempre pode ser considerado o símbolo de outro. A transformação dos fatos, graças a todos os métodos de condensação, deslocamento, elaboração secundária e dramatização, pode ser enorme, e resulta na situação em que um fato pode significar o que se quiser. [...] É uma consequência da confiança dos autores em um princípio geral apresentado desde o começo como indiscutível, de que não se trata de comprovar por fatos, mas aplicar a teoria neles.[15]

Haberman: Temos portanto no *inconsciente* de Freud, para recapitular, um subconsciente metapsicológico ou mitopsicológico, um conceito notavelmente interessante, mas ainda assim uma hipótese vaga, não aceita por psicólogos de lugar nenhum, erigida sobre fundamentos ainda não demonstrados – e muito distantes do caminho da ciência factual.[16]

Forel: O que reprovo na escola freudiana é uma generalização sistemática e precipitada e a dogmatização de certas observações corretas em si mesmas, ligadas a uma projeção interpretativa de suas fantasias nessas observações. [...] Por outro lado, sem exceções, encontra-se uma tendência a converter os produtos de uma imaginação fértil em hipóteses arriscadas, a dogmatizar essas fantasias e, em seguida, querer apoiá-las por meio de uma exegese quase talmúdica, por todo tipo de construções extremamente falaciosas (chegando às vezes ao absurdo), de modo a se conduzir gradualmente do campo da ciência ao campo da teologia sectária.[17]

Kraepelin: Aqui encontramos em toda parte os atributos característicos fundamentais da tendência freudiana de investigação, a representação de suposições arbitrárias e conjecturas tomadas como fatos, que são utilizadas sem hesitação para a construção de sempre novos castelos no ar, cada vez mais altos, e a tendência à generalização além da medida a partir de observações únicas.[18]

Adolf Meyer: Minha atitude perante o freudismo é considerá-lo um culto – a obsessão por uma fórmula útil e expressiva de alguns fatos comumente negligenciados, mas ainda indiferente ao apelo por uma aceitação franca do senso comum crítico de alto nível, em benefício de um esquema unilateral.[19]

---

15 Janet, *Les médications psychologiques*, v.2, p.262.
16 Haberman, A criticism of psychoanalysis, *Journal of Abnormal Psychology*, v.9, p.276.
17 Forel, *Der Hypnotismus oder die Suggestion und die Psychologie*, p.229 e 234.
18 Kraepelin, *Psychiatrie*, p.938.
19 Sem data, artigos de Adolf Meyer, Universidade Johns Hopkins, Baltimore.

Wohlgemuth: Em nenhum ponto entre todos os escritos de Freud existe qualquer sombra de evidência, apenas afirmações, afirmações de ter comprovado algo anteriormente, o que nunca foi feito, e misteriosas referências a resultados inacessíveis e não publicados de psicanálises.[20]

H. L. Hollingworth: Em outras palavras, a "psicoanalogia" [termo dado por Hollingworth à psicanálise] está toda na explicação, na teoria do analista, e não no material do caso. Este chega a se opor às conjecturas, explicando-se sem elas.[21]

Joseph Jastrow: É chegado o momento de deixar claro que os princípios da psicanálise não são da ordem da realidade, mas conjecturas, esquemas, construções da fértil imaginação de Freud. [...] Ao seguirmos o curso de Freud no desenvolvimento desses conceitos, tais como complexos, libido, o inconsciente, conversão, regressão, identificação, transferência, sublimação e inúmeros postulados similares, devemos ter sempre em mente que não são "descobertas", no sentido de Freud tê-las alcançado, com todos os atributos e modos que ele descreve, nas selvas da terra da psique, ou que, se Freud não tivesse ingressado nessa viagem colombina, esses conceitos teriam sido narrados de forma semelhante por qualquer outro observador qualificado que entrasse no mesmo terreno e vegetação de um continente mental inexplorado. As *"descobertas" são hipóteses* – e nada mais.[22]

Essas críticas à arbitrariedade especulativa da metodologia psicanalítica eram geralmente acompanhadas de alertas ante seu aspecto sugestivo, no sentido de Bernheim e da escola de Nancy. Freud, segundo seus pares, não se satisfazia em ver suas próprias teorias nas mentes de seus pacientes, mas também sugeria involuntariamente as respostas que precisava para apoiá-las. Por isso, diferentemente do que defendia, suas "observações" não possuíam validade objetiva, e o testemunho de pacientes não poderia ser invocado como suporte para suas teorias. Ademais, por serem testemunhas imparciais da eficácia terapêutica, o método psicanalítico frequentemente transformava os pacientes em discípulos e, depois, em ativos protagonistas de um lado da controvérsia.

John Michell Clarke, acerca de *Estudos sobre a histeria*: Pode-se reiterar a necessidade de levar em consideração, ao estudar pacientes histéricos, a enorme

---

20 Wohlgemuth, *A critical examination of psycho-analysis*, p.246.
21 Hollingworth, *Abnormal psychology, its concepts and theories*, p.149.
22 Jastrow, *The house that Freud built*, p.37-8; destaque de Jastrow. Compare este comentário ao de Wittgenstein em 1942: "Freud está constantemente afirmando sua cientificidade. Mas o que oferece é *especulação* – algo anterior até mesmo à formação de uma hipótese" (Wittgenstein e Barrett, *Lectures and conversations on aesthetics, psychology and religious belief*, p.44; destaque de Wittgenstein).

prontidão com que respondem a sugestões, uma vez que o ponto fraco no método de investigação pode talvez ser encontrado aqui. O risco é que, em tais confissões, os pacientes façam declarações de acordo com a mais sutil sugestão que lhes for indicada, fornecida, possivelmente, de modo inconsciente pelo investigador.[23]

Robert Gaupp: Qualquer um que faça às suas perguntas uma torção sugestiva, consciente ou inconscientemente, pode obter de pacientes suscetíveis qualquer resposta que se encaixe em seu sistema. Essa pode ser a razão pela qual a psicanálise de Freud abunde em material que outros pesquisadores buscam em vão.[24]

Forel: Sustento que Freud exagera em demasia essa causa dos problemas nervosos [reminiscências traumáticas], principalmente ao generalizá-los a casos em que os pacientes não recordam de nada, sugerindo com frequência a seus pacientes todo tipo de coisas mais prejudiciais que úteis, em especial no campo sexual.[25]

James Jackson Putnam: Quando o médico está inteiramente imbuído da crença nas origens sexuais da enfermidade do paciente, ele precisa, em virtude da proximidade da relação, estar em posição de imprimir suas ideias inconscientemente em seus pacientes, e pode, assim, facilmente extrair deles uma aquiescência ou confirmação não tão espontâneos quanto parecem.[26]

Arthur Muthmann: Nesse processo [ab-reação], influências sugestivas pelo médico exercem um papel de destaque. Uma sugestão poderosa que atua de maneira autossugestiva é, fundamentalmente, a explicação no tocante ao método. O paciente é informado de que sua doença decorre de alguma experiência esquecida. Se esta experiência puder ser descoberta, suas queixas poderão ser curadas. No curso apropriado do procedimento, o paciente busca de imediato ligar lembranças ressuscitadas à doença, e, desde o princípio, está ligada a essa ideia a sugestão de que os respectivos sintomas irão desaparecer.[27]

---

23 Clarke, resenha sobre Breuer and Freud (1895), *Brain*, v.19, p.414.
24 Gaupp, resenha sobre Sigmund Freud (1899), *Zeitschrift für Psychologie und Physiologie der Sinnesorgane*, v.23, p.234.
25 Forel, *L'âme et le système nerveux*, p.214.
26 Putnam, Recent experiences in the study and treatment of hysteria at Massachusetts General Hospital, *Journal of Abnormal Psychology*, v.1, p.40.
27 Muthmann, *Zur Psychologie und Therapie neurotischer Symptome*, p.51. Muthmann não pretendia com isso criticar Freud, o que se reflete na resposta relativamente benevolente de Freud: "Ele [Muthmann] ainda carece de perspectiva, e trata as descobertas feitas em 1893 da mesma maneira que os progressos mais recentes" (Freud e Jung, *The Freud/Jung letters*, p.64).

Hoche: Não surpreende que os seguidores da teoria confirmem os "descobrimentos" de complexos que haviam se tornado inconscientes. Médico e o paciente (ou antes a paciente), ambos crentes, estão sob o efeito sugestivo de um círculo idêntico de ideias. Os pacientes já sabem por completo o que se espera deles. [...] E principalmente se observa que o efeito terapêutico final encontra sua explicação sem precisar professar os princípios da teoria freudiana; em essência [...], trata-se da velha técnica sugestiva, sob um novo disfarce pseudocientífico.[28]

Moll: Ademais, creio que as curas efetuadas por Freud (quanto ao caráter definitivos destas, em face da insuficiência dos materiais publicados, nenhuma opinião conclusiva pode ser efetuada) explicam-se de outra forma. Uma grande proporção de bons resultados é sem dúvida explicada como efeito da sugestão. A confiança do paciente em seu médico e o fato de que o tratamento requer muito tempo e paciência são dois poderosos fatores de sugestão, provisoriamente necessários, para considerar possível que a sugestão explique toda a questão.[29]

Bernard Hart: As preconcepções do analista, os momentos específicos nos quais ele se vê capaz de intervir na narrativa do paciente, a ênfase que dirige a certas características da narrativa, o ponto em que considera que o fluxo das associações chegou a um elemento significativo, tudo isso é fartamente capaz de produzir modificações decisivas no subsequente funcionamento da mente do paciente.[30]

Vê-se que, para muitos dos críticos de Freud, era a mesma coisa criticar a arbitrariedade de suas hipóteses teóricas e denunciar o caráter sugestivo de sua técnica. Isso não era casual. Por volta da década de 1890, psiquiatras e psicólogos estavam bastante conscientes do declínio das teorias de Charcot por meio da crítica da escola de Nancy e da facilidade com que se podia tornar verdadeira uma teoria pela sugestão desta aos pacientes ou a sujeitos de experimentação psicológica. Apesar (ou ainda, em razão) de seu positivismo, não confiavam em muitas das "confirmações" clínicas que Freud invocava para apoiar suas teorias. Na década de 1920, o jovem Karl Popper relatou isso enquanto elaborava sua famosa crítica da natureza não falsificável da teoria psicanalítica.

Karl Popper: Tais "observações clínicas" que analistas creem ingenuamente confirmar sua teoria em nada diferem das confirmações diárias que os astrólogos encontram em sua prática [...] que espécie de respostas clínicas refutariam, satis-

---
28 Hoche, Eine psychische Epidemie unter Aerzten, *Medizinische Klinik*, v.6, n.26, p.1008.
29 Moll, *The sexual life of the child*, p.278-9.
30 Hart, *Psychopathology*, p.73-4.

fatoriamente para o analista, não apenas determinado diagnóstico analítico, mas a própria psicanálise? [...] Ademais, quanto progresso foi feito na investigação da questão, na medida em que expectativas (conscientes ou inconscientes) e teorias mantidas pelo analista influenciam as "respostas clínicas" do paciente? (Sem falar nas tentativas conscientes de influenciar o paciente propondo-lhe interpretações etc.) Anos atrás, introduzi o termo *"efeito Édipo"* para descrever a influência de uma teoria, expectativa ou previsão *sobre o evento que prevê* ou descreve: pode-se lembrar que a cadeia causal que conduz ao parricídio de Édipo iniciou-se com a previsão do oráculo deste acontecimento. Trata-se de um tema típico e recorrente nesses mitos, mas que não conseguiu chamar a atenção dos analistas, quiçá não por acaso.[31]

Em Psicologia e Psiquiatria, hipóteses heurísticas ("especulações") possuem um *status* muito mais problemático do que em outros campos, em razão do papel da influência humana, ou seja, do que William Carpenter chamou de "atenção expectante" ou do que Bernheim chamou de "sugestão". Em Física, Química e Biologia Molecular, há a possibilidade de que uma conjectura errônea seja ao final corrigida por experimentos ou cálculos, mesmo que isso esteja longe de ser necessária ou automaticamente o caso.[32] Nessas disciplinas, como Andrew Pickering é convincente ao explicar,[33] o "agente material" resiste às hipóteses feitas sobre ele, obrigando assim o investigador a retificá-las devidamente (é isso que Pickering chama de "dialética de acomodação e resistência"). Não é o que acontece na Psicologia social e na psicopatologia, em que hipóteses heurísticas são testadas em "agentes humanos" que são inevitavelmente interessados nas teorias às quais são sujeitos. Nesses casos, não se pode mais contar com a resistência do objeto experimental, visto que o agente humano tende a se acomodar ao contexto experimental ou terapêutico. É precisamente esse efeito circular que Bernheim e Delbœuf reconheceram nos experimentos de hipnose e chamaram de sugestão. Os sujeitos acomodavam os experimentadores, espelhando suas sugestões explícitas e implícitas, bem como suas expectativas teóricas. Enquanto isso, os experimentadores eram igualmente afetados pelos sujeitos, e ambos eram apanhados em um campo de sugestões recíprocas onde não se encontrava nenhum ponto de vista externo.

Joseph Delbœuf: Finalmente, apresento a explicação dos fenômenos exibidos em Salpêtrière: eles se devem a treinamento e sugestão. O operador terá consi-

---

31 Popper, *Conjectures and refutations*, p.37-8.
32 Ver Collins, *Changing order*.
33 Pickering, *The mangle of practice*.

derado as características apresentadas por seu primeiro sujeito como essenciais a todos os indivíduos, e não puramente acidentais. Utilizando inconscientemente a sugestão, ele as terá transformado em signos comuns. Ele se comprometerá, sem o saber, em obtê-las com outros sujeitos que as terão produzido por imitação, e assim o mestre e seus pupilos influenciarão reciprocamente uns aos outros, sem cessar de fomentar o erro.[34]

Hippolyte Bernheim: Quando se viu quão sugestíveis são as pessoas histéricas, mesmo durante a crise, quão facilmente percebem os fenômenos que se espera ou que viram produzidos em outros, não se pode deixar de pensar que a imitação, operando por autossugestão, tem grande importância na gênese de tais manifestações. [...] Creio assim que a grande histeria que Salpêtrière apresenta como clássica, desdobrada em fases claras e específicas como uma histeria em cadeia, seja uma histeria cultivada.[35]

Bernheim e Delbœuf falaram em fenômenos histéricos e hipnóticos, mas a implicação de suas análises foi muito além do quadro limitado do hipnotismo terapêutico e experimental, especialmente ao reduzirem estes a um efeito em meio a outros da sugestão. A produção de artefatos psicológicos que destacaram na relação hipnótica e psicoterapêutica foi precisamente o que o especialista em hipnose Martin Orne redescobriu setenta anos depois, nos laboratórios de psicologia experimental, sob o nome de "características da demanda do experimento".[36] Orne mostrou como a experimentação em Psicologia era afetada de modo inevitável pela reação de seus sujeitos. Longe de serem objetos puramente passivos, os sujeitos tinham perfeita consciência de serem observados, tentavam imaginar o que o experimentador queria provar e faziam o melhor para validar o que consideravam ser suas hipóteses. Esta simples observação, que amplia e generaliza o que Bernheim e Delbœuf observaram sobre sujeitos hipnotizados, não deixa de assombrar a psicologia social experimental. Uma multiplicidade de procedimentos foi elaborada para abrandar este problema, sem muito sucesso. Na verdade, não é apenas uma questão do que se chamou de "equação pessoal" do investigador,[37] nem mesmo a inevitável distorção introduzida pela subjetividade dele ou dela (o "princípio de indeterminação" que caracteriza as ciências humanas e sociais,

---

34 Delbœuf, Le magnétisme animal. In: Carroy, Duyckaerts (Eds.), *Le sommeil et les rêves, et autres textes*, p.259.
35 Bernheim, *Neue Studien über Hypnotismus, Suggestion und Psychoterapie*, p.168-9.
36 Sobre essa questão do artefato na psicologia experimental e na psicanálise, ver Borch-Jacobsen, *Making minds and madness*; Stengers, *L'hypnose entre magie et science*.
37 Sobre a "equação pessoal" em Psicologia, ver Boring, *A history of experimental psychology*, cap.8, e Shamdasani, *Jung and the making of modern history*, seção I.

segundo Georges Devereux).³⁸ Mais fundamentalmente, o que está em jogo aqui é o grau em que a experimentação psicológica provoca modificações reais no comportamento e na autoconsciência de seus sujeitos, na medida em que se adaptam às teorias e hipóteses aplicadas a eles, não muito diferente do modo como o rato dos comportamentalistas ou a drosófila dos geneticistas se adaptam às condições do laboratório.³⁹ Pode-se dizer que a teoria *produz* seu "objeto", não apenas no sentido kantiano de organizá-lo conceitualmente, mas, de maneira muito mais literal, no sentido em que o sujeito do experimento transforma-se para se adaptar à teoria. É o "efeito Édipo" que Popper descreveu: as hipóteses do psicólogo provocam o que afirmam descrever ou prever, transformando a realidade ao invés de apenas refleti-la.

> **Wohlgemuth:** O psicanalista, ao procurar "complexos", é como um *agent provocateur*. Ele incita problemas onde estes não existiam e, em seguida, diz que desvendou um mistério.⁴⁰

Era essa sutil produção (ou melhor, coprodução) de artefatos psicológicos que os colegas de Freud viam quando falavam de "sugestão" e "autossugestão", e não o que Freud supunha como sugestões de comando diretas, tais como "Agora você irá dormir" ou "Seus sintomas desaparecerão amanhã". Freud frequentemente protestava que a análise era um método não dirigido e que não guardava relação alguma com a mera sugestão hipnótica em seus primórdios.

> **Freud:** Não é apenas na economia de trabalho que o método de livre associação possui vantagem sobre o método precedente. Ele expõe o paciente ao menor número de compulsões [...]. Garante em grande medida que nenhum fator na estrutura da neurose seja ignorado e que *nada seja introduzido nele pelas expectativas do analista*.⁴¹

> **Freud a Jung, 7 de outubro de 1906:** Por razões de princípio, mas também devido a seu aborrecimento pessoal, não responderei ao ataque de Aschaffenburg. [...] Ele continua pegando em armas contra o método hipnótico que foi abandonado há dez anos.⁴²

---

38 Devereux, *From anxiety to method in the behavioral sciences*.
39 Ver estudo de Kohler (*Lords of the fly*) sobre a mosca de laboratório *Drosophila melanogaster*, que segue de maneira literal o programa de uma "ecologia" das práticas experimentais proposta por Clarke e Fujimura (*The right tools for the job*).
40 Wohlgemuth, *A critical examination of psycho-analysis*, p.221.
41 Freud, An autobiographical study, *SE 20*, p.41; grifo nosso.
42 Freud e Jung, *The Freud/Jung letters*, p.6.

Mas os companheiros de Freud, graças à familiaridade com a obra da escola de Nancy, viram claramente que a substituição da sugestão hipnótica direta pelo método da pretensamente livre associação de modo algum resolvia o problema da sugestão, compreendido como criação de artefatos.

> **Forel:** Desde a introdução da doutrina da sugestão, lê-se, ao final dos louvores de um grande número de alardeados remédios novos, "Sem sugestão". É exatamente nesses casos que uma ação puramente sugestiva é mais provável.[43]

> **Prince:** Eu destacaria, entretanto, que o método empregado por Freud de fato faz uso dos princípios da hipnose; pois o estado de distração, no qual são obtidas as chamadas livres associações do sujeito, é *em princípio* uma hipnose. [...] Digo as chamadas livres associações porque quando a atenção é concentrada sobre um tema específico, as associações são determinadas por este fato. Sob tais condições, não existe isso a que chamam de associação livre.[44]

Pode-se muito bem sugerir sem hipnose, e é por esse motivo que, na prática psicoterapêutica, Bernheim dispensou a indução por transe e voltou-se para a sugestão em estado desperto. Consequentemente, nada garantia que o método de associação livre de Freud fosse menos sugestivo do que quaisquer outros métodos terapêuticos, ou que suas teorias fossem mais objetivas que a de seu mestre Charcot.

> **Benjamin Logre:** Da escola de Salpêtrière, tão brilhante em diversos aspectos, o freudianismo reteve, enriquecido e sistematizado, o menos feliz: a cultura da histeria.[45]

> **Hart:** Uma investigação prolongada da mente de um paciente implica que, ao final, não se estará mais examinando o objeto observado, mas um objeto que foi progressivamente alterado durante o curso da investigação e alterado de um modo que foi muito determinado pela própria investigação. Essa foi a circunstância que viciou total e completamente as meticulosas conclusões obtidas por Charcot e sua escola de Salpêtrière. Um exame da literatura sobre dupla personalidade sugere fortemente a existência de um fator adulterante similar. [...] Não é fácil evitar a conclusão de que o método da psicanálise contém fontes

---

43 Forel, *Hypnotism, or suggestion and psychotherapy*, p.314.
44 Prince, The mechanism and interpretation of dreams, *Journal of Abnormal Psychology*, v.5, p.347.
45 Apud Adam, *Le freudisme*, p.47.

potenciais de distorção, ao menos tão grandes quanto aquelas dos exemplos recém-mencionados.[46]

R. S. Woodworth: Experimentadores em Psicologia (como Messer e Koffka) observaram com frequência que é muito difícil garantir uma associação verdadeiramente livre. [...] É deveras curioso que os freudianos [...] pressuponham que os sujeitos fiquem realmente passivos no processo de análise, e deixem de indagar que tipo de tendência ou controle pode ser exercido no fluxo de pensamento. Se nos fizermos esta pergunta, notaremos que o psicanalista instrui seu sujeito a ser passivo e acrítico e a expressar qualquer pensamento que lhe ocorra, não importa quão trivial ou embaraçoso seja. O sujeito é alertado de tempos em tempos de que não pode guardar nada se deseja que o tratamento obtenha êxito. É fácil ver como tais instruções tendem a provocar um estado mental específico, voltado para o que é secreto e constrangedor; e isso facilmente alude ao sexual. Decerto não se pode estar nas mãos de um freudiano por muito tempo sem perceber que assuntos sexuais são de interesse e preocupação especiais, e assim, caso seja receptivo, assumir uma forte postura mental nessa direção.[47]

Jastrow: A chamada "associação livre" não é livre, não inteiramente, não de modo convincente. É por demais propensa a ser guiada por atitudes, perguntas, ideias conhecidas e relações pessoais do analista para com o analisando. As oportunidades de sugestão são abundantes; introduzem-se sutilmente, ainda que se esteja atento. Não me refiro às formas mais cruas de sugestão, na mesma relação médico-paciente que enganou um psiquiatra tão astuto quanto Charcot na "descoberta" de três estados hipnóticos distintos. [...] O que digo é que a comprovação pode prontamente possuir um efeito sugestivo, caso haja [...] uma teoria antecipatória subjacente e um conhecimento da parte dos pacientes do que se espera deles.[48]

Mesmo as chamadas "resistências" dos pacientes nada provam, pois como se pode excluir a possibilidade de "resistência" prestativa (por "amor de transferência") ou uma forma de comportamento treinado, para se conformar às teorias do analista? Da década de 1880 em diante, era bastante comum sugerir a pacientes hipnotizados que não se lembrassem de algo, ou que não respondessem a sugestões. Delbœuf, contudo, destacou que a

---

46 Hart, *Psychopathology*, p.73.
47 Woodworth, Some criticisms of the Freudian psychology, *Journal of Abnormal Psychology*, v.12, p.179-80.
48 Jastrow, *The house that Freud built*, p.249-50.

amnésia hipnótica demonstrada por Bernheim era simplesmente um comportamento treinado. Em que bases, então, poder-se-ia comprovar que a situação era radicalmente distinta na análise?

> **Freud:** Em qualquer tratamento analítico se erguerá, sem incentivo do médico, uma intensa relação emocional entre paciente e analista que não pode ser responsabilidade pela situação atual. Ela poderá ser de caráter positivo ou negativo e variar entre extremos de um amor passional e completamente sensual, ou a expressão incontida de uma provocação amargurada ou de ódio. [...] Podemos facilmente reconhecê-la como o mesmo fator dinâmico que os hipnotizadores nomearam de "sugestionabilidade", que é o agente do *rapport* hipnótico e cujo comportamento incalculável levou a dificuldades também no método catártico.[49]

Como argumentaram Aschaffenburg e Hoche, os pacientes sabiam de antemão o que se esperava deles. Por isso, não seria de espantar que os pacientes exibissem todas as manifestações de resistência ou transferência negativa, como retratadas pela teoria psicanalítica. Para Freud, tais manifestações atestavam a existência de um inconsciente objetivo e não dissimulado, já que este resistia a suas sugestões e hipóteses teóricas.[50] Mas, aos olhos de seus colegas, essa resistência à teoria poderia, ela própria, ser sugerida pela teoria. Para pesquisadores experientes em hipnose como Forel, Moll e Janet, era simplesmente falacioso o contraste estabelecido por Freud entre a longa e a difícil "elaboração" da análise e a enganosa facilidade das terapias hipnossugestivas.[51] Paradoxalmente, insistir que a terapia psicanalítica não operava por sugestão aumentava seus efeitos sugestivos.

> **Jerome Frank:** Concebida tão somente como métodos de persuasão, as terapias evocativas podem paradoxalmente aumentar o incentivo do terapeuta e sua habilidade para influenciar o paciente por meio da ênfase em sua neutralidade e objetividade. Isso o deixa tentado a induzir o paciente a expressar um material que confirme suas teorias, pois poderá tomá-lo como uma evidência independente delas; e o paciente é induzido a aceitar as formulações do terapeuta, pois acredita que sejam próprias.[52]

---

49 Freud, An autobiographical study, *SE 20*, p.42.
50 Sobre o tema, ver os excelentes comentários de Stengers, *L'hypnose entre magie et science*, cap.4; e também Borch-Jacobsen, *Making minds and madness*, cap.2.
51 Sobre esta questão da hipnose *na* psicanálise, ver Borch-Jacobsen (L'hypnose dans la psychanalyse, followed by "Dispute". In: Chertok (Ed.), *Hypnose et psychanalyse*, p.29-54 e 194-215), reeditado em Borch-Jacobsen (*The emotional tie*).
52 Frank, *Persuasion and healing*, p.168.

Freud: É absolutamente verdadeiro que a psicanálise, assim como outros métodos psicoterapêuticos, emprega os instrumentos da sugestão (ou transferência). Mas a diferença é que, na análise, não é permitido que ela exerça papel decisivo na determinação dos resultados terapêuticos. É usada, antes, para induzir o paciente a executar uma porção do trabalho psíquico – a superação das resistências transferenciais –, que envolve uma alteração permanente em sua economia mental.[53]

Freud: Além de tudo isso, tenho outra censura a fazer contra este método [o "procedimento hipnótico por sugestão"], a saber: ele nos oculta todo discernimento do jogo das forças mentais; ele não nos permite, por exemplo, reconhecer a *resistência* com a qual o paciente se atém a sua enfermidade, chegando até a lutar contra sua própria recuperação.[54]

Freud: Em tais tratamentos hipnóticos, o processo de recordação assumiu uma forma muito simples. O paciente insere-se de volta em uma situação anterior, que ele nunca parece confundir com a atual. [...] Sob a nova técnica, muito pouco, ou frequentemente nada, é deixado ao curso deliciosamente suave dos acontecimentos. [...] Tal elaboração das resistências pode, na prática, tornar-se uma tarefa árdua para o sujeito da análise, e uma prova de paciência para o analista. Não obstante, é uma parte do trabalho que logra as maiores modificações no paciente e é o que distingue o tratamento analítico de qualquer tipo de influência sugestiva.[55]

Freud: Mas agora vocês me dirão que, não importa que chamemos a força motriz de nossa análise de transferência ou sugestão, existe um risco de que a influência sobre o paciente torne duvidosa a certeza objetiva de nossas descobertas. O que é vantajoso para a terapia é prejudicial a nossas pesquisas. Esta é a objeção muito frequentemente erguida contra a psicanálise, e deve-se admitir que, embora não tenha fundamento, não pode ser considerada absurda. Se fosse justificada, a psicanálise nada seria senão uma particularmente bem disfarçada, e especialmente eficaz, forma de tratamento por sugestão, e deveríamos dedicar pouca atenção a tudo o que nos diz sobre o que influencia nossas vidas, a dinâmica da mente ou do inconsciente. É nisso que creem nossos opositores; e pensam, principalmente, que "manipulamos" os pacientes quanto a tudo que se relaciona à importância das experiências sexuais – ou até no interior dessas mesmas experiências – após tais noções terem sido fomentadas em nossas próprias

---

53 Freud, An autobiographical study, *SE 20*, p.42-3.
54 Freud, On psychotherapy, *SE 7*, p.261; grifo de Freud.
55 Freud, Remembering, repeating and working-through, *SE 12*, p.148-9 e 155-6.

mentes depravadas. Essas acusações são negadas mais facilmente com auxílio da experiência do que com a ajuda da teoria. Todo sujeito que tenha realizado psicanálise será capaz de se convencer, com base em inúmeras ocasiões, de que é impossível fazer esse tipo de sugestão a um paciente. [...] Afinal, os conflitos [do paciente] apenas serão solucionados, e suas resistências vencidas, se as ideias antecipatórias que ele receber forem compatíveis com o que é real nele. Tudo o que for impreciso nas conjecturas do médico cairá por terra no curso da análise; terá de ser retirado e substituído por algo mais exato.[56]

Este último argumento, que Adolf Grünbaum propôs chamar de "argumento compatível",[57] consiste em postular que a "realidade psíquica" resiste à teoria exatamente como a "realidade material". A realidade psíquica, em outras palavras, era objetiva, indiferente aos desejos, expectativas e suposições de psicólogos e psicanalistas. O paciente somente seria curado de verdade se a teoria correspondesse à realidade, e por isso a cura forneceria um critério para julgar a validade das interpretações e construções do analista.

Freud jamais aceitou a ideia de que suas teorias pudessem criar ou modificar os fenômenos que ele descrevia, como alegavam seus colegas. Em sua opinião, suas teorias eram bastante independentes da realidade que descreviam. Sob uma perspectiva epistemológica, Freud era um positivista clássico, para quem a base fundamental do conhecimento era a observação – a percepção e descrição de fenômenos. Como todo bom positivista – por exemplo, Ernst Mach, que parece ter sido sua referência principal em assuntos epistemológicos –, ele distingue firmemente a observação e a teoria.[58] Em geral, os positivistas eram precavidos com as teorias, o que lhes trazia o risco de confundir a ideia com a coisa e tropeçar em infrutífera especulação metafísica. Assim, tentaram delimitar a esfera da teoria, claramente separando-a da observação. A maioria deles sabia que a ciência não era uma questão de generalização induzida a partir de observações e que não era possível evitar hipóteses heurísticas. Mas insistiam que essas hipóteses

---

56 Freud, *Introductory lectures on psycho-analysis*, p.452.
57 Grünbaum, *The foundations of psychoanalysis*, cap.2, B.
58 Este ponto é bem demonstrado por Assoun (*Introduction à l'épistémologie freudienne*), cap.3. Ver também Siegfried Bernfeld a Hans Ansbacher, 26 de maio de 1952: "Freud pertencia ao grupo de médicos e fisiólogos em torno de Brücke que prepararam o caminho para o positivismo de Mach e Avenarius. Ele decerto conhecia o *Zeitschrift für wissenschaftliche Philosophie*. Nos anos de 1890, Mack o conquistou [...]. De uma forma ou de outra, o positivismo era inquestionavelmente seu modo 'natural' de pensar" (Acervo Siegfried Bernfeld, Divisão de Manuscritos, Biblioteca do Congresso, Washington, D.C.; citado por Bernfeld, Cassirer Bernfeld e Grubrich-Simitis, *Bausteine der Freud-Biographik*, p.260. Freud menciona sua leitura de *The analysis of sensations* de Mach em sua carta a Fliess de 12 de junho de 1900 (Freud, *The complete letters of Sigmund Freud to Wilhelm Fliess*, p.417).

fossem percebidas como tais, isto é, como nada além de teorias. De um modo paradoxal, ainda que lógico, a ênfase que os positivistas depositavam na observação costumavam levar ao convencionalismo ou a teorias lúdicas: era possível especular, imaginar e brincar com as ideias, contanto que ficasse claro que eram apenas ideias a serem, ao final, corrigidas pela experiência. Para os positivistas, conceitos eram dispensáveis. Como explicava Mach, eram "ficções provisórias" necessárias quando se precisava começar em algum ponto, mas não se devia hesitar em dispensá-las quando se chegava a melhores. Para Freud, os "conceitos básicos"[59] de sua metapsicologia eram apenas "ficções",[60] "entidades míticas",[61] "superestrutura[s] especulativas",[62] "construções científicas"[63] ou "hipótese[s] de trabalho"[64] destinadas a serem substituídas caso entrassem em conflito com a observação.

> **Ernst Mach:** Subjaz à natureza das hipóteses que elas sejam modificadas no curso da investigação, adaptando-se a novas experiências ou mesmo sendo descartadas e substituídas por uma nova ou simplesmente pelo conhecimento completo dos fatos. Investigadores que têm isso em mente não se intimidarão em demasia para formular hipóteses: ao contrário, uma dose de ousadia é bastante benéfica. A hipótese das ondas de Huygens não era perfeitamente adequada, e sua justificativa deixou muito a desejar, provocando um bocado de problemas até para os seguidores que vieram muito depois; mas se ele a tivesse descartado, muitos fundamentos não estariam preparados para Young e Fresnel, que teriam provavelmente de se confinar às preparações preliminares. A hipótese da emissão foi adaptada pouco a pouco às novas experiências. [...] Consequentemente, a experiência trabalhou de forma contínua para transformar e completar nossas representações, resultando em uma melhor adaptação a nossas hipóteses.[65]

> **Freud:** Podemos apenas afirmar: "Temos de convocar a Bruxa para nos ajudar, afinal" [Goethe, *Fausto*, 1, 6] – a Bruxa da Metapsicologia. Sem a especulação metapsicológica e a teorização – quase afirmei "o fantasiar" –, não daremos um passo adiante. Infelizmente, aqui, como em qualquer lugar, o que nossa Bruxa revela não é nem muito claro nem muito detalhado.[66]

---

59 Freud, Instincts and their vicissitudes, *SE 14*, p.117.
60 Freud, *The interpretation of dreams*, p.598; The question of lay-analysis, *SE 20*, p.194.
61 Freud, Introductory lectures to psycho-analysis, *SE 22*, p.95.
62 Freud, The resistances to psycho-analysis, *SE 19*, p.32.
63 Freud, A difficulty on the path of psycho-analysis, *SE 17*, p.142.
64 Freud, Instincts and their vicissitudes, *SE 14*, p.124.
65 Mach, *Knowledge and error*, p.178.
66 Freud, Analysis terminable and interminable, *SE 23*, p.225.

Freud: É perfeitamente legítimo rejeitar sem remorso teorias que são refutadas logo nos primeiros passos da análise de fatos observados, estando ciente, ao mesmo tempo, que a validade de uma teoria é apenas provisória. Não devemos nos perturbar muito em julgar nossas especulações sobre as pulsões de vida e de morte pelo fato de que tantos processos espantosos e obscuros aconteçam nelas – tais como uma pulsão ser expulsa por outra, ou uma pulsão que se desvia do ego e se volta para um objeto, e assim por diante. Isso se deve apenas a nossa obrigação em operarmos com noções científicas, ou seja, com a linguagem figurativa, peculiar à Psicologia (ou, mais precisamente, à Psicologia profunda). Não haveria outro modo de descrever os processos em questão, e de fato não teríamos nos tornado conscientes deles.[67]

Mach: Ao descartar o que não faz sentido investigar, aquilo que as ciências especiais podem de fato explorar emerge com clareza muito maior: a complexa interdependência dos elementos. Se por um lado esses grupos de elementos podem ser chamados de coisas ou corpos, descobre-se que não há, estritamente falando, objetos isolados: são apenas ficções de uma investigação preliminar, na qual consideramos elos fortes e evidentes, mas também outros negligenciados, mais fracos e menos perceptíveis. A mesma distinção de grau dá margem também à oposição entre o mundo e o eu: um eu isolado não existe mais do que um objeto isolado: ambos são ficções provisórias da mesma espécie.[68]

Freud: O verdadeiro começo da atividade científica consiste antes na descrição de fenômenos e, então, no agrupamento, na classificação e na correlação destes. Mesmo no estágio da descrição, não é possível evitar a aplicação de algumas ideias abstratas ao material em mãos, ideias derivadas de um ou outro lugar, mas certamente não apenas de novas observações. Tais ideias, que mais tarde se tornam conceitos básicos da ciência, são ainda mais indispensáveis quando o material é mais bem trabalhado. A princípio, elas precisam possuir algum grau de indefinição; não pode haver dúvidas de qualquer delimitação clara de conteúdo. Enquanto permanecerem nessas condições, chegamos a uma compreensão acerca de seus significados realizando repetidas referências ao material de observação do qual foram aparentemente derivados, mas ao qual, na realidade, foram impostos. Assim, falando estritamente, as ideias são da natureza das convenções – embora tudo dependa de não terem sido escolhidas arbitrariamente, mas determinadas por deterem relações significativas com o material empírico, relações que sentimos antes que possamos reconhecê-las e demonstrá-las.[69]

---

67 Freud, Beyond the pleasure principle, *SE* 18, p.60.
68 Mach, *Knowledge and error*, p.8-9.
69 Freud, Instincts and their vicissitudes, *SE* 14, p.253-4.

Mach: Contudo, para o cientista, é uma questão secundária se suas ideias se adequam a um dado sistema filosófico ou não, contanto que possa usá-las com proveito como pontos de partida da pesquisa. Para o cientista, não é tão bom possuir princípios inabaláveis; ele tem se habituado a considerar até as mais seguras e bem construídas ideias e princípios como provisórias e passíveis de modificação pela experiência.[70]

Freud: *Psicanálise, uma ciência empírica* – A psicanálise não é, como as filosofias, um sistema que parte de alguns poucos conceitos definidos com precisão e busca apreender com eles o universo todo, e, uma vez concluído, não deixando espaço para novas descobertas ou melhores entendimentos. Ao contrário, ela se mantém próxima dos fatos em seu campo de estudo, busca solucionar os problemas imediatos da observação, abre caminho com ajuda da experiência, está sempre inacabada e disposta a corrigir ou modificar suas doutrinas. Não há incongruência (não mais que nos casos da Física ou da Química) se seus conceitos máximos carecerem de clareza e seus postulados forem provisórios; espera-se do trabalho futuro uma precisão maior.[71]

Freud: Sou da opinião de que é estreita a diferença entre uma teoria especulativa e uma ciência erigida sobre a interpretação empírica. A última não irá invejar daquela seu privilégio de possuir um fundamento suave, logicamente imbatível, mas se contentará satisfatoriamente com conceitos básicos vagamente esboçados e nebulosos, o que se espera apreender mais claramente no curso de seu desenvolvimento, ou que estão até mesmo preparados para serem substituídos por outros. Pois essas ideias não são o fundamento da ciência, sobre o que tudo se apoia: a fundação é unicamente a observação. Não são a base, mas o topo de toda a estrutura, e podem ser substituídas e descartadas sem danificá-la.[72]

O tema freudiano da ficção teórica, tomado com frequência como um contraponto de oposição ao "positivismo e à substancialização de instâncias metafísicas e metapsicológicas" é na verdade um traço tipicamente positivista.[73] Longe de conduzir, como o filósofo Rodolphe Gasché alega,

---

70 Mach, *Knowledge and error*, p.9.
71 Freud, Two encyclopedia articles, *SE 18*, p.253-4.
72 Freud, On narcissism: an introduction, *SE 14*, p.77.
73 Jacques Derrida, em Derrida e Roudinesco, *For What Tomorrow...*, p.282-3: "Entre os gestos que me convenceram, que me seduziram, na realidade, encontra-se sua indispensável audácia de pensamento, o que não hesito em chamar de sua coragem: e que consiste aqui em escrever, inscrever, assinar 'ficções teóricas' em nome de um conhecimento sem álibis (portanto o mais 'positivo' dos conhecimentos). Deve-se, assim, reconhecer duas coisas de uma só vez: *de um lado*, a necessidade irredutível do estratagema, da transação, da negociação no conhecimento, no teorema, no *postulado* da verdade, em sua demonstração, em

a "um deslocamento do exclusivo e fundamental valor da observação, da condição do fato objetivo, da lógica exata e da discursividade teórica",[74] a ficção especulativa foi tolerada e encorajada por Freud por não ter afetado, em momento algum, a pura observação não teórica dos fenômenos. Estes continuaram a incrementar a fundação última da ciência, graças a sua capacidade de resistir a especulações e hipóteses errôneas. Os fatos são firmes, teimosos e obstinados, e apenas as teorias que se adaptam a eles sobrevivem. Mach, como bom evolucionista, cunhou isso de "adaptação das ideias aos fatos".

> **Mach:** A adaptação das ideias aos fatos, para ser mais preciso, é o que chamamos de observação; e a adaptação mútua de ideias é a teoria.[75]

Tal perspectiva, contudo, logo cai por terra na Psicologia e na Psicopatologia, em que os "fatos" consistem em comportamentos e ações de sujeitos humanos e pacientes flexíveis, muito atentos ao que se espera deles e capazes de se adaptarem às "ideias". De modo algum se pode contar com suas resistências para corrigir os caprichos da especulação metafísica. Esta foi uma objeção constante dos colegas de Freud: por si mesma, a observação em Psicologia não prova coisa alguma, pois não fornece qualquer "indicação de realidade" que permita separá-la das ficções teóricas.[76] Ela não apenas está sempre carregada de teoria (o que Freud, na sequência de Mach, estaria disposto, com certas restrições, a concordar), como também não se pode separá-la da teoria.[77]

> **John T. MacCurdy:** Todos sabem que os preconceitos determinam em grande medida as observações em qualquer trabalho científico. Enxergamos o que estamos procurando, e estamos cegos para o inesperado. Em psicanálise, con-

---

seu 'fazer-se conhecer' ou seu 'dar a conhecer', e *de outro*, a dívida de toda *postulação* teórica (mas também jurídica, ética e política) para com um poder performativo estruturado pela *ficção*, uma invenção figurativa. [...] O 'amigo da psicanálise' em mim é desconfiado não de um conhecimento positivo, mas do positivismo e da substancialização de ações metafísicas ou metapsicológicas" (destaques de Derrida). Sobre a suposta estrutura "atética" e não posicional, ver "Para especular – sobre 'Freud'", em Derrida, *The Post Card*. Ao que parece, Derrida confundiu a crítica positivista da metafísica (evidenciada em Freud) com a sua desconstrução heideggeriana.

74 Gasché, The witch metapsychology. In: Dufresne (Ed.). *Returns of the "French Freud"*.
75 Mach, *Knowledge and error*, p.120.
76 Freud, *The complete letters of Sigmund Freud to Wilhelm Fliess*, p.264; Freud, Project for a scientific psychology, SE 1, p.325-8.
77 Mach, *Knowledge and error*, p.120: "A observação e a teoria também não são nitidamente separáveis, visto que quase toda observação já é influenciada pela teoria e, caso seja importante, por sua vez reage sobre a teoria".

tudo, esse perigo é ampliado pela plasticidade do material, em grande parte produzida conforme a teoria do analista.[78]

Jastrow: A psicanálise pertence ao igualmente típico grupo de terapias em que a prática é uma total derivação da teoria. [...] Aqui, rezam os pertinentes princípios psicológicos: construa uma fé na teoria, e os fatos se construirão a si mesmos.[79]

Aqui, observação é a *realização* da teoria. Consequentemente, não se pode diferenciar confirmação objetiva de autoconfirmação circular, resistência de conformidade, fato de especulação, "verdade de ficção que foi investida de afeto".[80] Por isso, nada garante que a psicanálise não seja um sistema *a priori*, uma máquina teórica autônoma que produz sua própria evidência – um pesadelo positivista.

Freud jamais respondeu a tais objeções, sempre se referindo à "realidade psíquica" e à "convicção objetiva" do inconsciente de um modo circular, ao invés de fornecer evidências do que lhe foi exigido.

Freud, acerca do abandono da "teoria da sedução": Quando, porém, fui obrigado a reconhecer que essas teorias da sedução jamais ocorreram, que eram apenas fantasias criadas por meus pacientes ou que talvez eu lhes tenha imposto, permaneci desorientado por algum tempo. [...] Ao me recompor, fui capaz de tirar as verdadeiras conclusões de minha descoberta: a saber, que os sintomas neuróticos não estavam relacionados diretamente a acontecimentos reais, mas a fantasias de desejos, e que, no tocante a neurose, a realidade psíquica tinha mais importância do que a realidade material. Até hoje, não creio que tenha imposto as fantasias de sedução a meus pacientes, que eu as tenha "sugerido".[81]

Adolf Grünbaum, na polêmica com Popper sobre o tema da falseabilidade da psicanálise, repreendeu-o por ignorar que Freud na realidade procurou responder à objeção da sugestão com seus "argumentos compatíveis", o que "faz dele um sofisticado metodologista científico, muito superior que as apreciações de [seus] críticos reconhecem".[82] É difícil enxergar a razão, mas é espantosa a recusa de Freud em responder a este problema, já que

---

78 MacCurdy, *Problems in dynamic psychology*, p.132.
79 Jastrow, *The house that Freud built*, p.261.
80 Freud, *The complete letters of Sigmund Freud to Wilhelm Fliess*, p.264.
81 Freud, An autobiographical study, SE 20, p.34.
82 Grünbaum, *The foundations of psychoanalysis*, p.128.

"argumentos compatíveis" pressupõem a não sugestionalidade, ao invés de comprová-la.

> **Woodworth:** Tampouco o sucesso do tratamento – o qual não pretendo julgar – pode ser utilizado como evidência a favor da teoria. O "argumento pragmático" não funcionará neste caso. Temos uma série de outros tratamentos, todos mais ou menos satisfatórios, de casos de neurose, e cada um deles alega basear-se em uma teoria distinta.[83]

> **Hart:** Esse argumento tem pouca importância. Na história da Medicina, muitas estruturas foram erguidas sobre a falácia do *post hoc propter hoc*. [...] É decerto verdadeiro que resultados satisfatórios são obtidos pela psicanálise, mas é igualmente verdadeiro que resultados satisfatórios são obtidos por muitos – todos, na realidade – outros métodos que jazem reunidos do lado de fora das muralhas da Medicina. [...] Disso devemos concluir que o argumento dos resultados terapêuticos não pode servir como a confirmação derradeira da validade psicanalítica que estamos procurando.[84]

> **Wohlgemuth:** Irei agora examinar mais detidamente a afirmação dos psicanalistas de que as numerosas curas que foram efetuadas por meio da Psicanálise constituem uma prova inegável da exatidão de sua doutrina. [...] Se uma cistite se deve a um cálculo, nenhuma assepsia interna ou lavagem porá fim à cistite; o próprio cálculo precisa ser removido primeiro, e apenas a retirada do "complexo", e nada mais, poderá dar cabo dos sintomas neuróticos. Mas sintomas neuróticos foram curados antes até de Freud sequer pensar neles, e ainda são curados por outros meios. Disso concluímos que a teoria de Freud acerca da causa dos sintomas histéricos está equivocada. [...] Portanto, parece racional supor que um fator comum está ativo nos vários métodos de procedimento, de psicanálise ou não. E este fator comum, sustento que seja SUGESTÃO, pura e simples, e nada mais.[85]

> **Aldous Huxley:** Psicanalistas defendem sua teoria apontando para os sucessos terapêuticos práticos. As pessoas são curadas pela psicanálise, afirmam; portanto, a psicanálise deve ser correta enquanto teoria. Este argumento seria mais convincente do que é se isso pudesse ser comprovado: primeiro, que as pessoas foram curadas pela psicanálise após todos os outros métodos fracassarem; e

---

83 Woodworth, Some criticisms of the Freudian psychology, *Journal of Abnormal Psychology*, v.12, p.194.
84 Hart, *Psychopathology*, p.79, 81.
85 Wohlgemuth, *A critical examination of psycho-analysis*, p.162-3; caixa-alta de Wohlgemuth.

segundo, que foram realmente curadas pela psicanálise, e não pela sugestão aplicada de algum modo indiretamente por meio do ritual psicanalítico.[86]

Hollingworth: Entre várias coisas, Freud falha em mostrar por que outros métodos de terapia além do dele também funcionam. Se suas próprias teorias são demonstradas por sua terapia, o que dizer do sucesso registrado da terapia [sugestiva] de Babinski, Hurst e Rosanoff?[87]

Confrontado pela objeção da sugestão, Freud poderia ter respondido procurando elaborar procedimentos que visassem eliminar artefatos da equação psicológica (grupos de controle, experimentos duplo cego etc.) que foram empregados em grande escala. Ele poderia ter multiplicado suas observações, confiado em estudos estatísticos do "modo norte-americano", ou tentado quantificar os resultados obtidos pela psicanálise e compará-los a outras psicoterapias, como se faz em estudos contemporâneos.[88] Ele poderia ter encorajado estudos de continuidade, permitindo que pesquisadores independentes entrevistassem seus pacientes e tivessem acesso a suas notas analíticas. Esses esforços de verificação estatística e experimental não eram de modo algum desconhecidos na época, e figuras como Gattel e Jung procuraram aplicá-los.[89] Ao mesmo tempo, esses esforços não teriam resolvido os problemas fundamentais colocados pela inevitável interação entre observador e sujeito, o que continua a assombrar os mais rigorosos estudos controlados.[90] Mas Freud ao menos teria sido fiel ao espírito positivista, ao tentar testar suas teorias e separar o fato do artefato do modo mais rigoroso possível. Ao contrário, recusou-se a levar a sério tais objeções, e apelou continuamente a "observações" e "fatos" produzidos por seu método, no momento em que sua validade estava em cheque.

Freud a Saul Rosenzweig, 28 de fevereiro de 1934: Examinei com interesse seus estudos experimentais de verificação das proposições psicanalíticas.

---

86 Huxley, Our contemporary hocus-pocus, *The Forum*, p.319.
87 Hollingworth, *Abnormal psychology, its concepts and theories*, p.322.
88 Freud, Five lectures on Psycho-Analysis, *SE 11*, p.42. Freud refere-se ao estudo de Bell sobre a sexualidade infantil (A preliminary study of the emotions of love between the sexes, *American Journal of Psychology*, v.13, p.325-54), baseado em "não menos de 2.500 observações positivas ao longo de quinze anos".
89 Gattel (*Über die sexuellen Ursachen der Neurasthenie und Angstneurose*) procurou verificar as hipóteses de Freud sobre o tema da "neurose atual" com a colaboração de cem pacientes na clínica psiquiátrica de Krafft-Ebing. Como já vimos, os experimentos associativos de Jung foram apresentados como uma confirmação experimental da teoria da repressão elaborada por Freud.
90 Ver Borch-Jacobsen, *Making minds and madness*, cap.6.

Não deposito muita confiança em tais confirmações, porque a abundância de observações confiáveis sobre as quais repousam tais proposições as torna independentes de verificação experimental.[91]

Freud, 1933: Há pouco tempo, a Faculdade de Medicina da American University recusou conceder à psicanálise a condição de ciência, sob alegação de que ela não admitia qualquer comprovação experimental. Poderiam fazer a mesma objeção à Astronomia; de fato, a experimentação com corpos celestes é particularmente difícil. Deve-se confiar na observação.[92]

Quanto a isso, os adversários de Freud, cuja maioria partilhava de suas convicções positivistas, tinham razão em recriminá-lo por trair seus próprios princípios.

Wohlgemuth: Psicólogos experimentais foram treinados para caminhar com cautela; eles sabem que em sua ciência os alçapões são muito mais numerosos do que em qualquer outra ciência natural; qualquer experimento precisa ser cuidadosamente examinado, e as condições, observadas atentamente. O maior e mais insidioso inimigo é a "sugestão", e eliminá-la nunca é fácil. [...] A "sugestão" é para o psicólogo o que a bactéria é para o cirurgião. Como é de se esperar, o psicólogo almeja um tratamento asséptico, enquanto o psicanalista se entrega à infecção deliberada. Após percorrer a psicanálise do pequeno Hans, cheirando e fervilhando de sugestões, ler os comentários de Freud sobre ele e suas críticas é algo simplesmente de tirar o fôlego.[93]

Hart: A testagem constante, visando à obtenção de fatos objetivos, é *sine qua non* para o desenvolvimento de qualquer teoria científica, e vimos que é precisamente esse teste que falta ao crescimento da teoria psicanalítica, pois fatos objetivos não servirão a seu propósito, mas apenas os fatos que forem antes preparados pelo método da psicanálise.[94]

É exatamente aqui que entrou em cena a lenda da imaculada concepção da psicanálise. Como Freud não estava disposto a permitir que o método fosse testado, o que lhe permitiria obter os "fatos" que invocava, ele precisou

---

91 Citado em Rosenzweig, *Freud and experimental psychology*, p.38. Rosenzweig enviara separatas de dois artigos, um deles devotado a um estudo experimental da repressão. Segundo Roy Grinker, que estava presente quando Freud leu os artigos de Rosenzweig, "Freud atirou as separatas para o outro lado da mesa, em um gesto de impaciente rejeição".
92 Freud, Introductory lectures to psycho-analysis, *SE* 22, p.322.
93 Wohlgemuth, *A critical examination of psycho-analysis*, p.245.
94 Hart, *Psychopathology*, p.77.

encontrar outra forma de lidar com a objeção de que havia sido influenciado por suas hipóteses ou especulações. Disso decorre a afirmação de que ele estava completamente livre de qualquer preconcepção teórica.

> **Freud:** À parte as resistências emocionais [...] pareceu-me que o principal obstáculo ao acordo repousa no fato de que meus oponentes consideravam a psicanálise um produto de minha especulação imaginativa e não estavam dispostos a acreditar em um trabalho longo, paciente e imparcial realizado em sua produção.[95]

A especulação metapsicológica, em outras palavras, estava bem distante da pura observação. É essa ausência de pressupostos que a lenda fortaleceu. Se Freud tivesse de combater os preconceitos de seus professores e colegas, se eles supostamente se recusaram a conceder a menor importância ao papel da sexualidade nas neuroses, se ele teve de superar suas próprias resistências, seria difícil acusá-lo de enxergar a sexualidade em todo canto sob a influência de uma teoria sexual preconcebida.

> **Freud:** O reconhecimento do fator sexual na etiologia da histeria não brota, de minha parte, de qualquer opinião preconcebida. Os dois pesquisadores com quem, como pupilo, iniciei meus estudos sobre a histeria, Charcot e Breuer, estavam longe de possuir tais pressupostos; na verdade, possuíam uma aversão pessoal que eu inicialmente compartilhava.[96]

> **Freud:** Hoje sei, por experiência, a qual cresce rapidamente, que não era algum tipo de excitação emocional que estava por trás dos fenômenos de neurose, mas com frequência uma excitação de natureza sexual. [...] Eu não estava preparado para esta conclusão, e minhas expectativas não tiveram nenhum papel nisso, pois comecei minha investigação sobre os neuróticos de modo bastante inesperado.[97]

Da mesma forma, se Freud trabalhou em total isolamento, se ele nunca leu o que Schopenhauer ou Nietzsche escreveram sobre o esquecimento ativo ou a importância dos impulsos, não era possível acusá-lo de haver projetado preconcepções no material clínico. Peter Gay cita uma carta de Freud a Lothar Bickel na qual ele insiste mais uma vez em sua "falta de talento" para filosofia, afirmando que "extraiu a virtude da necessidade" por meio da apresentação de "fatos que se revelavam" a ele sob uma forma "indisfarçada", "sem parcialidade ou antecipação".

---

95 Freud, An autobiographical study, *SE 20*, p.49-50.
96 Freud, The aetiology of hysteria, *SE 3*, p.199.
97 Freud, An autobiographical study, *SE 20*, p.23-4.

Freud a Lothar Bickel, 28 de junho de 1938: Por isso rejeitei o estudo de Nietzsche, embora – na verdade, porque – estivesse claro que encontraria conclusões nele muito similares às psicanalíticas.[98]

Freud: Não me agradaria criar a impressão de que, durante esse último período de meu trabalho, voltei as costas para a observação dos pacientes e me abandonei inteiramente a especulações. Pelo contrário, sempre permaneci em contato próximo com o material clínico, e jamais cessei de trabalhar em pontos minuciosos de importância clínica e técnica. Mesmo quando me afastei da observação, tomei cuidado de evitar qualquer contato com a filosofia propriamente dita.[99]

Freud: Se alguém procurou inserir a teoria da repressão e da resistência em meio a pressuposições, e não nas descobertas da psicanálise, devo manifestar minha mais enfática oposição. Tais premissas de natureza psicológica e biológica não existem, e valeria considerá-las em outra ocasião qualquer; mas a teoria da repressão é um produto do trabalho psicanalítico, uma inferência teórica legitimamente obtida de incontáveis experiências.[100]

O mesmo se aplica ao que Sulloway chama de "cripto-biologia" de Freud: se com tanta frequência Freud negou ser influenciado pela Biologia de seu tempo, isso não foi, como alega Sulloway, uma tentativa artificial de travestir a psicanálise como uma Psicologia "pura" (o que faria pouco sentido, dadas as tentativas de apontar convergências entre suas teorias e a Biologia).[101] Pelo contrário, isso lhe permitiu negar que suas teorias sobre pulsões, sexualidade infantil ou bissexualidade precedessem e, portanto, moldassem a observação imparcial do material clínico. Segundo Freud, tais ideias pertenciam aos "postulados *clínicos* da psicanálise", e não às especulações biogenéticas de seu ex-colaborador Wilhelm Fliess.[102]

Freud a Karl Abraham, 6 de abril de 1914: A sujeição de nossa Ψα a uma Biologia sexual fliessiana não seria menos desastrosa que sua sujeição a qualquer sistema de ética, metafísica ou qualquer coisa do tipo.[103]

Freud: Devo, contudo, enfatizar que o presente trabalho [*Três ensaios sobre a teoria da sexualidade*] é caracterizado não apenas por ser todo baseado na pes-

---

98 Sigmund Freud Copyrights, Wivenhoe; apud Gay, *Freud*, p.46.
99 Freud, An autobiographical study, SE 20, p.59.
100 Freud, On the history of the psycho-analytic movement, SE 14, p.16-7.
101 Freud, The claims of psycho-analysis to scientific interest, SE 13, p.182.
102 Ibid.; grifo nosso.
103 Freud e Abraham, *The complete correspondence of Sigmund Freud and Karl Abraham*, p.229.

quisa psicanalítica, mas também por ser intencionalmente independente das descobertas da Biologia. Estive atento em evitar a interferência de minhas expectativas científicas, fossem derivadas da biologia sexual geral ou de uma espécie animal particular, neste estudo – um estudo concernente às funções sexuais dos seres humanos e que foi possibilitado pela técnica da psicanálise. Neste sentido, meu objetivo foi antes descobrir quanto a investigação psicológica poderia esclarecer a biologia da vida sexual do homem.[104]

Freud: Julgamos necessário manter distância das considerações biológicas durante nosso trabalho psicanalítico e nos abster de utilizá-las para propósitos heurísticos, de modo a não nos desviarmos do juízo imparcial dos fatos psicanalíticos que se nos apresentam.[105]

A sexualidade infantil, a repressão, o inconsciente e a teoria dos sonhos foram assim apresentados como "descobertas" autênticas, produtos de "observação" e "experiências", surgidos independentemente de qualquer hipótese heurística, interpretações antecipatórias, contaminações teóricas por parte do descobridor. O mito da imaculada concepção da psicanálise corresponde rigorosamente ao que se poderia chamar de mito da imaculada indução da teoria freudiana: Freud não foi influenciado por ninguém, e portanto não poderia ter contaminado o material clínico. A reescrita da história teve o efeito de transformar as hipóteses e especulações de Freud em fatos sólidos, positivos e indiscutíveis. Ela as legitimava de maneira epistemológica, simplesmente realizando um curto-circuito na objeção da sugestão.

Ainda que difícil de explicar em termos psicológicos, a função do mito da imaculada concepção torna-se evidente quando é ressituado no contexto da retórica positivista de Freud e das controvérsias com as quais estava envolvido. Para aqueles que criticaram a arbitrariedade de suas hipóteses, Freud opõs a imagem de um paciente colecionador de fatos empíricos. Para aqueles que suspeitavam que ele projetava teorias retiradas de outro lugar sobre o material clínico, Freud retorquia que era pouco instruído para ser capaz de fazê-lo. Para aqueles que o acusavam de impor suas ideias aos pacientes, ele replicava que apenas ouvia o que lhe contavam. A lenda freudiana foi um meio muito eficaz de redirecionar as críticas aos remetentes e inverter a ordem da pesquisa. Então, o que era subjetivo de repente se tornava objetivo. O que era contingente e histórico se tornava atemporal.

---
104 Freud, Three essays on the theory of sexuality, *SE 7*, p.131.
105 Freud, The claims of psycho-analysis to scientific interest, *SE 13*, p.181-2.

A interpretação tornava-se uma "realidade psíquica". As construções convertiam-se em "verdade histórica" que emergia de uma caixa preta cuja chave apenas o analista possuía.

> **Wohlgemuth:** [Freud] faz uma afirmação, defende-a com base na plausibilidade e, então, na página seguinte, refere-se à afirmação como a um "fato", ou, "como revelei ou demonstrei etc.".[106]

> **Huxley:** Todos os outros grandes "fatos" da psicanálise são, quando examinados, meras suposições. [...] Não se menciona nenhuma prova de qualquer suposição. Mas são todas tratadas como fatos.[107]

> **Jastrow:** Uma [...] falácia permeia páginas e volumes de psicanálise: a falácia da atribuição. Consiste em aceitar como realidade um conceito abstrato definido por um pensador na conveniência de seu pensamento. [...] A falácia da atribuição invade de modo sutil, insidioso e compreensivo cada fase e frase da técnica psicanalítica. Ele se esqueceu das realidades e pôs no lugar uma mitologia de forças – Ics., Id, Ego, Superego, Édipo, libido em muitas roupagens e outros conceitos animados – que ele então utiliza para dar conta dos dados clínicos que os sugerem. Como consequência, o sentido da hipótese se perde, substituída pela garantia de realidade; eis a essência da ilusão.[108]

Propomos chamar este processo de transmutação de interpretações e construções em fatos positivos de *interprefacção*.[109] A interprefacção constitui o elemento básico da retórica cientificista de Freud e das diversas lendas históricas que ele teceu em torno das supostas "descobertas". Ela depreende coisas e acontecimentos de palavras, fabrica fatos a partir de suposições, conjecturas e hipóteses. A interprefacção representa o que Freud estava realmente fazendo enquanto negava que o fazia.

É possível censurar legitimamente esta injustificada reificação ao chamar a atenção para o caráter retórico, sugestionado, dos chamados "fatos" analíticos. Como vimos, é precisamente o que faz a maioria dos críticos de Freud até hoje: "Seus fatos não são fatos, são artefatos que você fabricou". Contudo, em muitos sentidos, tais objeções permanecem próximas da perspectiva positivista de Freud, ao sugerir que se pode separar com clareza o fato do

---

106 Wohlgemuth, *A critical examination of psycho-analysis*, p.237.
107 Huxley, Our contemporary hocus-pocus, *The Forum*, p.319.
108 Jastrow, *The house that Freud built*, p.227, 229-30.
109 Derivado de *faction*, que mescla *fact* ["fato"] e *fiction* ["ficção"] e costuma caracterizar um gênero específico de falsos documentários. (N.T.)

artefato no campo da Psicologia. Dessa forma, muitos dos primeiros críticos de Freud, tais como Aschaffenburg, Kraepelin, Hoche, Janet e Morton Prince não estavam de maneira alguma livres dessa reificação quando propunham suas próprias teorias antagônicas: a divisão entre o que era considerado fato ou artefato era apenas realizada de modo distinto.

Mas mesmo assim se pode repreender Freud, não tanto por haver criado novos fatos, mas por ter negado que era isso o que fazia. Ao invés de enxergar a interprefacção analítica como disseminadora de fatos falsos, pode-se vê-la como tendo levado a verdadeiros artefatos apresentados como fatos. Ao invés de tomar a lenda freudiana como uma ficção pura e simples, pode-se vê-la como uma fabricação que nega ser uma fabricação. O que está em jogo, então, é a dissimulação da construção de fatos analíticos, e não a construção *per se*.

A interprefacção da psicanálise pode, assim, ser lida nesses dois sentidos. Ou se sublinha seu caráter fictício e ilusório, ou se destaca seus aspectos produtivos. No primeiro, denuncia-se a manipulação, voluntária ou involuntária, dos fatos pelo analista. Na segunda, denuncia-se o ocultamento dessa manipulação. Ou se considera Freud como insuficientemente positivista, ou como o sendo demasiado. Essas duas críticas divergem profundamente quanto a suas respectivas implicações. No fundo, o tema depende de como se considera a empresa psicológica e a condição de seus constructos. Antes de procurar avaliar isso, é preciso acompanhar mais detidamente os procedimentos de Freud.

A MANUFATURA DA FANTASIA

Consideremos primeiro a teoria da sedução de Freud e seu abandono, que foi tão decisivo para a história da psicanálise. Em suas recapitulações históricas, Freud contou repetidas vezes que acreditava inicialmente nos espantosos relatos de abuso sexual e perversões incestuosas que os pacientes transmitiam, antes de perceber que tais relatos eram na realidade fantasias que expressavam desejos "edípicos" infantis inconscientes. Por muito tempo, essa revogação passou a ser considerada o gesto inaugural da "ruptura" freudiana: primeiro, o truque histérico, e então a magistral revogação na qual, com um único golpe, revelava-se a verdade da mentira, a realidade da ficção e a lógica da fantasia.

Jean Laplanche e Jean-Bertrand Pontalis: É costume considerar a abdicação de Freud da teoria da sedução em 1897 como um passo decisivo para a fundação da teoria psicanalítica e a colocação no primeiro plano de conceitos como a fantasia inconsciente, a realidade psíquica, a sexualidade infantil espontânea e outros.[110]

Freud: Por influência do conceito de Charcot para a origem traumática da histeria, poder-se-ia tomar como verdadeiros e etiologicamente importantes os relatos feitos pelos pacientes que atribuíam seus sintomas a experiências sexuais passivas nos primeiros anos da infância – para dizê-lo diretamente, de sedução. Quando essa etiologia livrou-se do peso de sua própria improbabilidade e contradição ante circunstâncias seguramente determináveis, o resultado a princípio foi de desalentador assombro. [...] Se sujeitos histéricos remontam seus sintomas a traumas fictícios, então o novo fato que emerge é precisamente que eles criam tais cenas na fantasia, e essa realidade psíquica deve ser levada em consideração ao lado da realidade prática. Tal reflexo foi logo seguido pela descoberta de que tais fantasias possuíam a intenção de acobertar a atividade autoerótica dos primeiros anos da infância. [...] E então, por trás das fantasias, surgiu a grande variedade da vida sexual da criança.[111]

Freud: Sob influência do procedimento técnico que utilizei na época, a maioria dos pacientes reproduziu da infância cenas em que era seduzida sexualmente por uma pessoa adulta. Com pacientes mulheres, o papel do sedutor era quase sempre alguém referente ao pai. Acreditei nessas comunicações e, em consequência, supus descobrir as raízes da neurose subsequente em tais experiências de sedução sexual na infância. [...] Quando me recobrei, fui capaz de extrair as reais conclusões de minha descoberta: a saber, que os sintomas neuróticos não eram relacionados diretamente a eventos reais, mas a fantasias de desejo. [...] Topei, na verdade, pela primeira vez, com o complexo de Édipo, que assumiu mais tarde uma importância avassaladora, mas que então não reconhecera, sob o disfarce da fantasia.[112]

Freud: No período em que o principal interesse estava direcionado a descobrir traumas sexuais infantis, quase todas as minhas pacientes mulheres me contaram que foram seduzidas pelo pai. Fui levado a reconhecer ao final que tais informações eram incorretas e compreendi que os sintomas histéricos são derivados de fantasias, e não de ocorrências reais.[113]

---
110 Laplanche e Pontalis, *The language of psycho-analysis*, p.405.
111 Freud, On the history of the psycho-analytic movement, *SE 14*, p.17-8.
112 Freud, An autobiographical study, *SE 20*, p.33-4.
113 Freud, Introductory lectures to psycho-analysis, *SE 22*, p.120.

A impressão que se tem da leitura de tais excertos é de que foram as pacientes de Freud (ou seus desejos incestuosos inconscientes) as responsáveis pelo erro inicial do psicanalista. Contudo, basta ler seus artigos de 1896, em que apresentou sua teoria, para constatar que seu relato retrospectivo não está de acordo com o que escreveu na época, sendo, de fato, bastante tendencioso. Isso foi observado em 1966 pelo psiquiatra Paul Chodoff,[114] logo seguido pelo filósofo Frank Cioffi.[115] Nestes artigos, em grande contraste com seus relatos posteriores, Freud insistiu na dificuldade extraordinária que teve em produzir o irrompimento dessas "cenas de sedução". Segundo o que escreveu, longe de obter a confidência espontânea das pacientes de que foram vítimas de abuso sexual, elas ficaram indignadas quando Freud o propôs como hipótese. Ele teve de lutar pouco a pouco contra suas resistências, e extrair fragmento a fragmento a lembrança da cena sexual.

> **Freud:** O fato é que essas pacientes nunca repetem tais histórias espontaneamente, nem jamais, no curso do tratamento, presenteiam o médico com a completa reminiscência de uma cena do tipo. Só se consegue despertar o traço psíquico de um evento sexual precoce com a mais enérgica pressão do procedimento analítico, e lutando contra uma enorme resistência. Além do mais, a lembrança precisa ser extraída fragmento a fragmento, e, enquanto os pacientes estão despertando em sua consciência, eles se tornam presas de uma emoção que seria difícil de simular.[116]

> **Freud:** Antes de buscarem análise, as pacientes nada sabem sobre tais cenas. Ficam em geral indignadas quando alertamos que estão prestes a emergir. Apenas a mais forte compulsão em se tratar pode induzi-las a embarcar em uma descrição dessas.[117]

As cartas de Freud a Fliess na época confirmam este ponto. Por exemplo, há a descrição do caso de "Miss G. de B.", uma prima de Fliess a quem Freud tentou persuadir de que o eczema ao redor de sua boca e seu problema em falar derivavam do fato de ela tinha sido forçada, quando criança, a chupar o pênis do pai. Ao que parece, ela não se convenceu.

> **Freud a Fliess, 3 de janeiro de 1897:** Quando lancei-lhe a explicação, a princípio consegui convencê-la; mas, depois, ela cometeu a loucura de perguntar ao

---

114 Chodoff, A critique of Freud's theory of infantile sexuality, *American Journal of Psychiatry*, v.123, n.5, p.508.
115 Cioffi, Was Freud a liar?, *The Listener*.
116 Freud, Heredity and the aetiology of the neuroses, *SE 3*, p.153.
117 Freud, The aetiology of hysteria, *SE 3*, p.204.

próprio velho, que, já na primeira intimação, exclamou indignado "Você está sugerindo que fui eu?", e fez um juramento sagrado de sua inocência. Agora, ela se debate com a mais incisiva das resistências, alega confiar nele, mas atesta sua identificação com ele ao se tornar desonesta e fazer falsos juramentos. Ameacei dispensá-la e, no processo, convenci-me de que ela já obtivera uma boa dose de certeza, a qual tem relutância em reconhecer.[118]

Tais procedimentos parecem distantes de recordações traumáticas espontâneas e voluntariosas. A evidência disponível indica que as pacientes de Freud não possuíam tais "memórias" antes de serem reconstruídas (ou construídas) com base em indícios, conjecturas e interpretações, e que frequentemente não se convenciam da realidade desses acontecimentos. Como Freud chegou a admitir depois, ele lhes havia comunicado o conteúdo da cena traumática (em outras palavras, suas hipóteses e construção).

> **Freud:** É verdade que nos primeiros tempos da técnica analítica assumimos uma visão intelectualizada da situação. Apostamos alto no conhecimento do paciente daquilo que ele havia esquecido, e nisso *não pudemos distinguir bem nosso conhecimento do dele*. Pensamos que seria muito bom se fôssemos capazes de obter informações sobre traumas esquecidos da infância por outras fontes – por exemplo, de pais ou enfermeiras, ou do próprio sedutor –, como em alguns casos foi possível fazer; e nos apressamos em transmitir a informação e as provas de sua exatidão ao paciente, com certa expectativa de assim conduzir a neurose e o tratamento a um breve termo. Era uma enorme frustração quando o sucesso esperado não surgia. [...] De fato, contar e descrever o trauma reprimido não chegava a conduzir a recordação à mente.[119]

Mesmo quando alguns pacientes passavam a visualizar ou a "reproduzir" fragmentos de tais cenas sob pressão de Freud, eles se recusavam a considerá-los como lembranças. Um colega de Freud, Leopold Löwenfeld, viu nesse sentimento de irrealidade a prova de que eram falsas lembranças, sugeridas pelo próprio Freud. Como bem se sabia, a escola de Nancy fizera muitos experimentos de implantação de falsas lembranças sob hipnose.

> **Freud:** Enquanto recobram essas experiências infantis à consciência, eles sofrem os sentimentos mais violentos, dos quais se envergonham e tentam ocultar; e, mesmo depois de as atravessarem uma vez mais e de modo convincente, ainda

---
118 Freid, *The complete letters of Sigmund Freud to Wilhelm Fliess*, p.220-1.
119 Freud, On beginning the treatment, *SE 12*, p.141; grifo nosso.

buscam preservar-se da convicção, ao enfatizarem o fato de que, diferentemente do que ocorre no caso de outros materiais esquecidos, não sentem que estão recordando as cenas.[120]

Leopold Löwenfeld: Esses comentários [de Freud] revelam duas coisas: 1. Os pacientes foram submetidos a influência sugestiva proveniente da pessoa que os analisou, e isso aproximou excessivamente a assunção das cenas mencionadas e suas imaginações. 2. Os retratos fantasiosos que surgiram sob influência da análise não foram de modo algum reconhecidos como memórias de acontecimentos reais. Também possuo uma experiência direta para fundamentar essa segunda conclusão. Por acaso, um dos pacientes nos quais Freud utilizou o método analítico passou a meus cuidados. Ele me contou que as cenas sexuais infantis que a análise aparentemente descobriu eram certamente pura fantasia e jamais tinham acontecido.[121]

Por que Freud sentiu a necessidade de reescrever a história de modo a veicular que seus pacientes apresentaram lembranças espontaneamente? De modo paradoxal, o fato de não se lembrarem dos eventos em questão teria se adequado melhor à teoria subsequente da repressão. Mas não o fazer o teria exposto completamente à denúncia de sugestão. Reconhecê-lo teria levantado a pergunta de se o mesmo não se aplicaria às teorias recentes da neurose, obtidas pelo mesmo método "analítico"? Por isso, era fundamental que Freud ocultasse o fato de que foi ele quem especulara, imaginara tais cenas de sodomia,[122] sadismo, fetichismo,[123] anilíngua[124] e felação, e as considerara reais, sob influência de seus pressupostos teóricos da época.

Freud a Fliess, 3 de janeiro de 1897: A concordância [de meu material] com as perversões descritas por Krafft[-Ebing][125] é uma nova e valiosa prova de realidade.[126]

Ao mesmo tempo, ao transformar suas próprias hipóteses e conjecturas em "comunicações" de seus pacientes, Freud poderia lavar as mãos acerca da

---

120 Freud, The aetiology of hysteria, *SE 3*, p.204.
121 Löwenfeld, *Sexualleben und Nervenleiden*, p.195-6.
122 Ver, por exemplo, Freud, *The complete letters of Sigmund Freud to Wilhelm Fliess*, p.227-8, 288-9.
123 Freud, *The complete letters of Sigmund Freud to Wilhelm Fliess*, p.213.
124 Ibid., p.218, 223-4.
125 Alusão à nona edição de Krafft-Ebing, *Psychopathia sexualis, mit besonderer Berücksichtigung der conträren Sexualempfindung*, que Freud estava lendo na época (ver Swales, *Freud, Johann Weier, and the status of seduction* e Swales, *Freud, Krafft-Ebing, and the witches*).
126 Freud, *The complete letters of Sigmund Freud to Wilhelm Fliess*, p.219.

história toda, já que o ônus da responsabilidade repousava sobre eles. Seu erro foi simplesmente ter confiado demais na boa-fé dos pacientes e, portanto, ter se permitido deixar-se levar por eles. Isso também lhes permitiu dar corpo e realidade a suas especulações, apesar de seu caráter errôneo. Com a teoria da sedução, Freud pusera sua reputação científica sob julgamento, e fracassara. Mas, ao converter suas teorias equivocadas em comunicações obtidas dos pacientes, ele poderia aplicar suas novas estratégias interpretativas sobre o que afirmava que lhe havia sido comunicado. Ao invés de ser descrita como uma técnica que fracassou devido a involuntária implantação sugestiva de falsas lembranças, a teoria psicanalítica poderia explicar o que de fato ocorreu e o que jaz detrás das supostas comunicações dos pacientes. Melhor ainda, Freud poderia agora alegar que observou algo, ao invés de nada, mesmo que houvesse demorado para atinar seu verdadeiro significado. Com efeito, Freud reificou e substantizou suas próprias interpretações.

> **Freud:** Por meio da análise, como se sabe, e partindo dos sintomas, chegamos ao conhecimento das experiências infantis em que a libido se fixou e a partir das quais os sintomas são formados. Bem, a surpresa reside no fato de que tais cenas da infância não são sempre verdadeiras. Na realidade, não são verdadeiras na maioria dos casos, e em alguns deles são exatamente o oposto da verdade histórica. Como será visto, tal descoberta, mais que qualquer outra, acabou descreditando a análise, o que culminou nessa conclusão, ou os pacientes, nos quais se baseiam a análise e toda nossa compreensão das neuroses. [...] Ficamos tentados a nos ofender com os pacientes, pela perda de tempo com suas histórias inventadas. [...] O fato é que o paciente cria a fantasia para si mesmo, e isso tem menos importância para sua neurose do que se tivesse realmente vivido o conteúdo das fantasias. As fantasias possuem *realidade psíquica*, em vez de *material*, e gradualmente aprendemos a entender que, *no mundo das neuroses, a realidade psíquica é a mais relevante*.[127]

> **Freud:** De onde brota a necessidade deles por essas fantasias e esse material? Sem dúvida, suas fontes residem nas pulsões; mas ainda resta explicar por que as mesmas fantasias, com os mesmos conteúdos, são criadas em todas as ocasiões. [...] Acredito que tais *fantasias primevas*, como gostaria de chamá-las, e sem dúvida algumas outras, são um dom filogenético. [...] Parece-me bem possível que todas as coisas que nos são hoje contadas como fantasias em análise – a sedução dos filhos, a inflamada excitação ao observar a relação sexual dos pais, a ameaça da castração (e antes a própria castração) – já foram alguma

---

127 Freud, *Introductory lectures on psycho-analysis*, p.367-8; destaque de Freud.

vez ocorrências de tempos primevos da família humana, e que as crianças em suas fantasias estão apenas preenchendo as lacunas da verdade individual com a verdade pré-histórica.[128]

Vê-se aqui como a reescrita da história por Freud objetivou sutilmente o que de início era apenas uma série de hipóteses muito especulativas, e que em sua própria opinião eram basicamente falsas. O que ele chamava de palpites *"in neuroticis"* tornaram-se "cenas" relatadas por seus pacientes, depois fantasias que expressavam desejos inconscientes e, finalmente, mediante uma eficiente reciclagem, produtos da herança filogenética e da realidade pré-histórica.[129] O que esta sequência habilmente transmite é a condição das fantasias inconscientes que Freud afirma estarem por trás das cenas de sedução que os pacientes lhe confiaram. Se tais recordações espontâneas parecem não ter ocorrido, o que dizer das fantasias inconscientes que supostamente expressavam? Não teriam elas um *status* igualmente questionável? Quais fantasias os pacientes realmente tiveram? Seriam as rememorações forçadas que ele depois considerou como fantasias inconscientes apenas respostas a suas conjecturas e à técnica investigativa? Sem mais registros históricos, tais perguntas são difíceis de responder. Contudo, o que as estratégias narrativas de Freud obtiveram é claro: a crença na narração espontânea dos acontecimentos apresentados como memórias que, então, passaram a ser vistas como fantasias conferiu crédito à noção de existência de fantasias inconscientes motivadas por desejos infantis. Longe de se basear na observação de fatos corretamente interpretados após um período de tentativas e erros, a teoria psicanalítica da fantasia é uma interpretação das interpretações, repousando sobre as suposições de Freud. O fato de haver levado tanto tempo para que isso fosse descoberto é testemunho da eficácia retórica da reescrita histórica de Freud.

Deveríamos, portanto, reduzir a interprefacção freudiana das fantasias a uma fraude, a um efeito de retórica pura? Esta é a opinião de uma série de estudiosos "revisionistas", tais como Frank Cioffi, Han Israëls, Allen Esterson e Frederick Crews, para os quais o relato da descoberta das fantasias inconscientes é uma mistificação histórica que se assenta sobre nada. Dessa perspectiva, a lenda freudiana vingou por nossa crença no inconsciente, o qual seria também um truque do grande sofista.[130] A partir daí, a tarefa do historiador deveria ser desmascarar a vacuidade dos relatos de Freud e,

---

128 Freud, *Introductory lectures on psycho-analysis*, p.370-1; destaque de Freud.
129 Freud, *The complete letters of Sigmund Freud to Wilhelm Fliess*, p.226.
130 Para uma crítica da desmistificação da crença, ver Latour, *Petite réflexion sur le culte moderne des dieux faitiches*, que se entrelaça ao argumento aqui apresentado.

com isso, da própria psicanálise. Tal perspectiva, contudo, se de um lado desmascara as teorias de Freud, segue ainda partilhando de um positivismo semelhante.

De fato, em muitos aspectos, a desmistificação histórica foi incapaz de desfazer os efeitos da lendária interprefacção. Recentemente, vimos que, a despeito do número crescente de trabalhos de crítica histórica, em psicanálise "os negócios seguem". Indivíduos continuam a confessar suas fantasias, a reescrever suas vidas em termos de conflitos edípicos ou a recuperar lembranças recalcadas de abuso sexual infantil, e praticantes continuam a conduzir seu comércio de boa-fé. Será devido apenas à credulidade humana, demasiadamente humana (*mundus vultus decepit*)? Ou seria porque os psicanalistas conservaram uma poderosa posição de autoridade na mídia, nos serviços de saúde e nas ciências humanas? Tal perspectiva seria simples demais e não daria conta do sucesso de outras teorias psicológicas e outros sistemas psicoterapêuticos que também floresceram. Em nossa opinião, é importante apreender a natureza produtiva da interprefacção e a maneira como ela constituiu novas formas de experiência de si, enquanto fazia brotar novas realidades ou ontologias opcionais.

> G. K. Chesterton: A psicanálise não pode mais ser descartada como um modismo; ela se elevou à categoria de uma moda e possui toda a autoridade moral e a finalidade intelectual que associamos a um padrão particular de chapéus e bigodes. [...] Mas, de qualquer modo, uma teoria é apenas um pensamento, ao passo que uma moda é um fato. Se certas coisas realmente se inseriram nos núcleos da civilização, elas cumprem um papel decisivo na história, não importa que sua origem tenha sido ou não um equívoco.[131]

Isso nos devolve às duas maneiras de compreender a interprefacção. Os historiadores revisionistas possuíam bons argumentos para destacar o caráter fabricado da suposta "evidência" psicanalítica, mas alguns se detiveram rápido demais neste ponto, como se fosse apenas uma questão de denunciar uma ilusão. O essencial é apreender que a interprefacção *opera* algo nas pessoas. Indivíduos respondem às interpretações de seus analistas e aos efeitos sugestivos do meio cultural, e muitos reescreveram suas vidas sobre tal base. Como consequência, novas realidades foram elaboradas. Em outras palavras, ocorre uma conversão da ficção em fato, ou a lenda converte-se em fato, que escapa da simples oposição entre verdadeiro ou falso, entre dado e construído, entre real e ilusório.

---

[131] Chesterton, The game of psychoanalysis, *The Century*, v.106, p.34-5.

Retornando às cenas de sedução, fica evidente, pelos próprios relatos de Freud, que seus pacientes não possuíam quaisquer rememorações. Contudo, isso não exclui o fato de que possam ter aceitado a possibilidade de se divertir e acompanhado Freud em suas hipóteses. Caso contrário, é difícil entender por que continuaram o tratamento com ele (alguns, como Emma Eckstein, Elise Gomperz e Oscar Fellner,[132] foram pacientes de longa duração, e acompanharam Freud corajosamente ao longo de uma série de viradas teóricas). Dessa perspectiva, não se deve evocar a transferência ou a sugestionabilidade, ou a credulidade dos pacientes ante Freud, por terem assumido os constructos propostos por ele. Eles jogaram o jogo terapêutico que ele propôs, exatamente como objetos de Psicologia Experimental ou participantes de sessões de espiritismo o fizeram em seus respectivos ambientes. É provável que, quanto mais se integrassem ao jogo, mais sério ele se tornava, e mais ele assumia a forma da realidade. De súbito, o passado não era mais o mesmo; as lembranças inocentes da infância foram transformadas em "sonhos encobridores" de outros eventos mais constrangedores ou sinistros. Sonhos podiam se tornar confirmações da nova realidade, e sintomas podiam assumir novas significações. Os próprios pacientes poderiam assumir a tarefa de reinterpretar suas vidas por meio de um evento traumático anteriormente esquecido que parecia oferecer uma esperança de explicação e liberação. Por isso, não é de surpreender que cenas de sedução pudessem emergir, tais como Freud previra.

Em 1925, em seu "estudo autobiográfico", Freud escreveu que, "sob influência do procedimento técnico que utilizei na época, a maioria de meus pacientes reproduziu de suas infâncias cenas nas quais eram seduzidos sexualmente por um adulto".[133] Não há razão para duvidar disso, embora seja importante enfatizar que tais rememorações não parecem ter sido espontâneas, mas pequenos psicodramas que mimetizaram as intenções de Freud. Como Jean Schimek observou, o procedimento técnico que Freud utilizou na época (o "método de pressão", que consistia em pressionar a testa dos pacientes e pedir que evocassem uma imagem ou ideia) não era muito diferente do método hipnocatártico descrito em *Estudos sobre a histeria*, em que o mesmo objetivo era provocar a re-emergência de uma visualização intensa (uma alucinação) do evento traumático.[134] Como Freud diz que precisava extrair a lembrança "fragmento a fragmento", é evidente que tais

---

132 Apelidado "Mr. E" nas cartas a Fliess; a identidade deste importante paciente foi revelada por Swales, *Freud, his Ur-patient, and their romance of Oedipus and their descent into pre-history*.
133 Freud, An autobiographical study, *SE 20*, p.32.
134 Schimek, Fact and fantasy in the seduction theory, *Journal of the American Psychoanalytic Association*, v.35, p.940-4.

reproduções eram fragmentárias, ou ao menos o eram inicialmente. Mas, a julgar pelas cartas a Fliess, também se vê que alguns pacientes terminaram por oferecer a Freud cenas quase completas, exatamente conforme sua atenção expectante.

Freud a Fliess, 24 de janeiro de 1897: Assim, fui capaz de retraçar o histórico, com precisão, de uma histeria que se transformou, no contexto de uma depressão branda e periódica, em uma sedução, que ocorreu pela primeira vez aos 11 meses e [pude] ouvir novamente as palavras que foram trocadas entre dois adultos na época! É como se saíssem de um fonógrafo.[135]

Freud a Fliess, 22 de dezembro de 1897: A autenticidade intrínseca do trauma infantil nasce do seguinte pequeno incidente que a paciente afirma ter observado quando tinha 3 anos.[136] Ela adentra uma sala às escuras onde está sua mãe, e passa a espiar. Ela tem bons motivos para se identificar com a mãe. O pai pertence à categoria de *homens que esfaqueiam mulheres*, para quem ferimentos sanguinários são uma necessidade erótica. [...] *Agora*, a mãe fica de pé e grita: "Seu criminoso pervertido, o que você quer comigo? Não vou tomar parte disso. Quem você pensa que está na sua frente?". E então ela rasga as roupas de seu corpo com uma mão, enquanto com a outra as leva ao corpo, o que produz uma impressão muito peculiar. Depois, ela fita um ponto específico do quarto, seu rosto contorcido pela fúria, cobre a genitália com uma mão e afasta algo com a outra. Então, ergue ambas as mãos, agarra o ar e o morde. Gritando e xingando, ela se inclina para trás, novamente cobrindo a genitália com a mão, o que a faz debruçar-se para a frente, de modo que sua cabeça quase encosta no chão; por fim, ela tomba em silêncio para trás no assoalho. Em seguida, torce as mãos, senta-se num canto e chora, com o rosto contorcido de dor.[137]

Pode-se indagar se os próprios pais acreditaram nas cenas reproduzidas de modo tão impressionante. A partir do momento em que os pacientes não mais consideravam suas lembranças como reais, é possível que pudessem vê-las como simulações, ou atuações: encenações de um "como se" para testar as hipóteses de Freud. Isso não os teria impedido de simular tais cenas com convicção, e mais tarde seriam tão convincentes, que Freud as tomou como confirmação de suas hipóteses. Freud depararia com as cenas que previu que se desenrolariam diante dele com uma exatidão alucinatória,

---
135 Freud, *The complete letters of Sigmund Freud to Wilhelm Fliess*, p.226.
136 Cumpre notar que essa "confirmação" da teoria da sedução ocorre dois meses após a carta de Freud a Fliess em que ele anuncia não acreditar mais em sua "neurótica".
137 Freud, *The complete letters of Sigmund Freud to Wilhelm Fliess*, p.288-9; grifo de Freud.

apresentando-as como uma confirmação total de suas teorias. Não é de espantar que tenha sido tentador seguir insistindo e induzindo seus pacientes a produzirem mais provas.

No fim das contas, é inegável que Freud de fato tenha "observado" algo e que seus pacientes, às vezes, apresentavam cenas de sedução.[138] A esse respeito, é impossível reduzir seus relatos subsequentes a uma mentira, como já argumentaram: ele de fato chegou a ouvir dos pacientes o que alegava ter ouvido. O problema é que não sabemos em que momento tais declarações foram feitas. Parece-nos, de qualquer modo, que elas confirmaram retrospectivamente suas hipóteses teóricas, apenas *após* ele as ter sugerido por indagações insistentes, encorajamentos, admoestações e reenquadramentos da realidade.[139] Ao trazer as cenas representadas por seus pacientes como confissões espontâneas, a narrativa lendária entra em choque com o tempo necessário para obtê-las. Isso nos faz esquecer o modo como se tornaram reais, o processo de sua produção. Tais cenas não estavam à espera de serem descobertas por Freud: elas foram produzidas, co-produzidas por meio de uma negociação entre o médico e os pacientes, entre a teoria e aqueles que deveriam ratificá-la, torná-la real. A lenda freudiana oblitera esta fabricação consensual da realidade a favor dos "dados", das "observações" e dos "fatos" inegáveis. Em contraste, parece que o que estava em jogo eram realidades negociadas e sujeitas a revisões intermitentes.

Vê-se como uma leitura técnica do processo de interprefacção, atenta aos procedimentos por meio dos quais a realidade psíquica foi produzida, é bastante distinta de uma leitura meramente crítica que busca dispor tudo em colunas de verdadeiro ou falso, fato ou artefato. Se por um lado parece que as cenas e os fantasmas invocados pela lenda freudiana foram, inicialmente, ficções, eles se tornaram reais para os pacientes no momento em que as aceitaram. Os pacientes reproduziram "reminiscências" traumáticas entre 1889 e 1895; em seguida, cenas de abuso sexual infantil entre 1896 e 1897; que depois estancaram, uma vez que Freud pediu-lhes que produzissem fantasias edípicas ou lembranças de "cenas primevas". A cada etapa, uma nova realidade era produzida, com regras e características próprias. Fossem

---

138 Isso apenas torna mais enigmático o abandono da teoria da sedução. Como obteve "confirmações" de seus pacientes e culpou a resistência pelos casos em que não obteve, o que o levou a repudiar sua teoria? Decerto, não a "evidência adversa", como defende Grünbaum (*The foundations of psychoanalysis*, p.117), pois ele não poderia obter nenhuma (ver a refutação por Cioffi do argumento de Grünbaum, "Exegetical myth-making" in Grünbaum's indictment of Popper and exoneration of Freud. In: Wright, Clark (Eds.), *Psychoanalysis and theories of the mind*, p.240-8). Nem a teoria da sedução nem seu abandono corresponderam ao modelo positivista da "adaptação aos fatos" (Mach).
139 Borch-Jacobsen, *Making minds and madness*, cap.2.

dadas outras hipóteses ou demandas teóricas, outras realidades psicológicas e mundos terapêuticos poderiam ter surgido – exatamente o que ocorreu na virada do século com a miríade de outras escolas. Como muitas outras psicoterapias e psicologias, a psicanálise era uma prática produtora de ontologias e que recriava o mundo a sua imagem.

> **Delbœuf:** A existência de diversas escolas de hipnotismo é, portanto, algo muito normal, e pode ser facilmente explicado. Elas devem seu nascimento à ação recíproca de hipnotizados e hipnotizadores. Apenas a rivalidade entre elas não faz sentido: *todas estão em seu direito*.[140]

> **Wohlgemuth:** Se um sonho meu fosse analisado por Freud, ele sem dúvida desenterraria algum complexo sexual, ao passo que Jung, com o mesmo sonho, descobriria uma "função prospectiva e teleológica", e Adler, "a ânsia por poder, o protesto masculino". Isso, creio, é evidência suficiente de que o resultado se deve ao psicanalista e de que a interpretação de sonhos é a *via regia* do inconsciente do *analista*.[141]

> **Hart:** Pode-se notar com essa associação que, enquanto os pupilos de Freud confirmam, por meio de observações clínicas, as descobertas de seu mestre, os pupilos de Jung, trabalhando com armas forjadas a partir de grande parte do mesmo material e em padrão similar, não têm dificuldades para encontrar ampla confirmação clínica dos princípios bastante disparatados de Jung.[142]

> **Judd Marmor:** Dependendo do ponto de vista do analista, os pacientes de cada escola parecem trazer precisamente o tipo de dados fenomenológicos que confirmam as teorias e interpretações de seus analistas! Assim, toda teoria tende a ser autovalidada. Os freudianos suscitam materiais sobre o complexo de Édipo e a angústia de castração, os junguianos sobre arquétipos, os rankianos sobre a angústia de separação, os adlerianos sobre os impulsos masculinos e o sentimento de inferioridade, horneytistas sobre imagens idealizadas, sullivanianos sobre relacionamentos perturbados etc.[143]

---

[140] Delbœuf, De l'influence de l'éducation et de l'imitation dans le somnambulisme provoqué, *Revue philosophique*, v.22, p.169; grifo nosso.
[141] Wohlgemuth, The refutation of psychoanalysis, *Journal of Mental Science*, p.499; apud Cioffi, The cradle of neurosis, *Times Literary Supplement*, p.18.
[142] Hart, *Psychopathology*, p.74; apud Cioffi, "Exegetical myth-making" in Grünbaum's indictment of Popper and exoneration of Freud. In: Wright, Clark (Eds.), *Psychoanalysis and theories of the mind*, p.18.
[143] Marmor, Psychoanalytic therapy as an educational process. In: Masserman (Ed.), *Psychoanalytic education*, p.289.

Ellenberger: Pacientes em análise freudiana sonham sonhos freudianos, descobrem seus complexos de Édipo, suas angústias de castração e estabelecem fortes transferências com os analistas. Pacientes sob análise junguiana sonham sonhos junguianos, descobrem suas projeções e seus *animas* e tomam consciência de sua individuação. E assim por diante, para cada linha e suas respectivas ramificações dinâmicas. É como se o famoso "gênio maligno" de Descartes realmente existisse e confirmasse todas as teorias da psiquiatria dinâmica.[144]

Mas, afinal de contas, por que falar em gênio *maligno*, como se ele nos enganasse? Não basta a lenda científica elaborada por Freud ter dissimulado o caráter de artefato e a historicidade dos fenômenos analíticos para concluirmos que sejam ilusórios. Alguém diz que um contrato legal é uma ficção apenas porque a realidade que ele cria não preexistia à assinatura do contrato? Ou que uma partida de críquete não é real porque as regras são puramente convencionais? Quando os pacientes aceitam o jogo, e respeitam as regras do contrato, eles o tornam real. Em um nível estrutural, o mesmo vale para a psicanálise e outras formas de psicoterapia. Essas práticas consensuais não refletem o mundo; recriam um segmento dele. Nada há de errado com isso, contanto que seus protagonistas não busquem impor seus mundos sobre aqueles que nunca os endossaram e não os aceitam.[145] Afinal, como Delbœuf notou, "todas elas estão em seu direito". Da perspectiva freudiana, todos que já viveram e viverão possuem um inconsciente e um complexo de Édipo. Não há como considerá-lo optativo e suspendê-lo em favor de outras formas de autonarrativa. Diante de um sistema de autovalidação desse tipo, a pergunta não é saber se é verdadeira ou falsa, real ou inventada, histórica ou lendária, mas antes compreender como ela funciona, como produz efeitos que "interprefactuam" mundos internos.

Jastrow: E no entanto, em todo o fluxo de comunicações freudiano, tão copioso quanto desagradável, contando as aventuras do "Édipo" freudiano, não encontro afirmação definitiva de como surgiu a teoria do incesto. Isso, retirado de seu conteúdo factual, significa que a teoria foi aceita por alguns sofredores neuróticos submetidos a análise; e que incidentes e relações em suas infâncias,

---

144 Ellenberger, Freud in perspective, *Psychology Today*, p.56.
145 Seria possível dizer acerca das práticas psicoterapêuticas o que William James afirmou da experiência religiosa de modo geral, que ele descreveu como estados autoconfirmadores de transformação: "Nenhuma autoridade emana deles, o que obrigaria os que permanecem de fora aceitar suas revelações de maneira acrítica" (James, *The varieties of religious experience*, p.327). Sobre esta questão e o tema das "ontologias optativas", ver Shamdasani, Psychologies as ontology-making practices. In: Carette (Ed.), *William James and the varieties of religious experience*, p.27-46.

incluindo fantasias, poderiam ser descritos nesses termos pelo procedimento usual da confissão freudiana, em que o fato, a fantasia, a sugestão e o pressuposto interagem intimamente. E, uma vez desatada, foi aceita cegamente pelos discípulos como pedra-de-toque de sua fé.[146]

Wohlgemuth: Se quero curar um homem de algum estigma histérico, devo fazer que *aceite a sugestão*. Se isso não puder ser feito falando para ele, seja na hipnose ou qualquer outro modo, que o estigma desaparecerá, ou, *à la Coué*, pela repetição incessante de que está melhorando, talvez eu obtenha mais sucesso se o fizer crer que está sofrendo de algum "complexo" e, então, "o descobrir" pelo método psicanalítico. Devo fazer que *aceite* a sugestão, e isto é o *sine qua non*.[147]

RETOCANDO BREUER

Pode-se, contudo, propor a questão: o que acontece quando as pessoas sujeitas a análise não aceitam a interpretação (a sugestão) que lhes é proposta? A interprefacção seria legítima neste caso? Os exemplos que vimos até agora dizem respeito a casos em que ambas as partes assumiram as construções e as interpretações do analista, refizeram o mundo e reescreveram a história pessoal segundo tal fundamento. Mas e quanto aos casos em que uma das partes se recusa a entrar no jogo seguinte, de "resistência por transferência"? E quanto aos discípulos apóstatas que propõem interpretações antagônicas incompatíveis com as do mestre? Ou os colegas céticos que exigem provas antes de embarcar na teoria psicanalítica? Em tais casos, é evidente que não existe consenso, e não se pode contar com o assentimento daqueles para quem as teorias propostas devem tornar-se reais ou converter-se em fatos. Pelo contrário, recua-se para o lugar da contestação, em que as hipóteses e as interpretações são calorosamente debatidas e os fatos em questão não são tomados como certos e, portanto, universalmente aceitos.

A resposta de Freud a tais indivíduos, com os quais estava em conflito constante, era bem clara. Ele aplicava o mesmo tratamento na forma de interpretações que dava a seus clientes. Ao que parece, isso começou com a atribuição, em modo privado, de homossexualidade reprimida e paranoia a Fliess, após constrangedora disputa com ele sobre temas de autoria e plágio.[148]

---

146 Jastrow, *The house that Freud built*, p.202.
147 Wohlgemuth, *A critical examination of psycho-analysis*, p.165; grifo de Wohlgemuth.
148 Ver anteriormente, cap.1, p.85.

Freud a Jung, 1º de fevereiro de 1907: Costumo tratar os colegas que oferecem resistência exatamente do modo como tratamos os pacientes na mesma situação.[149]

Se os colegas não aceitavam suas teorias, era porque reprimiam a sexualidade (Breuer e a psiquiatria alemã como um todo), porque eram perversos (Stekel), neuróticos (Rank),[150] paranoicos (Fliess, Adler, Ferenczi),[151] à beira da psicose (Jung)[152] ou em condição psiquiátrica (novamente Rank).[153] Pela atribuição de "resistências" que seus adversários opunham a *suas teorias* a resistências que supostamente possuíam *em seus próprios inconscientes*, Freud matava dois coelhos com uma só cajadada. Por um lado, ele deslegitimava de maneira muito eficaz aqueles que se lhe apresentavam oposição, transformando-os em marionetes movidas por forças fora de seus controles. Por outro, implodia qualquer discussão sobre suas teorias e interpretações, visto que havia pressuposto o que estava sendo debatido: a existência do inconsciente freudiano e a prerrogativa exclusiva do psicanalista para decifrar suas manifestações. Vemos aqui os mecanismos familiares da interprefacção psicanalítica: de hipótese a ser confirmada, o inconsciente freudiano tornou-se um fato consumado e incontroverso, como se Freud já tivesse vencido o debate. Assim, nem era preciso obter a confirmação dos adversários ou levar as objeções em conta. Como afirmou o psicólogo Adolf Wohlgemuth, "cara, eu ganho; coroa, você perde".[154]

---

149 Freud e Jung, *The Freud/Jung letters*, p.18
150 Freud e Ferenczi, *The correspondence of Sigmund Freud and Sándor Ferenczi*, v.3, p.192.
151 Freud e Jones, *The complete correspondence of Sigmund Freud and Ernest Jones*, p.3721.
152 Freud a Ferenczi, 9 de dezembro de 1912: "Jung é louco (*Meschugge*)" (Freud e Ferenczi, *The correspondence of Sigmund Freud and Sándor Ferenczi*, v.1, p.460); Freud a Abraham, 1º de junho de 1913: "Jung é louco" (Freud e Abraham, *The complete correspondence of Sigmund Freud and Karl Abraham*, p.186). Jones a Freud, 25 de abril de 1913: "A conduta recente de Jung nos Estados Unidos me faz pensar que, mais do que [nunca], ele não reage como um homem normal e que é mentalmente perturbado em grave medida; ele produziu uma impressão de bastante paranoia em alguns psiquiatras da Psa em Ward's Island" (Freud e Jones, *The complete correspondence of Sigmund Freud and Ernest Jones*, p.199). Brome, *Freud and his disciples*, p.140-1: "Jung afirmou que os freudianos circulavam rumores sobre sua possível esquizofrenia, e tão enfáticos e reiterados eram, que aquilo prejudicou sua prática e ele 'perdeu alguns alunos'". Sobre a continuação do mito da loucura de Jung por seus biógrafos, ver Shamdasani, *Jung stripped bare by his biographers, even*, p.72 e ss.
153 Freud a Ferenczi, 21 de dezembro de 1924 (Freud e Ferenczi, *The correspondence of Sigmund Freud and Sándor Ferenczi*, v.3, p.195).
154 Wohlgemuth, *A critical examination of psycho-analysis*, p.69, 238. Parece ter sido Wohlgemuth o anônimo "renomado homem da ciência" a quem Freud aludiu em 1937: "Afirmou ele que, ao fazer interpretações a um paciente, tratamo-lo segundo o famoso princípio de 'Cara, eu ganho; coroa, você perde'. Ou seja, se o paciente concorda conosco, a interpretação está correta; mas, se ele nos contradiz, trata-se apenas de um sinal de sua resistência, o

Freud: Desse modo, as mais fortes resistências à psicanálise não foram do tipo intelectual, mas irromperam de fontes emocionais. Isso explicou seu caráter passional, bem como sua lógica deficiente. A situação seguia uma fórmula simples: homens em massa se comportavam diante da psicanálise precisamente da mesma forma que indivíduos neuróticos sob tratamento por suas perturbações. [...] A posição era ao mesmo tempo alarmante e consoladora: alarmante, porque não era pouca coisa ter toda a raça humana como paciente; e consoladora, porque, afinal, tudo ocorria conforme as hipóteses da psicanálise declararam.[155]

Isso confunde dois tipos muito distintos de relações: o contrato consensual entre terapeuta e seus pacientes e o debate científico e acadêmico em que há necessidade de convencer colegas e rivais. Uma coisa era levar os pacientes a aceitar as interpretações em uma relação terapêutica contratual que poderia terminar em qualquer momento. Outra era supor que tais interpretações eram igualmente aplicáveis aos pares e, de fato, a todos os outros, apesar de seus protestos. Ao borrar as fronteiras entre esses campos, Freud injustificadamente suspendeu a ontologia opcional da relação psicanalítica, em que os participantes concordam em definir um mundo, segundo seu proveito para o progresso terapêutico, em uma ontologia geral, uma ciência universal aplicável a todos.

É evidente que Freud jamais se contentaria em considerar suas doutrinas como interprefacções, ou suas provas como realidades fabricadas e negociadas em acordo com os pacientes. Isso teria reduzido a psicanálise a uma simples técnica de manipulação psicológica, a uma forma de "tratamento psíquico" entre outras. O objetivo de Freud era instituir a psicanálise como única psicoterapia científica, baseada em uma Psicologia universalmente válida. Consequentemente, "evidências" eram necessárias. Era esse cientificismo que a interprefacção lendária de Freud apresentava como já realizado, um *fait accompli*, implodindo o vagaroso trabalho de provar e argumentar.

Jung: Um professor muito famoso, cujas asserções ousei criticar, surgiu com este dito magistral: "Deve estar correto, porque eu o pensei".[156]

Jung, entrevista a Kurt Eissler, 29 de agosto de 1953: Por exemplo, certa vez, tive uma discussão com ele [Freud] sobre um assunto teórico. E lhe disse: "Em minha opinião, não é nada disso!". Ele me disse: "Mas é preciso que seja!".

---

que revela mais uma vez que estamos certos. Dessa forma, estamos sempre com a razão" (Freud, Constructions in analysis, *SE 23*, p.257).
155 Freud, An autobiographical study, *SE 20*, p.221.
156 Jung, *Mysterium coniunctionis*, § 695.

> Perguntei: "Mas por quê?". "Porque eu o pensei!" Sabe, quando ele pensava em algo, ele próprio se convencia tanto, que aquilo *tinha* de estar certo.[157]
>
> **Jung a Ernst Hanhart, 18 de fevereiro de 1957:** A supervalorização subjetiva do pensamento [de Freud] é ilustrada pelo dito: "Isso deve estar correto porque eu o pensei".[158]
>
> **Jung, entrevista a Hugo Charteris, 21 de janeiro de 1960:** Imagine! Ele [Freud] disse certa vez: "Eu pensei isso – portanto deve ser verdade".[159]

Da perspectiva acadêmica contemporânea e sob o ponto de vista do debate científico, essa forma de interprefacção que encerrou magicamente as controvérsias antes que pudessem começar direito é deveras ilegítima, visto que não mais exige a concordância daqueles a quem é proposta. Pelo contrário, é uma violência a eles, já que transforma declarações performativas negociáveis de um terapeuta em uma constatação científica, uma máxima irrefutável. Declarações que geravam consenso em uma relação psicoterapêutica quando levantadas por aqueles para os quais eram propostas funcionavam de modo muito diferente fora desse contexto, quando impostas a indivíduos contra sua vontade. Dessa forma, a interprefacção converteu-se em uma reescrita falaciosa da história.

> **Ernest Jones:** Dois membros [do Comitê Secreto], Rank e Ferenczi, não conseguiram permanecer até o fim. Rank, de modo dramático [...] e Ferenczi, mais gradualmente no fim de sua vida, desenvolveram manifestações psicóticas que se revelaram por meio, entre outros modos, de uma rejeição a Freud e suas doutrinas.[160]
>
> **Peter Gay:** Em 1923, Rank passou por alguns episódios angustiantes que sinalizavam conflitos crescentes; em agosto, por exemplo, em um jantar com o Comitê em San Cristoforo, Anna Freud testemunhou uma explosão que depois descreveu como "hilaridade histérica". De modo igualmente assustador, Rank começou a flertar com técnicas e posições teóricas que o afastariam das ideias que partilhou durante duas décadas e tanto fizera para propagar.[161]

---

157 Transcrição da entrevista de Eissler com Jung de 29 de agosto de 1953, p.19-20; Acervo Sigmund Freud, Divisão de Manuscritos, Biblioteca do Congresso, Washington, D.C.
158 Jung, *C. G. Jung Letters 2*, p.176.
159 Charteris, Dr. Jung looks back and on, *Daily Telegraph*.
160 Jones, *The life and work of Sigmund Freud*, v.3, p.45.
161 Gay, *Freud*, p.470-1.

Estas declarações são exemplos do assassinato do caráter realizado para deslegitimar as inovações técnicas e teóricas de dois dos mais leais seguidores de Freud até então. Um exemplo menos óbvio pode ser a maneira como Freud lidou com a controvérsia entre ele e seu velho amigo e colaborador Josef Breuer.

Em 1909, em suas palestras na Universidade Clark, Freud não hesitou em atribuir a paternidade da psicanálise a Breuer.

> **Freud:** Senhoras e senhores. – É com sentimentos inéditos e desconcertantes que me encontro no Novo Mundo, discursando perante uma plateia de pesquisadores atentos. [...] Se existe mérito em haver criado a psicanálise, tal mérito não é meu. Não tenho participação em seus primórdios. Eu era um estudante e trabalhava para meu exame final na época em que outro médico vienense, Dr. Josef Breuer, fez uso (em 1880-2) pela primeira vez desse procedimento em uma garota que sofria de histeria.[162]

Freud prossegue com uma longa descrição da famosa *talking cure* ["cura pela fala"] de Anna O., considerada um sucesso terapêutico total, e uma apresentação do método catártico desenvolvido por Breuer e Freud. Cinco anos mais tarde, contudo, em seu *História do movimento psicanalítico*, o tom mudou completamente.

> **Freud:** Alguns opositores à psicanálise têm o hábito de ocasionalmente recordar que, afinal, a arte da psicanálise não foi inventada por mim, mas por Breuer. [...] Nunca soube que a grande participação de Breuer na psicanálise tenha lhe rendido proporcional medida de crítica e abusos. Como há muito reconheci que o destino inevitável da psicanálise é incitar a contradição e suscitar asperezas, cheguei à conclusão de que devo ser o originador de tudo o que lhe é particularmente característico.[163]

Freud não apenas insistiu nas discordâncias entre ele e Breuer sobre o tema dos "mecanismos psíquicos" da histeria ("defesa" *versus* "estado hipnoide") como também descreveu seu antigo mentor como um pesquisador tímido, assustado pela sexualidade, a quem teve de convencer a publicar o caso de Anna O., quase contra sua vontade, e que rompera com Freud pouco depois da publicação de *Estudos sobre a histeria*. Ademais, Freud insinuou publicamente, pela primeira vez, que o fim do tratamento de Anna foi muito mais ambíguo do que ele e Breuer tinham dado a entender até então.

---

[162] Freud, Five lectures on psycho-analysis, *SE 11*, p.9.
[163] Freud, On the history of the psycho-analytic movement, *SE 14*, p.8.

Freud: Estou bem certo, contudo, de que essa oposição entre nossas concepções [acerca dos mecanismos psíquicos da histeria] não guardava relação com a ruptura de nossa amizade que se seguiu pouco depois. Esta possuía causas mais profundas, mas surgiu de tal maneira, que a princípio não a compreendi; foi apenas depois que soube, por muitas indicações claras, como interpretá-la. Pode-se recordar que Breuer afirmou a respeito dessa famosa primeira paciente que o elemento da sexualidade era surpreendentemente mal desenvolvido, e em nada contribuíra para o muito rico perfil clínico do caso.[164] [...] No tratamento que ele deu ao caso, Breuer conseguiu utilizar uma harmonia sugestiva muito intensa com a paciente,[165] o que pode nos servir como um protótipo completo do que chamamos atualmente de "transferência". Nessas circunstâncias, tenho fortes razões para suspeitar que, após todos os sintomas terem sido desatados, Breuer deve ter intuído, por meio de sinais posteriores, a motivação sexual dessa transferência, mas sem notar a natureza universal desse inesperado fenômeno, e consequentemente, como que surpreendido por um "evento adverso", interrompeu nesse ponto sua investigação. Sobre isso, ele nunca me contou com tantas palavras, mas em diversas ocasiões me forneceu indícios suficientes para justificar tal reconstrução.[166]

O que aconteceu entre 1909 e 1914 para justificar uma reformulação tão espantosa do episódio fundador da psicanálise? E por que essa inversão no papel de Breuer? Alguma explicação pode ser encontrada nos diferentes contextos e momentos dos relatos de Freud. Em 1909, Freud falava diante de uma plateia muito distinta de neurologistas, psiquiatras e psicólogos norte-americanos, entre outros,[167] cuja maioria só o conhecia como coautor de *Estudos sobre a histeria* e promotor de um novo método psicoterapêutico,

---

164 Breuer e Freud, *Studies on hysteria*, p.21-2: "O elemento da sexualidade era espantosamente não desenvolvido nela. A paciente, cuja vida conheci como raramente se conhece a vida de outra pessoa, jamais tinha se apaixonado; e na enorme quantidade de alucinações, ocorridas durante sua enfermidade, esse elemento da vida mental nunca emergiu". No relatório que enviou a Robert Binswanger no ingresso de Bertha Pappenheim (Anna O.) ao Sanatório de Bellevue, Breuer escreveu: "O elemento sexual é espantosamente não desenvolvido; nunca o encontrei, nem mesmo em meio a suas numerosas alucinações" (Hirschmüller, *The life and work of Josef Breuer*, p.277).
165 Pode-se comparar isso com o que Breuer e Freud escreveram em *Estudos sobre a histeria*: "É plausível supor que se trata de uma questão de sugestão inconsciente: a paciente espera ser aliviada de seus sofrimentos por meio desse procedimento, e essa expectativa, e não a expressão verbal, é o fator operativo. Contudo, não é o que acontece. O primeiro caso desse tipo que acabou sendo observado data de 1881, isto é, da era 'pré-sugestão'" (Breuer e Freud, *Studies on hysteria*, p.7).
166 Freud, On the history of the psycho-analytic movement, *SE 14*, p.11-2.
167 Entre os participantes da comemoração pelo vigésimo aniversário da Universidade Clark estavam Franz Boas, William James, Adolf Meyer, James Jackson Putnam, William Stern e E. B. Titchener.

o "método Breuer-Freud", frequentemente confundido com outras formas de terapias hipnossugestivas derivadas da "análise psicológica" de Janet.[168] Como salientou Eugene Taylor, para muitos, Freud era considerado o segundo autor dos dois.[169] Dez anos antes, em sua apresentação no décimo aniversário da Universidade Clark, Forel apresentara o trabalho de Breuer e Freud como uma variação da psicoterapia hipnótica, da qual ele próprio era um dos grandes defensores na Europa.

> **Forel:** Por outro lado, de modo obscuro, mas muito frequente, alguns impulsos isolados podem deixar para trás inibições duradouras, ou estímulos, e talvez desordens de funções que podem assumir um caráter patológico e molestar seriamente a vítima. Tais pontos foram usados, alguns anos atrás, por Breuer e Freud em Viena, na criação de sua doutrina de emoções aprisionadas, a qual, desafortunadamente, foi desenvolvida em um sistema unidirecional, embora tenha partido de fatos corretos. Assim, afetos particularmente violentos possuem propensão a suscitar todo tipo de desordem nervosa (convulsões, paralisia, dores, dispneia, transtornos menstruais). Breuer e Freud tentaram conduzir os pacientes por meio do estado hipnótico ao momento problemático causador, frequentemente esquecido e frequentemente sexual, para fazê-los sonhar com o momento e dar-lhes, de modo definitivo, uma contrassugestão, curando o padecimento. Muitas vezes, isso funciona; mas de modo algum em todos os casos.[170]

Freud estava a par do contexto norte-americano, do qual Jones lhe mantinha informado.[171] Assim, não surpreendia, falando do mesmo púlpito de Forel dez anos antes, que Freud tenha começado a apresentação da psicanálise com a recapitulação do tratamento de Anna O., ignorando sua ruptura com Breuer sobre o tema da etiologia sexual exclusiva da histeria. Em 1914, ao contrário, como vimos, ele escrevia no contexto das controvérsias acaloradas em torno da psicanálise, e o nome de Breuer era invocado contra ele (principalmente por Forel). Desse modo, faz sentido que Freud tenha destacado sua distância da herança breueriana. Era impossível continuar a

---

168 Sobre a recepção inicial de Freud nos Estados Unidos, ver Hale Jr., *Freud and America*, v.1, cap.8, e Burnham, *Psychoanalysis and American medicine, 1894-1918*.
169 Comunicação pessoal.
170 Forel, Hypnotism and cerebral activity. In: *Clark University 1889-1899*.
171 Como demonstra sua carta a Jones de 1º de junho de 1909, Freud estava familiarizado com o texto que Forel enviou à Universidade Clark: "Obtive as atas da celebração anterior da Universidade, dez anos atrás, e vi que nenhum dos cinco estrangeiros (Forel, Picard, Boltzmann, Mosso, Ramón y Cajal) palestraram em inglês" (Freud e Jones, *The complete correspondence of Sigmund Freud and Ernest Jones*, p.25).

apresentar Breuer como o pai ausente da psicanálise freudiana, visto que ele era frequentemente citado em oposição a Freud. Ele substituiu o modelo de continuidade e progresso pelo da ruptura teórica. Em outras palavras, tornou-se necessário mostrar que o método catártico não dera resultados, ao contrário do que afirmavam Forel, Frank, Bezzola e outros, e que apenas a psicanálise (a hermenêutica sexual) poderia explicar por que e superar as insuficiências do método catártico.

Provar o primeiro tópico não apresentou, em si, quaisquer dificuldades, já que Freud sempre soube que o tratamento de Bertha Pappenheim (a verdadeira "Anna O.") não fora um sucesso absoluto, diferentemente do que ele e Breuer afirmaram em *Estudos sobre a histeria*.[172] Ao final do tratamento, longe de estar "livre dos distúrbios inumeráveis que exibira anteriormente", ela se internou, por meio de Breuer, em uma clínica privada em Kreuzlingen, Suíça, sofrendo de neuralgia facial (neuralgia do trigêmeo), convulsões graves, vício em morfina e uma "leve insanidade histérica".[173]

Relatório enviado por Breuer a Robert Binswanger, diretor da Clínica Bellevue, meados de junho de 1882: Hoje, a paciente está sofrendo de leve insanidade histérica, confessando, no momento, todo tipo de ilusões, genuínas ou não, como pessoas que a espionam, e coisas do tipo, e exibindo comportamentos estranhos durante as visitas. Ela recebe diariamente 0,08-0,1 de morfina por injeção.[174]

Breuer não mencionou a neuralgia muito dolorosa de sua paciente no prontuário clínico de 1895, nem o vício em morfina que resultou de seus esforços para acalmar suas convulsões. Não obstante, as neuralgias figuravam em destaque entre os sintomas que ele e Freud, em sua *Comunicação preliminar*, alegavam ser capazes de remontar a traumas.[175] Teria sido interessante para os colegas da neurologia e da psiquiatria saberem que a cura catártica da paciente paradigmática de Breuer não eliminou esse sintoma.

Ademais, estando em Bellevue, Bertha Pappenheim desenvolveu o hábito de, todas as noites, perder a habilidade de falar sua língua materna.

---

172 Para mais detalhes do caso, ver Borch-Jacobsen, *Remembering Anna O.*, caps.3, 4. Com a publicação da edição francesa do livro (2006), Richard Skues publicou uma reconsideração crítica da literatura histórica sobre o tema. Os pontos levantados são demasiado minuciosos para serem apresentados aqui, e não nos conduziram a uma revisão de nosso argumento (Skues, *Sigmund Freud and the history of Anna O.*).
173 Breuer e Freud, *Studies on hysteria*, p.40.
174 Hirschmüller, *The life and work of Josef Breuer*, p.293.
175 Breuer e Freud, *Studies on hysteria*, p.4.

Albrecht Hirschmüller: A menção desse último sintoma no relatório de Kreuzlingen é particularmente surpreendente, uma vez que Breuer declara em 1895 que tal sintoma foi removido de um só golpe – e definitivamente – com a narração daquela primeira experiência crucial.[176]

Subsequentemente, Bertha Pappenheim passou outras três temporadas em uma clínica, todas sob diagnóstico de histeria. Foi apenas no final da década de 1880, seis ou sete anos após a conclusão de seu tratamento com Breuer, que ela começou a se recuperar – tal recuperação nada teve que ver com a famosa cura pela fala.[177]

Hirschmüller: O certo é que a impressão transmitida [por Breuer] em *Estudos sobre a histeria* de que a paciente ficou inteiramente curada não se enquadra nos fatos.[178]

Freud podia ter revelado, portanto, esses segredos e enfraquecido as origens da psicanálise foreliana. Afinal, ele não perdia oportunidade de falar aos integrantes do movimento psicanalítico, como sabemos de seus vários e subsequentes "vazamentos", ou de documentos de arquivo recentemente exumados.

Poul Bjerre (1916): Posso acrescentar que a paciente [Anna O.] atravessou uma crise severa, em acréscimo ao que foi afirmado na descrição do caso.[179]

Jung (1925): Há, então, certa desconfiança em relação a todos esses primeiros casos [de Freud]. Pois o primeiro caso famoso realizado por ele com Breuer, do qual tanto se falou como exemplo de um sucesso terapêutico brilhante, não foi

---

176 Hirschmüller, *The life and work of Josef Breuer*, p.114.
177 Àqueles que objetavam a Borch-Jacobsen (*Remembering Anna O.*) que ocorreu uma cura "atrasada" (Green, *Mythes et mystifications psychanalytiques*, *Le Monde*; Talbot, *The Museum show has an ego disorder*, *The New York Times Magazine*, p.60), pode-se perguntar por que se deve atribuir a recuperação de Bertha Pappenheim ao tratamento com Breuer, e não às hospitalizações subsequentes, o que parece mais provável. Quanto a exonerar Breuer sob o princípio de que ele e Freud jamais propuseram uma terapia "causal", mas apenas um método para suprimir sintomas (Hale Jr., *Freud's critics*, *Partisan Review*, v.66, p.246), pode-se notar que eles escreveram em sua *Comunicação preliminar* que "todo sintoma histérico individual desapareceu imediata e permanentemente quando logramos trazer à luz a lembrança do evento pelo qual ele foi provocado" (Breuer e Freud, *Studies on hysteria*, p.6). Ademais, é evidente que Breuer foi além da asserção de um tratamento puramente sintomático quando escreveu em seu prontuário clínico: "Dessa forma, a histeria por inteiro foi conduzida a um desfecho" (Ibid., p.40), ou quando ele fala "o fim de uma enfermidade" e a "cura final da histeria" (Ibid., p.46-7).
178 Hirschmüller, *The life and work of Josef Breuer*, p.106-7.
179 Bjerre, *The history and practice of psychoanalysis*, p.86.

nada disso na verdade. Freud me contou que foi chamado a examinar a mulher na mesma noite em que Breuer a viu pela última vez,[180] e que ela sofria de um ataque histérico grave, devido à ruptura da transferência.[181]

Jung, citando Freud (1953): Ao final [do caso clínico de Breuer], disseram: "Ela foi curada – com a limpeza da chaminé –, diz-se que ela está curada". Mas ela não estava curada, de jeito nenhum! Quando ela caiu em meus braços [nos braços de Freud], teve um enorme ataque histérico, porque Breuer a havia abandonado.[182]

Ferenczi, diário clínico, 1º de maio de 1932: [Freud] deve ter se abalado, em primeiro lugar, e depois se desencantado com certas experiências, assim como Breuer ficou quando sua primeira paciente teve uma recaída.[183]

Freud a *sir* Arthur Tansley, 20 de novembro de 1932: No caso clínico de Breuer, encontra-se uma breve sentença: "mas levou um tempo considerável até que tivesse recuperado inteiramente seu equilíbrio mental" (*Studien über Hysterie*, p.32). Por trás disso, oculta-se o fato de que, após o voo de Breuer, ela sucumbiu à psicose mais uma vez, e por um longo tempo – creio que por nove meses – teve de ser internada em uma instituição a certa distância de Viena.[184]

O problema era que Freud não poderia utilizar este argumento publicamente sem invocar a questão da fundação histórica da *talking cure* (catártica *e* analítica) e revelar que tinha sido cúmplice das declarações duvidosas de Breuer acerca do sucesso terapêutico em *Estudos sobre a histeria*. Neste aspecto, em nenhum lugar das obras *publicadas* de Freud, encontramos um questionamento da milagrosa "cura" de Anna O.[185] Ao contrário, o que

---

180 Nada surgiu que pudesse corroborar esse aspecto do relato de Freud, que é um tanto improvável, visto que ele era estudante de Medicina na época.
181 Jung, *Analytical psychology*, p.16.
182 Transcrição da entrevista de Eissler com Jung em 29 de agosto de 1953, p.18. Acervo Sigmund Freud, Divisão de Manuscritos, Biblioteca do Congresso, Washington, D.C.
183 Ferenczi, *The clinical diary of Sándor Ferenczi*, p.93.
184 Citado em Forrester e Cameron, "A cure with a defect", *International Journal of Psycho-Analysis*, v.80, p.930. Bertha Pappenheim ficou internada por apenas pouco mais de três meses na clínica de Bellevue.
185 Pelo contrário: em 1917, Freud relatou que "Breuer conseguiu de fato restaurar sua paciente histérica – isto é, libertá-la de seus sintomas [...]. Tal descoberta de Breuer é, ainda, a fundação da terapia psicanalítica" (Freud, *Introductory lectures on psycho-analysis*, p.279-80). Em 1923, Freud declarou mais uma vez que Breuer "conseguiu libertá-la [Anna O.] de todas suas inibições e paralisias, de modo que, ao final, ele teve seu problema recompensado por um grande sucesso terapêutico" (Freud, Two encyclopedia articles, *SE 18*, p.235; a mesma declaração se dá em Freud, An autobiographical study, *SE 20*, p.20, e em Freud, Psycho-analysis, *SE 18*, p.263).

encontramos, a começar por 1914, com *História do movimento psicanalítico*, é a afirmação de que esta cura espetacular foi *incompleta*: Anna O. iria desenvolver um "amor transferencial" por Breuer, que não conseguira reconhecer e analisar a natureza sexual do *rapport* que utilizou para fazer os sintomas desaparecerem (este é um resumo das versões *publicadas*).

Freud, contudo, tomou grande cuidado em apresentar esta revelação tardia como uma reconstrução – às vezes, feita depois – do que realmente ocorreu. Em *História*, ele falou em "conjectura" e "interpretação", e em "suspeitas" baseadas em "indicações" ou "indícios" fornecidos por Breuer, que "nunca me disse isso com essas palavras".[186] Neste estudo autobiográfico e obituário de Breuer, ele declarou que era uma questão de "reconstrução" e "suposições":

> **Freud:** Achei motivos, depois, para supor que um fator puramente emocional também lhe provocou uma aversão em seguir trabalhando na elucidação da neurose. Ele se defrontou com algo que nunca estivera ausente – a transferência da paciente para seu médico – e não apreendeu a natureza impessoal do processo.[187]

> **Freud:** A paciente se recuperou, permaneceu bem e, na verdade, foi capaz de fazer grandes trabalhos. Mas, no estágio final desse tratamento hipnótico, restou um véu de obscuridade que Breuer jamais ergueu para mim; e não pude compreender por que ele guardou segredo durante tanto tempo do que me parecia uma inestimável descoberta, ao invés de tornar a ciência mais rica com ela. [...] Era evidente que ele também recuou em reconhecer a etiologia sexual das neuroses. Ele teria me aniquilado, ou ao menos me desconcertado, ao apontar para sua primeira paciente, em cujo caso os fatores sexuais ostensivamente não representaram papel algum. Mas ele jamais o fez, e nunca entendi o porquê, até que interpretei o caso corretamente e reconstruí, a partir de alguns comentários feitos por ele, a conclusão do tratamento.[188] Após o trabalho catártico ter sido aparentemente concluído, a jovem desenvolveu de repente uma condição de "amor transferencial"; ele não relacionou isto a sua enfermidade e, assim, afastou-se desolado.[189]

Em carta de Freud a sua noiva datada deste período, contudo, encontramos uma história distinta.

---

186 Freud, On the history of the psycho-analytic movement, *SE 14*, p.12.
187 Freud, Josef Breuer, *SE 19*, p.280.
188 Em público, ao menos. Em particular, como vimos (p.70-1), Breuer não hesitou em declarar que o caso de Anna O. refutava a teoria de Freud.
189 Freud, An autobiographical study, *SE 20*, p.20-1, 26.

Freud a Martha Bernays, 31 de outubro de 1883: Breuer também a tinha em alta conta, e abdicou de seu tratamento para evitar que seu feliz matrimônio malograsse. A pobre esposa não podia suportar que ele se devotasse de modo tão exclusivo a uma mulher, sobre quem obviamente falava com grande interesse, e decerto se enciumara de nada menos que a atenção de seu marido por uma desconhecida. Não de modo feio, atormentado, mas silenciosamente, com resignação. Ela adoeceu, perdeu o ânimo, até que ele se deu conta de que aprendera uma lição com aquilo, o que obviamente se tornou uma ordem para ele se retirar inteiramente de sua atividade como médico de B. P. Você pode guardar segredo, Martinha? Não é nada infame, mas algo muito íntimo e que se guarda para si e para o bem amado. *É claro que eu soube disso por ele, pessoalmente.*[190]

Aqui, Freud faz questão de mencionar a "estima" de Breuer e seu "interesse" por Bertha Pappenheim (o que ele cunhou no obituário de Breuer como "uma grande quantidade [...], se me permitem a expressão, de libido médica").[191] Em suas "reconstruções" públicas, entretanto, ele fala de um amor transferencial *de Bertha Pappenheim* por Breuer. Nada na carta a Martha ou em qualquer outro documento confirma tal versão, e que é negada por todo tipo de informações.[192] Esta parece ser uma interprefacção de Freud; se está de acordo com a teoria psicanalítica, não faz jus ao que se sabe da vida de Bertha Pappenheim. Todos os relatos concordam sobre este assunto, e corroboram a versão de Breuer: Bertha Pappenheim era assexuada e permaneceu assim pelo resto da vida. Mas isso também, é claro, é precisamente o que a reescrita psicanalítica da história pretendia negar, passando por cima das objeções de Breuer e dos forelianos.

Como bem salientaram John Forrester e Laura Cameron, o caso de Anna O. tornou-se para Freud "um *experimentum crucis* em potencial" do qual dependia a "precisão da teoria psicanalítica".[193] Era necessário confirmar que a assexualidade de Anna O., longe de "falsificar" sua teoria, era apenas superficial. A lendária interprefacção do término do tratamento de Anna O. satisfez tal exigência: ao atribuir a Anna O./Bertha Pappenheim um "amor transferencial" ignorado por Breuer, Freud fez seu destino como solteirona parecer um sintoma residual de sua transferência não analisada.

---

190 Grifo nosso. Sobre a proveniência deste documento, ver Borch-Jacobsen, *Remembering Anna O.*, p.39-42. O original em alemão está disponível na Biblioteca do Congresso desde 2000 e se encontra reproduzido em Borch-Jacobsen, *Anna O. zum Gedächtnis*, p.51.
191 Freud, Josef Breuer, *SE 19*, p.279.
192 Ver Borch-Jacobsen, *Remembering Anna O.*, p.33-4; Eissler, *Freud and the seduction theory*, p.174-5.
193 Forrester e Cameron, "A cure with a defect", *International Journal of Psycho-Analysis*, v.80, p.931.

Como escreveria a *sir* Arthur Tansley, a cura pela fala fora "uma cura com uma falha". Em suma, Breuer apressara o tratamento, e os que tomaram seu partido foram expostos à mesma frustração.

> **Freud a Tansley, 10 de novembro de 1932:** Subsequentemente [à institucionalização de Anna O.], a enfermidade seguira seu curso, mas foi uma cura com uma falha. Hoje, ela tem mais de 70, nunca se casou e, como Breuer afirmou, o que me lembro bem, não teve relações sexuais. Sob a condição de renúncia de toda a função sexual, ela conseguiu se manter saudável. O tratamento de Breuer, por assim dizer, ajudou-a a superar o lamento. É interessante que, enquanto esteve ativa, ela tenha se devotado a sua maior preocupação, a luta contra a escravidão branca.[194]

> **Freud:** A primeira paciente histérica de Breuer era [...] fixada no período em que cuidava do pai durante uma grave doença. Apesar de sua recuperação, em certa medida, manteve-se apartada da vida; permaneceu saudável e ativa, mas evitou o curso da vida de uma mulher.[195]

Vale notar que toda essa construção está baseada em uma interprefacção, forjada sem a concordância das partes principais, e que sem dúvida protestariam com veemência se fossem consultadas (precisamente o que Breuer parece ter feito).[196] Forel, desejando esclarecer o episódio de Anna O., ao menos fizera o esforço de obter o testemunho real de Breuer e evidências. Já Freud se absteve de fazê-lo, assim como se absteve de entrar em contato com Bertha Pappenheim (o que seria muito fácil de fazer, visto que sua esposa a conhecia pessoalmente). Ao invés disso, obteve seus testemunhos *in absentia* para embasar a teoria, sem colher suas opiniões, não mais do que as de Leonardo, Shakespeare ou Michelangelo. Em tais condições, como os jurados (leitores, colegas) seriam capazes de questionar tais narrativas, visto que foram apresentadas não como interpretações *ad hoc*, mas como *fatos consumados*, eventos "históricos" que realmente ocorreram?

Nas versões publicadas, Freud insistiu que Breuer não lhe contou tudo sobre o que acontecera entre ele e Anna O. Em particular, porém, alegou que ouvira a história do próprio Breuer, ou que este ao menos confirmou suas suspeitas.

---

194 Citado em Forrester e Cameron, "A cure with a defect", *International Journal of Psycho-Analysis*, v.80, p.931.
195 Freud, *Introductory Lectures on Psycho-Analysis*, p.274.
196 Ver anteriormente, nota 70.

Princesa Marie Bonaparte, diário de 17 de outubro de 1925: Breuer e *fräulein* Anna O. Confissão dez anos depois.[197]

Bonaparte, diário de 16 de dezembro de 1927: Freud contou-me a história de Breuer. [...] A filha de Breuer questionou o pai sobre isso. Ele confessou tudo que Freud escrevera no *Selbstdarstellung*. Br[euer] a Freud: "No que *você* me meteu!"[198]

Freud a Stefan Zweig, 2 de junho de 1932: O que realmente aconteceu com a paciente de Breuer e que pude adivinhar mais tarde, muito depois da ruptura de nossas relações, quando de súbito me lembrei de *algo que Breuer me dissera uma vez* em outro contexto, depois que começamos a colaborar, e que jamais se repetiu. [...] Estava tão convencido dessa minha reconstrução, que a publiquei em outro lugar. A filha mais nova de Breuer (nascida pouco depois do tratamento mencionado acima, não desprovido de importância para ligações mais profundas!) leu meu relato e perguntou ao pai sobre isso (pouco antes de sua morte).[199] Ele confirmou minha versão, o que ela depois me informou.[200]

Freud a Tansley, 20 de novembro de 1932: Meus palpites acerca do que aconteceu depois com a primeira paciente de Breuer foram certamente corretos. Ele os confirmou inteiramente para *sua* filha, que, ao ler meu *Estudo autobiográfico*, questionara-o.[201]

O problema, contudo, é que o relato em que Breuer supostamente "confirmou" ou "confessou" não se encontra em lugar algum de *Estudo autobiográfico*, nem em qualquer outro texto publicado por Freud.[202] A Jung, Marie Bonaparte, Stefan Zweig e, parece, muitos outros colegas, Freud parece ter relacionado uma história ainda mais fabulosa e explosiva do que o suposto "amor transferencial" de Anna O. por Breuer.

---

197 Citado por Élisabeth Roudinesco em Ellenberger, *Médecines de l'âme*, p.15. Na ausência do contexto, não fica claro quando esta "confissão" ocorreu.
198 Documento fornecido por Élisabeth Roudinesco, ver Borch-Jacobsen, *Remembering Anna O.*, p.100.
199 Falso: Dora Breuer nasceu em 11 de março de 1882, três meses antes do fim do tratamento (7 de junho de 1882).
200 Freud, *Letters of Sigmund Freud*, p.413; grifo nosso. Peter Gay introduziu os excertos desta carta a Zweig como segue: "Isso, relatou [Freud], é o que Breuer lhe contou muito tempo atrás" (Gay, *Freud*, p.67).
201 Citado em Forrester e Cameron, "A cure with a defect", *International Journal of Psycho-Analysis*, v.80, p.930; destaque de Freud.
202 Ver Hirschmüller, *The life and work of Josef Breuer*, p.127, que se refere a Fichtner, Freuds Briefe als historische Quelle. In: *II Congress of the International*. Artigo apresentado em *Association for the History of Psychoanalysis*, Viena, 21-23 jul. 1988.

Otto Rank, 1ª Conferência Norte-americana (1924): A psicanálise nasceu no ano de 1881. Seu pai foi o falecido médico, Dr. Josef Breuer, que por quase dez anos manteve em segredo o nascimento de seu filho ilegítimo.[203] O Dr. Breuer depois abandonou a criança porque lhe pareceu um bastardo da Medicina científica, da qual ele próprio era um representante, e da psicoterapia, que se encontra sob suspeita neste momento. [...] Eis a história. Quando, certo dia, Breuer reexaminou sua paciente [Anna O.], na ocasião já quase recuperada, ele deu com ela novamente na cama, em um estado de excitação acompanhado de violentas convulsões cujos significados ele não teve muito tempo para auferir. Sua paciente gritava-lhe que carregava o filho gerado por ele. Era o suficiente para aterrorizar qualquer médico respeitável. Em consequência disso, ele se fez de rogado, por assim dizer, considerou aquilo como algo pessoal, declarou a paciente enferma e providenciou para que fosse internada em um manicômio. [...] Lá, depois de algum tempo, sua severa condição esmoreceu por si mesma.[204]

Abraham Arden Brill, *Curso de psicanálise psiquiátrica*, 1924, Instituto Patológico, enfermaria: Existiu um outro motivo, e talvez até mais conclusivo, para a derradeira retirada de Breuer. [Após a recuperação,] Anna O. continuou buscando-o para conselhos e auxílio com seus problemas; e Breuer, como de costume, a hipnotizava. Certo dia, a jovem veio até ele em estado histérico, e, enquanto ele cumpria suas fórmulas de hipnotismo, subitamente o agarrou, beijou-o e anunciou que havia engravidado dele. É claro, o velho ficou estupefato. Concluiu que a garota estava louca, ou, em último caso, que o tratamento tinha seus riscos. A experiência foi demasiada para Breuer. Não foi capaz de enfrentar o mundo dos puritanismos, para começar, e este incidente final foi o clímax. Naquele momento, decidiu separar-se de Freud.[205]

Bonaparte, diário de 16 de dezembro de 1927: Freud contou-me a história de Breuer. Sua esposa tentou se matar ao final do tratamento de Anna-Bertha. O resto é conhecido: a recaída de Anna, sua fantasia de gravidez, a fuga de Breuer.[206]

Freud a Stefan Zweig, 2 de junho de 1932: Na noite do dia em que ela se livrou de todos os sintomas, ele foi de novo convocado para ver a paciente. Encontrou-a confusa e se contorcendo de cólicas abdominais. Perguntou o que havia de errado com ela, ao que respondeu: "Ora, o filho de Dr. B. está nascendo!". Neste momento, ele tinha nas mãos a chave que teria aberto as

---

203 Breuer ainda vivia na época.
204 Rank, *A psychology of difference*, p.50, 52.
205 Brill, *Freud's contribution to psychiatry*, p.38. Agradecemos a Richard Skues por destacar esta passagem.
206 Documento comunicado por Élisabeth Roudinesco.

"portas até as Mães", mas deixou passar a oportunidade.[207] Com todos seus dons intelectuais, não havia nada faustiano em sua natureza. Tomado de um horror convencional, fugiu e abandonou a paciente a um colega. Por meses depois disso, ela lutou para recuperar a sanidade em um sanatório.[208]

Jung, citando Freud (1953): Quando [Anna O.] veio aos meus cuidados, ela teve o mesmo de quando Breuer a deixou como curada, ela teve um grande ataque histérico, e gritou: "O filho de Breuer está chegando agora! Precisamos do filho, não?". Mas isso não consta no relato do caso! [...] ele disse, e isso causa uma má impressão, e assim por diante.[209]

Sabemos que em 20 de junho de 1925, por ocasião do falecimento de Breuer, Freud enviou uma carta de condolências a seu filho, Robert Breuer, que em resposta mencionou a estima que o pai nutria pela obra recente de Freud. Isso, respondeu Freud, "era como um bálsamo em uma dolorosa ferida que nunca se curou".[210] Na cordial correspondência que se seguiu entre Freud e a família de Breuer,[211] não há traços de uma "confirmação" por parte de Breuer das alegações de Freud em *Estudo autobiográfico*; e consideramos improvável que Dora Breuer tivesse confiado uma informação tão sensível a alguém com quem o pai estivera apartado durante quase trinta anos e que possuía uma reputação tão ruim no círculo familiar.[212] Seja qual for o caso, e mesmo supondo que Breuer de fato tenha confirmado o que Freud escrevera em sua autobiografia, tal confirmação apenas se aplicaria ao imbróglio emocional em que o tratamento de Bertha Pappenheim foi conduzido, e não à história do nascimento histérico que Freud espalhava em caráter privado. Apresentar essa história como um fato confirmado parece ser a dramatização de uma interpretação tendenciosa e improvável, destinada a desacreditar Breuer e seus seguidores.

---

207 Goethe, *Fausto*, parte 2, ato I. Como nota Eissler (*Freud and the seduction theory*, p.176), o próprio Breuer citou essa passagem em *Estudos sobre a histeria*: "Devo pedir perdão por conduzir o leitor de volta aos problemas básicos do sistema nervoso. Uma sensação de opressão é fadada a acompanhar uma tal descida às 'Mães'" (Breuer e Freud, *Studies on hysteria*, p.192).
208 Freud, *Letters of Sigmund Freud*, p.192.
209 Transcrição da entrevista de Eissler com Jung de 29 de agosto de 1953, p.18.
210 Carta de Freud de 26 de junho de 1925 a Robert Breuer, reproduzida em Hirschmüller, *The life and work of Josef Breuer*, p.322.
211 Em 13 de maio, Freud escreveu a Mathilde Breuer, que enviara saudações em seu septuagésimo aniversário (Freud, *Letters of Sigmund Freud*, p.222-3). Hirschmüller reproduz uma carta de Freud de 14 de dezembro de 1928 a Robert Breuer para agradecer a ele e sua irmã pelo envio de uma nota biográfica sobre seu pai (Hirschmüller, *The life and work of Josef Breuer*, p.322-3).
212 Ver, por exemplo, carta de Hannah Breuer a Jones, reproduzida em Borch-Jacobsen, *Remembering Anna O.*, Apêndice 2.

Contudo, o primeiro a reformular o tratamento de Bertha Pappenheim em termos da teoria da libido não foi Freud, mas Max Eitingon. Ele começou a se corresponder com Freud em 1906, enquanto estava no hospital de Burghölzli, e em 1907 foi visitá-lo em Viena.[213] Em dezembro de 1910, no momento em que os freudianos começavam a se enervar com as iniciativas de Forel, Eitingon fez uma palestra sobre Anna O. (Breuer) sob o ponto de vista psicanalítico, em uma conferência organizada por Freud em Viena, e sobre o tema da "Teoria das Neuroses e Psicoterapia".[214] Neste texto, descoberto por Albrecht Hirschmüller nos arquivos de Erich Gumbel (diretor do Instituto Max Eitingon de Jerusalém), Eitingon realizou uma revisão crítica do caso clínico de Breuer, em que enfatizou seu caráter pré-psicanalítico, ou, melhor dizendo, sua incompletude.[215] Breuer insistira no caráter "assexual" da sintomatologia de Anna O.; Eitingon, contudo, retraduzindo o relato de Breuer para a "linguagem da psicanálise", não teve dificuldade em reconhecer a sexualidade ali contida: Anna O., à beira da cama de seu pai doente, nutria fantasias incestuosas, assim como uma *fantasia de gravidez* subsequentemente reprimida e transferida para Breuer, o qual se transformou em um substituto de seu falecido pai.

> **Max Eitingon, 1909:** Anna entrou em estado de esmorecimento, anemia e rejeição à comida, e isso se agravou tanto, que, em seu enorme sofrimento, ela desejou se distanciar do cuidado da pessoa doente. E assim ela fugiu, ao mesmo tempo que, devido a sua condição, ela própria se acamou. Desta forma, foi parar na cama, ainda que em outra cama, e o mencionado complexo sintomático, não por acaso, assemelhou-se à expressão de uma fantasia de gravidez.[216]

Eitingon, após criticar a cegueira de Breuer para a transferência da qual era o objeto, conjectura acerca das verdadeiras razões para a cura de Anna O., concluindo que o método catártico utilizado pelos forelianos era rudimentar e ultrapassado (isto, é claro, era a argumento de toda sua palestra).

> **Eitingon:** Já há muito tempo, o método catártico [...] apesar de ainda possuir seguidores, não pode ser mais considerado um método psicoterapêutico racional.[217]

---

213 Freud e Eitingon, *Sigmund Freud Max Eitingon Briefwechsel*, v.1.
214 Eitingon, Anna O. (Breuer) in psychoanalytischer Betrachtung, *Jahrbuch der Psychoanalyse*, v.40, p.14-30.
215 Hirschmüller, Max Eitingon über Anna O., *Jahrbuch der Psychoanalyse*, v.40, p.9-13.
216 Eitingon, Anna O. (Breuer) in psychoanalytischer Betrachtung, *Jahrbuch der Psychoanalyse*, v.40, p.20.
217 Ibid., p.27.

Não está claro em que medida Eitingon simplesmente ecoava conversas que tivera com Freud, ou se estava propondo uma interpretação original própria. Seja qual for o caso, é suficientemente claro que sua releitura do relato clínico de Breuer visava, essencialmente, a adequá-lo em retrospecto aos avanços da teoria psicanalítica. O conto fantasioso do parto histérico de Anna O. conferiu veracidade a essa interpretação teórica. Mesmo Kurt Eissler, ao final de uma vida dedicada a defender a probidade e a retidão moral de Freud contra seus detratores, foi forçado a admitir este fato, comentando, sobre isso, de um "descarrilamento difícil de acreditar" de seu herói.[218]

> **Kurt Eissler:** A versão de Freud é inteiramente falsa, como foi propriamente documentado. [...] Freud foi um relator bastante confiável dos acontecimentos, espantosamente preciso às vezes. [...] Mas eis aqui um incidente no qual ele se tornou vítima de uma larga paramnésia. [...] A documentada ambivalência de Freud por Breuer, a extrema improbabilidade das ações que atribuiu a Breuer e as várias contradições graves de seu próprio relato, devido a evidências documentadas, não deixam dúvida de que Freud foi vítima de seu próprio imaginário pessoal na carta a Zweig. O suposto comentário de Breuer, seja qual fosse, deve ser atribuído a elaboração do inconsciente de Freud, até que a reconstrução subitamente apareceu, décadas mais tarde, com a convincente aparência de realidade. [...] [Freud] deve ter esperado que sua correção do retrato de Breuer a Zweig encontraria uma maneira de se fixar. Por que essa urgência em denegrir Breuer após tantas décadas? Não foi apenas um ato de ingratidão, mas também um ato de indiscrição. Ele divulgou assuntos íntimos que, afirmou, foram obtidos numa época de leal amizade com Breuer. Freud agiu aqui de uma maneira que contrastou com sua contumaz fidelidade de caráter: foi ingrato, indiscreto e difamatório.[219]

Eissler, é claro, tenta psicologizar a história toda, tomando-a como sintoma da ambivalência inconsciente de Freud para com seu velho amigo – que mais uma vez cede à psicanálise a última palavra. Contudo, o episódio não pode ser reduzido ao "pessoal", pois seguramente possuiu um papel estratégico. A reescrita da história de Anna O., assim como as origens da psicanálise, surgiu exatamente no momento certo para pôr fim a uma controvérsia científica e para livrar-se de um fato incômodo, que

---

218 Eissler, Anna O. (Breuer) in psychoanalytischer Betrachtung, *Jahrbuch der Psychoanalyse*, v.40, p.174.
219 Ibid., p.174-5.

carregava consigo o risco de "falsificar" a teoria freudiana e dar munição aos adversários. Assexual, Anna O. refutava a psicanálise freudiana. Rolando de lado, por sua vez, segurando o ventre, ela refutava a psicanálise foreliana e fazia Breuer parecer um bobo. A vitória narrativa de Freud sobre Breuer foi total, e o conflito de interpretações que os dividiu não mais parecia como tal. Os leitores eram apresentados a um acontecimento histórico que punha fim à discussão – um fato consumado que ninguém, a partir de então, poderia questionar.

Mas isso foi uma interprefacção. Para aqueles aos quais ela foi impingida, uma interprefacção (sem *aceitação*) é, quando muito, uma falsificação, e no pior dos casos uma calúnia. Em 1953, Ernest Jones apresentou o primeiro volume de sua biografia de Freud, em que revelou a verdadeira identidade de Anna O. e, pela primeira vez, lançou luz diante do grande público sobre a história de seu "parto histérico (pseudociese), a terminologia oficial para uma gravidez fantasma".[220] Jones alegou ter recebido tal relato diretamente de Freud; mas, em uma nota, acrescentou que sua fonte, no que se refere à biografia de Bertha Pappenheim, foi uma de suas primas, a senhora Ena Lewisohn. Em 20 de junho de 1954, *Aufbau*, o jornal de imigrantes germanófonos de Nova York, publicou uma carta de Paul Homburger, o executor do testamento de Bertha Pappenheim.

> **Paul Homburger:** Sou um dos raros membros do círculo familiar próximo de Bertha Pappenheim que ainda está vivo, e tenho o dever, enquanto executor, de falar em nome da família e postular que não são capazes de uma imperdoável falta de compaixão de autorizar a exposição de um segredo médico que Bertha guardou durante a vida. Mas muito pior que a revelação de seu nome é o fato de que Dr. Jones, na p.225, apresenta por conta própria uma versão completamente superficial e equivocada da vida de Bertha após a conclusão do tratamento do Dr. Breuer. Ao invés de nos informar como Bertha finalmente se curou e como se restabeleceu mentalmente por completo, levando uma nova vida de ativo trabalho social, ele passou a impressão de que ela jamais se curou e de que sua atividade social e mesmo sua compaixão foram outra fase do desenvolvimento de sua enfermidade. [...] Qualquer um que tenha conhecido Bertha Pappenheim durante as décadas que se seguiram considerará sua tentativa de interpretar, por parte de um homem que jamais a conheceu pessoalmente, uma difamação.[221]

---

220 Jones, *The life and work of Sigmund Freud*, v.1, p.224. Jones não foi o primeiro, pois Brill publicara uma versão menos elaborada da gravidez histérica em suas *Lectures on psychiatric psychoanalysis* [Conferências sobre psicanálise psiquiátrica] em 1948.
221 Homburger, Letter to the Editor re: Bertha Pappenheim, *Aufbau*, v.20, p.20.

Pode-se objetar que o que está em jogo aqui nada mais é que uma das falhas "demasiado humanas" de Freud, que lhe eram pouco particulares. Contudo, nosso objetivo não é colocar em julgamento a conduta de Freud, nem avaliá-lo moralmente. Ao invés disso, queremos mostrar as importantes funções estratégicas das interprefacções de Freud para estabelecer como a psicanálise se tornou, para muitos, uma realidade.

– 3 –

CASOS CLÍNICOS

Freud a Fliess, sobre o caso "Dora", 25 de janeiro de 1901: "Até agora, escrevi apenas o mais sutil".

(Sigmund Freud, *The complete letters of Sigmund Freud to Wilhelm Fliess*, p.433)

O relato de Freud [sobre o caso do Homem dos Ratos] permanece exemplar como exposição de uma neurose obsessiva clássica. Serve brilhantemente como contraforte das teorias de Freud, em especial aquelas que postulam as raízes infantis da neurose, a lógica interna dos sintomas mais esdrúxulos e inexplicáveis e as poderosas pressões, frequentemente escondidas, dos sentimentos ambivalentes.

(Peter Gay, *Freud*, p.267)

O histórico do caso conhecido como do "Homem dos Lobos" é, certamente, o melhor [dos casos clínicos de Freud]. Freud, na época, estava então no ápice de suas forças.

(Ernest Jones, *The life and work of Sigmund Freud*, v.2, p.274)

A lenda do parto histórico de Anna O. é um exemplo típico da reescrita psicanalítica da história. Ali, como em todos os lugares, Freud aplicou à história da psicanálise (e, mais tarde, à própria história, se considerarmos *Totem e Tabu*, *Moisés e o Monoteísmo* e *Woodrow Wilson*) o mesmo método de interpretação que utilizou na intimidade de seu consultório para "reconstruir" as lembranças esquecidas e reprimidas de seus pacientes. Desse ponto de vista, há pouca diferença entre o "caso" de Anna O. e o "caso" Breuer, o "caso" Schreber, o "caso" Fliess, o "caso" do Homem dos Lobos e o "caso" de Jung, Rank ou Ferenczi. Todos – colegas ou pacientes, saudáveis ou delirantes, mortos ou vivos – eram sujeitos à mesma decifração, segundo a mesma hermenêutica do desejo inconsciente. Nesse sentido, pode-se bem dizer que os "casos clínicos" de Freud (*Krankengeschichten*) não são menos míticos que a fabulosa "história do movimento psicanalítico" narrada em seus escritos autobiográficos ou a história da humanidade descrita em suas ficções filogenéticas e antropológicas. Para onde olhamos, encontramos a mesma reescrita da história, a mesma narração de interpretações arbitrárias, a mesma transformação de hipóteses em fatos.

Não obstante, pode-se objetar que existe uma diferença entre as ficções polêmicas de Freud e seus casos clínicos, uma diferença que salientamos diversas vezes no capítulo anterior: as análises tendenciosas dos opositores, em total desconsideração aos protestos daqueles a que dizem respeito, são meras interprefacções; ao passo que os casos e as observações clínicas registram os resultados de um deciframento analítico a que os pacientes, se nele não participaram ativamente, ao menos deram seu consentimento. Como hoje a psicanálise abertamente admite, no fim das contas o que importa na análise não é tanto a "verdade histórica" da construção proposta pelo analista, mas sua "verdade narrativa"; isto é, o fato de os pacientes se valerem da reescrita de suas histórias de uma forma que "faça sentido" para eles.[1] Em outras palavras, importa pouco que tal construção seja uma ficção; mas apenas que os pacientes aceitem e compreendam tal ficção como *suas* histórias e suas verdades.

> **Jacques Lacan:** Sejamos categóricos: na anamnese psicanalítica, o que está em jogo não é a realidade, mas a verdade, pois o efeito do discurso é reordenar as contingências do passado conferindo-lhes o sentido de necessidades vindouras.[2]

> **Lacan:** História não é o passado [...] o fato de o sujeito reviver, passar a lembrar, no sentido intuitivo da palavra, os acontecimentos formativos de sua

---

1 Para uma boa exposição deste ponto de vista, ver Spence, Narrative truth and historical truth. In: *Psychoanalysis*.
2 Lacan, *Écrits*, p.213.

existência não é em si muito importante. O que importa é o que ele constrói a partir deles. [...] O essencial é a construção, o termo que ele [Freud] emprega no final. [...] Eu diria: no fim das contas, é menos uma questão de recordar que de reescrever a história.[3]

Jürgen Habermas: [O analista] faz sugestões interpretativas de uma história que o paciente não pode contar. No entanto, ela pode ser confirmada de fato apenas se o paciente adotá-la e contar *sua própria história* com ajuda delas.[4]

Roy Schafer: O analista estabelece novas questões, ainda que frequentemente contestadas ou combatidas, e que se juntam a possibilidades narrativas reguladas. O produto final desse entremeado de textos é uma obra, ou uma maneira de fazer uma obra, radicalmente nova, *de autoria conjunta*.[5]

Podemos dizer muitas coisas sobre essas versões reformuladas ("estruturalista", "hermenêutica", "narrativista") da psicanálise – e especialmente sobre o fato de que continuam a se apresentar como *psicanálise*, mesmo que pareçam desconsiderar as pretensões de Freud de revelar a verdade objetiva da psique. Se o critério final para a ficção proposta pelo terapeuta é que o paciente a aceite (*veri*-fique), por que insistir em perpetrar as ficções freudianas de acordo com a teoria psicanalítica como se em oposição a quaisquer outras? Por que a inevitável interpretação da biografia do paciente em termos de desejo, repressão, resistência ou transferência – e não, digamos, em termos de luta de classes, constelações astrológicas, mau-olhado, dieta ou psicofarmacologia? E de que modo a psicanálise se considera superior a outras, especialmente se seu valor de verdade deriva não *daquilo* que ela relata, mas apenas de sua assimilação por aquele *a quem* é relatada?

Schafer: As pessoas que fazem psicanálise – analisandos – falam ao analista sobre si mesmos e sobre outros no passado e no presente. Ao fazer interpretações, o analista reconta tais histórias. [...] *Este recontar é feito segundo a linha da psicanálise*.[6]

---

3 Lacan, *Freud's papers on technique, 1953-1954*, p.13-4.
4 Habermas, *Knowledge and human interests*, p.260; grifo nosso. Ver também Loch, Some comments on the subject of psychoanalysis and truth. In: Smith (Ed.), *Thought, consciousness and reality*, p.238.
5 Schafer, Narration in the psychoanalytic dialogue, *Critical Inquiry*, v.7, n.1, p.36; grifo nosso.
6 Ibid., p.35; grifo nosso.

A verdade é que, apesar dos apelos de colaboração dos pacientes (designados como "analisandos", para melhor sublinhar sua participação ativa), a teoria psicanalítica sempre fornece uma estrutura para as histórias a serem narradas no divã e, mais tarde, no prontuário clínico. Não há nada intrinsecamente ruim nisso (afinal, o terapeuta precisa começar de algum lugar), mas precisamos ao menos reconhecer que pouco foi essencialmente modificado desde a psicanálise "sugestiva" e mais autoritária de Freud na qual o paciente era doutrinado.

Raymond de Saussure: Freud não era um técnico excelente da psicanálise. [...] Primeiramente, ele praticou a sugestão durante tempo demais para não ter preservado alguns cacoetes. Quando se convencia de uma verdade, despendia pouco tempo em fazê-la despertar na mente do paciente; sua vontade era de rapidamente convencê-lo, e, por causa disso, acabava falando demais. Em segundo lugar, percebia-se rapidamente a questão teórica em que ele focava, pois com frequência desenvolvia à exaustão novos pontos de vista que estavam em processo de esclarecimento em sua própria mente. Era benéfico para a mente, mas nem sempre para o tratamento.[7]

Paul Roazen, citando Helene Deutsch: Freud pode ter sido uma figura sagrada para Helene, mas ela possuía reservas quanto a ele como terapeuta; ele parecia mais ensinar do que curar.[8]

Joan Riviere, sobre sua análise com Freud: Ele estava muito mais interessado no trabalho em geral do que em mim, enquanto pessoa. Estava interessado nas traduções [dos *Ensaios Reunidos*]. Estava interessado na *Verlag* [desfeita], e, assim que eu estivesse pronta, ele me mostraria uma carta alemã para discuti-la comigo, sabe, e debater, esse tipo de coisas. Bem, do meu ponto de vista, agora, era completamente impossível considerar isso uma análise! [...] Também me sentia frustrada e carente porque ele praticamente devotava a sessão inteira a negócios.[9]

Freud, notas da análise do Homem dos Ratos, 8 de outubro de 1907: Ele [o paciente] tem certeza de *nunca* ter pensado que pudesse desejar a morte do pai. – Após ouvir tais palavras pronunciadas com crescente vigor, creio que seja

---

7 Saussure, Sigmund Freud, *Schweizerische Zeitschrift für Psychologie und ihre Anwendungen/Revue suisse de psychologie pure et appliquée*, v.16, p.138-9. Raymond de Saussure foi analisado por Freud.
8 Roazen, *Helene Deutsch*, p.193.
9 Entrevista datilografada de Joan Riviere com Kurt Eissler, 1953, p.9-10. Acervo Sigmund Freud, Divisão de Manuscritos, Biblioteca do Congresso, Washington, D.C.; o documento era inicialmente vetado até 2020, mas recentemente foi liberado aos pesquisadores.

necessário apresentar-lhe uma parte da teoria. A teoria afirma que, visto que toda ansiedade e angústia correspondem a um desejo anteriormente reprimido, devemos supor exatamente o contrário. É, dessa forma, correto dizer que o inconsciente é contrário à consciência. – Ele fica extremamente perturbado, extremamente incrédulo [...] [Quatro páginas adiante:] Mas é chegado o momento de abandonar a teoria e retornar à auto-observação e às lembranças. *Sétima sessão* [*quarta-feira, 9 de outubro*] Ele retoma o mesmo tema. Não pode acreditar que já sentiu esse desejo contra o pai.[10]

Se o paciente opta por colaborar com o analista ou, ao contrário, resiste a suas interpretações, persiste o fato de que tudo se origina da teoria que informa essas interpretações – não importa se são as teorias "prontas" herdadas pelos sucessores de Freud ou, como no caso do próprio fundador, hipóteses e especulações testadas nos pacientes. Temos, portanto, direito de questionar, como já o fez Albert Moll em 1909,[11] se os casos clínicos estão realmente no coração da teoria ou se não é o contrário. Afinal, o que narram esses casos clínicos? O que o paciente diz ou faz? Ou, por outro lado, o que o analista constrói do que foi dito, preenchendo lacunas e descontinuidades com conexões interpretativas – ou seja, com *interprefacções* do analista?

"A FAMOSA PORTA ALMOFADADA..."[12]

Freud, por sua vez, certamente teria protestado com vigor. Segundo ele, estudos de caso e vinhetas clínicas eram limitadas a "observações" e "experimentos", sendo impedida a entrada de qualquer especulação, pressuposto ou antecipação teórica. A lenda freudiana, como vimos, existe para apoiar e dar credibilidade à sempre reafirmada tese positivista: a teoria (a metapsicologia) deriva da observação ou, ao menos, jamais interfere nela. O psicanalista observa o que os pacientes lhe contam (ou não contam), como se comportam em relação a ele e como seus sintomas evoluem – tudo isso de maneira absolutamente neutra e objetiva, sem nunca interferir nos "dados" clínicos.

Freud: Não é interessante trabalhar cientificamente em um caso enquanto o tratamento ainda está em curso – para montar sua estrutura, para tentar antever

---
10 Freud, Original record of the ["Ratman"] case, *SE 10*, p.76, 84; grifo de Freud. Recorremos à edição completa, em francês e alemão, de Hawelka das notas de Freud sempre que a passagem não foi encontrada na edição truncada de Strachey da *Original record*.
11 Ver anteriormente, p.121.
12 Breton, "Entrevista com o professor Freud". In: *Les pas perdus*, p.94-5.

seu progresso futuro e para retratar de tempos em tempos o estado atual dos acontecimentos, como exigiria o cientificismo. Casos que desde o início são devotados a propósitos científicos e, então, são devidamente tratados têm o resultado prejudicado; e os casos mais bem-sucedidos são aqueles em que se procede sem qualquer propósito em mente, por assim dizer, permitindo surpreender-se por qualquer reviravolta que contenham e encontrando-os sempre com a mente aberta, livre de quaisquer pressupostos. O comportamento correto do analista reside em oscilar, segundo a necessidade, de uma atitude mental para outra, evitando especulações ou preocupações sobre os casos enquanto estão em análise, e em submeter o material obtido a um processo sintético de pensamento apenas quando a análise estiver concluída.[13]

É essa observação imparcial, a pedra angular fundamental da psicanálise, que o caso clínico deve representar para aqueles que não estejam presentes na análise, assim como acontecia, digamos, no *Philosophical Transactions* da Royal Society, no século XVII, ou nos relatos modernos que hoje realizamos dos experimentos.[14] Esses documentos *tomam o lugar* do que aconteceu no consultório do analista; eles *relatam* ao público os "eventos" psíquicos trazidos à luz durante a análise – e a teoria procura, em seguida, de um jeito ou de outro, compreender esses eventos. Vemos, de imediato, o enorme papel que os casos clínicos exercem na epistemologia oficial do freudismo, na medida em que são colocados lado a lado com a própria experiência analítica. Eles são, como Kurt Eissler orgulhosamente declarou, "os pilares sobre os quais repousa a psicanálise enquanto ciência empírica".[15] Levar a sério tal declaração, contudo, é admitir que toda a construção metapsicológica depende de um punhado de casos observados e descritos pelo próprio Freud: Dora, o Homem dos Ratos, o Homem dos Lobos, o Homossexual (hesitamos em acrescentar o pequeno Hans a esta brevíssima lista porque, com exceção de uma sessão com Freud, sua análise foi inteiramente conduzida pelo pai).[16] Trata-se de algo bastante notável, um fato reconhecido pelo próprio Freud em seu prefácio ao caso Dora.[17]

---

13 Freud, Recommendations to physicians practising psycho-analysis, *SE 12*, p.114.
14 *Philosophical Transactions* é a revista científica anglófona mais antiga do mundo. Seu lançamento data de 1665, e foi editada pela *Royal Society of London for the Improvement of Natural Knowledge*, dedicada ao desenvolvimento e à produção de conhecimento científico. (N.T.)
15 Eissler, *Medical orthodoxy and the future of psychoanalysis*, p.395.
16 Freud, Analysis of a phobia in a five-year-old boy, *SE 10*, p.5: "O caso clínico [do "pequeno Hans"] não é, estritamente falando, derivado de minha própria observação".
17 Para tomar apenas alguns exemplos desta era, a obra de Bernheim (*New Studies in Hypnotism*) incluiu 103 observações; o segundo volume do livro de Janet sobre psicastenia (*Les obsessions et la psychasthénie*) possuía 236.

Freud: É, ao contrário, óbvio que um único caso clínico, ainda que completo e indubitável, não consiga antecipar uma resposta a todas as questões levantadas pelo problema da histeria. [...] Não é justo esperar de um único caso mais do que ele pode oferecer. E qualquer um que até o momento não esteja disposto a acreditar que a etiologia psicossexual de modo geral é válida e sem exceções para a histeria não ficará muito convencido do fato valendo-se de um único caso clínico.[18]

Michael Sherwood: A situação é quase única: em nenhum outro campo, talvez, exista um corpo teórico tão grande erguido sobre um registro público tão pequeno de dados brutos.[19]

O problema, contudo, não é que Freud tenha publicado tão poucas dessas "observações", visto que uma observação, caso bem executada, pode revolucionar toda uma disciplina. (Ian Hacking acertadamente aponta que os famosos experimentos de Michelson e Morley sobre o movimento da Terra em relação ao éter – em que vemos a antecipação da teoria da relatividade – foram derivados das observações de Michelson feitas no espaço de algumas poucas horas dos dias 8, 9, 11 e 12 de julho de 1887.)[20] O problema das observações de Freud é o fato de que ele foi o único a ter acesso a elas, ao contrário das demandas por publicidade que caracterizavam a ciência desde o século XVII. Como revelou Steven Shapin, essa demanda é um aspecto totalmente integral da "Revolução Científica", sem mencionar as ciências modernas, entre as quais a psicanálise supostamente se situa. Para Boyle e seus colegas da Royal Society, apenas um experimento visualmente certificado por várias testemunhas competentes e acreditadas seria capaz de estabelecer um fato: um *fato consumado*, ao redor do qual um consenso poderia ser depreendido.[21] Os experimentos de Boyle, Hooke e Oldenburg, por isso, foram realizados em um lugar púbico (um laboratório nos salões da Royal Society) e eram abertos aos pares, que foram convocados para assinar o relatório oficial. Os colegas que viviam longe eram providos de detalhados protocolos experimentais, de modo a poderem reproduzir os experimentos eles próprios e, assim, serem testemunhas do *fato consumado*.

---

18 Freud, Fragment of an analysis of a case of hysteria, *SE 7*, p.13. É verdade que a isso Freud acrescentou: "Seria melhor que ele suspendesse seu julgamento até que seu próprio trabalho lhe confira o direito a uma convicção".
19 Sherwood, *The logic of explanation in psychoanalysis*, p.70.
20 Hacking, *Representing and Intervening*, p.174.
21 Ver o clássico artigo de Shapin (Pump and circumstances, *Social Studies of Science*, v.14, 1984, p.481-520), e Shapin e Schaffer (*Leviathan and the air-pump*).

Esse ideal de observabilidade direta e possível replicação – fosse ou não inteiramente cumprido – é um dos traços que mais eficientemente distinguem a ciência moderna das práticas iniciais e secretas que a precederam, e ele continua a definir o *éthos* científico, não importando em qual campo. Assim, mesmo na época de Freud, qualquer doutor ou pesquisador poderia frequentar as demonstrações com pacientes de Charcot ou as sessões de hipnose de Bernheim, tanto para verificar a autenticidade dos fenômenos que descreviam como para exercitar suas técnicas. Foi após uma visita a Salpêtrière, por exemplo, que Delbœuf convenceu-se da natureza de artefato da *grande hystérie* e do *grand hypnotisme* de Charcot.[22] Do mesmo modo, foi após retornaram de uma visita à clínica de Bernheim em Nancy que Forel, Freud e vários outros começaram a praticar a "psicoterapia sugestiva" em suas clínicas ou consultórios particulares.

> **Bernheim:** Os muitos colegas franceses e estrangeiros que me deram a honra de visitar minha clínica puderam observar que minha maior preocupação tem sido não ultrapassar os limites da observação escrupulosa e não cruzar as fronteiras das verdades demonstráveis. Aqueles dentre meus colegas que guardam algumas dúvidas, seja porque não contemplaram os casos ou porque o conhecem de maneira incompleta, demonstram um ceticismo sábio e científico. Mas se estão dispostos a visitar minha clínica, encontrarão aqui a demonstração continuada dos fatos que relato.[23]

No início do século XX, essa facilidade de acesso a materiais clínicos e a treinos de técnicas (melhor dizendo, reprodução de) naturalmente seguiu caracterizando a maioria das clínicas europeias em que a psicoterapia era praticada. Isso se aplica em especial à clínica Burghölzli, onde a psicanálise, como vimos, era ensinada como qualquer outra técnica médica. Pesquisadores que lá iam para um estágio podiam obter treinamento prático nas novas técnicas testemunhando entrevistas analíticas com os pacientes, realizando análises com Jung, Riklin ou Maeder, ou ainda analisando coletivamente seus sonhos e atos falhos durante as refeições que faziam juntos.

> **Bleuler, 1910:** Os doutores de Burghölzli não apenas interpretaram os sonhos uns dos outros, como durante anos prestaram atenção àqueles indicadores de complexos que foram oferecidos: equívocos, atos falhos escritos, uma palavra

---

22 O primeiro capítulo de Delbœuf (Le magnétisme animal. In: Carroy, Duyckaerts (Eds.), *Le sommeil et les rêves, et autres textes*) descreve uma visita a Salpêtrière; o segundo, à "clínica de Liébeault"; o terceiro, à "clínica de Bernheim".
23 Bernheim, *New studies in hypnotism*, p.ix.

escrita sobre a linha, atos simbólicos, o murmúrio de melodias inconscientes, atos de esquecimento e assim por diante. Dessa maneira, passamos a conhecer uns aos outros e obtivemos retratos integrados de nossas personalidades e trabalhos conscientes e inconscientes.[24]

Mais uma vez: em 1909, o título das palestras de Jung para o verão era "Curso de psicoterapia com demonstrações", deixando clara a natureza aberta do ensino realizado em Zurique.[25]

Em Viena, contudo, as coisas eram feitas de modo muito diferente. Devido à confidencialidade exigida pela clientela privada de Freud, ninguém era autorizado a adentrar seu consultório para verificar *de visu* a exatidão de suas observações ou aprender os pontos mais sofisticados de sua técnica. Francamente, contudo, este obstáculo não era intransponível. Freud poderia muito bem ter solicitado aos pacientes sua permissão para que um colega testemunhasse as sessões, e, certamente, isso seria obtido com a condição de que o colega também respeitasse o sigilo médico (e desnecessário dizer: as observações que os médicos publicavam na época jamais revelavam os nomes dos pacientes, mesmo quando pseudônimos eram utilizados). Foi nesse sentido, por exemplo, que Breuer pediu a Krafft-Ebing que observasse sua paciente Bertha Pappenheim; e nada havia de extraordinário nisso.[26] Mesmo os primeiros analistas achavam completamente natural permitir que colegas frequentassem sessões de análise.

Ernest Jones, sobre Otto Gross: Ele foi meu primeiro instrutor na prática da psicanálise, e eu costumava estar presente durante o tratamento de seus casos.[27]

Ferenczi, 5 de fevereiro de 1910: Creio ter encontrado um recruta de certa importância para nosso caso na pessoa de um jovem estudante. Seu nome é [...] Vajda [...]. Atualmente, estou realizando um experimento com ele. Elegi [...] um caso exemplar de histeria de angústia, e estou analisando a paciente na presença de Vajda, três vezes por semana. Ele age como meu "secretário". E a combinação funciona! Trata-se de algo interessante para o *ensino* da psicanálise.[28]

---

24 Bleuler, Die Psychanalyse Freuds, *Jahrbuch für psychoanalytische und psychopathologische Forschungen*, v.2, p.660. Para saber mais, ver também os relatos de Brill, *Freud's contribution to psychiatry*, p.42, e de Hilda Abraham, *Karl Abraham*, p.62; e também Falzeder, Whose Freud is it?. In: Mahony (Ed.), *Behind the Scenes*; e Shamdasani, Psychoanalysis, Inc., *Semiotic Review of Books*, v.13, n.1, p.6-11.
25 "Verzeichnis der Vorlesungen an der Hochschule Zürich", Arquivo Nacional, Zurique.
26 Ver relatório de Breuer citado em Hirschmüller, *The life and work of Josef Breuer*, p.285. A visita de Krafft-Ebing não é mencionada no caso de "Anna O." em *Estudos sobre a histeria*.
27 Jones, *The life and work of Sigmund Freud*, v.2, p.29.
28 Freud e Ferenczi, *The correspondence of Sigmund Freud and Sándor Ferenczi*, v.1, p.143.

Angelo Hesnard: Recordamos nosso espanto quando, durante os primeiros estudos investigativos em colaboração com alguns discípulos de Freud, frequentamos diversas [...] entrevistas entre analista e analisado nas quais aquele ficava praticamente em silêncio por horas seguidas, e este naturalmente, e às vezes sem intervenção do médico, transmitia confidências em total transparência.[29]

Freud, contudo, insistia fortemente que a natureza delicada das confidências de seus pacientes fazia que esses "usos científicos" de "suas revelações" estivessem totalmente fora de questão.

Freud: A apresentação de meus casos clínicos permanece um problema de difícil solução para mim. [...] Se é verdade que as causas dos transtornos histéricos são encontradas nas intimidades da vida psicossexual de meus pacientes e que sintomas histéricos são a expressão de seus desejos reprimidos mais secretos, então a completa elucidação de um caso de histeria está condenada a envolver a revelação de tais intimidades e a traição desses segredos. Decerto o paciente jamais teria falado se lhe ocorresse que suas confissões pudessem ser utilizadas para fins científicos; e é igualmente certo que pedir-lhes que autorizem a publicação de seus casos seria bastante infrutífero.[30] [...] Tenho ciência de que – ao menos nesta cidade – existem muitos médicos que (por mais revoltante que pareça) escolhem ler um caso clínico deste tipo não como uma contribuição para a psicoterapia da neurose, mas como um *roman à clef* destinado ao deleite privado. Posso garantir aos leitores dessa espécie que qualquer caso clínico que tenha ocasião de publicar no futuro será protegido de sua perspicácia por semelhantes garantias de sigilo, mesmo que tal resolução esteja fadada a apresentar restrições bastante extraordinárias na escolha do material.[31]

Deve-se notar que aqui Freud fala da necessidade de ocultar as identidades de seus pacientes, o que é uma preocupação inteiramente legítima.

---

29 Hesnard, resenha sobre Maurice Blondel, *La psychanalyse, L'évolution psychiatrique*, v.1, n.1, p.277-8, apud Ohayon, *L'impossible rencontre*, p.101.
30 Isso também vale para Ida Bauer ("Dora"), que fugiu do tratamento, mas não para Ernst Lanzer (o "Homem dos Ratos") ou para Sergius Pankejeff (o "Homem dos Lobos"), que deram, se acreditarmos na nota acrescida por Freud em 1923, consentimento formal para a publicação de seus casos clínicos (Freud, Fragment of an analysis of a case of hysteria, *SE* 7, p.14).
31 Freud, Fragment of an analysis of a case of hysteria, *SE* 7, p.7-9. Pode-se notar que as "garantias de sigilo" de Freud não foram suficientes para impedir os historiadores de identificar a maior parte de seus pacientes. Hoje, sabemos os nomes de Cäcilie M. (Anna von Lieben), Emmy von N. (Fanny Moser), Elisabeth von R. (Ilona Weiss), Katharina (Aurelia Kronich), Emma (Emma Eckstein), Sr. E (Oscar Fellner), Dora (Ida Bauer), o Homem dos Ratos (Ernst Lanzer), pequeno Hans (Herbert Graf) e o Homem dos Lobos (Sergius Pankejeff).

Mas por que expandir o embargo aos colegas comprometidos com o sigilo profissional? Uma coisa é proteger a privacidade de um paciente do público; outra é proteger suas análises de qualquer avaliação por pares ou de "apresentação de caso". Ninguém, na verdade, levou o princípio da confidencialidade médica a esse extremo e o aplicou de modo tão rígido quanto Freud e seus sucessores.[32] A psicanálise é uma estranha ciência confidencial, no sentido de que a apresentação direta e pública dos *fatos consumados* é praticamente *proibida*, um tabu e um escândalo. Desse ponto de vista, o consultório particular de Freud estava mesmo mais próximo do laboratório dos antigos alquimistas, onde era praticada uma "arte secreta", do que do espaço aberto e transparente do laboratório moderno. Ninguém adentrava seu covil; ninguém testemunhava as "transmutações de valores psicológicos" obtidas pelo cientista; e, assim, ninguém saberia reproduzi-lo por conta própria. Freud é a única testemunha do que ocorreu atrás das portas acolchoadas da rua

---

32 Sendo contumazes transgressores, Lynn e Vaillant (Anonymity, neutrality and confidentiality in the actual methods of Freud, *American Journal of Psychiatry*, v.155, p.163-71) mostraram que, com base nos dados disponíveis sobre o tema das análises de Freud, ele manteve terceiros informados do progresso do tratamento em mais da metade dos casos. De fato, basta olhar para quase qualquer correspondência entre Freud e seus discípulos para ser tomado por um fluxo contínuo de indiscrições acerca dos pacientes, bem como pelo uso polêmico de confidências obtidas durante as análises. Freud chegou mesmo a publicar comentários disparatados de um de seus pacientes (Oskar Pfister) acerca de Jung, seu analista anterior: "[O paciente] me deu essa informação de modo bastante espontâneo, e faço uso de seu comunicado sem pedir-lhe o consentimento, visto que não entendo que uma técnica psicanalítica tenha qualquer direito de alegar a proteção do sigilo médico" (Freud, On the history of the psycho-analytic movement, *SE 14*, p.64, n.2). Para Poul Bjerre, Jung escreveu: "Em uma ruptura da discrição médica, Freud chegou mesmo a fazer uso hostil da carta de um paciente – uma carta cuja autor, a quem conheço muito bem, escreveu em um momento de resistência contra mim" (17 de julho de 1914, Jung, *C. G. Jung Letters 2*, p.xxix-xxx). Para a identificação de Pfister, ver a carta de Abraham a Freud de 16 de julho de 1914 na nova publicação não editada de sua correspondência, que revela até que ponto o segredo médico foi compartilhado entre os íntimos: "Creio que Pf não seja nada de confiança. Sua carta citada em 'História' foi escrita em oposição a Jung; em uma mudança de atitude, ele retorna a Jung, e agora volta a você novamente!" (Freud e Abraham, *The complete correspondence of Sigmund Freud and Karl Abraham*, p.258). Até mesmo um partidário fiel como Jones queixou-se em particular das diversas "indiscrições" analíticas de Freud: "Eis mais alguns exemplos. Sem mencionar o caso Swoboda, que é diferente, ele falou a Jekels (quando em análise) da obra sobre Napoleão na qual me debrucei durante dois anos. Jekels publicou imediatamente um ensaio tão bom sobre o tema, que jamais escrevi qualquer coisa. Em seguida, Freud me relatou a natureza da perversão sexual de Stekel, o que não deveria ter feito e que não repeti a ninguém" (Ernest Jones a Max Schur, 6 de outubro de 1955; Jones Papers, Arquivo da British Psycho-Analytical Society). Resta-nos imaginar qual teria sido a reação de Jones se soubesse da entrevista de 1953 concedida por Joan Riviere a Kurt Eissler sobre sua análise com Freud – mantida cuidadosamente trancada na Biblioteca do Congresso até liberação recente: "Ele [Freud] queria extirpar a reação emocional de Jones. [...] Em seguida, leu para mim uma carta de Jones em que fazia uns comentários pouco elogiosos sobre mim. E *esperava* que eu ficasse muito bravo. Fiquei meramente ofendido que Freud tomasse a atitude de [*palavra censurada*]" (Acervo Sigmund Freud, Divisão de Manuscritos, Biblioteca do Congresso, Washington, D.C.; destaque de Riviere).

Berggasse, 19, e de seus casos sabemos apenas o que ele quis nos contar em seus relatos. Quanto a nós, tudo o que sabemos sobre seu método de trabalho advém dos esparsos escritos técnicos que ele nos deixou.

> **Freud:** Tenho como regra não reproduzir o processo de interpretação ao qual as associações e as comunicações do paciente foram submetidas, mas apenas os resultados deste processo. Aparte os sonhos, portanto, *a técnica de trabalho analítico só foi revelada em alguns poucos aspectos*. [...] Antes que as regras técnicas, a maioria delas obtida empiricamente, pudessem ser apropriadamente estabelecidas, seria necessário reunir material de históricos de um grande número de tratamentos.[33]

> **Strachey:** Um exame da lista de escritos técnicos de Freud [...] irá revelar que, após [a publicação de *Estudos sobre a histeria* em 1895], com exceção de dois relatos muito vagos datados de 1903 e 1904, ele não publicou nenhuma descrição geral de sua técnica durante mais de quinze anos. [...] A relativa escassez de escritos de Freud sobre a técnica, assim como as hesitações e os adiamentos de sua produção, sugere que há algum sentimento de relutância de sua parte em publicar esse tipo de material. E isso parece ser a verdade por uma variedade de razões. [...] Por trás de toda a discussão sobre a técnica, contudo, Freud jamais cessou de insistir que um domínio apropriado do tema só poderia ser obtido pela experiência clínica, e não pelos livros. Experiência clínica com pacientes, sem dúvida, mas, acima de tudo, experiência clínica da própria análise do analista.[34]

Uma das consequências mais imediatas de sua prática "segredista" foi a elevação dos casos clínicos de Freud à condição de paradigmas para a prática analítica (o termo *paradigma* é frequentemente utilizado pelo próprio Freud).[35] Já que a observação da análise por uma terceira pessoa estava fora de questão, aqueles que aspiravam ao treinamento em análise eram forçados a retroceder aos casos clínicos de Freud e/ou se colocarem no divã do mestre (como observados, não observadores). Mesmo hoje, analistas em formação aprendem a psicanálise não observando a análise de um praticante experiente, mas estudando os casos clínicos de Freud e realizando uma análise didática com um analista que aprendeu da mesma forma. Como resultado, escalando a corrente, deparamos com Freud e seus

---

33 Freud, Fragment of an analysis of a case of hysteria, *SE* 7, p.12-3; grifo nosso.
34 Strachey, Editor's introduction, *SE* 12, p.87.
35 Stadlen, Just how interesting psychoanalysis really is, *Arc de Cercle*, v.1, n.1, p.144-5.

canônicos casos clínicos – interminavelmente copiados e "confirmados" por gerações sucessivas de analisandos/analistas. Quanto a isso, não é totalmente preciso afirmar, como fez Sulloway, que o caráter não científico da nova técnica desenvolvida por Freud deve-se ao fato de seus pares não poderem replicá-la.[36] Ao contrário, há sem dúvida poucos campos em que a replicação foi tão cultivada e com tanto sucesso. Em outras ciências, os praticantes raramente se dão ao trabalho de repetir experimentos que já foram conduzidos, e quando tentam fazê-lo a replicação quase nunca é perfeita, devido à transmissão inadequada do "conhecimento implícito" necessário para fazer o equipamento funcionar.[37] O que é replicado na psicanálise, contudo, não é o experimento em si, mas o *relato de Freud* acerca dele – o que sem dúvida é bem diferente. Os que aceitarem tal relato como a coisa em si certamente terão poucas dificuldades para descobrir os fenômenos que ele descreve onde quer que olhem: é simplesmente uma questão de repeti-lo e fazer que o repitam para ele. Mas, para os mais descrentes, se quiserem verificar a acurácia do relato, teriam quase a mesma sorte se tentassem agarrar a própria sombra. Em diversos casos, quando os colegas de Freud tentaram aplicar o método psicanalítico para observar por conta própria, acabaram com observações e relatos muito diferentes.

Adolf Friedländer: Em meu "Breves comentários sobre a doutrina de Freud relativa à etiologia sexual das neuroses" e em um discurso perante uma sociedade médica em Frankfurt, revelei que, para ser imparcial, resolvi aplicar o método psicanalítico de Freud em diversos casos. Os resultados não se deram de modo a mudar minhas concepções [críticas].[38]

Janet: Se o método psicanalítico implica – a qualquer custo, e com auxílio das interpretações mais improváveis e ridículas – a descoberta de ideias sexuais fixas, é certo que os autores que citei, e eu mesmo, não praticamos a psicanálise. Devemos ser culpados disso? O que estamos discutindo é precisamente a justificativa de radicalizar esse método de interpretação sexual. [...] Quem está autorizado a insistir conosco em um método desacreditado por nossas próprias observações?[39]

---

36 Sulloway, Reassessing Freud's case histories. In: Gelfand, Kerr (Eds.), *Freud and the history of psychoanalysis*, p.172-4.
37 Sobre este tópico, ver a edificante elaboração de Collins, *Changing order*.
38 Friedländer, Hysteria and modern psychoanalysis, *Journal of Abnormal Psychology*, v.5, p.309. Veja também Friedländer, Über Hysterie und die Freudsche psychoanalytische Behandlung derselben, *Monatsschrift für Psychiatrie und Neurologie*, v.22, p.45-54.
39 Janet, Psycho-analysis, *XVIIth International Congress of Medicine*, Section XII, Psychiatry I, p.38; inserido em Janet, *Psychological healing*, v.1, p.627.

Forel: Pretendo agora fornecer rapidamente três exemplos de psicanálise, duas das quais foram praticadas por mim, e uma, por Frank. A questão de saber se, no primeiro caso, a anestesia sexual é um traço puramente individual e inato ou se é causada por uma "repressão" freudiana não foi solucionada pela análise; a mulher permaneceu frígida. Para a escola freudiana, *todo* caso desse tipo diz respeito a repressão. Mas tal suposição é completamente arbitrária, e contesto sua validade.[40]

Aqui resvalamos em outra consequência do segredo freudiano: a necessidade de aceitar Freud pelo que ele diz. Como bem aponta Frank Cioffi, a psicanálise é uma *ciência de testemunho*, baseada na veracidade de seu fundador.[41] Tendo Freud como a única testemunha dos fenômenos invocados pela teoria, é de suma importância que seus relatos de caso e suas observações clínicas sejam absolutamente confiáveis. Se não o forem – se, por exemplo, revelar-se que Freud se deixou influenciar por ideias preconcebidas, considerações pessoais ou o desejo de contradizer um adversário –, toda a construção estaria em risco. Não teríamos mais os "dados" clínicos, apenas preconceitos. É por isso que, desde o princípio, a lenda freudiana se desdobrou em um culto à personalidade. Freud, Jones assim o conta, era um homem de "honestidade absoluta" e "integridade intocada";[42] um homem disposto a sacrificar amizades e teorias no altar da Ciência. (Com certa dificuldade, Jones admite que o obscuro escândalo Swoboda-Weininger, no qual Fliess apanhou Freud em flagrante numa mentira, foi a exceção que confirmou a regra: "Foi talvez a única ocasião na vida de Freud em que ele não foi, por um momento, inteiramente honesto".)[43] Esse culto à personalidade pode parecer um acessório inofensivo, mas corresponde a uma profunda necessidade epistemológica. Se Freud não podia mentir, é apenas porque, na ausência da coisa em si, temos apenas a boa-fé do testemunho para nos apoiar.[44] Como Lacan bem poderia ter dito: o campo freudiano é estruturado por um pacto simbólico com o Pai fundador, cuja Palavra, à qual seus filhos constantemente retornam, é a única fiadora de suas práticas.

---

40 Forel, *Der Hypnotismus oder die Suggestion und die Psychologie*, p.227.
41 Cioffi, The Freud controversy. In: Roth (Ed.) *Freud*, p.182.
42 Jones, *The life and work of Sigmund Freud*, v.2, p.433; Jones, *The life and work of Sigmund Freud*, v.1, p.327.
43 Jones, *The life and work of Sigmund Freud*, v.1, p.315.
44 Uma vez mais, a psicanálise retorna a um sistema pré-moderno de conhecimento: "Os 'modernos' ingleses insistiam reiteradamente na inadequação epistemológica do testemunho e da autoridade. A verdade poderia ser garantida por meio da experiência individual direta e pelo juízo individual; a confiança no testemunho dos outros era um caminho certo para o erro" (Shapin, *A social history of truth*, p.xxix).

É o que explica, por exemplo, por que é tão importante para os psicanalistas saber se Freud traiu sua esposa com a cunhada. Em qualquer outra disciplina científica, tal preocupação com detalhes vulgares da biografia do fundador seria trivial e inapropriada; mas não na psicanálise, em que tais questões incitam uma onda de polêmicas e comentários eruditos.[45] Dirigem-se diretamente à confiabilidade da Testemunha do Inconsciente: como poderíamos crer em alguém cuja alma e desejo não fossem puros? Mais uma vez, é Lacan quem resume a questão.

> **Lacan:** O que nos faz dizer de imediato que [...] a alquimia, no fim das contas, não é uma ciência? A meu ver, uma coisa é decisiva, a saber, que a pureza da alma do executante era, como tal, e de um modo específico, um elemento essencial da questão. Este comentário não foge à discussão, como se pode perceber, visto que podemos estar prestes a levantar algo semelhante quanto à presença do analista no Grande Trabalho analítico e sustentar que talvez seja esse o objetivo de nossa análise didática. Pode até parecer que, recentemente, eu dizia o mesmo referente a meu ensino, quando aponto sem pestanejar – todos os escrúpulos de lado e de um modo um tanto ostensivo – aquele ponto central que coloco em questão: *o que é o desejo do analista?*[46]

NARRANDO O INCONSCIENTE

Era puro o desejo do analista fundador? Suponhamos por um instante que sim. Digamos que, em outras palavras, pudéssemos responder negativamente à famosa pergunta de Frank Cioffi: "Freud foi um mentiroso?"[47]. Seriam seus casos clínicos mais confiáveis por conta disso? De modo algum. É essencial compreender que um relato escrito não é uma simples "observação" da realidade. Toda narração, por mais sincera que seja, implica uma seleção, uma montagem, uma "configuração"[48] e uma "retrodicção"[49] de

---

45 Ver, por exemplo: Swales, Freud, Minna Bernays, and the conquest of Rome, *New American Review*, v.1, n.2-3; Kuhn, A professor through the looking-glass, *International Journal of Psychoanalysis*, v.80; Skues, On the dating of Freud's *Aliquis slip*, *International Journal of Psychoanalysis*, v.86, n.6. Ver Maciejewski, Freud, his wife, and his "wife", *American Imago*, v.63, para a reportagem sobre Freud alugando um quarto no hotel Schweizerhaus em Majola, Suíça, em agosto de 1898, com sua cunhada como "sr. e sra. Freud".
46 Lacan, *The four fundamental concepts of psycho-analysis*, p.9; destaque de Lacan.
47 Cioffi, Was Freud a liar?, *The Listener*.
48 Mink, The autonomy of historical understanding, *History and Theory*, v.5, n.1, p.24-47.
49 Danto, *Analytical philosophy of history*, cap.8; Veyne, *Comment on écrit l'histoire*, cap.8.

acontecimentos do ponto de vista do narrador (é o que poderíamos cunhar, em homenagem ao belo filme de Kurosawa, de efeito Rashomon). É o motivo pelo qual Boyle e seus colegas da Royal Society insistiram tanto para que os experimentos e as observações fossem realizados em público. A seus olhos, apenas uma convergência de múltiplos testemunhos era capaz de corrigir os erros de testemunhas individuais.

> **Robert Boyle:** Pois, embora o depoimento de uma única testemunha não baste para provar que a parte acusada é culpada de assassinato; o depoimento de duas testemunhas, ainda que de igual crédito [...], deve normalmente bastar para provar a culpa de um homem; porque é razoável supor que, embora cada testemunho isolado seja apenas provável, a concomitância de tais probabilidades (que deve, pela razão, ligada à verdade do que, juntas, tentam provar) pode bem constituir-se em certeza moral, i.e., a tal certeza que garanta ao juiz proceder com a sentença de morte contra a parte indiciada.[50]

Como juízes e historiadores bem sabem, o evento narrado é uma (re) construção, uma fabricação e uma interpretação de um evento, cujo significado é determinado pela trama ou enredo em que está inserido – não é um evento desnudado, que pudesse nos satisfazer com seu mero registro. De saída, portanto, a epistemologia oficial da psicanálise corre todos os riscos conhecidos que nos impedem de sonhar com qualquer objetividade em História ou Direito Penal. Isso é ainda mais verdadeiro quanto mais longos, complexos e, acima de tudo, bem escritos forem os estudos de casos de Freud. Enquanto as "observações" de Bernheim ou mesmo de Janet se limitavam a transmitir acontecimentos em um estilo quase telegráfico, Freud nos narra verdadeiras histórias, utilizando todos os recursos narrativos disponíveis ao escritor de ficção (alguns dos quais examinaremos adiante).

> **Freud:** A mim, é estranho que minhas histórias clínicas sejam lidas como contos literários e que, por assim dizer, não tenham o selo de seriedade de ciência [...] Uma exposição detalhada dos processos psíquicos, tal como estamos habituados a encontrar nas obras de escritores criativos, me permite chegar, por meio de um número limitado de fórmulas psicológicas, a certo conhecimento no curso daquele afeto. Histórias clínicas desse tipo devem ser julgadas como psiquiátricas; possuem, entretanto, uma vantagem sobre as últimas, isto é, uma ligação íntima entre a história dos sofrimentos do paciente e os sintomas de

---

50 Robert Boyle, "Some considerations about the reconcileableness of reason and religion", apud Shapin, Pump and circumstances, *Social Studies of Science*, v.14, p.488.

sua enfermidade – uma ligação que ainda buscamos em vão nas biografias de outras psicoses.⁵¹

Mas isso é mesmo uma vantagem? Afinal, como podemos ter certeza de que o romancista freudiano não descartou um elemento e insistiu excessivamente em outro? Ou estabeleceu elos arbitrários para compor melhor seu material bruto em um enredo coerente, com "começo, meio e fim"?⁵² Em suma, que prova temos de que ele não sacrificou a "observação" – sempre desalinhada e desorganizada – em favor da *demonstração* narrativa impecável de suas teorias? Nada, mais uma vez, além das garantias do próprio Freud.

Freud: O caso clínico em si apenas foi passado para o papel, de memória, após o final do tratamento, mas enquanto minha lembrança do caso ainda estava fresca e exacerbada pelo meu interesse em sua publicação. Assim, o registro não é absolutamente – fonograficamente – exato, *mas pode reivindicar um alto grau de veracidade*. Nada de importância foi alterado nele exceto em alguns pontos em que foram dados esclarecimentos; e isto foi feito de modo a apresentar o caso de maneira mais integrada.⁵³

Freud: Tomar notas durante a sessão com o paciente parece se justificar pela intenção de publicar um estudo científico do caso. Em geral, isso dificilmente pode ser negado. Não obstante, deve-se ter em mente que relatos exatos de casos clínicos analíticos têm menos importância do que se imagina. Mais especificamente, possuem apenas a exatidão ostensiva da qual a psiquiatria "moderna" nos concede alguns exemplos. São, em regra, fatigantes ao leitor, além de não conseguirem substituir a presença real em uma análise. A experiência invariavelmente revela que, se *os leitores estão dispostos a confiar em um analista*, confiarão em qualquer sutil revisão a que ele submeteu seu material.⁵⁴

Logo teremos de considerar o que pensar dessa "sutil revisão", e se os leitores estão de fato justificados em depositar sua fé na precisão narrativa da Arquitestemunha da análise. Por enquanto, leiamos, à guisa de advertência, as considerações mais sóbrias de James Strachey, renomado especialista nos escritos de Freud, se é que houve algum.

---

51 Breuer e Freud, *Studies on hysteria*, p.160-1.
52 Aristóteles, *Poética*, 1450b.
53 Freud, Fragment of an analysis of a case of hysteria, *SE 7*, p.10; grifo nosso.
54 Freud, Recommendations to physicians practising psycho-analysis, *SE 12*, p.113-4; grifo nosso.

Strachey a Jones, data desconhecida: Freud era incrivelmente impreciso nos detalhes. Ao que parece, nutria a ilusão de possuir uma "memória fotográfica".[55] Na verdade [...], ele se contradiz constantemente em detalhes de fatos. Quando elaboramos os casos clínicos [para os *Collected Papers*], enviamos-lhe uma lista deles – a maioria dos quais ele inseriu diretamente no Ges.[ammelte] Schriften e em edições posteriores.[56]

Strachey a Jones, 9 de novembro de 1955: Anexo dois extratos do relatório original do *dritte Fall*.[57] [...] Ele também revela quão incapaz de precisão nos detalhes era o Professor. Ele possuía os fatos corretos diante de si, mas simplesmente não conseguia transcrevê-los.[58]

Mas há algo mais sério do que esse descuido de Freud, a única testemunha. Além das inevitáveis distorções introduzidas pela apresentação narrativa dos dados clínicos observados, precisamos compreender que os relatos de Freud não apenas descreviam, com maior ou menor precisão, o que acontecera no consultório. Eles também relacionavam "eventos" (reais ou fantásticos: pouco importa, aqui) que ele mesmo *reconstruía*: o amor de Elisabeth von R. pelo cunhado, o amor de Dora pelo sr. K., a "cena primeva" do Homem dos Lobos. Esses eventos psíquicos partilham da peculiaridade de nunca terem sido observados no consultório do analista. São, segundo Freud, inconscientes, reprimidos além da consciência dos pacientes. Os pacientes não têm recordações desses acontecimentos – eles sequer os mencionaram –, embora consigam encontrar tais memórias como consequência de aceitar a construção feita pelo analista (o que, diga-se de passagem, não foi o caso de Elizabeth von R., Dora ou do Homem dos Lobos). Na realidade, é o *analista* quem coloca tais eventos psíquicos em suas bocas (ou em seus inconscientes); é ele que, no lugar deles, *diz-lhes* o que eles não conseguem

---

55 Ver Prefácio a Freud, Introductory lectures to psycho-analysis, *SE 22*, p.5: "Naquele tempo, eu ainda possuía o dom da memória fonográfica".
56 Jones Papers, Arquivo da British Psycho-Analytical Society.
57 Alusão às notas manuscritas ligadas ao "terceiro caso" que Freud pretendia inicialmente incluir como apêndice a seu texto sobre "Psicanálise e telepatia" (Freud, Psycho-analysis and telepathy, *SE 18*), mas que terminou formando a base de sua palestra sobre o caso do Dr. Forsyth em "Sonhos e ocultismo" (Freud, Introductory lectures to psycho-analysis, *SE 22*). Deve-se destacar o que Strachey escreveu sobre isso em sua "Nota à Edição" da tradução de *Psychoanalysis and telepathy* no 18º volume da *Standard Edition:* "As duas versões do caso [Forsyth] aproximam-se bastante, à parte algumas poucas diferenças verbais; e não pareceu assim necessário inclui-la [a versão manuscrita] aqui". Na realidade, uma comparação entre a versão publicada e o manuscrito original depositado na Biblioteca do Congresso evidencia que Freud, por nenhuma razão aparente, alterou a cronologia de certos eventos mencionados em suas notas.
58 Jones Papers, Arquivo da British Psycho-Analytical Society.

dizer. Nesse sentido, as histórias clínicas de Freud são tudo menos relatos objetivos de dados clínicos que o analista meramente registra pelo método da escuta passiva e da prontidão conhecida como "atenção flutuante".

> **Freud:** [O analista] deve converter seu próprio inconsciente em um órgão receptor apontado para o inconsciente transmissor do paciente. Ele deve se ajustar ao paciente como o auscultador do telefone é ajustado ao microfone que faz a transmissão.[59]

Contrário ao que a retórica positivista de Freud nos levaria a pensar, não há, nem pode haver, qualquer "observação" do inconsciente, visto que, por definição, o inconsciente jamais surge ou se apresenta como tal para a consciência (é por isso, evidentemente, que Freud, na passagem citada acima, apela ao *inconsciente* do analista, sem dizer como o inconsciente chega a sua consciência). Como o artigo de 1915, "O inconsciente", explica de forma sucinta, o inconsciente torna-se fenomenal ao ficar consciente, desaparecendo, assim, no mesmo momento em que aparece.

> **Freud:** Como alcançar um conhecimento do inconsciente? Sem dúvida, somente o conhecemos como algo consciente, após ter sofrido transformação ou tradução em algo consciente.[60]

Como, então, se opera essa "transformação ou tradução em algo consciente"; este processo pelo qual a "coisa em si" do inconsciente é transformada em fenômeno observável? Como sabemos, por exemplo, que a sensação de pressão que Dora sentiu no peito representa a pressão do membro ereto do sr. K. contra seu clitóris, ou que a angústia do Homem dos Lobos, vivida durante seu famoso sonho, expressa de forma invertida seu desejo de ser sexualmente satisfeito pelo pai? Ou ainda, como sabemos que Dora e o Homem dos Lobos têm um inconsciente? Como sabemos se existe mesmo um inconsciente freudiano? A razão mestra é que as interpretações do analista o confirmam: fazendo uso de regras gramaticais de transformação – chamadas de deslocamento, condensação, projeção, identificação, inversão para o contrário, simbolismo etc. –, ele traduz os sintomas e sonhos de seus pacientes em "pensamentos inconscientes" desconhecidos para eles. A passagem seguinte, novamente de *O inconsciente*, explica tudo isso com muita clareza.

---

59 Freud, Recommendations to physicians practising psycho-analysis, *SE 12*, p.115-6.
60 Freud, The unconscious, *SE 14*, p.166.

Freud: O trabalho psicanalítico nos revela todos os dias que é possível uma tradução desse tipo. Para que isso ocorra, uma pessoa em análise deve superar certas resistências – as mesmas resistências que, antes, converteram o material em questão em algo reprimido ao expulsá-lo da consciência.[61]

O inconsciente, assim, aparece nas interpretações do analista, que *diz* que existe algo a ser traduzido – as partes relacionadas nada sabem sobre isso, e consequentemente algumas são bastante descrentes. Aqui, chegamos a uma dificuldade ou ambiguidade absolutamente essencial para a psicanálise, e a epistemologia positivista de Freud (sua lendária epistemologia) trabalhou para dissimulá-la: em última análise, a teoria não possui fatos, nenhuma observação a que se agarrar. É uma teoria que se apoia em si mesma: uma máquina especulativa e celibatária que produz, com suas hipóteses e "construções", uma realidade própria. Não importa o que afirme, Freud jamais "observou" o inconsciente ou a repressão, assim como não "descobriu" o complexo de Édipo, a sexualidade infantil ou o significado dos sonhos. Ele apenas apostou que existiam, atuando "como se" tais conjecturas fossem reais e pedindo aos pacientes que as confirmassem.

Binswanger, relatório de sua visita a Viena, 15-26 de janeiro de 1910: Em certa ocasião, referi-me à declaração de [Freud], durante a reunião de quarta--feira, de que "o [...] inconsciente é metafísico, nós apenas o postulamos como algo real", ou seja, é claro, que nós agíamos *como se* o inconsciente fosse algo real, como a consciência. Sendo um verdadeiro cientista, Freud nada disse sobre a *natureza* do inconsciente, precisamente porque nada sabemos de certo a respeito; ao invés disso, meramente o deduzimos pela consciência. Freud considerava que, tal como Kant postulou a coisa em si por trás do mundo fenomênico, também havia postulado o inconsciente por trás da consciência acessível a nossa experiência, mas que jamais poderia ser vivido diretamente.[62]

É impressionante a ambiguidade desse "como se" confiada a Binswanger. Por um lado, Freud parecia ansioso em manter o caráter hipotético de suas "simulações" teóricas, insistindo na impossibilidade de revelar a Coisa em Si do inconsciente. Por outro, porém, e no mesmo movimento, ele nos pede que ajamos *"como se* o inconsciente fosse algo real", enquanto transgride o limite que acabara de demarcar entre especulação e experiência possível, entre hipótese e observação, teoria e empirismo. Ao invés de apresentar suas interpretações como interpretações (e nada mais), ele as transforma

---

61 Freud, The unconscious, *SE 14*, p.166.
62 Binswanger, *Sigmund Freud*, p.7-8; destaque de Binswanger.

imediatamente em ocorrências psíquicas atribuídas a seus pacientes. No lugar de nos apresentar suas "construções" como construções (e nada mais), ele faz delas *re*construções, *re*constituições do passado. De repente, não temos mais um "inconsciente como-se", mas pura e simplesmente o inconsciente – sem as precavidas aspas –, cuja topografia e vicissitudes são descritas com a maior seriedade e gravidade.

> **Freud:** [O] trabalho de construção, ou, se preferirem, de reconstrução, assemelha-se em grande medida à escavação pelo arqueólogo de uma morada que foi destruída e soterrada, ou de alguma construção antiga. Os dois processos são idênticos, na realidade, com a diferença de que o analista trabalha em melhores condições e possui mais material à disposição para ajudá-lo, considerando que lida com algo que não foi destruído, e que ainda vive. [...] Todo o essencial está preservado; mesmo as coisas que parecem completamente esquecidas estão presentes de algum modo e em algum lugar, tendo sido meramente sepultadas e tornadas inacessíveis ao sujeito. Na verdade, como sabemos, é possível objetar se alguma estrutura psíquica pode realmente ser vítima de destruição total. Depende apenas da técnica analítica conseguir ou não trazer completamente à luz o que está oculto.[63]

É este segundo ato, interprefacção reificante, que define a psicanálise, enquanto provê o material (o material lendário) de observações clínicas e casos clínicos freudianos. A despeito das aparências, esses casos clínicos não narram o que ocorreu ou foi dito no consultório do analista. Ao invés disso, fornecem uma apresentação narrativa da qual o paciente não tem consciência alguma de ter vivido, ofuscando assim, sistematicamente, as fronteiras entre o material fornecido pelo paciente e as conjecturas altamente especulativas que o analista injeta no material. Sem tal interferência narrativa – que coloca as informações observadas no mesmo plano que sua interpretação –, a psicanálise jamais teria podido se apresentar como disciplina empírica, ou estabelecer suas teorias como fatos incontestáveis. Vale, portanto, estudar em maior detalhe o trabalho de interprefacção narrativa, ao qual devemos tantas "descobertas" assombrosas.

O LEITOR DE MENTES

Em primeiro lugar, peguemos alguns exemplos em que é especialmente evidente a transformação narrativa das hipóteses em fatos positivos.

---

[63] Freud, Constructions in analysis, *SE 23*, p.259-60.

Exemplo 1: Com amargura, Ida Bauer ("Dora", no caso clínico de Freud) queixa-se do pai encorajando as investidas do sr. K., em nome de sua própria ligação com a sra. K. Ao longo dos anos, contudo, ela fez de tudo para encorajar essa mesma ligação.

> **Freud:** A mesma inferência seria obtida [...], a saber, de que ela esteve durante todos esses anos apaixonada por Herr K. Quando informei-a desta conclusão, ela discordou.[64]

Dezenove páginas adiante, somos informados de que Ida Bauer havia sido muito íntima da sra. K. e de que esta a tomara como aliada e confidente em suas dificuldades conjugais com o marido. Como, então, reconciliar isso com o amor da jovem pelo sr. K.?

> **Freud:** Um interessante problema psicológico é entender como Dora *foi apaixonar-se pelo homem* de quem sua querida amiga falara coisas tão ruins. Não estaremos longe de solucioná-lo quando percebermos que pensamentos no inconsciente convivem muito confortavelmente lado a lado, e mesmo os opostos se unem sem conflitos – um estado de coisas que com frequência persiste até na consciência.[65]

De súbito, a "inferência" de dezenove páginas atrás tornou-se realidade, estimulando todo tipo de contradições e problemas. Contudo, quem disse que Ida amava o sr. K.? Apenas Freud. É óbvio que o interessante "problema psicológico" de Freud desapareceria instantaneamente se ele consentisse em abandonar sua hipótese ao invés de projetá-la no inconsciente de Ida – a despeito dos protestos desta. (Isso revela, consequentemente, que a indiferença das contradições que ele atribui ao inconsciente poderia originar-se do próprio Freud.)

Exemplo 2:[66] Ida desenvolveu asma (dispneia) aos 8 anos, após uma caminhada nas montanhas. Freud, que nesse período (1899-1900) possui uma teoria acabada da histeria – a qual atribui à repressão da masturbação infantil acompanhada de fantasias incestuosas –, deseja saber mais sobre sua condição.[67]

---

64 Freud, Fragment of an analysis of a case of hysteria, *SE 7*, p.37. Sabemos que Ida Bauer concluiu o tratamento após Freud tentar convencê-la mais uma vez de seu amor pelo sr. K.
65 Ibid., p.61; grifo nosso.
66 Um exemplo destacado por Scharnberg, *The non-authentic nature of Freud's observations*, v.1, p.27.
67 Sobre este tema, ver o interessante artigo de Makari (Dora's hysteria and the maturation of Sigmund Freud's transference theory, *Journal of the American Psychoanalytic Association*, v.45, n.4), que reconstrói essa teoria estranhamente ignorada pela maioria dos comentadores de Freud.

> **Freud:** Ora, o único esclarecimento que ela consegue fazer sobre seu primeiro ataque foi que, na época de sua ocorrência, papai (*Papa*) estava longe de casa pela primeira vez desde que sua saúde melhorara. Nessa pequena lembrança, deve haver um traço de uma alusão à etiologia da dispneia. *Os atos sintomáticos de Dora e alguns outros sinais me deram boas razões para supor* que a criança, cujo quarto era contíguo ao dos pais, escutara o pai no quarto da esposa à noite e o ouvira respirando com dificuldades (pois ele sempre estava sem fôlego) enquanto eles tinham relações.[68]

Até aqui, a interpretação é apenas uma "suposição" baseada em "sinais" sobre os quais Freud nos conta muito pouco. Mas, apenas algumas linhas adiante, a suposição já se tornou uma certeza que servirá de base para um longo caso clínico.

> **Freud:** Pouco depois, quando seu pai estava fora e a criança, devotadamente apaixonada por ele, desejava que retornasse, ela deve ter reproduzido em forma de ataque de asma a impressão que recebera. Preservara na lembrança o acontecimento que havia ocasionado o primeiro ataque do sintoma, e podemos conjecturar a partir disso a natureza da linha de pensamento, carregada de angústia, que se seguiu. O primeiro ataque surgira depois de ela ter se excedido em uma expedição nas montanhas, de modo que provavelmente deveria estar um pouco sem fôlego. A isso se acrescentou o pensamento de que seu pai estava proibido de escalar montanhas e não deveria se exceder, pois sofria de fôlego curto; então advieram a *lembrança de como ele se excedera com mamãe* (*Mama*) naquela noite e a questão de saber se aquilo não fizera mal a ele; em seguida, surgiu a preocupação de ter se excedido enquanto se masturbava – um ato que, como o outro, levava ao orgasmo sexual acompanhado de leve dispneia –; e enfim surgiu um retorno da dispneia em forma intensificada, como sintoma. Parte desse material, fui capaz de obter diretamente da análise, mas o restante exigia complementação.[69]

É importante notar o enorme esforço de Freud para não especificar em que medida ele "complementou" o material fornecido por Ida – e por um bom motivo: não apenas a "cena primeva" é uma suposição sua, como mais adiante Ida "negou com veemência"[70] possuir a menor lembrança de se masturbar antes dos 8 anos ou de ter se apaixonado pelo pai.[71] Mesmo

---
68 Freud, Fragment of an analysis of a case of hysteria, *SE* 7, p.79-80; grifo nosso.
69 Ibid., p.80; grifo nosso.
70 Ibid., p.76.
71 Ibid., p.57.

se levarmos em consideração as lembranças da excursão na montanha, ainda assim somos obrigados a concluir que a contribuição de Ida para o caso clínico de Freud foi mínima. O restante é pura especulação da parte de Freud; não obstante, ele narra tudo isso como se os eventos realmente tivessem ocorrido na mente de Ida. Então como, sob tais condições, o leitor saberá a diferença?

Exemplo 3: Sergius Pankejeff (conhecido como o "Homem dos Lobos") teve um pesadelo, aos 4 anos, em que viu lobos brancos sentados nos galhos de uma árvore. Após longa e acrobática decifração, envolvendo todo tipo de hipóteses arriscadas, Freud está prestes a revelar o segredo.

> **Freud:** Cheguei agora ao ponto em que devo abandonar o apoio que tive até então no curso da análise. Temo que será o ponto em que a crença do leitor me abandonará.[72]

O que se segue é uma exposição da famosa "cena primeva": a criança, com 1 ano e meio, observa com interesse os pais entretidos no ato sexual *a tergo*; o ato se repete três vezes, e ele saúda o acontecimento com uma defecação de júbilo. Neste ponto, Freud reconhece que está pedindo muito do leitor, mas isso não o detém. Ao contrário, pede ao leitor que suspenda suas faculdades críticas, assim como é praxe em um livro de ficção.[73]

> **Freud:** Garanto ao leitor que não sou menos inclinado criticamente que ele em aceitar esta observação da criança, e apenas lhe pedirei que se junte a mim na adoção de uma crença provisória na realidade da cena.[74]

Fortalecido pela indulgência que extorquiu do leitor, Freud prossegue como se a realidade dessa "cena primeva construída"[75] (por ele) tivesse sido definitivamente confirmada, *encerrada na caixa-preta*: "as posturas que viu seus pais adotarem";[76] "a imagem de satisfação sexual fornecida por meio da ação do pai, tal como vira na cena primeva";[77] "o paciente estava ansioso por

---

72 Freud, From the history of an infantile neurosis, *SE 18*, p.36.
73 Pode-se notar que Freud, segundo o relato de Pankejeff, pedira-lhe exatamente a mesma coisa no início do tratamento. "Após explicar tudo a mim, eu lhe disse, 'Está bem, então, concordo, mas vou verificar se está correto'. E falou: 'Não comece isso. Pois no momento em que tentar enxergar as coisas de maneira crítica, seu tratamento não irá a lugar algum'. E assim, naturalmente, desisti da ideia de qualquer crítica futura" (Obholzer, *The wolf-man*, p.31).
74 Freud, From the history of an infantile neurosis, *SE 18*, p.38-9.
75 Ibid., p.39.
76 Ibid., p.39.
77 Ibid., p.41.

alguém que lhe desse as últimas peças de informação que faltavam para o enigma do ato sexual, assim como o pai lhe dera a primeira na cena primeva muito antes" etc.[78] Em dois momentos, o leitor é até solicitado a acreditar que a cena primeva é uma lembrança autêntica do próprio Pankejeff.

> **Freud:** Quando o paciente penetrou mais fundo na situação da cena primeva, trouxe à luz os seguintes fragmentos de autopercepção. De início, segundo afirmou, supôs que o acontecimento que testemunhou era um ato de violência, mas a expressão de prazer que reconheceu no rosto da mãe não o confirmava; foi obrigado a reconhecer que a experiência era gratificante.[79]

> **Freud:** Então, de súbito, aproveitando um sonho, a análise retornou a um período pré-histórico e levou-o a afirmar que, durante a cópula na cena primeva, ele observara o pênis desaparecer e que, por conta disso, sentira compaixão pelo pai e se alegrara com o reaparecimento do que julgou estar perdido.[80]

No capítulo seguinte, a realidade da cena primeva está tão bem estabelecida, que é utilizada para explicar outra cena construída pelo analista – dessa vez com a criada Grusha.[81]

> **Freud:** Quando viu a garota no chão entretida em esfregá-lo, e ajoelhada, projetando as nádegas e as costas na horizontal, deparou mais uma vez com a postura que a mãe assumira na cena da cópula.[82]

Considerando que a construção de Freud era inicialmente hipotética, seria possível argumentar que o importante é que o paciente termina por corroborá-la: mesmo supondo que a concordância do paciente tenha sido produto de transferência e/ou sugestão e que suas "autopercepções" e "concordâncias" foram ilusões retrospectivas, Freud não inventou tudo. Pelo contrário, ele parece ter tomado muito cuidado em não adiantar nada que não fosse inicialmente confirmado pelo próprio paciente.

---

[78] Ibid., p.70.
[79] Ibid., p.45.
[80] Ibid., p.88
[81] Sobre o caráter altamente conjectural dessa segunda "cena", construída a partir de uma vaga lembrança de Pankejeff, ver Viderman, *La construction de l'espace analytique*, p.109-11; Jacobsen e Steele, From present to past, *International Review of Psychoanalysis*, v.6, n.3, p.357-8; Spence, Narrative truth and historical truth. In: *Psychoanalysis*, p.117-20; Esterson, *Seductive mirage*, cap.5.
[82] Freud, From the history of an infantile neurosis, *SE 18*, p.92.

> **Freud:** Muitos detalhes, contudo, pareciam-me tão extraordinários e incríveis, que senti certa hesitação em pedir a outras pessoas que acreditassem neles. Solicitei ao paciente que fizesse a mais aguçada crítica de suas lembranças, mas ele não considerou nada improvável em sua declaração, e aderiu a elas ferrenhamente. Os leitores podem ficar tranquilos de que estou apenas relatando o que concluí como experiência independente, não influenciada por minha expectativa.[83]

É decerto plausível que muitos pacientes de Freud não tenham levantado quaisquer objeções a suas interpretações – mesmo as mais ousadas e espirituosas –, e, de fato, temos muitos exemplos que o confirmam. O caso de Pankejeff, contudo, é bem diferente. Por acaso, temos seu próprio testemunho, que contradiz de maneira contundente a versão de Freud dos fatos. Sessenta anos depois, ele confidenciou à jornalista austríaca Karin Obholzer que nunca conseguira recordar a cena imaginada por Freud, apesar das garantias deste de que a lembrança reapareceria após certo tempo. Como, então, reconciliamos isso com a "autopercepção" da cena, as "lembranças", as "declarações" e as "confirmações" que Freud tão livremente atribuiu a ele?

> **Sergius Pankejeff:** Aquela cena do sonho em que as janelas se abrem, e assim por diante, e os lobos estão ali sentados, e sua interpretação, não sei, essas coisas estão a quilômetros de distância. É muitíssimo improvável. [...] Mas aquela cena primeva não é mais que um constructo. [...] Tudo aquilo é improvável porque, na Rússia, as crianças dormem no quarto da babá, não no dos pais. É possível, claro, que tenha sido uma exceção, como vou saber? Mas jamais pude recordar qualquer coisa do tipo. [...] Ele [Freud] sustenta que eu vi, mas quem garante que sim? Não seria uma fantasia dele? [...] Bem, também preciso enxergar a psicanálise de modo crítico, não posso acreditar em tudo o que Freud disse, afinal. Sempre achei que a lembrança apareceria. Mas nunca aconteceu.
> **Karin Obholzer:** Alguém poderia dizer que até hoje sua resistência é tão forte, que você não quis recordar.
> **Pankejeff:** Bem, isso também seria uma suposição, não seria? Não uma prova.[84]

ESTILO INDIRETO LIVRE

Os exemplos que citamos até agora têm uma coisa em comum: eles confundem sistematicamente os limites entre as hipóteses heurísticas do

---
83 Ibid., p.12.
84 Obholzer, *The wolf-man*, p.35-6.

analista e a "realidade psíquica" da pessoa no divã. O que de início foi uma ideia de Freud é, no final, apresentado como o inconsciente ou o conteúdo latente do paciente, de tal modo que não sabemos mais quem pensa o quê. Tudo, na verdade, desenrola-se como se Freud lesse os pensamentos dos outros; ou, mais precisamente, como se os lesse para nós. Este último traço é o que aproxima seus casos clínicos da narrativa ficcional, distanciando-os assim das "observações psiquiátricas" que afirmam ser. De fato, como destaca Käte Hamburger, apenas na narrativa ficcional os pensamentos e sensações íntimos de alguém que não seja aquele que fala podem ser descritos como se fossem ditos em voz alta.[85] Nem a narrativa não ficcional, nem a ficção não narrativa permitem tal transgressão das "barreiras que se erguem entre cada eu singular e os outros", e sem dúvida é isso que torna o gênero literário tão fascinante – e, acrescentamos, a psicanálise tão sedutora.[86]

Nesses casos clínicos, Freud age exatamente como o narrador onisciente de romances e contos que entram nas mentes de seus personagens à vontade e nos revelam seus pensamentos mais íntimos. Exatamente como Balzac ou Stendhal, ele conhece as motivações secretas por trás de suas ações e pode até mesmo acessar pensamentos e sensações dos quais eles próprios mal se dão conta, ou se recusam a reconhecer. Mas se o narrador onisciente dos romances clássicos assume o centro do palco, frequentemente intervindo com comentários sagazes ou ironia, Freud tenta constantemente se apagar como narrador, de modo a melhor criar a ilusão de possuir acesso imediato aos pensamentos de seus "personagens" (o que, literariamente falando, na realidade o coloca em companhia de romancistas realistas como Flaubert, Zola e Henry James). Assim, ao invés de escrever "Nosso herói, enredado em suas contradições, ainda não ousava admitir que fora testemunha da cópula dos pais", ele escreve de modo mais direto: "a expressão de prazer que viu no rosto da mãe...". Ao invés de escrever "Abalada, Dora nada disse; internamente, porém, estava pronta para dar crédito à interpretação da tosse que o médico propusera", ele escreve: "esta explicação, aceita tacitamente" etc.[87] Há, decerto, um narrador, não menos onisciente que antes, mas ele

---

85 Hamburger, *The logic of literature*, p.83: "A ficção épica é o único caso epistemológico onde o Eu-*originalidade* (ou subjetividade) de uma terceira pessoa *qua* terceira pessoa pode ser retratada" (apud Cohn, *Transparent minds*, p.7).
86 Freud, Creative writers and day-dreaming, *SE 9*, p.153.
87 "Com sua tosse espasmódica, costumeiramente mencionada em razão de seu estímulo excitante como uma cócega na garganta, ela retratou para si mesma uma cena de gratificação *per os* entre duas pessoas cujo caso amoroso ocupava sua mente de maneira incessante. Sua tosse desapareceu pouco depois dessa *explicação tacitamente aceita* – que se adequou muito bem em minha concepção" (Freud, Fragment of an analysis of a case of hysteria, *SE 7*, p.48; grifo nosso). As linhas precedentes postularam, ao contrário, que Ida Bauer, longe de haver aceitado a interpretação de Freud, rejeitou-a explicitamente: "ela não quis saber de chegar ao ponto de reconhecer seus próprios pensamentos" (Ibid.).

próprio se torna cada vez mais discreto e invisível, na medida em que penetra mais fundo nos pensamentos íntimos de seus personagens, criando assim um destacado "efeito de realidade". O leitor, convidado a suspender a descrença, agora tem a impressão de testemunhar diretamente a vida interior do paciente.

O problema, claro, é que os casos clínicos de Freud não são histórias ficcionais. Seus pacientes são pessoas de carne e osso, não criaturas imaginárias em cujas mentes ele podia adentrar à vontade. Lendo sentenças do tipo "[em Grusha] ele deparou mais uma vez com a postura que a mãe assumira na cena da cópula", somos levados a pensar que Freud narra pensamentos que *lhe são relatados pelo paciente*, mas, na verdade, ele não está fazendo nada disso (como vimos, Freud narra seus próprios pensamentos). Existe aqui, portanto, um abuso particularmente sutil de confiança narrativa, pois, ao conceder a si mesmo licença para entrar nas mentes de outras pessoas enquanto alega não fazê-lo, Freud se protegia, trabalhando em dois gêneros ao mesmo tempo: narrativa ficcional e não ficcional.

Na maioria das vezes, Freud tinha o cuidado de evitar afirmar de maneira explícita que cita declarações feitas pelo paciente. Mais prudente, prefere permanecer na zona ambígua do "estilo indireto livre", tão caro aos romancistas realistas, que possui precisamente o efeito de *confundir* citação e narração, discurso direto e indireto.[88] Ao invés de escrever no modo de *oratio recta*: [Dora diz:] "Lembro de como Papa se excedera naquela noite com a mamãe"; ou no modo de *oratio obliqua*: "Dora lembrou-se de que seu pai se excedera um bocado naquela noite com sua mãe"; ele escreve, como um romancista narrando pensamentos íntimos de um personagem: "E, então, veio a lembrança do quanto ele se excedera *com mamãe* naquela noite".

Sem dúvida, a vantagem desta última formulação é que não sabemos quem está falando. É o analista-narrador, relatando em terceira pessoa a memória recobrada por Ida Bauer? Ou é Ida, que usa o dêitico "mamãe", característico do discurso direto em primeira pessoa? Como notado por todas as pessoas que o estudam, o discurso indireto livre (também chamado de *erlebte Rede*[89] ou *monólogo narrado*[90]) é fundamentalmente ambíguo por fundir a voz do narrador com a do personagem.

---

88 Sobre o estilo indireto livre, discutido inicialmente por Bally (Le style indirect libre en français moderne, *Germanisch-Romanische Monatsschrift*. v.4), ver Lips (*Le style indirect libre*) e Pascal (*The dual voice*).

89 Spitzer, Zur Entstehung der sog. "erlebten Rede", *Germanisch-Romanische Monatsschrift*, v.16.

90 Cohn, *Transparent minds*, p.99-140.

Gérard Genette: Vemos aqui a diferença-chave entre o monólogo em primeira pessoa e o discurso indireto livre, às vezes confundidos um com o outro, ou inapropriadamente definidos: no discurso indireto livre, o narrador assume a fala do personagem, ou, se preferirmos, o personagem fala por meio da voz do narrador, e assim as duas vozes são *confundidas*; no discurso imediato, o narrador desaparece, e o personagem *toma seu lugar*.[91]

Dorrit Cohn: O monólogo narrado detém uma posição intermediária entre o monólogo citado (a restituição do pensamento da pessoa no modo de discurso direto) e a psiconarração (restituição no modo de discurso indireto). [...] Ao imitar a linguagem que um personagem utiliza quando fala consigo próprio, ele lança tal linguagem na gramática que um narrador utiliza ao falar sobre o outro, sobrepondo assim duas vozes que, nas outras duas formas, são mantidas distintas.[92]

Logicamente, é essa ambiguidade que torna o estilo indireto livre tão atraente para o romancista, já que permite que o narrador deslize secretamente para dentro da pele dos personagens e reconstrua suas intimidades ou pensamentos subliminares como se eles mesmos os tivessem expressado. O mesmo vale para Freud, dado que esta forma lhe permite ser o ventríloquo de seus pacientes, e sugerir que os pensamentos que lhes atribui são mesmo deles, sem citar em discurso direto (o que seria impossível). O último ponto é muito importante: tudo isso continua a ser narrado em terceira pessoa, e o narrador, como Genette oportunamente destaca, não desaparece inteiramente no personagem, ainda que faça o possível para criar tal ilusão. É portanto difícil apanhar Freud inventando coisas, já que é raro ele declarar explicitamente que reproduz palavras verbalizadas por seus pacientes. Para aqueles como Max Scharnberg[93] ou Allen Esterson,[94] que o acusam de apresentar suas in-

---

91 Genette, *Figures III*, p.194.
92 Cohn, *Transparent minds*, p.105. Pascal (*The dual voice*) fala, quanto a isso, de uma "voz dual".
93 Acerca da "cena primeva" hipotética de Ida Bauer, Scharnberg assim escreve: "O acontecimento da espionagem [...] foi transformado em *um dado observado*. A própria Dora *relatou sua lembrança* de ter espionado" (Scharnberg, *The non-authentic nature of Freud's observations*, v.1, p.27; destaque de Scharnberg). Mas Freud, como vimos, em nenhum momento afirma que isso diz respeito a uma lembrança que Ida Bauer teria lhe contado.
94 Esterson: "O próprio Homem dos Lobos confirmou que não se lembrava do suposto acontecimento [a 'cena primeva']. E ainda assim, em duas ocasiões Freud relata supostas afirmações feitas por seu paciente em que ele descreve detalhes específicos da cena primeva. Como é muito improvável que o Homem dos Lobos tenha fornecido descrições de uma ocorrência da qual não se lembra, parece-nos que Freud equivocadamente embelezou sua narrativa de modo a conferir maior crédito a sua vital interpretação do sonho dos lobos" (*Seductive mirage*, p.69). Aqui, mais uma vez, as formulações de Freud revelam-se muito

terpretações, de forma enganosa, como se fossem relatos verdadeiros dados por seus pacientes, ele sempre poderá responder que não fez nada disso: esses críticos adotavam uma leitura extremamente literal e legalista do que é, na verdade, apenas uma licença literária. O julgamento de Flaubert, já se disse, jamais teria ocorrido se as autoridades tivessem senso literário suficiente para compreender que a imoralidade de *Madame Bovary* era a dos pensamentos de sua personagem Emma, narrados em estilo indireto livre, e não os do autor-narrador Flaubert.[95] Da mesma maneira e inversamente, Freud estaria certo em argumentar, de um ponto de vista estritamente gramatical, que jamais atribuiu *de modo explícito* seus próprios pensamentos aos pacientes.

À parte isso, é essa, inevitavelmente, a impressão do leitor; e, deixando-se de lado a defesa gramatical, é óbvia a razão pela qual Freud faz uso dessa forma muito especial. Em virtude de sua indeterminação, o estilo indireto livre lhe permite concretizar suas hipóteses teóricas criando a ilusão de que está reproduzindo os pensamentos dos pacientes, e, ao mesmo tempo, permite que se proteja no caso de ser acusado de fabricar "observações" quando não havia nada a ser observado: será culpa dele que os leitores tomem como certo o que ele, o consciencioso cientista, estava apenas sugerindo? O argumento é claramente ilusório, mas basta para rebater acusações de fabricação. Não imuniza, contudo, este cientista da inevitável conclusão que se extrai: se tudo o que lemos dos casos clínicos de Freud pode ser reduzido a simples sugestões, então a famosa "experiência" sobre a qual a psicanálise se apoia revela-se puro *efeito* estilístico.

QUEM FALA?

Nos exemplos considerados até aqui, a interprefacção narrativa deixou marcas no texto freudiano, ainda que o efeito produzido nos leitores faça que se esqueçam dessas marcas. Com um pouco de investigação, conseguimos, ainda, reconhecer a projeção do narrador em seu personagem e seguir o caminho que parte das interpretações do analista até os pensamentos atribuídos a seus pacientes. Mas é sempre assim que funciona? Suponhamos, por um momento, que Freud tenha logrado apagar inteiramente tais marcas. Nesta hipótese, nada haveria além da indeterminação do estilo indireto livre. Se-

---

mais ambíguas quando examinamos tais excertos atentamente: Pankejeff tinha, quando muito, "autopercepções" vagas, e foi a "análise" – ou o analista? – que o fez "realizar uma afirmação" acerca da cena primeva.

95 Lerch, *Hauptprobleme der französischen Sprache*, p.132-3; Jauss, *Literaturgeschichte als Provokation*, p.203-6 (apud Cohn, *Transparent minds*, p.106-7).

parado de sua fonte, a declaração flutuaria no ar, por assim dizer, sem que se saiba exatamente *quem* está falando no texto – o paciente ou o analista? Confrontado por tal passagem ambígua, estaríamos justificados em nos perguntar se não é Freud quem nos dá suas próprias interpretações, enquanto as veicula como associações ou declarações feitas pelo próprio paciente. Mas como não estávamos presentes em seu consultório e somos relutantes em nos conceder a mesma onisciência que ele concede a si mesmo, estaríamos apenas formulando hipóteses inverificáveis. Se Freud apaga as marcas do trabalho de interprefacção de seu texto, não podemos, por definição, saber coisa alguma sobre isso.

Ao menos na maior parte das vezes. Acontece que temos, por uma coincidência fortuita, notas tomadas por Freud durante os primeiros quatro meses da análise do Homem dos Ratos.[96] Tais notas, reconhecidamente compostas de memória à noite após cada sessão, não constituem um relato literal de sua análise, e temos todos os motivos para crer que Freud incluiu apenas aqueles pontos especificamente condizentes com a história que ele estava em processo de construção.[97] De fato, as notas das primeiras sete sessões parecem escritas com um olho na apresentação que seria feita três semanas depois na Sociedade Psicanalítica de Viena, com o tema "Início de histórico de um paciente".[98] De maneira alguma, portanto, podemos considerá-las como puros registros não mediados de como a análise se desdobrou, comparáveis a uma transcrição legal, e temos razões para duvidar de sua confiabilidade. Mesmo assim, tal como são, apresentam uma versão menos desenvolvida e menos refinada do que a que foi publicada e, consequentemente, fornecem-nos uma compreensão mais precisa da elaboração narrativa de Freud neste caso clínico – e presumidamente em outros casos.

> **Ernest Jones:** Era costume de Freud destruir manuscritos, bem como as notas em que se apoiavam, de qualquer artigo que publicava. Por um curioso acaso, porém, as notas diárias deste caso, escritas todas as noites, foram preservadas, ao menos aquelas da melhor parte dos primeiros quatro meses de tratamento. [...] É um material inestimável, pois é uma oportunidade única de observar Freud em seu ofício diário, por assim dizer: o tempo das interpretações, o uso característico de analogias para ilustrar uma questão que formulava, os palpites

---

[96] Não sabemos como essas notas escaparam à destruição, diferentemente de todas as outras (ver "Nota da Edição" de Strachey no volume 10 da *Standard Edition*).
[97] Como salienta Billig, "leva apenas cinco minutos para ler em voz alta o mais longo dos relatórios dessas sessões de cinquenta minutos. Assim, o grosso dos diálogos deve ser considerado como perdido" (*Freudian repression*, p.58)
[98] Reeditado em Nunberg e Federn, *Minutes of the Vienna Psychoanalytic Society*, v.1, p.227-37.

preliminares que fazia consigo e que podiam ser posteriormente confirmados ou refutados e, ao mesmo tempo, o modo hesitante como conduzia esse trabalho fragmentado.[99]

Analisemos, então, este processo.

Exemplo 4: O paciente Ernst Lanzer (conhecido por "Homem dos Ratos") está profundamente apaixonado por sua prima Gisela (a "mulher" ou "amiga" do caso clínico publicado de Freud), mas, como nos informam as notas da sessão de 8 de outubro de 1907, "não foi possível considerar uma união entre eles, devido a dificuldades materiais" – ao que parece, sua prima não era suficientemente abastada.[100] Em 8 de dezembro, Lanzer menciona de passagem como sua mãe, seis anos antes, planejara seu casamento com uma rica parente distante. Seguem-se, para começar, as notas de Freud.[101]

> **Freud, notas de análise de 8 de dezembro de 1907:** Por todo tipo de rodeios, sob a transferência de cura, história de uma tentação cuja <u>importância parece lhe escapar</u> [...] Era relacionado ao velho plano da mãe, segundo o qual ele deveria desposar uma das filhas dos Saborskys, uma jovem encantadora de 17 anos de idade. <u>Ele não suspeitava</u> que, para evitar este conflito [entre o plano da mãe e seu amor por Gisela], fosse se refugiar em sua enfermidade, o caminho que fora pavimentado pela escolha infantil entre a irmã mais velha e a caçula, assim como pelo retorno à história do casamento do pai. O pai tinha como hábito descrever-se, com humor, como um jovem pretendente; a mãe, às vezes, zombava disso dizendo que certa vez ele cortejara a filha do açougueiro. <u>Ele considerou intolerável a ideia</u> [implícito: <u>sugerida por Freud</u>] de que seu pai estivesse disposto a abandonar seu amor para proteger os interesses materiais por meio da aliança com os Saborskys. <u>Ele fica muito irritado comigo</u>; isso se manifesta por insultos que só conseguem ser verbalizados com muita dificuldade. [...] Visivelmente, ele resiste à tentação da fantasia de casar-se com minha filha ao invés de sua prima, e em insultar minha esposa e minha filha. Uma transferência expressa cruamente [implícito: <u>pode ser traduzida</u>] do seguinte

---

99 Jones, *The life and work of Sigmund Freud*, v.2, p.230.
100 Freud, Original Record of the ["Ratman"] Case, *SE 10*, p.76.
101 Nas citações que se seguem, as passagens em itálico e negrito foram destacadas por Freud. Na edição de Hawelka, os itálicos correspondem a passagens sublinhadas a tinta no manuscrito, e os negritos, a passagens sublinhadas com lápis de cera. Hawelka explica que "pode-se supor que o autor tenha sublinhado a tinta no momento em que escreveu essas notas. As linhas traçadas a lápis foram acrescidas para marcar o que interessou Freud quando ele as leu com vistas a editá-las para publicação" (Freud, Original Record of the ["Ratman"] Case, *SE 10*, p.14). Acrescentamos os caracteres em itálico e negrito de Hawelka sempre que citamos as edições de Strachey das notas. Aquilo que for sublinhado indica grifo nosso.

modo: a sra. F[reud] que se dane (revolta contra uma família mais respeitada). Em outro momento, ele vê [implícito: fantasia] minha filha, que, no lugar dos olhos, tem dois pedaços de esterco, **o que significa que ele não se apaixonou pelos seus olhos, mas por seu dinheiro.**[102]

Nesta noite, Freud já está esboçando uma forma narrativa para o material fornecido pelo paciente, mas em suas notas as reações do paciente têm permissão para misturar-se com suas próprias interpretações. Em particular, é evidente que Lanzer rejeitara a ideia sugerida por Freud de que o pai casara-se com a mãe por dinheiro. Do mesmo modo, ele não "suspeitou" que adoecera para evitar a escolha entre a moça pobre e a rica, e lhe "escapou" completamente que sua irritação ante à desagradável interpretação do analista na verdade expressava uma "tentação" transferencial de se casar com a moça rica, seguindo o exemplo do pai. Apontemos, também, que isso resume *uma sessão* de análise. Vejamos agora a versão publicada.

Freud, caso clínico do Homem dos Ratos: Certo dia, o paciente mencionou de modo bastante casual um acontecimento que não pude deixar de reconhecer como precipitador de sua enfermidade, ou ao menos como a ocasião imediata do ataque que começara seis anos antes e persistira até aquele momento. Ele mesmo não fazia ideia de que trouxera algo de importância. [...] Sua mãe foi criada em uma rica família com a qual tivera laços distantes. Essa família conduzia uma grande indústria. Seu pai, na época do casamento, fora levado para a empresa e, assim, graças ao matrimônio, passou a ter uma situação razoavelmente confortável. O paciente soube, por uma pilhéria trocada entre os pais (cujo casamento era extremamente feliz), que o pai, algum tempo antes de conhecer sua mãe, cortejara uma bela mas miserável jovem de criação humilde. [...] Após a morte do pai, a mãe do paciente contou-lhe certo dia que estivera discutindo o futuro dele com seus parentes ricos, e que um dos primos declarara estar disposto a permitir que ele se casasse com uma de suas filhas quando a educação do jovem estivesse concluída. [...] Esse plano de família incitou nele um conflito quanto a se deveria permanecer fiel à dama que amava a despeito de sua pobreza, ou se deveria seguir os passos do pai e se casar com a jovem amável, rica e de boas ligações que lhe fora destinada. E ele solucionou esse conflito, na verdade entre seu amor e a persistente influência dos desejos do pai, enfermando-se; ou, melhor dizendo, ao adoecer, ele evitou a tarefa de resolver a vida real.
[...] Como era de se esperar, o paciente não aceitou, de início, minha elucidação do assunto. Ele não conseguia imaginar, afirmava, que o plano de casamento

---

[102] Freud, Original Record of the ["Ratman"] Case, *SE 10*, p.178 e 180.

poderia produzir tais efeitos: aquilo não produziu a menor impressão sobre ele na época. <u>Mas, no desenrolar do tratamento, ele foi obrigado a reconhecer a verdade de minha suspeita, e de um modo muito singular</u>. Com auxílio de uma fantasia de transferência, ele experimentou como se fosse novo e pertencesse ao presente o mesmo episódio do passado que havia esquecido ou que apenas passara por sua mente de modo inconsciente. <u>Veio então um período obscuro e difícil do tratamento; ao fim, revelou-se que certa vez encontrara uma jovem na escadaria de minha casa e considerara-a, no ato, como sendo minha filha</u>. Ela o agradara, e ele imaginou que a única razão para que eu fosse tão gentil e incrivelmente paciente com ele era que <u>eu o queria como genro</u>. [...] <u>Após atravessarmos uma série das mais severas resistências e amargas injúrias de sua parte, ele não pode mais permanecer cego para o efeito avassalador da perfeita analogia entre a fantasia de transferência e o verdadeiro estado das coisas no passado</u>. Repetirei <u>um dos sonhos que ele teve no período</u>, de modo a apresentar um exemplo de sua maneira de abordar o tema. Ele sonhou que *viu minha filha diante de si; ela tinha dois pedaços de esterco no lugar dos olhos*. Ninguém que compreenda <u>a linguagem dos sonhos</u> achará grande dificuldade em traduzi-lo: ele declarava que *não estava se casando com minha filha por seus "beaux yeux", mas por seu dinheiro*.[103]

Deixemos de lado a jovem encontrada na escada, algo que não consta em suas notas de análise. Desconsideremos a fantasia, igualmente ausente nas notas, de tornar-se genro do analista. O mais surpreendente é a casualidade com que Freud faz malabarismos com a cronologia do tratamento. Nas notas, Lanzer *rejeitou* a ideia do pai ter desposado a mãe por interesse; ademais, ficou visivelmente irritado – um fato que Freud (durante ou depois da sessão, não está claro) interpretara como a encenação transferencial do conflito que atribuiu ao paciente. No caso clínico, contudo, o Homem dos Ratos *aceita* a interpretação de Freud *após um longo e "obscuro" período de resistência*.[104] E ainda, uma das fantasias agressivas reveladas durante a sessão (ou, pelo menos, construídas pelo analista após o fato) torna-se, no caso clínico, um *sonho* de confirmação que Lanzer teve *depois*, o que, incidentalmente, permite a Freud justificar e explicar os elementos arbitrários de sua interpretação, alegando

---

103 Freud, Notes upon a case of obsessional neurosis, *SE 10*, p.195-9.
104 A distorção cronológica é destacada por Mahony (*Freud and the Rat Man*, p.72-4), e a transformação da recusa do paciente em sua aceitação é apontada por Kanzer: "Nas notas complementares, contudo, não descobrimos evidências de que o paciente realmente estivesse espantado ou mesmo influenciado pela interpretação" (The transference neurosis of the Rat Man, *Psychoanalytic Quarterly*, v.21, p.234).

uma suposta "linguagem dos sonhos".[105] O resultado é que a resistência de Lanzer fica, por assim dizer, diluída temporariamente, até o momento em que evapora, transformando-se em uma *confirmação* das hipóteses do analista. Teríamos dificuldades em encontrar melhor ilustração da tese de Lacan, segundo a qual a "psicanálise é uma experiência dialética" em que "a verdade é transmutada para o sujeito"[106] – com exceção de que, aqui, parece ser inteiramente imaginária a "inversão dialética" que transforma o "não" do sujeito em um "sim" liberador.[107] Mas o leitor, é claro, não é informado disso. Ao contrário, ele é levado a acreditar que a projeção interpretativa do analista é um autorreflexo dialético do próprio paciente.[108]

A BOA FUNCIONÁRIA DOS CORREIOS E O APOSTADOR INESCRUPULOSO

Com este último exemplo, aproximamo-nos do que poderia ser considerado a falsificação de observações. Antes, vimos Freud em atos de projeção interpretativa, como quando atribuiu seus próprios pensamentos aos pacientes, ou quando transformou suas próprias construções em lembranças relatadas pelos pacientes no divã. No exemplo precedente, contudo, ele parece ter modificado secretamente as próprias notas de análise para construir melhor a história, aos modos de um historiador inescrupuloso que falsifica um documento para fazê-lo corresponder a sua versão dos acontecimentos. Agora, deixamos o campo ambíguo da licença poética e da projeção narrativa e adentramos o campo onde relatos, e mesmo as palavras, dos pacientes são simplesmente reescritos.

Exemplo 5: Em 3 de outubro de 1907, durante sua segunda sessão com Freud, Lanzer narra com muita repugnância como lhe ocorreu a "ideia dos

---

105 A interpretação de Freud é, na verdade, baseada em sua ideia da equivalência simbólica: dinheiro-fezes (Freud, Character and anal erotism, SE 9, p.172-4; On transformations of instinct as exemplified in anal erotism, SE 17), cuja teoria remonta a uma série de associações suscitadas durante o tratamento de Oscar Fellner ("Mr. E"), em janeiro de 1897: "Leio, certo dia, que o ouro que o diabo dá a suas vítimas regularmente se transforma em fezes; e, no dia seguinte, Mr. E, ao relatar que sua enfermeira tinha delírios por dinheiro, subitamente me contou (via Cagliostro – alquimista – *Dukatenscheißer* [aquele que defeca ducados]) que o dinheiro de Louise era sempre excremento" (Freud, *The complete letters of Sigmund Freud to Wilhelm Fliess*, p.227). Aqui, mais uma vez, não está claro se tais associações são de Freud ou de Fellner.
106 Lacan, *Écrits*, p.177, 178 e, de modo mais amplo, 176-85.
107 Ibid., p.178-80.
108 Sobre a interpretação da psicanálise em termos de autorreflexão, ver Habermas, *Knowledge and human interests*, cap.10.

ratos", de onde se originou seu pseudônimo. Ele se tornara obcecado com a ideia no mês de agosto, quando estava na Galícia, onde participou de manobras militares como oficial da reserva. Durante uma marcha, um capitão Nemeczek contou-lhe que leu acerca de um método oriental de tortura, em que um vaso cheio de ratos era preso ao traseiro do condenado, de modo que os ratos pudessem abrir caminho no interior de seu ânus. A evocação suscitou um medo obsessivo em Lanzer de que a mesma tortura fosse infligida a Gisela; um temor do qual ele se defendia, de um modo não menos obsessivo, com auxílio de uma fórmula apotropaica ou "sanção" destinada a garantir que tais coisas jamais ocorressem.

Na mesma sessão, Lanzer também relatou que o capitão Nemeczek, na noite seguinte, disse-lhe que reembolsasse o tenente David de certa quantia que este pagara por um embrulho postal contendo um pincenê enviado a Lanzer. Uma segunda "sanção" formou-se então em sua mente: não reembolsar o dinheiro, porque, se o fizesse, sua amada seria submetida à tortura do rato. Isso foi imediatamente suplantado por uma igualmente solene "contra-sanção": devolver o dinheiro ao tenente David, como o capitão Nemeczek sugerira. Mas quando ele tentou saldar a dívida com o tenente David, soube que Nemeczek estava enganado – não foi David, na verdade, quem lhe emprestara o dinheiro.

> **Freud, notas de análise de 3 de outubro de 1907:** "Fui à procura de meu contador, um suboficial, e lhe dei a ordem de levar 3,80 coroas ao tenente David. [...] Ele retornou e me disse que o supramencionado David estava em um posto avançado. [...] Um oficial que iria ao vilarejo ofereceu-se para ir aos correios e pagar por mim; mas eu me opunha a isso, porque estava aferrado ao juramento [você dará o dinheiro a David]." (A relação de David com o correio não é clara.) "Acabei encontrando David e lhe ofereci as 3,80 coroas que ele desembolsara por mim. Ele declinou a oferta: 'Não paguei nada por você'. Neste momento, fui tomado pelo pensamento: haverá consequências, *todos* estão condenados a sofrer essa punição" (porque ele não conseguiu manter seu juramento). "Todos" significava especialmente seu falecido pai e esta mulher.[109]

---

109 Freud, Original record of the ["Ratman"] case, *SE 10*, p.50. Nota-se que a ideia da tortura do pai só ocorre a Lanzer quando ele encontra o tenente David, e não quando o capitão Nemeczek lhe conta sobre a tortura do rato, como Freud afirma no caso clínico. A revisão cronológica de Freud pode ser explicada por seu desejo de atribuir a "ideia dos ratos" a uma revolta contra o pai, e que é representado pelo "cruel capitão" (ver Freud, Notes upon a case of obsessional neurosis, *SE 10*, p.217-8). O tenente David, por outro lado, não tinha motivos para despertar o "complexo paterno" de Lanzer, nem para suscitar a ideia obsessiva.

Em 4 de outubro de 1907, durante a terceira sessão de análise, Freud pediu a Lanzer que voltasse a explicar o episódio do não reembolso da remessa postal, já que tivera dificuldade para compreendê-la na sessão anterior. O dinheiro deveria ser dado ao tenente David, como o capitão Nemeczek dissera, ou aos correios, como lhe fora sugerido pelo oficial que iria ao "vilarejo" (Spas), próximo de onde ocorriam as manobras militares?

Freud, notas de análise de 4 de outubro de 1907: Perguntei-lhe se na verdade ele não acreditava que o dinheiro seria entregue, não à agência postal, mas a David; ele respondeu que tinha dúvidas, mas que, para o bem de seu juramento, acreditara na última hipótese. Aqui há uma obscuridade e incerteza da lembrança, como se ele tivesse inventado algo depois do ocorrido. Basicamente, no início da história – que ele acrescenta depois –, havia outro capitão, a quem havia sido previamente apresentado, que lhe contou que perguntaram nos correios se ele conhecia um outro tenente Lanzer, para quem havia um embrulho cuja entrega deveria ser paga. Este capitão dissera que "não", e assim não apanhou a remessa. E aí surge o episódio com o capitão Nemeczek. Em acréscimo, ele explica com maior detalhe o encontro com David, que lhe conta que ele não era o responsável pela correspondência, mas o tenente Engel. Neste ponto, um descuido de minha parte: durante a sesta, ele chegou à conclusão, por assim dizer, em seu sonho, de como ordenar as coisas e declarou o seguinte: ele iria até a agência com os dois oficiais, David e Engel; lá, David daria as 3,80 à jovem (*Postfräulein*) funcionária, a jovem as entregaria a Engel, e ele próprio [Lanzer], de acordo com o juramento, pagaria 3,80 a David.[110]

Para deixar claro, enfatizemos alguns pontos de destaque. O anônimo capitão não apanhara a remessa nos correios, e não foi ele quem pagou por Lanzer. E também não havia sido o tenente David, ao contrário do que o capitão Nemeczek lhe dissera equivocadamente, e tampouco a pessoa atrás do balcão (o que seria absurdo). Como indica claramente o contexto, foi o tenente Engel, "que era responsável pela correspondência" destinada aos soldados nas manobras, quem pagou pela remessa – o que explica por que, no circuito quase delirante desenvolvido no sonho meio desperto de Lanzer, Engel, e não "a jovem dos correios", é o destinatário final das 3,80 coroas. Quanto à jovem da agência, não é o capitão anônimo quem faz menção a ela (ele apenas fala de "agência postal"), mas Lanzer (ainda que não tivesse ido aos correios e não pudesse, assim, saber se a pessoa atrás do balcão era um homem ou uma mulher). Na verdade, esta "jovem" apenas surge na *fantasia*

---

110 Freud, Original record of the ["Ratman"] case, *SE 10*, p.54-6.

de restituição que Lanzer, durante seu perturbado cochilo, "organizou, por assim dizer, em seu sonho".

A história de Lanzer continua. Após muito hesitar em pedir ao tenente David que tome parte de sua incrível fantasia de restituição, ele toma o trem e regressa a Viena em estado de grande agitação. Ali, acalmado por seu amigo Galatzer, ele finalmente consegue superar sua inibição de pagar a dívida e envia o dinheiro "à agência da Galícia".[111] Este último ponto, deve-se notar, em nada contradiz o fato de que a quantia devia ser paga ao tenente Engel. Na realidade, ele deveria remeter a ordem de pagamento à agência em Spas, pois era lá que Engel buscava a correspondência dos soldados em manobras.

Se retornarmos agora para o caso clínico publicado, notamos que Freud ignora este fato para argumentar, de um modo totalmente inesperado, que a quantia devia ser paga, na verdade, *"a ninguém menos que o funcionário dos correios"*.

Freud, caso clínico do Homem dos Ratos: Foi esta última afirmação que me forneceu um ponto de partida de onde poderia começar a endireitar várias distorções de em sua história. Depois que o amigo devolveu-lhe à razão, ele mandou despachar a pequena quantia de dinheiro em questão, não ao tenente A. [David] nem ao tenente B. [Engel], mas diretamente para a agência de correios. Ele sabia, portanto, que devia o montante correspondente à remessa <u>a ninguém menos que o funcionário</u> [no masculino: *dem Postbeamten*] <u>dos correios</u>, e o sabia antes de ter iniciado sua viagem. No fim das contas, <u>ele sabia disso antes</u> de o capitão [Nemeczek] <u>fazer a solicitação</u> e antes mesmo de fazer o juramento; pois agora se lembrava de que, poucas horas antes de encontrar o cruel capitão, teve a oportunidade de se apresentar a outro capitão, <u>que lhe contara como as coisas funcionavam</u>. Este oficial, ao ouvir seu nome, dissera-lhe que estivera na agência pouco antes, e que <u>a jovem de lá</u> (*Postfräulein*) perguntara-lhe se conhecia algum tenente L. (ou seja, o paciente), para quem havia chegado a remessa, a ser paga no recebimento. O oficial respondera que não, mas a <u>jovem (*das Fräulein*) pensara que poderia confiar no tenente desconhecido e dissera que, enquanto isso, ela arcaria com as despesas. Foi dessa forma que o paciente obteve o pincenê que pedira</u>. O cruel capitão se equivocara quando, ao lhe entregar a remessa, pediu que ressarcisse as 3,80 coroas a A. [David], e <u>o paciente devia saber que se tratava de um engano</u>. Apesar disso, ele fizera um juramento com base em um engano, um juramento fadado a ser um tormento para ele.[112]

---

111 Freud, Original record of the ["Ratman"] case, *SE 10*, p.60: "Na manhã seguinte, eles [Lanzer e seu amigo, Galatzer] vão juntos à agência dos correios para enviar as 3,80 coroas à agência na Galícia".
112 Freud, Notes upon a case of obsessional neurosis, *SE 10*, p.172.

Não podemos deixar de nos espantar com as liberdades tomadas por Freud na história de seu paciente, bem como com a incongruência da narrativa com que a substitui. A jovem na agência de correio com a qual Lanzer fantasiou em seu quase-sono tornou-se um ator fundamental cujas palavras nos são relatadas. E ainda, esta burocrata do Império Austro-Húngaro decide pagar a tarifa por um desconhecido soldado em trânsito. E Freud agora alega – contradizendo suas próprias notas – que foi o capitão anônimo quem explicara tudo a Lanzer, e que o último soubera o tempo todo que o dinheiro não seria destinado a David ou a Engel. (Mas para quem o generoso oficial do correio entregou a remessa, e como ela foi acabar nas mãos do capitão Nemeczek? Não se sabe.)

Por que Freud resolveu recontar essa história? E por que tão forçosamente sustenta que Lanzer devia o dinheiro à jovem imaginária dos correios, e não ao tenente Engel? Não precisamos procurar muito para encontrar a resposta. Na seção intitulada "O complexo paterno e a solução da ideia dos ratos", Freud explica que a história do anônimo capitão reviveu no inconsciente de Lanzer uma identificação com o pai.

> **Freud, caso clínico do Homem dos Ratos:** Mas a informação de que a jovem na agência em Z [Spas] pagara o encargo do pacote, com um comentário complementar sobre si mesmo, intensificou sua identificação com o pai em outro sentido. Neste estágio da análise, ele apresentou algumas informações novas ao dizer que o proprietário da estalagem no pequeno lugar onde ficava a agência tinha uma bela filha. Ela definitivamente estimulou o jovem e sagaz oficial, de modo que este pensou em retornar para lá ao fim das manobras e tentar a sorte com ela. Pois agora, contudo, ela possuía uma rival na forma da jovem da agência. Como o pai na história de seu casamento, ele poderia agora hesitar sobre a qual das duas conceder seus favores quando terminasse o serviço militar.[113]

Agora entendemos por que Freud parece tão impelido a inserir a generosa funcionária dos correios na narrativa: para estabelecer uma contraparte à bela filha do dono da estalagem e, assim, criar uma simetria antes inexistente (e não menos construída – vide exemplo 4) com a história do pai de Lanzer, que supostamente hesitara entre a garota pobre e a rica.[114] Freud parece ter

---
113 Freud, Notes upon a case of obsessional neurosis, *SE 10*, p.211.
114 Neste cenário, a jovem dos correios obviamente corresponde à moça pobre, e a filha do proprietário da pousada, à moça rica. Compare a versão proposta por Lacan, para quem o objeto da fantasia do Homem dos Ratos é "saldar a dívida para com a jovem pobre": "o verdadeiro objeto do tentador desejo do sujeito de retornar ao lugar onde está a pobre jovem não é, de modo algum, esta mulher; trata-se de uma personagem que, na história recente,

inventado o episódio para fazer a narrativa do paciente coincidir com suas hipóteses edípicas. Pode-se perguntar se isso não se aplica também ao que foi dito sobre a filha do proprietário da estalagem, que não aparece em lugar algum das notas manuscritas. Independentemente de não haver jovem alguma, ou apenas uma, permanece o fato de que não existem evidências de uma competição entre as duas jovens e, consequentemente, nenhuma simetria entre as histórias do pai e do filho. Tal simetria, incluída na íntegra na engenhosa "solução da ideia dos ratos" proposta por Freud, parece não existir.

Exemplo 6: Em 30 de novembro de 1907, Lanzer relata várias anedotas do período em que o pai foi soldado.

> **Freud, notas de análise de 30 de novembro de 1907:** Em dada ocasião, seu pai tinha dez florins do dinheiro regimental nas mãos para sanar certas despesas. Ele perdeu parte disso em um jogo de cartas com outros homens, caiu na tentação de seguir jogando e perdeu o restante. Lamentou a um companheiro que teria de se matar. "Por favor, se mate", disse o outro, "um homem que faz algo assim merece se dar um tiro", mas em seguida emprestou-lhe o dinheiro. <u>Após terminar o serviço militar, seu pai tentou encontrar o homem, mas fracassou. (Terá ressarcido o dinheiro?)</u>[115]

Devemos notar que o paciente diz apenas que seu pai tentara em vão encontrar o homem após deixar o exército, não que o objetivo de sua busca foi reembolsá-lo (não há nada no texto que nos convença a pensar que havia saldado a dívida antes disso). Parece ser *Freud* quem, elaborando suas notas naquela mesma noite, pergunta-se entre parênteses se o pai chegou a pagar a dívida e quem, ao rever subsequentemente tais notas, sublinha a lápis esta passagem que chama sua atenção.[116] É fácil compreender por que ele faz essa pergunta: o sintoma que levara Lanzer a consultá-lo foi uma inibição compulsiva que o impedia de reembolsar uma quantia que fora emprestada durante manobras militares. Freud, refletindo sobre a sessão daquele dia,

---

 está no lugar da personagem da mulher pobre. Ela é uma serva da pousada com quem se encontra durante as manobras, na atmosfera de ardor heroico característico da fraternidade histórica, e com quem ele cedeu à peculiar trapaça dessa generosa fraternidade. É uma questão de saldar, de alguma forma, a dívida para com a jovem pobre" (Lacan, *Le mythe individuel du névrosé ou "Poésie et Vérité" dans la névrose*, p.19; grifo nosso). Vemos que a interpretação estrutural de Lacan não toma menos liberdades com o caso clínico de Freud do que Freud com o relato de Lanzer. Ao final, indagamo-nos do que exatamente estamos falando.

115 Freud, Original record of the ["Ratman"] case, *SE 10*, p.290.
116 Como vimos anteriormente (nota 101), as marcas a lápis foram posteriores às marcas a tinta.

fica espantado com a analogia entre as duas situações;[117] pergunta-se se o pai pagou a dívida antes de deixar o exército ou se, por outro lado, tentou em vão fazê-lo depois – caso em que a simetria entre pai e filho seria perfeitamente clara. Mas não há indícios de que tenha perguntado a Lanzer: a sessão seguinte, que se dá após o intervalo de uma semana, toma uma direção completamente distinta, e a pergunta jamais reaparece nas notas.

Quatro meses depois, Freud volta a mergulhar em suas notas para preparar uma palestra de quatro horas sobre o caso Lanzer, que deverá proferir em 27 de abril de 1908, na "Reunião de psicólogos freudianos", em Salzburgo.[118] Nesse meio-tempo, Jung vinha insistindo em lhe pedir que apresentasse um de seus casos, ao invés de uma "declaração de princípio", como pretendia de início.[119]

> **Jung a Freud, 11 de março de 1908:** Peço-lhe uma apresentação *casuística*. Todos poderemos acompanhá-la. Para meu gosto, ainda preferiria isso a sua sugestão de falar sobre psicanálise.[120]

Era claro que Jung torcia para que Freud finalmente fornecesse as descrições detalhadas de uma análise concluída, algo por que todos esperavam. Freud, que surpreendentemente parecia ter poucas análises concluídas (em 1908!), decidiu no último instante dar uma palestra sobre Lanzer, apesar de esta análise não estar "terminada".

> **Freud a Jung, 13 de março de 1908:** Ora, quanto a minha palestra – desisto. [...] Um relato sobre um caso em que estou agora envolvido pode, em último caso, ser condensado em uma hora, mas o caso não está terminado, faltam a fase decisiva e o desfecho, não se pode cantar vitória etc. Caso termine mal, quero estar livre para substituir outra coisa; quem sabe o que pode acontecer em seis semanas?[121]

---

117 Nas margens do manuscrito, Freud escreveu a tinta (e assim, presumidamente, no mesmo dia): "transferência paterna".
118 Sobre esta conferência, da qual não temos indícios, ver Jones, *The life and work of Sigmund Freud*, v.2, p.42, bem como o "relatório" nada esclarecedor de Rank (resenha da apresentação de Freud sobre o caso do Homem dos Ratos na reunião psicanalítica privada, ocorrida em Salzburgo, 27 de abril de 1908, *Zentralblatt für Psychoanalyse*, v.1). De acordo com uma carta de Freud a Édouard Claparède, datada de 24 de maio de 1908, depositada no acervo do Arquivo Claparède em Genebra (e agradecemos a Anthony Stadlen por nos alertar de sua existência), Franz Riklin realizou um relatório relativamente extenso da conferência de Freud, destinado, ao que parece, aos *Archives de psychologie* de Claparède. Infelizmente, não conseguimos localizar este documento.
119 Freud e Jung, *The Freud/Jung letters*, p.131.
120 Ibid., p.135.
121 Freud e Jung, *The Freud/Jung letters*, p.136.

Este caso brindava Freud com a feliz oportunidade de apresentar uma "defesa e ilustração" de sua teoria de neurose obsessiva, que Janet criticara em sua obra monumental *Obsessions and psychasthenia* [Obsessões e psicastenia].¹²² Assim, dado o que estava em jogo, era urgente que Freud "terminasse" a análise de Lanzer. Em 8 de abril, durante uma reunião da Sociedade Psicanalítica de Viena, Freud anunciou que havia descoberto a solução para a "ideia dos ratos" (uma "solução", notemos, que é apenas um rascunho preliminar do que será apresentado no caso clínico publicado).

> **Minutas da Sociedade Psicanalítica de Viena, reunião de 8 de abril de 1908:** Relatos do professor Freud sobre a solução para a ideia dos ratos no neurótico obsessivo; significa [...] a identificação com o pai, que também esteve no exército e lá contraiu uma dívida de jogo; um amigo emprestou dinheiro ao pai para saldar a dívida; seu pai <u>provavelmente</u> nunca pagou tal dívida, <u>já que era um "*Spielratte*"</u> [rato de jogos].¹²³

Evidentemente, Freud ainda não havia feito o esforço de indagar ao paciente acerca desse ponto bastante crucial. Em suas notas, Lanzer afirmou que o pai jamais localizou o amigo, o que deixou apenas duas possibilidades abertas: ou seu pai ressarciu-lhe *antes* do final do serviço militar, ou ele *jamais* lhe ressarciu. Não obstante, Freud afirma aqui que ele *provavelmente* jamais lhe ressarciu, o que torna bastante claro que ele não sabia mais acerca disso que antes.¹²⁴ A única razão que Freud fornece para nos fazer acreditar que o pai "provavelmente" nunca pagou a dívida é de que ele era um *Spielratte* – uma

---

122 Janet, *Les obsessions et la psychasthénie*, v.1, p.454, 621, 641-2.
123 Nunberg e Federn, *Minutes of the Vienna Psychoanalytic Society*, v.1, p.370-1.
124 Isso tenderia a corroborar a hipótese de Patrick Mahony, segundo a qual Freud teria visto Lanzer de forma apenas esporádica após 20 de janeiro de 1908, a data em que terminam as notas de análise: "Minha suspeita é de que, depois de 20 de janeiro [de 1908], Freud tenha atendido o Homem dos Ratos intermitentemente até abril, e depois disso com ainda menos regularidade, justificando portanto a ausência de outra referência ao paciente nas reuniões da Sociedade Psicanalítica de Viena" (Mahony, *Freud and the Rat Man*, p.81). Se aceitarmos isso, o tratamento de Lanzer, que Freud afirma no caso clínico ter durado "cerca de um ano" (Freud, Notes upon a case of obsessional neurosis, *SE 10*, p.155), teria, na verdade, durado menos de quatro meses, seguido de algumas poucas sessões individuais. Esta hipótese forneceria a explicação oportuna da razão pela qual o caso publicado, como nota Hawelka, "acrescenta muito poucas informações ao que já aparece no manuscrito" (Freud, Original record of the ["Ratman"] case, *SE 10*, p.12). A hipótese de Mahony, contudo, parece ser refutada pela carta de Freud a Édouard Claparède em 24 de maio de 1908, em que Freud declina do convite de Claparède para publicar sua conferência de Salzburgo nos *Archives de psychologie*: "Outra razão impeditiva é que o paciente em questão não terminará seu tratamento até julho, o que significa que um relatório definitivo do caso seria, no presente momento, impossível" (Arquivo Claparède, Genebra).

associação decerto bastante espantosa, mas que está ausente de suas notas manuscritas. Devemos supor, portanto, que essa associação sobreveio a Lanzer durante uma sessão após o dia 20 de janeiro? Continuemos a acompanhar a evolução do caso clínico.

> **Freud, caso clínico do Homem dos Ratos:** Como sempre aconteceu com o paciente em relação a assuntos militares, ele entrou em um estado de identificação inconsciente com o pai, que passara muitos anos em serviço e estava repleto de histórias de seus dias de soldado. [...] Seu pai, em sua função de suboficial, estava em posse de uma pequena quantia de dinheiro e uma vez a perdeu nas cartas. (Tendo sido, assim, um *Spielratte*.) Estaria em grandes apuros se um de seus companheiros não tivesse lhe emprestado a quantia. Após deixar o exército e enriquecer, tentou encontrar este necessitado amigo para lhe ressarcir o dinheiro, mas não conseguiu encontrá-lo. O paciente não sabia se ele conseguira em algum momento devolver o dinheiro. A lembrança desse pecado da mocidade do pai era-lhe dolorosa. [...] As palavras do capitão, "Você deve pagar as 3,80 coroas ao tenente A.", soaram a seus ouvidos como uma alusão a esta dívida não saldada do pai.[125]

> **Freud, caso clínico do Homem dos Ratos:** Dessa forma, os ratos passaram a significar *"dinheiro"*. [...] Todas suas ideias ligadas ao tema eram, por meio da ponte verbal *"Raten – Ratten"* ["prestações" – "ratos"], conduzidas a sua vida obsessiva e colocadas sob domínio do inconsciente. Ademais, o pedido do capitão de retribuir a tarifa paga pela remessa serviu para fortalecer o significado pecuniário dos ratos, por meio de outra ponte verbal *"Spielratte"*, que remetia diretamente à má conduta de jogo do pai (*Spielverfehlung*).[126]

Esta última passagem tende a reforçar nossa suspeita da associação *Spielratte*, já que o contexto em que aparece indica claramente que ela funciona como uma "ponte verbal", da qual o paciente não tem consciência – e foi assim "construída" pelo analista para as demandas de sua linha de raciocínio. Parece ser Freud, e não Lanzer, que caracteriza o pai como um *Spielratte*, de modo a aumentar a "probabilidade" de que ele nunca tenha saldado sua dívida. De qualquer forma, Freud agora trata a probabilidade como uma certeza: o caso clínico fala da *"dívida não paga"* do pai, de seu "pecado" e sua *"má conduta de jogo"*. Somos inclusive informados de que ele tentou em vão localizar o amigo *"para lhe ressarcir o dinheiro"* – algo que não

---

125 Freud, Notes upon a case of obsessional neurosis, *SE 10*, p.210-1.
126 Ibid., p.213-4.

consta que o filho tenha dito a Freud (e se o fez, por que Freud, nas notas, questiona se o pai chegou a pagar a dívida?).

Pesaroso, Freud acrescenta: "O paciente não sabia se ele havia conseguido em algum momento devolver o dinheiro", atribuindo assim uma incerteza a Lanzer que era, na verdade, dele próprio no momento de elaboração de suas notas. Nesse meio-tempo, teria Freud questionado Lanzer sobre o assunto, e teria este informado a Freud que não sabia se o pai saldara a dívida? Mas esta questão apenas aumenta nossa confusão, porque, se Lanzer não sabia se o pai "conseguira" localizar o amigo e devolver a soma que lhe devia, como Freud sabe que ele *não* o encontrara – se não pelas notas, a versão que ele sustenta neste ponto sem perceber que se contradiz? E, acima de tudo, o que autoriza Freud a atribuir as dúvidas do paciente ao fato de que "a lembrança deste pecado da mocidade do pai era-lhe dolorosa", se o próprio paciente não sabia se o pai sanara ou não sua dívida – em suma, se ele pecara ou não? Na realidade, o testemunho do paciente apenas é invocado para que Freud o desqualifique imediatamente em favor da hipótese que prefere. Mesmo assim, no processo Freud terá criado a ilusão *de que houve um relato desse gênero fornecido por Lanzer e de que sua insistência de que a dívida do pai jamais tenha sido sanada advém do próprio Lanzer*. Mas não há evidências nas notas de análise que apoiem essa percepção, ao passo que as contradições na versão publicada sugerem que Freud não obteve nenhuma confirmação de sua hipótese pelo paciente. A dívida não paga do pai, este elemento-chave para a "solução da ideia dos ratos" – e tantas outras reinterpretações pós-freudianas do caso –, parece ter existido apenas na mente de Freud. E ainda somos todos persuadidos a acreditar que esta foi, na verdade, uma lembrança relatada pelo famoso "Homem dos Ratos".

> **Lacan:** É reconhecendo a subjetivação da dívida obsessiva – no cenário das vãs tentativas de restituição, um cenário que expressa muito perfeitamente seus termos imaginários para que o sujeito sequer tente representá-lo, a pressão de sanar a dívida sendo explorada pelo sujeito até o ápice da ilusão – que Freud atinge seu objetivo. Trata-se do objetivo de levar o sujeito a redescobrir – na história da falta de delicadeza do pai, seu casamento com a mãe do sujeito, a "bela porém miserável garota", sua machucada vida amorosa e o ingrato esquecimento do amigo benfeitor – nesta história, assim como a fatídica constelação que presidiu o sujeito desde o nascimento, a impreenchível lacuna constituída pela dívida simbólica da qual sua neurose é um ato de protesto.[127]

---

127 Lacan, *Écrits*, p.249.

Lacan: [A "verdade profunda" do Homem dos Ratos] situa-se apenas naquilo a que Freud se refere aqui como a "cadeia de palavras" – o que, fazendo-se escutar tanto na neurose quanto no destino do sujeito, estende-se além dele enquanto indivíduo – e consiste no fato de que a [...] falta de boa-fé conduziu o casamento do pai e que a ambiguidade em si mesma encobriu uma fissura na confiança em assuntos de dinheiro, o que, provocando a dispensa de seu pai do exército, determinou a decisão deste sobre com quem se casar.[128] Ora, essa corrente, que não é feita de acontecimentos puros (todos ocorridos, de qualquer modo, antes do nascimento do sujeito), mas de um fracasso (que foi talvez mais sério por ter sido o mais sutil) em viver de acordo com a verdade do discurso e de uma infâmia mais prejudicial a sua honra – a dívida engendrada pelo fracasso lançando uma sombra, ao que parece, sobre todo o casamento dos pais, e a dívida engendrada pela infâmia nunca sendo saldada –, concede o significado pelo qual podemos compreender o simulacro da redenção que o sujeito fomenta até chegar ao cúmulo de sua ilusão no curso do grande transe obsessivo que o leva a pedir a ajuda de Freud.[129]

O RETORNO DO HOMEM DOS LOBOS

Consideremos agora um último exemplo. Até o presente momento, utilizamos as notas de análise de Freud para revelar, por simples comparação, a reescrita de dados de observação em seus casos clínicos. Não se trata, contudo, do único meio disponível ao historiador para desenterrar o trabalho interprefactivo escondido atrás da fachada narrativa das "histórias dos pacientes" de Freud. Quando se está pronto para assumir o papel de detetive, pode-se também desafiar o sigilo médico invocado por Freud e tentar encontrar os próprios pacientes – ou seus amigos e parentes – para pedir-lhes *suas* versões da história. É uma tarefa morosa, repleta de incertezas (alguns despenderam toda a carreira como pesquisadores fazendo isso), mas, na ausência das notas de análise, é muitas vezes o único modo à disposição para descobrir um ponto de referência externo para os casos clínicos de Freud. Ao longo dos anos, as identificações de

---

128 Uma vez mais observamos que as revisões narrativas de Lacan não são menos ostensivas que as de Freud: onde, exatamente, Lacan encontra que o pai de Lanzer foi dispensado do Exército e que foi esta a razão de seu matrimônio?

129 Lacan, *Écrits*, p.293. Veja também Lacan, *Le mythe individuel du névrosé ou "Poésie et Vérité" dans la névrose*; sobre a releitura de Lacan do "Homem dos Ratos", em termos de "dívida simbólica", ver Forrester, Lacan's debt to Freud. In: Dufresne (Ed.), *Freud, Lacan, and Beyond*.

"Anna O.",[130] "Emmy von N.",[131] "Elisabeth von R.",[132] "Cäcilie M.",[133] "Katharina",[134] "Mr. E",[135] "Dora"[136] etc. permitiram aos historiadores abrir as caixas-pretas desses "casos" famosos, revelando as consideráveis discrepâncias entre as histórias de Freud e os testemunhos dos próprios pacientes, ou de seus amigos próximos e familiares.

Exemplo 7: O "golpe de sorte" mais brilhante nesse aspecto é, sem dúvida, a descoberta da verdadeira identidade do Homem dos Lobos, em 1973, pela jornalista austríaca Karin Obholzer. No ano anterior, a filantropa/psicanalista Muriel Gardiner publicara as "Memórias" anônimas do Homem dos Lobos, um documento tocante em homenagem à psicanálise. O texto foi inserido entre um prefácio de Anna Freud e dois artigos de Ruth Mack Brunswick e da própria Gardiner dedicados ao paciente exemplar de Freud – o único entre os seus " disposto a cooperar ativamente na reconstrução e no prosseguimento de seu próprio caso".[137] O Homem dos Lobos, sabemos pelo livro, levou uma vida pacífica recolhido em Viena, onde fez carreira em uma companhia de seguros após a perda de sua fortuna na Rússia. Sua identidade, como se soube, não parecia um segredo para o grupo de psicanalistas que foram visitá-lo e questioná-lo acerca de sua análise com Freud. Intrigada, Karin Obholzer decidiu encontrá-lo para escrever um artigo sobre ele.

> **Karin Obholzer:** Foi relativamente fácil. Freud, no caso clínico, dá ao Homem dos Lobos o nome de Sergei P., e eu sabia pelo livro de Muriel Gardiner que ele ainda morava em Viena. Assim, comecei a procurar em "P" na lista telefônica. Não o encontrei ali, mas talvez ele simplesmente não possuísse um telefone (o que era o caso, como vim a saber). Deste modo, busquei-o no chamado "livro de endereços". Não creio que esse livro de endereços exista mais, mas na época todos que alugavam um apartamento em Viena em determinado ano eram listados ali. Estava à procura de um nome russo, e, como a segunda letra do verdadeiro sobrenome do Homem dos Lobos é "A", não demorou muito para achar: Pankejeff, Sergius. Tinha que ser ele![138]

---

130 Ellenberger, The story of "Anna O.", *Journal of the History of the Behavioral Sciences*, v.8, n.3, p.267-7.
131 Ellenberger, L'histoire d'"Emmy von N.", *L'évolution psychiatrique*, v.42, n.3, p.519-40; Andersson, A supplement to Freud's case history of "Frau Emmy v. N.", *Scandinavian Psychoanalytic Review*, v.2, n.5, p.5-16.
132 Gay, *Freud*, p.72.
133 Swales, Freud, his teacher and the birth of psychoanalysis. In: Stepansky (Ed.), *Freud*, v.1.
134 Swales, Freud, Katharina, and the first "wild analysis". In: Stepansky (Ed.), *Freud*, v.3.
135 Swales, *Freud, his Ur-patient, and their romance of Oedipus and their descent into pre-history.*
136 Decker, *Freud, Dora, and Vienna 1900*, p.14.
137 Anna Freud, em Gardiner, *The wolf-man and Sigmund Freud*, p.xi.
138 Entrevista com Karin Obholzer, Viena, 15 de março de 1994.

Sergius Constantinovitch Pankejeff, que recebia dinheiro do Arquivo Sigmund Freud,[139] e ao redor do qual Kurt Eissler e Muriel Gardiner estabeleceram um cerrado cordão sanitário,[140] parece ter se entusiasmado bastante ao ser descoberto por alguém de fora da Associação Psicanalítica Internacional. Tendo ganhado sua confiança, Obholzer logrou convencê-lo a conceder uma série de entrevistas, apesar da pressão que sofreu de Eissler e Gardiner para que recusasse o pedido.[141] Porém Pankejeff impôs a condição de que as entrevistas não fossem publicadas antes de sua morte. Ao lê-las, logo descobrimos por quê: perto do final de uma vida passada em obediente conformidade com o papel de "Homem dos Lobos", Pankejeff voltou-se contra seus benfeitores e invalidou, com um toque de vingança, muito do que Freud, Mack Brunswick e Gardiner escreveram sobre ele. Em essência, os três afirmavam que seus diferentes períodos de análise com Freud (1910-1914, 1919-1920) e Mack Brunswick (1926-1927, 1929-?, 1938) permitiram que ele tivesse uma vida normal e produtiva.

Freud, 1923: Despedi-me dele [em 1914] considerando-o curado. [...] Desde então [da nova análise do Homem dos Lobos em 1919-1920], o paciente sentiu-se normal e comportou-se de modo irrepreensível.[142]

Freud, 1937: Seu bom estado de saúde foi interrompido por ataques de doença que só podem ser interpretados como ramificações de sua perene neurose. Graças à perícia de uma de minhas pupilas, a Dra. Ruth Mack Brunswick, um curto período de tratamento levou ao fim tais estados em todas as ocasiões.[143]

---

139 Cinco mil xelins austríacos por mês, enviados por Kurt Eissler (entrevista com Karin Obholzer, Viena, 15 de março de 1994). E Muriel Gardiner enviava ocasionalmente somas muito maiores (de até 12 mil xelins), como "adiantamentos" de direitos autorais de suas "Memórias", em troca de recibos assinados por ele (Muriel Gardiner a Sergiu Pankejeff, 1º de novembro de 1976, Acervo Muriel Gardiner, Divisão de Manuscritos, Biblioteca do Congresso, Washington, D.C.). Ela também pagava seus impostos. Wilhelm Solms, presidente da Sociedade Psicanalítica de Viena, fornecia análise gratuita; ela era paga, na realidade, pelo Arquivo Freud.
140 Gardiner, por exemplo, não lhe encaminhava a correspondência dos leitores de suas "Memórias", coisa da qual ele se queixava com amargura (Obholzer, *The wolf-man*, p.46). Esse embargo epistolar não se aplicava, contudo, às cartas de analistas como Richard Sterba, Frederick S. Weil, Alfred Lubin ou Leo Rangell (Acervo Sergius Pankejeff, Divisão de Manuscritos, Biblioteca do Congresso, Washington, D.C.).
141 Ver relato introdutório de Obholzer (*The wolf-man*). Ver também a carta de Sergius Pankejeff de 18 de julho de 1974 a Muriel Gardiner, em que menciona a proposta de Obholzer: "Dr. Eissler é da opinião, assim como o Dr. Solms, de que devo declinar da proposta" (Acervo Muriel Gardiner, Divisão de Manuscritos, Biblioteca do Congresso, Washington, D.C.).
142 Freud, From the history of an infantile neurosis, *SE 18*, p.122.
143 Freud, Analysis terminable and interminable, *SE 23*, p.218.

Ruth Mack Brunswick: Os resultados terapêuticos [da análise de Pankejeff com Mack Brunswick] foram excelentes e assim permaneceram, segundo minha última informação, em 1940, apesar de grandes crises pessoais.[144]

Muriel Gardiner: Não pode haver dúvidas de que a análise de Freud salvou o Homem dos Lobos de uma existência deficiente, e a reanálise da Dra. Brunswick venceu uma séria crise aguda, ambas permitindo ao Homem dos Lobos conduzir uma vida sadia, longa e tolerável.[145]

Nem tanto, retorquiu Pankejeff. Sessenta anos após sua primeira análise com Freud, ele ainda sofria de ruminações obsessivas e ataques de depressão profunda,[146] apesar do subsequente e quase constante tratamento analítico que recebeu desde então (após a guerra, fez várias análises com Alfred von Winterstein,[147] uma analista não identificada – Eva Laible? – e Wilhelm Solms; deve-se acrescentar uma permanência na clínica de aconselhamento psicanalítico em 1955,[148] bem como "conversas analiticamente dirigidas" com Kurt Eissler, quando este retornava a Viena durante o verão).[149]

---

144 Gardiner, *The wolf-man and Sigmund Freud*, p.263-4. Texto escrito após o colapso de Pankejeff depois do suicídio da esposa, em 1938, o que demandou um novo período de análise com Mack Brunswick em Paris, e depois em Londres.
145 Ibid., p.366.
146 Gardiner enviou-lhe drogas psicotrópicas (Dexamil) dos Estados Unidos; ver Obholzer, *The wolf-man*, p.209-10; ver também a carta de Kurt Eissler a Muriel Gardiner em 7 de março de 1965, Acervo Muriel Gardiner, Divisão de Manuscritos, Biblioteca do Congresso, Washington, D.C.). Após encontrar Pankejeff em Paris, Marie Bonaparte escreveu a Jones em 18 de junho de 1954: "Ele me parece um homem muito doente" (Jones Papers, Arquivo da British Psycho-Analytical Society). De acordo com documentos recentemente abertos da Biblioteca do Congresso em Washington, D.C., Kraepelin, com quem Pankejeff estivera em tratamento antes do atendimento de Freud, diagnosticara-o como sofrendo de um estado maníaco-depressivo de natureza hereditária: "Fomos ver Kraepelin, que conhecia meu pai muito bem, já que ele o visitava com frequência em seu consultório. [...] No que diz respeito ao diagnóstico, ele era da opinião de que, como meu pai, eu sofria de estados maníaco-depressivos. Exatamente como ele, eu tinha depressão, também de natureza cíclica" (entrevista datilografada com Kurt Eissler, de 29 de julho de 1952, IV, p.13-4, Acervo Sigmund Freud, Divisão de Manuscritos, Biblioteca do Congresso, Washington, D.C.). Pankejeff, após décadas de análise, chegou à conclusão de que foi Kraepelin, e não Freud, quem enxergou seu caso corretamente: "Ah, Kraepelin, ele é o único que compreendeu alguma coisa!" (entrevista datilografada com Kurt Eissler, de 30 de julho de 1954, p.19, Ibid.).
147 Carta de Pankejeff a Eissler, 3 de dezembro de 1955 (Acervo Sergius Pankejeff, Divisão de Manuscritos, Biblioteca do Congresso, Washington, D.C.).
148 Gardiner, The wolf-man's last years, *Journal of the American Psychoanalytic Association*, v.31, p.872.
149 Gardiner, *The wolf-man and Sigmund Freud*, p.363.

Pankejeff: Na verdade, tudo parece uma catástrofe. Estou no mesmo estado de quando fui ver Freud pela primeira vez, e Freud já não existe.[150]

Pankejeff: Ao invés de me fazer bem, os psicanalistas me fizeram mal. [...] Essa foi a teoria, a de que Freud me curou cem por cento. [...] E é por isso que [Gardiner] recomendou que eu escrevesse minhas memórias. Para mostrar ao mundo como Freud curou uma pessoa gravemente enferma. [...] É tudo falso.[151]

O que dizer, então, da interpretação do pesadelo infantil de Freud, a "cena primeva", a relação *a tergo* dos pais três vezes seguidas? Pankejeff jamais acreditou nela, e nunca conseguiu recordá-la, ao contrário do que Freud faz os leitores acreditarem no caso clínico (ver o exemplo 3 anterior).

Pankejeff: Esta cena no sonho em que as janelas se abriam e assim por diante, e os lobos ficavam ali sentados, e a interpretação dele, não sei, essas coisas estão a quilômetros de distância. É terrivelmente forçada.[152]
Obholzer: Ele [Pankejeff] retornava ao tema com bastante frequência, e sempre insistia que jamais recordara a cena postulada por Freud. Freud lhe disse que a lembrança apareceria em algum momento, mas isso nunca aconteceu.[153]

E quanto à cena da criada Grusha, de gatinhas, que supostamente lhe fez lembrar a posição da mãe durante a cena primeva, à qual Freud atribuiu sua atração compulsiva por mulheres de condição social inferior? Mais uma vez, Pankejeff não se recordava disso.

Pankejeff: Não consigo me lembrar. Nem mesmo dessa Grusha. Ela era uma criada, creio eu. Mas não consigo me lembrar de detalhes.[154]

E seu gosto exclusivo por coito *a tergo*, em que Freud também viu um eco da cena primeva? Pankejeff negou categoricamente haver tido uma preferência particular por essa posição sexual.

Obholzer: Retornando à sexualidade: Freud diz em algum lugar que você preferia uma certa posição durante a relação, por trás...
Pankejeff: Bem, não era só isso, sabe...

---
150 Obholzer, *The wolf-man*, p.171-2.
151 Ibid., p.112-3.
152 Ibid., p.35.
153 Entrevista com Karin Obholzer, Viena, 15 de março de 1994.
154 Obholzer, *The wolf-man*, p.40.

Obholzer: ...que você gostava mais do que as outras posições.
Pankejeff: Mas isso depende da mulher, de como ela é constituída. Há mulheres com as quais só é possível de frente. Isso aconteceu comigo... Isso depende se a vagina está mais voltada para a frente ou para trás.
Obholzer: Entendo. De qualquer forma, escreve Freud: "Ele caminhava pelo vilarejo que fazia parte de sua propriedade, quando viu uma camponesa ajoelhada à margem da lagoa e passou a lavar roupas ali...".[155] Ele achava que você se apaixonava involuntariamente quando cruzava com algo assim. E "mesmo sua escolha final de objeto, que teve um papel tão importante em sua vida, *revela-se, por seus detalhes (ainda que não possam ser aqui mencionados)*, dependente da mesma condição..."[156]
Pankajeff: Isso não está correto.
Obholzer: Como assim?
Pankejeff: Não, não está correto.
Obholzer: Então por que Freud escreve isto?
Pankejeff: Com Therese, já que insiste nos detalhes, a primeira relação foi com ela sentada sobre mim.
Obholzer: Isto seria exatamente o contrário...[157]

De modo semelhante, Freud reduziu os problemas intestinais de Pankejeff e sua constipação persistente a seu desejo de ser penetrado pelo pai, como aconteceu à mãe durante a cena primeva, e à angústia de castração que sua fantasia feminina provocava nele. Já Pankejeff tinha uma explicação muito mais prosaica, e que não poderia ter deixado de compartilhar com Freud na época.

Pankejeff: Certa vez [antes da análise], tive diarreia, e o Dr. Drosnes veio até a propriedade [...]. Ele apanha do bolso uma pequena garrafa embrulhada em papel e diz: "Isto é calomelano". Vira um pouco em uma xícara e diz: "Tome". O resultado foi uma piora [...]. Na vez seguinte, digo-lhe que aquilo não ajudou, apenas piorou. E ele diz: "Não lhe dei o suficiente" [...]. Mais tarde, um clínico geral me contou que aquilo [calomelano] só era dado a cavalos, não a seres humanos. Preciso te contar que eu não conseguir comer nada durante todo o inverno [...]. Foi terrível. Todas as mucosas estavam irritadas. E o que aconteceu, por consequência?...
Obholzer: Constipação, imagino?

---

155 Freud, From the history of an infantile neurosis, *SE 18*, p.93.
156 Ibid.
157 Obholzer, *The wolf-man*, p.134.

Pankejeff: Sim, uma constipação quanto a qual nada podia ser feito [...]. E isso ficou comigo até hoje: meus intestinos não funcionam sozinhos. Tenho de tomar algo duas vezes por semana. É terrível o que esse homem fez.
Obholzer: Você não tinha dificuldades intestinais antes disso?
Pankejeff: Antes disso, tudo funcionava perfeitamente.[158]

Freud, contudo, alegou ter conseguido eliminar definitivamente esse sintoma durante a segunda análise de Pankejeff. De fato, em um apêndice ao caso clínico de 1923, ele escreveu que Pankejeff voltara para vê-lo em Viena e para elaborar um resquício transferencial que não havia sido resolvido.

Freud: Ele veio, então, a Viena e relatou que, imediatamente após o final do tratamento, foi tomado por uma vontade de se apartar de minha influência. Após alguns meses de trabalho, um fragmento da transferência que ainda não havia sido superado foi devidamente tratado.[159]

Freud nada mais diz sobre esse "fragmento de transferência", mas Ruth Mack Brunswick nos conta, em "Suplemento à 'História de uma neurose infantil'", que se tratava de sua constipação, que Freud parece ter considerado uma identificação transferencial com sua própria constipação crônica.[160]

Mack Brunswick: Ele [Pankejeff] voltou a Freud para alguns meses de análise, com o propósito, exitosamente realizado, de remover sua constipação histérica.[161]

Aqui, mais uma vez, protestos de Pankejeff. Não apenas sua constipação jamais foi curada, como sequer tinha sido essa a razão pela qual foi ver Freud. Na verdade, foi o próprio Freud quem insistira em realizar um segundo período de análise, apesar de seu desejo de voltar a Odessa para salvar a fortuna ameaçada pela Revolução Bolchevique.[162]

---

158 Ibid., p.47.
159 Freud, From the history of an infantile neurosis, *SE 18*, p.122.
160 Sobre a constipação de Freud, que ele apelidara de seu "Konrad", e para o que frequentemente buscava tratamento, ver Jones, *The life and work of Sigmund Freud*, v.2, p.59-60, 83.
161 Gardiner, *The wolf-man and Sigmund Freud*, p.266.
162 No princípio da análise, Odessa ainda estava sob controle britânico. Não foi esta a única vez em que Freud punha a análise à frente dos desejos pessoais e planos de Pankejeff: "Mas me recordo, certa vez eu quis ir a Budapeste por um ou dois dias, e Freud não me permitiu. [...] 'Há muitas mulheres bonitas em Budapeste; você corre o risco de se apaixonar por uma delas enquanto estiver lá!' [...]. Eissler: Por que o professor não queria que você se apaixonasse? Pankejeff: Penso que acreditava que o tratamento não fosse prosseguir" (entrevista datilografada com Kurt Eissler de 30 de julho de 1952, V, p.9-10; Acervo Sigmund Freud, Divisão de Manuscritos, Biblioteca do Congresso, Washington,

Pankejeff: Quando visitei o professor Freud na primavera de 1919, a caminho de Freiburg, estava tão satisfeito com minha condição mental e emocional, que jamais pensei na possibilidade de precisar de mais tratamento psicanalítico.[163]

Pankejeff a Gardiner, 14 de setembro de 1970: Minha reanálise em 1919 não se deu a pedido meu, mas pelo desejo do próprio professor Freud.[164]

Obholzer: [Pankejeff] afirmou com frequência que seus quatro anos de análise com Freud lhe ajudaram. [...] O equívoco foi voltar a ver Freud em 1919.
M. B-J: Por que você diz que a segunda análise foi um equívoco?
Obholzer: Porque ele concordou em retomar a análise apesar de não querer. Fez uma visita a Freud a caminho de Freiburg, onde estava sua esposa Theresa com a filha agonizante, e Freud persuadiu-o a retornar [de Freiburg] a Viena para uma reanálise. *Essa* foi a "catástrofe". O Homem dos Lobos sempre culpou Freud por isso.[165]

Pankejeff: Aquela questão intestinal foi a razão pela qual permaneci com Freud na época. Ele falou: "É algo com o que ainda precisamos lidar"...
Obholzer: E o que aconteceu com seus problemas intestinais?
Pankejeff: Consegui atenuá-los algumas vezes por conta própria. E ele escreveu: "Conseguimos!" Nada disso! [...] E lhe disse [a Freud]: "Preciso partir, por conta dos assuntos financeiros". E ele respondeu: "Não, fique aqui. Ainda precisamos resolver isso e aquilo". E permaneci. E por isso foi tarde demais.[166]

Ao final, o que resta da construção psicanalítica de Freud? Não muito. Sem corroboração do paciente, a cena primeva permanece uma hipótese sem fundamento, assim como a angústia de castração que ela supostamente estimulou – e praticamente todo o resto que se seguiu na análise de Freud. Sem a cena com Grusha, não há como explicar as particularidades da vida amorosa de Pankejeff. Sem a preferência exclusiva pela relação por trás, não há razão para acreditar que tais práticas sexuais reencenaram a cena primeva. Sem a cura da constipação, não há motivos para dar crédito à explicação psicogênica de Freud acerca disso. E sem o "fragmento de transferência" a ser superado, de que, afinal, estamos falando?

D.C.). Freud também proibira Pankejeff de casar-se e ter filhos: "Freud não permitiu que P. se casasse, proibira-o de ter filhos" (Kurt Eissler, comentário sobre duas entrevistas com Pankejeff, 30 de julho de 1952, p.12, Ibid.).
163 Gardiner, *The wolf-man and Sigmund Freud*, p.111.
164 Ibid., p.142.
165 Entrevista com Karin Obholzer, Viena, 15 de março de 1994.
166 Obholzer, *The wolf-man*, p.47-8.

O caso clínico de Freud apenas se sustenta porque ele inventou, em cada intersecção narrativa, o que foi necessário para que a vida de Pankejeff coincidisse com a fábula teórica que estava confeccionando. A história do Homem dos Lobos não é a de Sergius Pankejeff, assim como as histórias do Homem dos Ratos e de Dora não são as de Ernst Lanzer e Ida Bauer. É um "romance psicanalítico" que dá forma a hipóteses, anima personagens teóricos e mascara as conjecturas do analista com cores vivas de realidade.[167] O fato de Pankejeff ter passado grande parte de sua vida representando o papel de Homem dos Lobos não muda nada: ele simplesmente se confundiu com o personagem escrito para ele no romance de Freud – até o momento em que resolveu sair da história e falar por si mesmo.

FREUD, O ROMANCISTA?

Em uma academia repleta de ceticismo em relação à cientificidade da Psicologia, e povoada de teorias literárias semióticas, hermenêuticas, pós-estruturalistas e desconstrutivistas, pode-se imaginar a seguinte réplica: "Bem, você destacou algumas das estratégias narrativas de que Freud se utiliza nos casos clínicos para sustentar a própria retórica positivista e criar a ilusão de uma ciência empírica. Mas sabemos há anos que Freud não era um cientista, mas um fenomenal homem das letras, um desses escritores que mudam o mundo brindando-nos com uma nova linguagem para descrevê-lo... É lógico que seus casos clínicos eram romances! Caso contrário, como teria ele apreendido a incrível complexidade de nossos pensamentos mais profundos, sua sobredeterminação, os absurdos que significam? Não vamos ao laboratório para obter um relato da ambiguidade e da ambivalência do desejo – o desejo que se volta contra si ou se perde no outro –, nós o fazemos com a caneta de um grande escritor. Repreendemos Stendhal, Dostoiévski ou Proust por não serem cientistas? Freud não deve ser comparado a Copérnico ou a Darwin; antes, deve ser comparado a Dante, Shakespeare e todos esses grandes narradores da alma humana. E falando nisso, Freud não recebeu o Prêmio Goethe?".

Esta defesa hermenêutico-narrativista de Freud e da psicanálise tornou-se hoje lugar-comum, mas ela se volta contra um fato inflexível: nada irritava Freud mais do que ser comparado a um romancista.

Freud: Um livro recente de Havelock Ellis [...] inclui um ensaio sobre a "psicanálise em relação ao sexo". O objetivo do ensaio é mostrar que os escritos do

---
167 Freud, *Leonardo da Vinci and a memory of his childhood*, *SE 11*, p.134.

criador da análise devem ser julgados não como parte de um trabalho científico, mas como uma produção artística. Não podemos deixar de considerar isso como uma nova investida da resistência e como um repúdio à análise, mesmo que disfarçado de amigável, de um modo até muito elogioso. Somos inclinados a afrontá-lo com a mais resoluta oposição.[168]

Essa rejeição do caráter literário não é de modo algum anedótico, visto que está diretamente relacionada à "vontade de cientificismo" (formulação de Isabelle Stengers) que definiu historicamente a psicanálise. Uma recusa em levá-la a sério implica uma recusa de levar a sério o projeto da psicanálise como tal, banindo-a a total insignificância. Como tantas outras tentativas ao final do século XIX de fundar uma Psicologia científica, a psicanálise alegava suplantar todas as formas anteriores de conhecimento. A Literatura, por sinal, apresentava um problema único para a psicanálise: que tema ainda não fora abordado por romancistas, poetas ou dramaturgos? Que recessos da alma humana poderia a psicanálise iluminar que já não foram explorados em grande profundidade? Como se poderia querer rivalizar – e submeter a leis universais – o inesgotável conhecimento da humanidade depositado na Literatura mundial? Na Literatura, a psicanálise olhava-se no espelho: um duplo, estranho e inquietante.

> **Freud a Arthur Schnitzler, 14 de maio de 1922:** Atormentei-me com a pergunta de por que, em todos esses anos, jamais tentei conhecê-lo e conversar com você. [...] Creio que o tenha evitado por uma espécie de relutância de conhecer meu duplo. [...] Sempre que fico profundamente absorto por suas belas criações, sinto encontrar sob a superfície poética os mesmos pressupostos, interesses e conclusões que considero meus. Seu determinismo, bem como seu ceticismo – o que as pessoas chamam de pessimismo –, suas preocupações com as verdades do inconsciente e das pulsões instintivas no homem, sua dissecação das convenções culturais de nossa sociedade, a morada de seus pensamentos quanto à polaridade do amor e da morte – tudo isso me toca com uma estranha sensação de familiaridade.[169]

De que modo, então, as histórias e os personagens da psicanálise eram tão distintos daqueles da Literatura? De que modo eram mais "verdadeiros"? O que poderia justificar a afirmação do psicanalista de que sabe mais da natureza humana que os escritores? Apenas com a atestação dogmática de

---

168 Freud, A note on the prehistory of the technique of analysis, *SE 18*, p.263.
169 Freud, *Letters of Sigmund Freud*, p.339.

"ruptura epistêmica" entre psicanálise e Literatura, restabelecendo assim uma assimetria entre Freud e seus duplos, a psicanálise poderia resolver satisfatoriamente a questão.

> **Freud, em seu septuagésimo aniversário:** Os poetas e filósofos antes de mim descobriram o inconsciente. O que descobri foi o método científico com o qual o inconsciente pode ser estudado.[170]

> **Freud:** Ora, quanto à discussão da importância que se deve conferir aos sonhos, escritores criativos parecem estar do mesmo lado do [...] autor de *A interpretação dos sonhos* [...] escritores criativos são valiosos aliados, e suas evidências devem ser altamente valorizadas, pois estão aptos a saber uma infinidade de coisas entre o céu e a terra que nossa filosofia ainda nem mesmo nos permitiu sonhar. [...] Se ao menos esse apoio concedido pelos escritores a favor do significado dos sonhos fosse menos ambíguo... Um olhar estritamente crítico poderá objetar que escritores não pendem nem a favor nem contra certos sonhos específicos possuírem significado psíquico; contentam-se em mostrar como a mente dormente estremece com as excitações que permaneceram ativas nela como derivações da vida desperta.[171]

Em 1909, houve uma discussão no interior da Sociedade Psicanalítica de Viena sobre o tema de *Elektra* de Richard Strauss, que acabara de ser encenado na Ópera de Viena. O libreto era assinado por Hugo von Hofmannsthal, que tinha razoável conhecimento de psicanálise. Freud, contudo, não gostou nem um pouco da obra.

> **Freud, minutas da Sociedade Psicanalítica de Viena de 31 de março de 1909:** Temos o direito de analisar a obra de um poeta, mas não é correto que o poeta faça poesias de nossas análises. Ainda assim, isso parece uma marca de nosso tempo. Os poetas se metem em todo tipo de ciências, e aí fazem um trabalho poético do conhecimento que adquiriram. O público tem toda razão em rejeitar esses produtos.[172]

O desejo de afirmar uma assimetria entre psicanálise e Literatura é aqui particularmente evidente: Freud realiza uma imposição, negando ao poeta o direito de usar a psicanálise como fonte de inspiração, enquanto se dá o

---
170 Comentários citados em Trilling, *The liberal imagination*, p.34.
171 Freud, *Delusions and dreams in Jensen's Gradiva*, p.8-9.
172 Nunberg e Federn, *Minutes of the Vienna Psychoanalytic Society*, v.2, p.189. Ver Shamdasani, Psychoanalysis in the mirror of literature. In: *Richard Strauss' Elektra*.

direito de colocar o poeta no divã. A psicanálise afirmou sua hegemonia sobre a Literatura sujeitando-a unilateralmente a suas interprefacções. Seguiu-se um século de "crítica literária psicanalítica". Era fundamental para Freud que os leitores acreditassem na natureza científica de suas interpretações e construções – era este o único modo de firmar a supremacia da psicanálise sobre as hermenêuticas rivais e, assim, representar a psicanálise como a única maneira possível de as pessoas compreenderem suas próprias vidas e as dos outros.[173] Sem tais pretensões científicas, a psicanálise nada mais é que uma interpretação entre muitas outras no grande mercado das hermenêuticas psicológicas, religiosas e literárias. A questão, portanto, não é saber se os escritos de Freud permitem que lancemos alguma luz sobre a condição humana, como qualquer escritor talentoso pode fazer. Antes, é saber por que devemos atribuir um *status* especial e incomparável a seus escritos e por que tantas pessoas fizeram exatamente isso durante o século XX. Podemos acrescentar: se avaliarmos a psicanálise por critérios puramente hermenêuticos ou estéticos, há motivos para considerá-la deficiente. Simular ciência pode não ser o melhor modo de escrever uma grande literatura.

> **Jean Cocteau:** Não podemos confundir a escuridão de que falo e esta para onde Freud manda seus pacientes descerem. Freud assaltou alguns apartamentos caindo aos pedaços. Retirou móveis medíocres e fotografias eróticas. Jamais elevou o anormal ao transcendental. Nunca fez homenagem às grandes enfermidades. Ele forneceu um confessionário para os desgraçados. [...] A chave de Freud para os sonhos é incrivelmente ingênua. Aqui, o simples é batizado de complexo. Suas obsessão sexual era destinada a seduzir uma sociedade ociosa para a qual sexo era seu eixo. [...] A sexualidade não é, pelo que inferimos, desprovida de função. Da Vinci e Michelangelo o provaram, mas seus segredos não guardam nenhuma relação com as retiradas de Freud. [...] O erro de Freud foi ter transformado nossa escuridão em um item de estoque, o que a torna impalatável; e tê-la descerrado, quando é insondável e incapaz de ser aberta parcialmente.[174]

---

173 Para uma crítica inicial e penetrante da confusão reducionista que Freud implementou entre a compreensão hermenêutica e a explicação causal própria das ciências naturais, ver Jaspers, *Allgemeine Psychopathologie*. Para a reutilização dessa crítica em uma defesa hermenêutica da psicanálise, ver Habermas, *Knowledge and human interests*, caps. 10 e 11; Ricœur (*Freud and Philosophy*; e The question of proof in Freud's psychoanalytic writings. In: *Hermeneutics and the Human Sciences*). Em linhas gerais, para Habermas e Ricœur, a psicanálise pode se salvar como uma hermenêutica caso abandone seu "autoengano científico"; para Jaspers, esse autoengano estampou irremediavelmente a psicanálise como uma hermenêutica *ruim*.

174 Cocteau, *Journal d'un inconnu*, p.39-42.

– 4 –

VIGIANDO O PASSADO

Tenho vasta experiência no que as pessoas relatam ter discutido com meu pai, ou que o ouviram dizer, e é sempre mentira.

(Anna Freud a Kurt Eissler, 27 de janeiro de 1951)[1]

No início deste livro, postulamos a questão de por que a psicanálise – uma disciplina que supostamente trata do passado – é tão alérgica à história. O motivo agora é claro: a investigação histórica, por sua própria natureza, representa uma ameaça aos fundamentos da psicanálise, a sua própria identidade. Não apenas porque os historiadores separaram a teoria de Freud da pletora de lendas que a rodeavam, como se fosse uma questão de libertar a semente empírica e racional da psicanálise de seus envoltórios míticos, políticos e especulativos. Ao tornar evidentes as discrepâncias entre os relatos de Freud e o material que abordou, ao demonstrar o processo de construção que as narrativas lendárias foram plantadas para ocultar, ao revelar a fabricação de fatos psicanalíticos antes de sua cristalização em objetos de consenso cultural, a obra dos historiadores de Freud evidenciou que jamais existiu essa semente.

---

1 Acervo Anna Freud, Divisão de Manuscritos, Biblioteca do Congresso, Washington, D.C.

Não se trata de sugerir que os historiadores enfim desvelaram a verdade dos relatos de Freud ou de seus pacientes. O fato de Sergius Pankejeff ou Ernst Lanzer, por exemplo, terem rejeitado essa ou aquela interpretação de Freud nada nos diz acerca da validade ou da utilidade desta. Os pacientes de Freud não são necessariamente mais confiáveis que Freud, e suas discordâncias com ele faziam parte do jogo da análise, do conflito de interpretações.[2] Contudo, ao trazer à luz a arbitrariedade por trás das interprefacções narrativas de Freud, a pesquisa histórica relativiza e deslegitima a teoria da psicanálise com muito mais eficácia do que qualquer crítica epistemológica. Ao invés de tentar demonstrar que Freud não poderia provar (verificar, testar, validar) o que propôs – o que nunca impediu as pessoas de se convencerem da força persuasiva de seus relatos –, a crítica histórica põe em questão o pacto hermenêutico entre Freud e seus leitores revelando a falibilidade de seus textos e brindando-lhes com dúvidas. Como continuar a acreditar em tudo o que ele diz diante do acúmulo de meias-verdades, afirmações tendenciosas, equívocos estilísticos e importantes omissões? Por que continuar a lhe atribuir acesso privilegiado ao "inconsciente", uma vez que tenha ficado claro quanto ele continuamente o evoca para silenciar aqueles que estavam em desacordo? E por que devemos continuar a acreditar em seus autorretratos, e não nas declarações em contrário de alguns de seus pacientes, antigos colegas e adversários, dado que sabemos que ele manipulava os dados clínicos para fazer que dissessem o que queria? Em suma, Freud não pode mais ser considerado uma testemunha sempre confiável. Ou ainda, trata-se de uma testemunha como outras, e uma testemunha com interesses e apostas particulares em jogo.

Isso posto, não é de surpreender que os sucessores de Freud tenham feito de tudo para impedir o trabalho dos historiadores, censurando documentos, bloqueando o acesso aos arquivos do movimento psicanalítico e lançando campanhas de denúncia contra acadêmicos. Cumpria proteger o monopólio narrativo de Freud contra os relatos alternativos propostos por alguns de seus pacientes, rivais e historiadores. Sem isso, a psicanálise logo voltaria a ser uma narrativa terapêutica entre outras no florescente e competitivo mercado privado do bem-estar psicológico. A psicanálise

---

2 Particularmente verdadeiro para Pankejeff, que apresentou duas versões distintas da análise em suas *Memórias* e nas entrevistas com Obholzer. Um exemplo revela que sua memória não era sempre confiável: para Obholzer, sugeriria que jamais havia se correspondido com Jones, ao contrário do que este escrevera mais tarde em sua biografia de Freud (Obholzer, *The wolf-man*, p.154-5, 167-9; Jones, *The life and work of Sigmund Freud*, v.2, p.273); existem duas cartas enviadas por Pankejeff a Jones, em setembro de 1953 e em junho de 1954, em que pede a Jones que o ajude a publicar um de seus artigos em inglês (Jones Papers, Arquivo da British Psycho-Analytical Society).

teria se dissolvido em uma pletora de relatos divergentes e contestados, ao invés de reivindicar o lugar de única ciência da mente e forma preeminente de psicoterapia. Assim, a proliferação de narrativas foi interrompida para manter a versão única, inquestionável e inegociável. Isto não se deu porque os sucessores de Freud acreditavam necessariamente em todos os seus relatos – mas porque precisavam ser mantidos para que continuassem a sustentar e proteger a psicanálise e torná-la verdadeira. E haveria outro modo de torná-la verdadeira senão declará-la como tal – e jogar o jogo da verdade, o jogo da ciência? A história oficial da psicanálise tem sido uma defesa constante da lenda freudiana. E, como tal, teve um importante papel teórico e institucional, protegendo os "fatos" e as "observações" sobre os quais a psicanálise supostamente se apoia. Nessa situação, é evidente que historiadores fossem vistos como agitadores que precisavam ser silenciados.

KÜRZUNGSARBEIT

Após a morte de Freud, em 23 de setembro de 1939, seus herdeiros tiveram de enfrentar a questão de como lidar com seu espólio literário. Coerente consigo mesmo, Freud pedira que todos seus artigos fossem queimados após sua morte, mas sua viúva não conseguiu fazê-lo.[3] O que fazer com todos esses documentos – deixá-los no porão, colocá-los em um arquivo ou publicá-los? Esta pergunta já havia surgido quando as cartas de Freud a Fliess reapareceram e foram compradas por Marie Bonaparte. Como vimos, ela as adquirira com a condição expressa de que não seriam apropriadas por Freud, e ela manteve a promessa, resistindo à pressão de Freud para queimá-las.[4]

> **Diário de Marie Bonaparte, escrito de 24 de novembro de 1937:** Freud ficou muito abalado quando lhe escrevi de Paris dizendo que Ida Fliess vendera suas cartas e que eu as obtivera de Reinhold Stahl. Julgou o ato como muito hostil por parte da viúva de Fliess. Ficou contente em saber que pelo menos estavam em minhas mãos, não tendo sido enviadas a algum lugar dos Estados Unidos, onde sem dúvida seriam publicadas de imediato. [...] Ida Fliess foi categórica ao proibir que chegassem às mãos de Freud.[5]

---

3 Wilkinson, seção "History of science/Psychoanalytic collections", *Library of Congress Acquisitions, Manuscript Division*, p.27-31.
4 Ver anteriormente, p.32 e ss.
5 Citado por Jeffrey Masson em Freud, *The complete letters of Sigmund Freud to Wilhelm Fliess*, p.9.

Se por um lado as cartas não caíram nas mãos de Freud, sua família apropriou-se delas e pôde decidir o seu destino. Como Freud destruíra as cartas de Fliess, não havia necessidade de negociar entre duas propriedades literárias, como mais tarde ocorreu com as cartas de Freud-Jung.[6] Marie Bonaparte considerou que "esse material, tão importante para a história da psicanálise", deveria ser publicado na íntegra.[7] No princípio de maio de 1946, ela enviou as cartas a Anna Freud. Esta hesitou em desconsiderar o desejo manifestado pelo pai, mas concordou que "o material é indescritivelmente interessante", como descreveu a Ernst Kris.[8] Por fim, decidiram que Kris prepararia uma edição sob a supervisão conjunta de Anna Freud e Marie Bonaparte. Kris parecia adequado para a tarefa, como historiador de arte e psicanalista formado por Anna Freud. Além do mais, era casado com a analista de crianças Marianne Rie, que também fora analisada por Anna Freud, e era a filha dos velhos amigos de Freud, Oscar Rie e Melanie Bondy, a irmã de Ida Fliess. Kris era, sem dúvida, "da família".

Kris iniciou o trabalho no verão de 1946.[9] Um problema crítico com que deparou foi o remetente das cartas. Wilhelm Fliess não era um sujeito qualquer, mas um teórico ambicioso e autor de obras que já tinham sido muito famosas. Otorrinolaringologista de formação, Fliess descobrira que aplicando cocaína à mucosa nasal seria possível suprimir sintomas como enxaquecas, neuralgias diversas, além de dificuldades digestivas, cardíacas e respiratórias. Concluiu afirmando a existência de uma "neurose nasal reflexa", uma síndrome clínica que atribuiu a sequelas de doenças infecciosas que afetavam as fossas nasais e a distúrbios vasomotores da zona genital. Tendo observado um aumento regular da mucosa nasal durante a menstruação e, inversamente, o desaparecimento da dismenorreia que se seguia à aplicação de cocaína na mucosa nasal, Fliess postulou uma possível relação reflexa entre o nariz e o órgão genital feminino. Na medida em que conseguira suprimir sintomas neurastênicos em alguns pacientes homens por meio da aplicação de cocaína em "pontos genitais" da mucosa nasal, deduziu que a mesma relação reflexa entre nariz e zona genital existia nos homens e que a neurastenia possuía uma etiologia sexual (masturbação). Em um trabalho publicado em 1897, converteu tais observações em uma vasta teoria do papel dos biorritmos da vida humana.[10] Juntamente com o

---

6 Ver sua carta de 17 de dezembro de 1928 a Ida Fliess (Freud, *The complete letters of Sigmund Freud to Wilhelm Fliess*, p.5).
7 Marie Bonaparte a Freud, 7 de janeiro de 1937, ibid., p.7.
8 Anna Freud a Ernst Kris, 10 de maio de 1946, apud Young-Bruehl, *Anna Freud*, p.283.
9 Ernst Kris a Siegfried Bernfeld, 5 de dezembro de 1946, Acervo Ernst Kris, Divisão de Manuscritos, Biblioteca do Congresso, Washington, D.C.
10 Fliess, *Die Beziehung zwischen Nase und weiblichen Geschlechtsorganen*.

ciclo menstrual feminino de 28 dias, postulou outro conjunto de fenômenos periódicos masculinos que se reproduziam a cada 23 dias. Os dois ciclos coexistiam em todas as pessoas, correspondendo ao que Fliess chamava de nossa "disposição bissexual", e sua combinação, que fez surgir todo tipo de cálculos complicados, deveria determinar os acontecimentos de nossa existência biológica, do dia de nosso nascimento (existia, portanto, sexualidade infantil) até o dia de nossa morte.[11]

Quando Kris começou a editar as cartas, as teorias de Fliess (à parte certo interesse nos biorritmos em ciclos alternados) haviam sido rejeitadas muito tempo antes, e ninguém acreditava na neurose nasal reflexa ou no ciclo masculino de 23 dias. Contudo, quando Freud e Fliess se correspondiam, essas hipóteses não eram nada absurdas.

> **Sulloway:** Tomemos [...] por exemplo a noção de que a vida é regulada por ritmos, biorritmos e assim por diante. Bem, pode-se retornar diretamente à *Descendência do homem* de Charles Darwin e descobrir uma elaborada discussão sobre por que os ciclos de gestação de todos os vertebrados superiores seguem períodos de semanas ou mês, e sempre em múltiplos de 7, 14 e 28 dias. Darwin argumentava que se tratava simplesmente de uma consequência evolutiva de termos evoluído de alguma espécie de progenitor invertebrado que viveu em zonas sujeitas a marés, pois nessas zonas os ciclos alimentares e, portanto, os ciclos reprodutivos dependem das marés e, consequentemente, da lua. Ora, se Charles Darwin leva o assunto a sério, por que não levariam todos os contemporâneos de Fliess?[12]

Freud, por sua vez, conferia total importância às ideias de Fliess. Como demonstram as cartas, os mais ínfimos e os maiores acontecimentos na vida familiar de Freud, das menstruações de Martha à diminuição na libido de Freud[13] e a morte de Jakob Freud,[14] eram interpretados à luz dos ciclos fliessianos e se apresentavam a Fliess como confirmações de suas teorias. Freud

---

11 Ibid., p.iii.
12 Entrevista com Frank Sulloway, Cambridge, MA, 19 de novembro de 1994.
13 "Notei que em certas datas, claramente recorrentes a cada 28 dias, não sinto desejo sexual e fico impotente – o que, em outros momentos, ainda não é o caso" (Freud, *The complete letters of Sigmund Freud to Wilhelm Fliess*, p.217).
14 "Meu pai sempre sustentou que havia nascido no mesmo dia de Bismark – 1º de abril de 1815. Em razão da necessidade de converter a data do calendário judeu, nunca dei muito crédito à afirmativa. Ele faleceu após uma provavelmente típica longa vida, em 23/24 de outubro de 1896; B., em 30 de julho de 1898. B. viveu mais que ele 645 dias = 23 x 28 + 1. O '1' deve-se sem dúvida ao erro de meu pai. Portanto, a diferença de vida é de 23 x 28. Você sem dúvida sabe o que isso deve significar" (Freud, *The complete letters of Sigmund Freud to Wilhelm Fliess*, p.322). O exemplo é reproduzido em Fliess, *Der Ablauf des Lebens*, p.154. Para outras confirmações fornecidas por Freud, ver Fliess, ibid., p.51, 60.

não hesitou em diagnosticar neuroses nasais reflexas em seus pacientes e aplicar o tratamento defendido por Fliess (*cocainum, dosim repetatur*), e às vezes enviava pacientes a Berlim para serem tratados diretamente por Fliess. Ademais, pediu a Fliess que operasse seu nariz diversas vezes e aplicou diretamente cocaína no local por um período de pelo menos três anos e meio para tratar enxaquecas, problemas cardíacos e dificuldades funcionais (ansiedade, depressão, falta de ar) que o amigo atribuía a uma origem nasal.[15]

> **Freud a Fliess, 24 de janeiro de 1895:** Na última vez em que lhe escrevi, depois de um bom período que sucedeu imediatamente à reação, seguiram-se alguns dias violentamente ruins, em que uma cocainização da narina esquerda ajudou-me em enorme medida. Prossigo com o relatório. No dia seguinte, mantive o nariz com cocaína, o que não se deveria fazer; isto é, apliquei-a repetidamente para prevenir a ocorrência renovada do inchaço; durante esse período, liberei o que em minha experiência é uma quantia copiosa de pus espesso; e, desde então, senti-me maravilhosamente bem, embora nunca houvesse nada de errado. [...] Estou adiando a expressão plena de minha gratidão e o debate sobre o papel que a operação teve na melhora inédita, até vermos o que acontecerá em seguida.[16]

De modo geral, está claro que Freud e Fliess estavam envolvidos em uma intensa colaboração intelectual, considerando suas ideias de modo complementar e conjunto (em uma carta de 1893, Freud falou em "nossa fórmula etiológica" da neurastenia). Freud estava nitidamente impressionado com as teorias de Fliess, a ponto de designá-lo o "Kepler da Biologia".[17] Em 1901, propôs uma obra em coautoria intitulada *Bissexualidade humana*[18] (que ao final tornou-se os *Três ensaios sobre a teoria da sexualidade*). Em 1904, convidou Fliess a unir-se a ele na elaboração de "um periódico científico que será devotado à 'exploração biológica e psicológica da sexualidade'".[19] No entanto, há poucas menções a Fliess nas publicações de Freud após 1905. À parte algumas poucas referências à teoria da periodicidade e algumas notas em que reconheceu as origens fliessianas do conceito de bissexualidade,[20] Fliess ausentou-se das referências de Freud e, mais notadamente, no relato de Freud de *splendid isolation* durante a formação da teoria da psicanálise.

---

15 As referências a cocaína na correspondência vão de 30 de maio de 1893 a 26 de outubro de 1896.
16 Freud, *The complete letters of Sigmund Freud to Wilhelm Fliess*, p.106.
17 Ibid., p.320.
18 Ibid., p.448.
19 Ibid., p.461.
20 Veja anteriormente, p.116, nota 317.

Fliess, por sua vez, envolvera Freud publicamente em sua disputa por precedência com Otto Weininger e Hermann Swoboda, por meio da publicação de cartas constrangedoras em que Freud argumentava que não utilizara o conceito de bissexualidade em seus *Três ensaios* e se defendia por ter comunicado indiscretamente as ideias de Fliess a seu paciente Swoboda, e este a Weininger, que as utilizou em seu livro *Sex and Character* [Sexo e caráter].[21] Em privado, Freud rechaçou as acusações detalhadas de Fliess atribuindo-lhe uma paranoia suscitada pela homossexualidade reprimida (a origem, acrescentou Freud, de suas ideias sobre psicose paranoide).[22]

Ernst Kris deparou com o problema de como enquadrar o conteúdo das cartas de Freud a Fliess na lenda da imaculada concepção proposta por Freud em suas obras publicadas. A maneira mais simples era empregar a estratégia particular de Freud de patologizar Fliess retratando suas teorias como expressão de sua paranoia. Como Freud poderia ter sido influenciado por especulações tão delirantes? Em sua "introdução", Kris citou diversos autores críticos a Fliess, concluindo que as pretensões científicas deste pertenciam ao "reino do psicopatológico",[23] que ele sofria de "supervalorização paranoide de uma ideia",[24] que seus trabalhos clínicos carregavam uma "tendência mística",[25] que suas doutrinas se afastavam da observação e "se distanciavam cada vez mais do fato e da observação".[26] Kris chegou mesmo a realizar uma pesquisa familiar para tentar obter uma corroboração autorizada de seu diagnóstico pelo filho de Fliess, Robert, que era primo de sua esposa. Isso não foi difícil. Robert Fliess se voltara contra o pai após uma "longa conversa" com Freud em 1929.[27] Ele se formara com Karl Abraham e estava instalado como psicanalista em Nova York.

---

21 Weininger, *Geschlecht und Charakter*.
22 Veja anteriormente, p.85, nota 191.
23 Freud, *The origins of psycho-analysis*, n.2, p.8.
24 Ibid., n.1, p.40. A tese da paranoia de Fliess parecer ter sido aceita pela maioria dos membros do círculo freudiano – ver, por exemplo, a carta de Suzanne Bernfeld a Ernest Jones de 18 de novembro de 1953: "Penso, evidentemente, que uma descrição correta desse relacionamento [entre Freud e Fliess] teria de incluir algo que não é apropriado expor agora, enquanto o filho e a sobrinha de Fliess ainda são vivos e ativos psicanalistas. Não julgo haver dúvidas de que Fliess acabou em um delírio paranoide real" (Jones Papers, Arquivo da British Psycho-Analytical Society).
25 Freud, *The origins of psycho-analysis*, n.1, p.8.
26 Ibid., n.1, p.40.
27 Robert Fliess a Siegfried Bernfeld, 28 de agosto de 1944, a propósito do "caráter fortemente emotivo" da relação entre Freud e Fliess: "Ouvi um bocado sobre isso dos dois – de meu pai ao longo de muitos anos, é claro, e em uma demorada conversa com Freud em 1929, em que ele falou com uma franqueza que aparentemente não lhe era muito contumaz em assuntos pessoais" (Acervo Siegfried Bernfeld, Divisão de Manuscritos, Biblioteca do Congresso, Washington, D.C.; citado por Masson em Freud, *The complete letters of Sigmund Freud to Wilhelm Fliess*, p.3).

Ernst Kris a Anna Freud, 18 de outubro de 1946 (com cópia para Robert Fliess): Agradeço a conversa com o Dr. Fliess pela informação acerca de apenas algumas questões concretas. A mais importante dessas informações é o fato de a mãe de Wilhelm Fliess ser viva na época da correspondência, de que sofria um bocado e já então, ou mais tarde, adoecera de paranoia. [...] O relatório do Dr. Fliess sobre sua própria experiência com a terapia nasal foi extremamente interessante. [...] O Dr. Fliess acrescentou que seu pai recordava-se da doença da avó e falou com ele a respeito em uma conversa em Tegel.[28]

Kris a Anna Freud, 18 de outubro de 1946 (sem cópia para Robert Fliess): Robert Fliess descreveu com precisão a natureza da paranoia do pai e retratou em detalhes suas opiniões sobre onde o seu teste de realidade funcionava e onde não, além de descrever a última atitude do pai para com Freud, em total concordância com Marianne. [...] Em sua opinião, Wilhelm Fliess mentiu patologicamente. Disse que seu pai lhe informara a respeito em Tegel.[29]

Anna Freud a Kris, 29 de outubro de 1946: Considero a posição de Robert Fliess inteiramente compreensível, e também não vejo razão para que não leia as cartas antes de decidir colaborar com comentários. Quanto mais souber da enfermidade do pai, mais cauteloso ele naturalmente será em sua conduta, visto que não seria bom, em nenhuma circunstância, que fosse apenas considerado um filho do pai.[30]

Uma vez convertido em doente mental, Fliess poderia ser neutralizado e anulado, e sua colaboração com Freud, apresentada de modo assimétrico. Como defendera Kris a John Rodker, da Editora Imago, que pretendia publicar as cartas sob o título de *Cartas a Fliess*, Fliess não tivera papel algum na elaboração da psicanálise.

Kris a John Rodker, 26 de maio de 1953: Em primeiro lugar, permaneço absoluta e incondicionalmente contra *Cartas a Fliess* como título da publicação. Há razões sérias, e não apenas sentimentais, que se opõem a isso. Fliess foi um acidente. A amizade foi uma saída necessária. [...] No lugar de *Alvorecer da psicanálise*, parece-me que *As origens da psicanálise* seria um título apropriado,

---

28 Acervo Ernst Kris Collection, Divisão de Manuscritos, Biblioteca do Congresso, Washington, D.C.
29 Ibid.
30 Ibid.

mas, de qualquer maneira, o nome de Fliess no título principal deve ser evitado.[31]

Estas manobras, porém, não foram suficientes. Era necessário eliminar os traços mais evidentes do interesse de Freud pelas teorias "delirantes" do amigo. Em outras palavras, censurar as cartas. Não está claro quando essa decisão foi tomada, mas em outubro de 1946 o primeiro original abreviado estava pronto,[32] e esse "trabalho de redução" (*Kürzungsarbeit*), como Kris o intitulou, continuou até o final de 1947, com algumas revisões posteriores.[33] Foi apenas em 1985, quando a correspondência completa foi publicada, que se evidenciou a dimensão da censura: das 284 cartas que Kris tinha a sua disposição, apenas 168 escaparam da total eliminação, e dessas apenas 29 foram publicadas intactas. As outras (incluindo alguns manuscritos que acompanhavam, como o "Manuscrito C") foram abreviadas em diferentes proporções, muitas vezes sem indicação. Quase dois terços das cartas foram descartados. Como James Strachey confidenciou mais tarde a Max Schur, com a típica suavização britânica, "a censura das cartas de Freud na *Anfänge* foi bastante radical".[34]

> **Nota do editor à edição resumida das cartas a Fliess:** A seleção foi realizada segundo o princípio de tornar público tudo o que era relacionado ao trabalho científico e aos interesses científicos do autor e tudo que evidenciasse as condições sociais e políticas em que a psicanálise se originou; e de omitir e abreviar tudo cuja publicação fosse inconsistente com a confiança profissional e pessoal.[35]

---

31 Ibid.
32 Anna Freud a Ernst Kris, 29 de outubro de 1946, Acervo Ernst Kris Collection, Divisão de Manuscritos, Biblioteca do Congresso, Washington, D.C.
33 Ernst Kris a Anna Freud, 29 de abril de 1947, ibid.
34 James Strachey a Max Schur, 22 de dezembro de 1966, Sigmund Freud Copyrights, Wivenhoe. Strachey foi o único membro do círculo freudiano que desaprovou os cortes de Anna Freud e Kris: "Acabo de receber a tradução de Procter-Gregg [das cartas de Fliess para o inglês] datilografada. Há uma porção que foi nitidamente omitida depois da edição alemã. Confesso que estou *chocado* com algumas das omissões" (James Strachey a Ernest Jones, 1º de outubro de 1951, Jones Papers, Arquivo da British Psycho-Analytical Society; destaque de Strachey). "Estava muito interessado por seu relato das passagem suprimidas nas cartas de Fliess. [...] Espero que, se saírem em inglês, a censura possa ser um pouco suprimida. A não ser que Anna [Freud] proponha queimar os originais, elas estão destinadas a exposição, afinal; e decerto é melhor que o sejam, enquanto estão vivas as pessoas que podem corrigir seus efeitos" (James Strachey a Ernest Jones, 24 de outubro de 1951, ibid.). Por contraste, Jones foi indiferente aos cortes: "Já passei da metade dos cortes de *Anfänge*, a maioria dos quais, creio, são inteiramente justificados" (Ernest Jones a Anna Freud, 16 de outubro de 1951, Acervo Anna Freud, Divisão de Manuscritos, Biblioteca do Congresso, Washington, D.C.).
35 Freud, *The origins of psycho-analysis*, p.ix.

Ernest Jones: As cartas e passagens omitidas na publicação, que o presente autor também leu, referem-se a detalhes desinteressantes sobre agendamento de reuniões, notícias sobre a saúde de diversos parentes e pacientes, alguns detalhes sobre os esforços que Freud fez de acompanhar a "lei dos períodos" de Fliess e uma série de comentários sobre Breuer que revelam que Freud guardava opiniões críticas mais vigorosas acerca dele do que se costuma supor.[36]

Entretanto, quando se examinam as passagens censuradas, é evidente que grande parte delas, longe de dizer respeito unicamente à vida privada de Freud, relaciona-se diretamente com interesses teóricos que ele partilhava com Fliess. Não se encontra, assim, menção alguma na primeira edição de seu uso de cocaína para fins terapêuticos, para eliminar os sintomas dos pacientes ou os próprios. Não há menção a Emma Eckstein, uma das pacientes favoritas de Freud, que se tornou psicanalista e quase morreu após uma desastrosa operação de nariz por Fliess, realizada a pedido de Freud.[37]

Anna Freud a Kris, 11 de fevereiro de 1947: Mais uma: de saída, tive o maior prazer em omitir o caso clínico de Eckstein. Não creio que fará falta ao leitor e me parece que haja uma longa série de considerações contra ele.[38]

O mesmo vale para as trocas de Freud e Fliess em 1904 sobre o episódio Swoboda-Weininger. Na versão censurada, a correspondência terminava com um inocente cartão-postal enviado por Freud a Fliess em 1902, de Pesto, não fornecendo nenhum sinal ao leitor das disputas de autoria que levaram Fliess a romper relações com Freud.

Anna Freud a Suzanne Bernfeld, 15 de dezembro de 1951: Com a edição das cartas de Fliess, Ernst Kris e eu naturalmente consideramos quanto o tema do conflito sobre Weininger deveria ser alongado, mas então decidimos, creio que acertadamente, contra isso. A continuação da história de Fliess é muito instrutiva para a transformação de personalidade de Fliess, mas acrescenta pouco à outra parte.[39]

---

36 Jones, *The life and work of Sigmund Freud*, v.1, p.288-9.
37 Sobre este episódio edificante, revelado pela primeira vez por Max Schur, ver Schur, Some additional "day residues" of the specimen dream of psychoanalysis. In: Löwenstein, Newman, Schur, Solnit (Eds.), *Psychoanalysis, a General Psychology*; Schur, *Freud, living and dying*; Masson, *The assault on truth*.
38 Acervo Ernst Kris, Divisão de Manuscritos, Biblioteca do Congresso, Washington, D.C.
39 Acervo Anna Freud, Divisão de Manuscritos, Biblioteca do Congresso, Washington, D.C.

Mais graves, os cortes nas cartas entre 1892 e 1896 e as notas de Kris obliteraram as ligações entre a teoria de Fliess sobre a etiologia nasal-sexual da neurastenia e o crescente interesse de Freud, durante esses anos cruciais, pela função dos "agentes sexuais tóxicos" nas neuroses reais (neurastenia e neurose de angústia) e, depois, em histeria, neurose obsessiva e paranoia.

Freud a Fliess, 6 de dezembro de 1896: E, finalmente, não posso suprimir a conjectura de que a distinção entre a neurastenia e a neurose de ansiedade, que detectei clinicamente, esteja ligada à existência das duas substâncias de 23-dia e 28-dia.

Nota de Kris: Uma suposição da qual Freud logo se libertou. Representou o clímax de seus esforços de ligar as visões de Fliess às dele.[40]

Apagou-se o caráter inicialmente especulativo e biologizante das teorias de Freud no papel da sexualidade nas neuroses, a favor de uma seleção mais condizente com o mito oficial da descoberta inesperada no material clínico.

Freud (1910): Mesmo os profissionais dispostos a acompanhar meus estudos psicológicos tendem a pensar que exagero o papel representado pelos fatores sexuais. [...] Longe de ter postulado isso teoricamente, na época da publicação conjunta dos Estudos com Dr. Breuer em 1895, eu ainda não o havia adotado; e apenas me converti quando minhas experiências se tornaram mais numerosas e penetraram mais profundamente no tema.[41]

Ao mesmo tempo, sem mencionar uma importante carta de 14 de novembro de 1897, é difícil encontrar algum traço na edição de Kris da "escatologia" (*Dreckologie*) de que Freud se ocupou nos meses seguintes ao abandono da teoria da sedução, e que dizia respeito à derivação da repressão normal da passagem da espécie humana à postura ereta e a correlativa repugnância ante as "zonas erógenas" anal e oral, posteriormente abandonadas.

Anna Freud a Kris, 11 de fevereiro (lista das passagens a cortar): Carta 154. Omitir: *Dreckologie*. Carta 155: idem.[42]

---

40 Freud, The origins of psycho-analysis, p.179. Kris simplesmente deixou de dizer que esta passagem foi precedida no original por duas páginas de cálculos elaboradas para alinhar as "épocas psicológicas" correspondentes às psiconeuroses com os períodos sexuais de 23 e 28 dias postulados por Fliess.
41 Freud, Five lectures on psycho-analysis, SE 11, p.39.
42 Acervo Ernst Kris, Divisão de Manuscritos, Biblioteca do Congresso, Washington, D.C.

Aqui, uma vez mais, a omissão obscureceu as ligações entre as hipóteses escatológicas sobre a recapitulação ontogênica pelo indivíduo e a teoria da sexualidade infantil apresentada nos *Três ensaios*, em 1905. Defrontado com conceitos como "zonas erógenas", "perversidade polimórfica", "formação reativa", "período de latência", "regressão" aos estágios anal e oral, um leitor dificilmente irá apreender que essas noções não derivaram da observação de crianças, mas brotaram diretamente das especulações biogênicas que Freud compartilhou com Fliess.[43]

> **Freud a Fliess, 11 de fevereiro de 1897:** Pretendia perguntar-lhe, na relação com a ingestão de excremento [por] [palavras ilegíveis] animais, quando a repugnância surge pela primeira vez em crianças pequenas e se existe um período na primeira infância em que esses sentimentos estão ausentes. Por que não vou ao berçário e experimento [texto omitido: com Annerl (Anna Freud)]? Porque, com doze horas e meia de trabalho, não me sobra tempo, e porque as mulheres não me apoiam em minhas investigações.[44]

> **Freud a Fliess, 22 de dezembro de 1897:** Você já viu um jornal estrangeiro que passou pela censura russa na fronteira? Palavras, orações e sentenças inteiras são riscadas, e o restante se torna ilegível.[45]

Entretanto, não foram apenas as passagens mais abertamente especulativas da correspondência que sucumbiram ao censor, mas também vinhetas clínicas. A Fliess, Freud descrevia o que se passava em seu consultório de um modo cru. Isso torna a correspondência indispensável para a reconstrução da prática de Freud na época, principalmente durante o período da "teoria da sedução". Pode-se ver como ele lançava ideias no ar e as "testava" em seus pacientes,[46] por meio da insistência, até obter a confirmação desejada, e de como tratava a mais branda recusa como uma "resistência" a ser combatida de todos os modos possíveis.[47] Pode-se ver, também, que sua "técnica de pressão" provocava estados de transe espetaculares em alguns pacientes,

---

43 Sobre tudo isso, ver Sulloway, *Freud, biologist of the mind*, cap.6.
44 Freud, *The origins of psycho-analysis*, p.192; Freud, *The complete letters of Sigmund Freud to Wilhelm Fliess*, p.230.
45 Freud, *The origins of psycho-analysis*, p.240. Aqui, sem que se mencione, uma passagem censurada termina com "basta dessa minha obscenidade" (Freud, *The complete letters of Sigmund Freud to Wilhelm Fliess*, p.289).
46 Sobre como as conjecturas e hipóteses de Freud precedem suas observações clínicas, ver Borch-Jacobsen, Neurotica: Freud and the seduction theory. In: *Making Minds and Madness*.
47 Ver passagens citadas anteriormente, cap.2, p.148-9.

durante os quais eles "reviviam" com intensidade as cenas de sedução que ele fazia que recordassem.[48]

Freud a Fliess, 6 de dezembro de 1896: Em associação, ela recuperou de seu inconsciente a lembrança de uma cena em que (aos 4 anos) viu seu papai, em plena excitação sexual, lambendo os pés de uma ama de leite.[49]

Freud a Fliess, 17 de dezembro de 1896: Você acredita que a relutância em tomar cerveja e se barbear foi elucidada por uma cena na qual uma ama se senta *podice nudo* [com as nádegas à mostra] em uma tigela rasa de barbear repleta de cerveja, para que se deixasse lamber, e assim por diante?[50]

Freud a Fliess, 3 de janeiro de 1897: Ela sofre de eczema ao redor da boca e de lesões que não saram nos cantos da boca. [...] (Uma vez, remontei observações inteiramente análogas à sucção do pênis.) Na infância (12 anos), sua inibição em falar surgiu pela primeira vez quando, com a boca *cheia*, ela fugia de uma professora. Seu pai tinha um discurso igualmente explosivo, como se sua boca estivesse cheia. *Habemus papam!*[51]

Freud a Fliess, 12 de janeiro de 1897: Você poderia, por favor, buscar um caso de convulsões infantis que pudessem remontar (no futuro, ou de lembrança) ao abuso sexual, especialmente ao *lictus* [lambida] (ou ao toque com o dedo) no ânus. [...] Pois minha mais recente descoberta é que sou capaz de remeter com segurança o ataque de um paciente que apenas se assemelhava a epilepsia a esse tratamento com a língua pela ama. Idade: 2 anos.[52]

Freud a Fliess, 11 de fevereiro de 1897: Dores de cabeça histéricas com sensação de pressão no topo da cabeça, têmporas e outras são características das cenas em que a cabeça é mantida quieta em razão das ações da boca. [...] Infelizmente, meu próprio pai foi um desses pervertidos e é responsável pela histeria de meu irmão (cujos todos os sintomas são identificações) e de várias irmãzinhas.[53]

---

48 Ver passagens citadas anteriormente, cap.2, p.149-50.
49 Freud, *The complete letters of Sigmund Freud to Wilhelm Fliess*, p.213.
50 Ibid., p.218.
51 Ibid., p.220.
52 Ibid., p.223-4.
53 Ibid., p.230. Em uma carta a Strachey, de 27 de outubro de 1951, Jones apontou que Freud chegou ao Édipo ao acusar seu pai de incesto: "E é estranho que ele creia que seu próprio pai tenha seduzido apenas o irmão e algumas jovens irmãs, responsabilizando a histeria deles por isso, em um tempo em que ele próprio sofria muito com ela" (Jones Papers, Arquivo da British Psycho-Analytical Society).

Evidentemente, seria inapropriado publicar esses detalhes que, além de permitirem entrever a prática de Freud, servem para demonstrar como Freud reescreveu de modo amplo sua teoria da sedução e os eventos que conduziram a seu abandono em suas recapitulações históricas subsequentes.

Anna Freud a Kris, 11 de fevereiro de 1947: Envio-lhe notas que Martin [Freud] me dera após ler a correspondência integral. Naturalmente, os cortes foram percebidos, e apenas em alguns pontos ele não soube dizer até onde chegavam os cortes. [...] Ele é favorável à retirada dos históricos clínicos que não são usados em obras posteriores e possuem um caráter puramente perverso, e, pelo que posso ver, a outra irmã concorda. [...] Já chegamos a um acordo em não deixar tudo do período em que as fantasias perversas aparecem como precursoras da sexualidade infantil. Mesmo assim, preservamos muita coisa.
Lista das passagens a eliminar:
Carta 112 [6 de dezembro de 1896] Parágrafo "Hyst..." Omita! Na mesma carta: páginas 10 e 11. Eliminar a história das perversões!
Carta seguinte à carta 113, datada a lápis de 17.12.96. Página 2, segundo parágrafo, as perversões com a governanta "você não acredita" etc., eliminar!
Carta 119, página 249. "Infelizmente meu pai é" eliminar completamente!
Carta 141. O pai como perverso, as palavras "sem excluir meu próprio pai", eliminar.
(uma das cartas mais belas!)[54]

Kris a Anna Freud, 29 de abril de 1947: Foi minha intenção deixar de fora tudo que pudesse passar uma impressão de intimidade excessiva, tudo que os detalhes e o alcance das queixas de nariz e coração delineiam antes da morte de seu pai. [...] Ademais, deixei de fora o que transmite a impressão de extravagância nos históricos clínicos [...] e o que aqui e ali é íntimo demais em relação a tais abreviações. [...] Acho também que a abreviação deva continuar. [...] Não sinto remorso pelas abreviações que recomendo a você. Ao contrário, talvez decidamos ser ainda mais radicais.[55]

Dessa forma, foram omitidas passagens em que Freud parecia dar crédito à possibilidade de um culto satânico sexual. Freud ficara intrigado pela semelhança das "cenas" de perversão que provocava em seus pacientes com os relatos de bruxaria diabólica extorquidos sob tortura por juízes da Inquisição. Ao invés de optar pela circunspecção com respeito às "cenas" de seus pacientes, terminou por acreditar na veracidade dos relatos das po-

---
54 Acervo Ernst Kris, Divisão de Manuscritos, Biblioteca do Congresso, Washington, D.C.
55 Ibid.

bres "bruxas", assumindo, com efeito, o lugar dos torturadores. Ademais, ele aventou a hipótese de que os atos perversos a que os pacientes foram supostamente submetidos faziam parte de um ritual praticado por uma seita satânica secreta ainda ativa. Fliess foi cético.[56] Quanto a Kris e Anna Freud, evidentemente a espantosa semelhança entre a terapia de Freud e a Inquisição não cairia bem ao público. As passagens reproduzidas aqui em itálico correspondem àquelas que foram eliminadas.

> **Freud a Fliess, 17 de janeiro de 1897:** Mas por que o demônio que se apoderou das pobres meninas sempre abusa sexualmente delas, e de modo tão desprezível? Por que suas confissões sob tortura são tão parecidas com as mensagens ditas por meus pacientes em tratamento psíquico? [...] *Eckstein tem uma cena em que o satã enfia agulhas nos dedos dela e, em seguida, põe um doce sobre cada gota de sangue. No que se refere ao sangue, você não tem culpa nenhuma!*[57]

> **Freud a Fliess, 24 de janeiro de 1897:** Começo a entender a ideia: é como se nas perversões, das quais a histeria é o negativo, tivéssemos diante de nós resquícios de um culto sexual primevo, que outrora foi – *e talvez seja* – uma religião do Oriente Semítico (Moloch, Astarte). *Imagine você, obtive uma cena de circuncisão de uma garota. O corte de um fragmento dos pequenos lábios (que hoje é ainda menor), a sucção do sangue, após a qual a criança recebeu um pedaço de pele para comer. Esta criança, aos 13 anos, afirmou certa vez que podia engolir um bocado de minhocas, e o fez. Uma operação que você realizou certa vez foi afetada por uma hemofilia originada dessa maneira.* [...] Imagino, portanto, uma religião diabólica primeva com ritos que continuam a ser realizados secretamente, e compreendem a severa terapia dos juízes das bruxas. As associações são muitas.[58]

Mesmo assim, apesar de todos os esforços dos censores, as cartas de Freud a Fliess continuaram explosivas. Não se podia ocultar o fato de que Freud teve uma amizade extremamente intensa com Fliess. Ademais, essa relação parecia mais estranha quando se retratava Fliess como um paranoico perigoso: quanto mais se tentava separar Freud de Fliess, mais patológica parecia a intimidade dos dois. Os membros da família freudiana estavam preocupados.

---
56 Ver carta a Fliess de 28 de abril de 1897: "Acrescente a isso, primeiro, que você foi incapaz de obter prazer da Idade Média" (Freud, *The complete letters of Sigmund Freud to Wilhelm Fliess*, p.237).
57 Freud, *The origins of psycho-analysis*, p.187-8; Freud, *The complete letters of Sigmund Freud to Wilhelm Fliess*, p.225, para a passagem censurada. O "sangue" é uma alusão às hemorragias de Emma Eckstein consequentes das desastrosas operações nasais realizadas por Fliess.
58 Freud, *The complete letters of Sigmund Freud to Wilhelm Fliess*, p.189; p.227, para a passagem censurada.

Anna Freud a Kris, 29 de outubro de 1946: Ambos os Hoffers leram a versão editada e parecem impressionados positivamente, e talvez hesitantes quanto ao efeito sobre o trabalho externo em diversos aspectos, quase como sucedeu conosco na época. Ernst [Freud] está lendo neste momento a versão integral. [...] Mas parece mais desolado que impressionado, e achou que os modos da admiração amigável por um homem que no final não se revelou um grande homem, de algum modo, conferem-lhe uma imagem comprometedora.[59]

Heinz Hartmann a Anna Freud, 17 de março de 1947: A história da criação da psicanálise é ao mesmo tempo a história da crise do criador. Isso decerto não nos surpreende; ficaríamos surpresos se não fosse o caso. Mas para o público essas coisas são quase desconhecidas e de certa forma incríveis.[60]

Siegfried Bernfeld a Anna Freud, 18 de janeiro de 1950: Espero que o livro saia logo. Em minha opinião, ele é grandioso e importante. Por outro lado, pode-se prever com segurança que o livro será seguido de uma série de publicações explicando que Freud era um homem muito doente e que a psicanálise só se adéqua a seu próprio caso.[61]

Strachey a Jones, 24 de outubro de 1951: É deveras um caso de *folie à deux*, com Freud no inesperado papel de parceiro histérico de uma paranoia.[62]

Jones a Strachey, 11 de janeiro de 1954 (a respeito do ensaio sobre Leonardo da Vinci): Não concordo com o que você diz sobre Freud se reconciliar gradualmente com a bissexualidade. Eu mesmo penso que ele estava mais que reconciliado com ela, se você me entende. Ele jamais se emancipou totalmente de Fliess e lutava *abertamente* com esta questão em 1910 na Sicília. Muito disso passou então para Adler, Stekel, Jung e, sobretudo, Ferenczi.[63]

Era preciso uma terapia para esta patologia. A solução já havia sido indicada por Freud, que explicara a alguns discípulos que ele foi "bem-sucedido" onde Fliess submergira em delírio.

Freud a Ferenczi, 6 de outubro de 1910: Não sinto *mais* necessidade da abertura completa de minha personalidade. [...] Essa necessidade extinguiu-se

---

59 Acervo Ernst Kris, Divisão de Manuscritos, Biblioteca do Congresso, Washington, D.C.
60 Acervo Anna Freud, Divisão de Manuscritos, Biblioteca do Congresso, Washington, D.C.; apud Young-Bruehl, *Anna Freud*, p.296.
61 Acervo Anna Freud, Divisão de Manuscritos, Biblioteca do Congresso, Washington, D.C.
62 Jones Papers, Arquivo da British Psycho-Analytical Society.
63 Ibid.

em mim desde o caso de Fliess. [...] Um fragmento de investimento homossexual retirou-se e contribuiu para a ampliação de meu próprio eu. Eu fui bem-sucedido onde o paranoico fracassa.[64]

Em outras palavras, Freud curou-se de sua afeição por Fliess. A "terapia" que Kris procurava já havia sido encontrada, e não era outra senão a autoanálise de Freud. Isso permitiu que Freud se livrasse da influência de Fliess e encontrasse suas próprias ideias originais e, ao mesmo tempo, sua saúde psíquica. Consequentemente, os textos precisavam ser apresentados de modo a apoiar esta tese. Como se vê, a autoanálise de Freud não teve um lugar fundamental nas cartas a Fliess (seis semanas de autointerpretação seguidas por uma confissão de fracasso).[65] Pela interpretação e censura de Kris, ela foi transferida para o centro da correspondência e desponta como o *fons et origo* da psicanálise. Isso se adequava à progressiva mitificação do movimento psicanalítico. Em 1947, Kris já afirmara sobre a psicanálise que "nenhum outro grande corpo de hipóteses na ciência recente revela em tal medida a influência de um único investigador".[66] Em sua introdução às cartas a Fliess, explicou que foi graças à autoanálise iniciada no verão de 1897 que Freud conseguiu obter "um vislumbre da estrutura do complexo de Édipo e, portanto, do problema central da psicanálise";[67] isso permitiu "a passagem da teoria da sedução para a plena compreensão da importância da sexualidade infantil"[68] (verão e outono de 1897) e, em seguida, conduziu à "compreensão do papel das funções erógenas no desenvolvimento da libido",[69] à interpretação dos sonhos (primavera de 1898), à solução do problema dos atos esquecidos (verão de 1898) e, finalmente, ao entendimento da relação entre investigação teórica dos sonhos e a terapia das neuroses (início de 1899). Nesta elegante cronologia, era necessário começar artificialmente a autoanálise em agosto, ao invés de outubro de 1897 (ou seja, após as primeiras dúvidas acerca da teoria da sedução), ignorar que as zonas erógenas já tinham emergido em dezembro de 1896, prolongar a autoanálise até 1899 e censurar todas as passagens que mostravam que Freud continuou a flertar com a hipótese de "etiologia paterna" até abril de 1898, muito depois do abandono oficial da teoria da sedução e do término real da autoanálise

---

64 Freud e Ferenczi, *The correspondence of Sigmund Freud and Sándor Ferenczi*, v.1, p.221.
65 Ver anteriormente, cap.1, "A política de autoanálise".
66 Kris, The nature of psychoanalytic propositions and their validation. In: Hook, Konvitz (Eds.), *Freedom and experience*.
67 Freud, *The origins of psycho-analysis*, p.30.
68 Ibid., p.33.
69 Ibid., p.34.

(novembro de 1897).[70] Acima de tudo, era essencial atribuir todos esses avanços ao próprio Freud, cindir suas teorias de tudo que as ligava às de Fliess e, de forma geral, de seus contextos históricos e intelectuais.[71] Ao tornar a autoanálise a fonte única das teorias de Freud, Kris promoveu de modo muito eficaz o mito da geração espontânea da psicanálise enquanto "ciência independente".[72] A pretensa "ruptura epistemológica" freudiana foi, de modo bem literal, produto da tesoura dos censores.[73]

Havia ainda outra vantagem na operação de Kris: criava uma explicação impecavelmente psicanalítica das origens da psicanálise, ao tornar a teoria freudiana produto de uma autoanálise bem-sucedida. Assim, terapia e ciência convergiram: Freud curou-se pelo desvelamento da verdade, e enxergou a verdade porque estava curado. Assim, a loucura e a insensatez das cartas estavam redimidas, uma vez que eram meros desvios no caminho da cura e da verdade, obstáculos que Freud precisou superar de maneira heroica. Em privado, Kris achava que Freud adoecera de propósito para ser capaz de solucionar o problema das neuroses.

> **Kris a Anna Freud, 7 de dezembro de 1947:** Creio que a transformação de Freud após sua autoanálise tenha sido esplêndida porque sua neurose tornou-se para ele instrumento de pesquisa. Com frequência, penso comigo que ele se permitiu isso para que pudesse solucionar o enigma. Mas sei muito bem que não se pode dizer uma coisa dessas, e considere-a minha versão particular do culto do herói que em outros aspectos evitei.[74]

Em sua introdução, Kris sublinhou o curso doloroso e acidentado da autoanálise, a alternância entre progresso e resistência e as variações de

---

70 Ver cartas de 12 de dezembro de 1897 e de 27 de abril de 1898.
71 É por isso que Kris e outros do círculo freudiano irritaram-se tanto com um artigo – ortodoxo em todos os outros aspectos – de Buxbaum (Freud's dream interpretation in the light of his letters to Fliess, *Bulletin of Menninger Clinic*, v.15, n.6, p.197-212), que sugeria que Fliess representava o papel de analista para Freud. Suzanne Bernfeld publicou imediatamente uma crítica (Cassirer Bernfeld, Discussion of Buxbaum, *Bulletin of the Menninger Clinic*, v.16, n.2, p.70-72). Já Jones confiou a Anna Freud que seu "primeiro pensamento ao ler o artigo de Buxbaum foi sentir gratidão por Puner [Helen Puner, autora de uma biografia não autorizada de Freud] ter escrito o livro antes de surgir a *Anfänge*" (Ernest Jones a Anna Freud, 15 de dezembro de 1951, Acervo Anna Freud, Divisão de Manuscritos, Biblioteca do Congresso, Washington, D.C.).
72 Este é o título da quarta e última parte da introdução de Kris: "Psychoanalysis as an independent science. (End of the relationship with Fliess)" [A psicanálise como ciência independente. (Fim do relacionamento com Fliess)].
73 Sobre esta questão, ver Borch-Jacobsen e Shamdasani, Interprefactions, *History of the Human Sciences*, v.21, p.1-25.
74 Acervo Ernst Kris, Divisão de Manuscritos, Biblioteca do Congresso, Washington, D.C.

humor de Freud nesse período.⁷⁵ Mas isso apenas salientava o fato de que foi o trabalho analítico que lhe permitiu separar-se progressivamente de Fliess, pela superação dos conflitos que representaram a origem de sua atração patológica pelas teorias do amigo. (Ironicamente, a realidade é que foi Fliess quem se afastara de Freud.) A explicação de Kris foi muito eficaz, sendo assumida de imediato pela maioria da família freudiana, que viu nela uma réplica às potenciais críticas que a publicação das cartas poderia ocasionar. Bernfeld, para quem Kris mostrou sua introdução em julho de 1949, propôs que acompanhasse a publicação das cartas um artigo sobre a autoanálise de Freud, para enfatizar este aspecto.

> **Bernfeld a Anna Freud, 18 de janeiro de 1950:** É por isso que penso em um artigo sobre a "autoanálise de Freud" revelando quão pequenos e irrelevantes são os sintomas neuróticos e esclarecendo a relação entre a autoanálise – que a meu ver é um grande feito em si mesmo – e o corpo integral do método e do conteúdo psicanalíticos.⁷⁶

Este consenso foi resultado de um acordo. De fato, na primeira versão da introdução, Kris fora muito mais longe na descrição dos sintomas que a autoanálise de Freud supostamente curou. Isso alarmou consideravelmente Anna Freud e Marie Bonaparte, que temiam que Freud aparecesse como um "neurótico grave e não curado".⁷⁷ A julgar por uma longa carta de Kris endereçada a Marie Bonaparte em novembro de 1947, um dos pontos contenciosos entre ele e seus dois coeditores foi a referência à natureza homossexual da amizade entre Freud e Fliess.⁷⁸

> **Kris a Marie Bonaparte, 6 de novembro de 1947 (com cópia para Anna Freud):** Seu segundo comentário concreto refere-se a uma passagem em que se lê (p. 77-8): "Freud menciona repetidamente que seu relacionamento com Fliess teve uma função em sua autoanálise (veja a Carta 66, por exemplo). Várias passagem permitem supor que Freud percebeu que seu relacionamento com Fliess estava ligado ao principal problema da primeira fase de sua autoanálise, a relação com o pai (Carta 134), e o progresso da autoanálise parece ter

---

75 Freud, *The origins of psycho-analysis*, p.32.
76 Acervo Anna Freud, Divisão de Manuscritos, Biblioteca do Congresso, Washington, D.C.
77 Marie Bonaparte, citado por Ernst Kris em sua carta a ela de 6 de novembro de 1947, Acervo Ernst Kris, Divisão de Manuscritos, Biblioteca do Congresso, Washington, D.C.
78 Anna Freud a Ernst Kris, 12 de outubro de 1947, citado por Kris em sua resposta de 22 de outubro de 1947; Acervo Ernst Kris, Divisão de Manuscritos, Biblioteca do Congresso, Washington, D.C.

facilitado seu afastamento de Fliess". Seus comentários sobre esta passagem: "As pessoas concluiriam que Freud era homossexual. Sabemos o que quer dizer; outras pessoas, não". A isto, gostaria de responder: todos que leram as cartas – e me refiro apenas à seleção que publicamos – ficaram com a impressão de uma amizade incomumente íntima e de uma união que, vista de fora, sugere a proximidade de tendências homossexuais sublimadas. Não estou me referindo, de propósito, ao texto integral em que a referência à terapia nasal tende a reforçar essa impressão. O próprio Freud mencionou várias vezes que o relacionamento com Fliess exerceu um papel na autoanálise de Freud (veja, por exemplo, a Carta 66). Por alguns excertos, pode-se suspeitar que Freud se deu conta de que seu relacionamento com Fliess estava associado ao problema principal da primeira fase de sua autoanálise, isto é, a relação com o pai e a inclinação feminina (Carta 134). E parece que o progresso da autoanálise tornou mais fácil separar-se de Fliess.[79]

O segundo ponto contencioso foi a natureza das numerosas indisposições que afligiram Freud na década de 1890: enxaquecas, sintomas nasais, sintomas gastrointestinais, mudanças súbitas de humor e, sobretudo, arritmia cardíaca acompanhada de dispepsia e dores anginosas. Quanto aos sintomas cardíacos que preocupavam Freud, Breuer era da opinião de que se deviam a um "miocárdio crônico". Já Fliess os considerou sinais de intoxicação por nicotina e, em seguida, diagnosticou-os com uma etiologia nasal, para a qual receitou sua cura habitual: cocainização da membrana mucosa nasal e operações nas conchas. Outros, como Elisabeth Thornton,[80] sugeriram que se deviam aos efeitos da cocaína, que Freud, seguindo o conselho de Fliess, usara inicialmente para acalmar as enxaquecas.[81] Nessa perspectiva, a terapia da cocaína de Fliess era uma doença que visava curar a si mesma, como Karl Krauss certa vez notoriamente caracterizou a psicanálise.[82] Sugerir tais ligações já seria inaceitável, dado o nível de preocupação com qualquer menção à terapia nasal nas cartas. Tendo aceitado anteriormente o diagnóstico de Max Schur (que foi depois o médico pessoal de Freud) de

---

79 Acervo Ernst Kris, Divisão de Manuscritos, Biblioteca do Congresso, Washington, D.C. (cf. Freud, *The origins of psycho-analysis*, p.43).
80 Thornton, *Freud and cocaine*.
81 Veja por exemplo a carta de 30 de maio de 1893 (Freud, *The complete letters of Sigmund Freud to Wilhelm Fliess*, p.49). Os sintomas cardíacos apareceram pela primeira vez no outono do mesmo ano e se tornaram alarmantes na primavera de 1894.
82 Thornton comparou os sintomas de Freud aos descritos por outros que usaram cocaína por via nasal, ao mesmo tempo, de modo convincente (Thornton, *Freud and cocaine*, caps. 10 e 11, p.192-5). Freud não experimentou os mesmos sintomas entre 1884 e 1887, quando utilizou cocaína pela primeira vez, já que a utilizou oralmente, o que exercia efeitos farmacológicos menos potentes.

trombose coronária, Kris chegou à conclusão de que os sintomas cardíacos e outros foram de natureza neurótica, o que explicou na primeira versão de sua introdução.

> **Kris, excerto da versão não publicada da introdução às cartas a Fliess:** Freud não indicou a causa imediata que o induziu a autoanálise. Cerca de meio ano após a morte do pai, na primavera de 1897, ele mencionou perturbações neuróticas, em que Fliess "se envolveu" (Cartas 65 e ss.). Não era a primeira ocasião em que Freud tocava no tema de suas próprias dificuldades neuróticas. Já no ano de 1894 – na época da tensa e conflitiva colaboração com Breuer, e a partir de então –, Freud relatou flutuações de saúde e humor. Os problemas cardíacos, que Freud sofreu a partir daquele tempo e que Fliess tendia a ver como efeitos do abuso na nicotina, jamais foram seguramente diagnosticados.[83] A opinião do próprio Freud variava; mas as cartas fortalecem a impressão de que Freud tinha razão em supor uma causa psíquica ou uma contribuição psíquica. Tal impressão é corroborada pelo sucesso da autoanálise. Já no ano de 1898, Freud se sentia "muito mais normal" e "mais saudável".[84]

Anna Freud e Marie Bonaparte se opunham com veemência a qualquer alusão a uma "neurose" do fundador, o que poderia dar armas aos adversários da psicanálise. Desse modo, o diagnóstico oficial permaneceu o de sintomas cardíacos orgânicos. Anna Freud repreendeu seu antigo analisando.

> **Anna Freud a Kris, 4 de junho de 1947:** Mas, em todas as sentenças que se referem à autoanálise, nota-se que você ainda se encontra em conflito interno, e aí se vê um exagero de desculpas e explicações, o que suscita no leitor a impressão

---

83 Pode-se notar que Kris ignorou o "diagnóstico nasal" de Fliess, mencionado na carta de Freud de 12 de junho de 1895: "Sinto-me de I a IIa [alusão aos 'períodos' fliessianos]. Preciso de muita cocaína. Ademais, voltei a fumar, moderadamente, nas últimas duas semanas, já que a convicção nasal se tornou evidente para mim" (Freud, *The complete letters of Sigmund Freud to Wilhelm Fliess*, p.132). Na edição expurgada, esta passagem tornou-se simplesmente: "Voltei a fumar, porque ainda sentia falta" (Freud, *The origins of psycho-analysis*, p.121).

84 Citado na carta de Kris a Marie Bonaparte de 6 de novembro de 1947, Acervo Ernst Kris, Divisão de Manuscritos, Biblioteca do Congresso, Washington, D.C. Há um texto sem data, em inglês, pertencente ao Acervo Ernst Kris, que parece ser parte da seção dessa introdução que aborda a autoanálise, em que Kris mencionou conscientemente todas as passagens em que Freud se referia às próprias "neurose" e "histeria". "Em 1894, quando seu relacionamento com Breuer passou por uma crise, ele descreveu sintomas cardíacos, que ele próprio avaliava como psicogênicos. Se é certo que não sabemos quanto este diagnóstico era justificado, a *Interpretação dos sonhos* e as cartas nos familiarizam com outros sintomas, com um temor de morte prematura e com uma fobia a linhas de trem, sintomas que desapareceram após sua autoanálise."

que você não quer suscitar: de que, com sua sede pelo conhecimento, deparou com terreno proibido. Creio que precisemos resolver a questão da consciência antes que você dê a este parágrafo sua forma definitiva. Decidimos que não é correto transmitir certos pontos, uma vez que se deve omiti-los. Deliberamos em favor do contrário, visto que não há motivos para desculpas, e o leitor considerará mais natural que tenha passado a conhecer tais coisas.[85]

Anna Freud propôs pedir a Max Schur que escrevesse uma nota sobre o diagnóstico de trombose, citando explicitamente a carta que menciona a miocardiopatia postulada por Breuer (ela acrescentou que tal carta não deveria ser cortada).[86] Isso teria afetado a construção de Kris, uma vez que removia uma das várias razões para a autoanálise. Abalado por essa rejeição, Kris escreveu várias cartas em sua defesa e convocou outros membros da família freudiana. Apontou que Heinz Hartmann concordava com ele na ideia de que Freud sofria de uma "neurose cardíaca", além de Felix Deutsch, que fora médico de Freud no início da década de 1920 e que também estava inclinado a excluir um acidente coronário anterior. Até mesmo Schur mudara de opinião quando, após ler as cartas, "sentiu de repente que jamais acreditara de fato na trombose dos anos 1890".[87] Anna Freud não estava disposta a ceder.

> **Anna Freud a Kris, 12 de novembro de 1947:** Após muitas oscilações de uma visão para outra, sinto que a opinião de Schur perde valor devido à decisão. Hartmann, que não possui provas materiais, não tem como saber mais sobre isso do que qualquer outro leitor das cartas. E Felix Deutsch não é, como você sabe, imparcial a respeito desse assunto.[88]

Nada havia a fazer senão aceitar. O censor era agora censurado, e Kris retirou as referências à "tendência feminina" de Freud e seus vários sintomas "neuróticos", deixando apenas uma vaga referência a suas mudanças de humor e alternâncias entre progresso e resistência. Por causa disso, o leitor permanece sem saber de que, precisamente, Freud se curou. A autoanálise,

---

85 Acervo Ernst Kris, Divisão de Manuscritos, Biblioteca do Congresso, Washington, D.C.
86 A referência é a carta de 19 de abril de 1894 (Freud, *The complete letters of Sigmund Freud to Wilhelm Fliess*, p.67-9).
87 Ernst Kris a Marie Bonaparte, 6 de novembro de 1947, Acervo Ernst Kris, Divisão de Manuscritos, Biblioteca do Congresso, Washington, D.C. Posteriormente, Max Schur mudou de ideia, retornando a seu diagnóstico de trombose coronária (Schur, *Freud, living and dying*, cap.2), não obstante permanecendo em silêncio quanto aos efeitos farmacológicos da cocaína.
88 Acervo Ernst Kris, Divisão de Manuscritos, Biblioteca do Congresso, Washington, D.C.

que Kris colocou em destaque para servir como terapia para os desenganos das cartas, agora se tornava uma cura sem uma enfermidade, tampouco com sintomas discerníveis. A mistificação das origens da psicanálise estava agora completa. Foi apenas em 1966 que Max Schur revelou discretamente alguns fragmentos das partes inéditas da correspondência.[89] E apenas em 1985, as cartas apareceram na íntegra, com exceção do anonimato dos nomes dos pacientes.[90] Contudo, o mito da imaculada autoanálise já se havia enraizado, embutido e consagrado na literatura da psicanálise, disseminado em outras disciplinas, inclusive em figuras tão sofisticadas como Derrida e Ricœur. Os censores venceram. Até hoje, quantas pessoas se dão ao trabalho de ler a edição completa das cartas a Fliess?

UMA BIOGRAFIA EM BUSCA DE UM AUTOR

As origens da Psicanálise surgiu em alemão em 1950, e em inglês em 1954. Não obstante, era apenas um primeiro passo na consagração da história oficial da psicanálise. Na mesma carta em que enviara a Anna Freud sua correção final, Kris anunciou a tarefa seguinte.

> **Kris a Anna Freud, 7 de dezembro de 1947:** Espero que as duas "biografias", entre as quais a de Ludwig ainda não li, tenham tanto saciado o interesse mesquinho quanto satisfeito a hostilidade, que o surgimento de nosso volume possa passar sem causar comoção. E então Bernfeld terá tempo de escrever uma biografia correta, e nós teremos tempo de publicar uma seleção de mais cartas ou escrever a biografia da psicanálise no lugar da de Freud.[91]

> **Bernfeld a Kris, 11 de julho de 1949:** Recebi hoje a primeira parte [de *Aus den Anfänge der Psychoanalyse*] e a li apressadamente. Minha impressão é que vocês fizeram um grande trabalho na introdução. A biografia de Freud começa a tomar forma.[92]

---

89 Schur, Some additional "day residues" of the specimen dream of psychoanalysis. In: Löwenstein, Newman, Schur, Solnit (Eds.), *Psychoanalysis, a general psychology*; Schur, *Freud, living and dying*. Imediatamente após a publicação de seu artigo, Schur tentou convencer a família Freud a publicar uma versão não expurgada das cartas, e ele parece ter recebido uma resposta favorável de Anna Freud (Max Schur a James Strachey, 10 de abril de 1967, Arquivo da British Psycho-Analytical Society; Max Schur a Ernst Freud, 5 de junho de 1968, Sigmund Freud Copyrights, Wivenhoe). A ideia, contudo, levou a nada.
90 Freud, *The complete letters of Sigmund Freud to Wilhelm Fliess*, para a edição em inglês; Freud, *Briefe an Wilhelm Fließ*, para a edição alemã.
91 Acervo Ernst Kris, Divisão de Manuscritos, Biblioteca do Congresso, Washington, D.C.
92 Ibid.

Como vimos,[93] Freud era extremamente alérgico a qualquer intrusão em sua vida privada, e seus herdeiros partilhavam desta atitude, recusando de modo sistemático qualquer cooperação com projetos como a biografia ficcional de Irving Stone, um filme de Hollywood planejado por Anatole Litvak ou as pesquisas históricas do Dr. von Hattingberg de Baden-Baden.[94]

> **Anna Freud a Eissler, 26 de fevereiro de 1952:** Sei do plano de Hattingberg e, um ano atrás, me pediram que o ajudasse. Imediatamente recusei. Não entendo como um total desconhecido, como Hattingberg, tenha direto de escrever uma biografia, nem como terá o conhecimento para fazê-lo. Parece-me que o melhor será deixá-lo por conta própria, e talvez ele [ilegível] tão pouco que desista do plano.[95]

Contudo, a atitude rigorosamente obstrutiva tornou-se insustentável quando biografias e memórias não autorizadas começaram a aparecer. Elas ameaçavam degradar a imagem pública de Freud. Em 1946 e 1947, surgiram duas biografias fundamentais de Freud, por Emil Ludwig[96] e Helen Puner,[97] logo seguidas de outras incursões na vida privada de Freud. Anna Freud enfureceu-se. Descreveu a obra de Ludwig como um "trabalho de ódio",[98] enquanto a de Puner era "horrível";[99] o artigo de Erik Erikson sobre o sonho de Irma em *A interpretação dos sonhos* "literalmente embrulho[u] [seu] estômago";[100] Leslie Adams, um psiquiatra de Nova York que fizera pesquisas sobre a juventude de Freud,[101] era um "completo excêntrico";[102] Joseph

---

93 Veja anteriormente, p.31 e ss.
94 Apesar de tudo, ela apareceu em 1971 (Stone, *The passions of the mind*).
95 Acervo Anna Freud, Divisão de Manuscritos, Biblioteca do Congresso, Washington, D.C.
96 Ludwig, *Doctor Freud*. Emil Ludwig, famoso por suas biografias romanceadas e cujas obras foram queimadas pelos nazistas, incluindo a de Freud, foi criticado por este em suas *Novas conferências introdutórias sobre psicanálise*, porque teve o azar de interpretar a personalidade do imperador William II por meio das teorias de Adler (Freud, Introductory lectures to psycho-analysis, *SE 22*, p.66). Ludwig concebeu seu livro como uma resposta à crítica de Freud.
97 Puner, *Freud, his life and his mind*.
98 Anna Freud a Ernest Jones, 2 de junho de 1954, Jones Papers, Arquivo da British Psycho--Analytical Society.
99 Anna Freud a Ernest Jones, 23 de março de 1953, ibid. Oliver Freud, irmão de Anna Freud, não considerou o livro de Puner tão ruim e achava que os erros que ele continha deviam-se ao fato de citar relatos de Jung, Stekel e Wittels (Oliver Freud a Ernest Jones, 4 de dezembro de 1952, ibid.).
100 Anna Freud a Ernest Jones, 25 de novembro de 1952, ibid. Ver Erikson, The dream specimen of psychoanalysis, *Journal of the American Psychoanalytic Association*, v.2, p.5-56.
101 Adams, Sigmund Freud's correct birthdate, *Psychoanalytic Review*, v.41, p.359-62.
102 Anna Freud a Ernest Jones, 15 de janeiro de 1954, Jones Papers, Arquivo da British Psycho-Analytical Society.

Wortis merecia ser levado à justiça por ter publicado as memórias de sua análise com Freud,[103] e assim por diante. Portanto, era imperativo produzir uma "verdadeira biografia", como disse Kris, para erguer um baluarte contra a proliferação de relatos não autorizados.

Heinz Hartmann a Anna Freud, 17 de março de 1947: Existirão biografias de Freud. A questão é se dentre elas haverá uma obra que seja aceitável.[104]

Jones, prefácio ao volume 1 de sua biografia de Freud: A família de Freud compreensivelmente respeitava seu desejo por privacidade, e ainda partilhava dele. Com frequência, protegiam-no de um público meramente inquisitivo. O que mudou sua atitude, depois, foi a notícia das muitas histórias falsas inventadas por pessoas que jamais o conheceram, histórias que engrossavam gradualmente uma lenda falaciosa.[105]

Mas quem deveria escrever a verdadeira vida de Freud? Em outubro de 1946, Jones foi contatado por Leon Shimkin, diretor da Simon & Schuster, que desejava saber de seu interesse em escrever uma biografia de Freud.[106] Jones contatou imediatamente Anna Freud, que ficou em dúvida quanto ao projeto. Pouco antes, Jones tomara partido contra ela no conflito com Melanie Klein.[107] Ele jamais fizera parte realmente da "família", e ela não estava certa de quanto poderia confiar. Desse modo, sugeriu que Jones colaborasse com Siegried Bernfeld, um velho amigo de sua juventude em Viena, pensando

---

103 Ver resposta de Eissler à pergunta de Anna Freud sobre como replicar à publicação de Wortis (*Fragments of an analysis with Freud*): "Creio que Wortis cometeu algo que é quase um crime, e, como ao menos uma carta do professor Freud foi publicada em fac-símile, a Sigmund Freud Copyrights Ltda. pode oferecer uma perspectiva legal [...] é de minha vontade que o presidente da New York Society, ou da American [Psychoanalytic Association], ou da International [Psychoanalytic Association] façam alguma coisa. [...] Penso ser dever das organizações psicanalíticas assumir um pulso firme. [...] P.S. Logicamente, as pessoas que compreendem tais assuntos devem decidir aqui, nos Estados Unidos, se tal postura contra o livro não lhe confere uma publicidade adicional, aumentando assim o dano" (Kurt Eissler a Anna Freud, 7 de fevereiro de 1955, Acervo Anna Freud, Divisão de Manuscritos, Biblioteca do Congresso, Washington, D.C.).
104 Acervo Anna Freud, Divisão de Manuscritos, Biblioteca do Congresso, Washington, D.C.; apud Young-Bruehl, *Anna Freud*, p.296
105 Jones, *The life and work of Sigmund Freud*, v.1, p.xi.
106 Ernest Jones a Anna Freud, 10 de outubro de 1946, Acervo Anna Freud, Divisão de Manuscritos, Biblioteca do Congresso, Washington, D.C.
107 Ver Young-Bruehl, *Anna Freud*, p.169 e ss. Jones acusara Anna Freud de ser mal analisada, o que levou a uma repulsa da parte do analista dela, Freud. Em 23 de setembro de 1927, Freud escreveu a Eitingon: "Tomei-o como algo pessoal e lhe disse que certamente Anna foi analisada por um tempo mais longo e mais profundamente que ele" (Ibid., p.171).

que Bernfeld poderia dirigir o projeto, ou ao menos controlar seu colaborador.[108] Ademais, Bernfeld era particularmente qualificado para a tarefa, visto que, após emigrar para os Estados Unidos, deu início a investigações muito detalhadas, com sua esposa Suzanne, sobre a juventude de Freud e o contexto intelectual de suas primeiras obras.[109]

> **Anna Freud a Kris, 13 de março de 1947:** Jones não é avesso a procurar colaboradores, já que não está nada apto a fazer esse trabalho sozinho, em razão de seu estado de saúde. Ele mesmo pensou em Bernfeld, o que não é má ideia, se a tarefa puder ser dividida. [...] De certa forma, não acredito de verdade neste projeto. Não considero que Jones esteja saudável o suficiente. Mas, se dessa maneira seu material puder ser preservado para nós, é provável que valha a pena seguir com o assunto. De todo modo, não quero parecer negativa quanto a ele [...], uma vez que não pretendo perder toda a influência nesta questão.[110]

> **Anna Freud a Bernfeld, 4 de março de 1947:** [Shimkin] está muito interessado em publicar uma biografia de meu pai e esteve em contato com Ernest Jones, que não desconsidera utilizar o material (cartas, memórias pessoais etc.) que possui para escrever ao menos uma parte, caso consiga encontrar alguém para cooperar com ele. A ideia era que você pudesse ser esta pessoa, e que possa gostar da proposta de escrever sobre o desenvolvimento do pensamento analítico do modo como o fez em seus artigos já publicados.[111]

Bernfeld desconfiava mais de Jones que Anna Freud. Além disso, é evidente que havia elaborado seus artigos históricos como ensaios para futuros capítulos de sua própria biografia de Freud, de modo que uma colaboração com Jones entraria em conflito com seu projeto. Mesmo assim, dispôs-se a trabalhar com ele.[112]

---

108 Sobre o pequeno grupo dos anos 1920, formado por Anna Freud, Siegfried Bernfeld, Willi Hoffer e August Aichhorn, ver Young-Bruehl, *Anna Freud*, p.99-102.
109 Tais pesquisadores apareceram inicialmente em periódicos em inglês, e foram reunidos em alemão por Ilse Grubrich-Simitis, em Bernfeld e Cassirer Bernfeld, *Bausteine der Freud-Biographik*.
110 Acervo Ernst Kris, Divisão de Manuscritos, Biblioteca do Congresso, Washington, D.C.
111 Acervo Anna Freud, Divisão de Manuscritos, Biblioteca do Congresso, Washington, D.C.
112 O Acervo Bernfeld na Biblioteca do Congresso contém o esboço de um prefácio, assim como um projeto de catorze capítulos que cobre o mesmo período do primeiro volume da biografia de Jones: Introdução; 1. Freiberg; 2. Antes do ginásio; 3. Ginásio; 4. Três anos caóticos; 5. O instituto de Brücke; 6. A virada; 7. O Hospital Geral; 8. Cocaína I; 9. Paris; 10. O primeiro ano de prática; 11. Cocaína II; 12. Hipnotismo; 13. Livre associação; 14. (De volta a Freiberg).

Bernfeld a Anna Freud, 19 de março de 1947: Confidencialmente: estou preocupado com a contribuição de Jones. Na Inglaterra – em 1937 –, Jones fez alguns comentários sobre a personalidade e a vida de Freud que me chocaram, não apenas porque foram feitos de modo hostil e descuidado à mesa de jantar, mas principalmente porque revelaram que Jones, na época, era privado da espécie de simpatia e reverência por Freud que é condição para um historiador objetivo. Sei que ele não gosta muito de mim e tenho minhas dúvidas de que estará disposto a cooperar comigo. Também não gosto dele, mas aprecio o suficiente suas contribuições à psicanálise para estar disposto a tentar.[113]

Anna Freud a Bernfeld, 26 de março de 1947: A atitude negativa de Jones, revelada a você, não é nenhum segredo e conheço-a bem. Mas creio que tenha sido resultado principalmente de ciúmes e de um sentimento de que ele não foi apreciado o suficiente, e isso diminuiu consideravelmente desde a morte de meu pai. [...] Não sei se ele de fato possui a força e o tempo de vida para terminar algo do tipo, mas estou certa de que seu material é de grande valor e de que ele deveria ao menos reuni-lo, para, com isso, abrir caminho para um trabalho posterior. Mas este não é, logicamente, o modo como se apresentaria a tarefa a ele.[114]

Vários meses depois, contudo, Jones escreveu um prefácio para *A questão da análise leiga* que não agradou a Anna Freud. Era um tema sobre o qual Jones discordara de Freud, e ele se referia aos preconceitos antimédicos daquele. Em 16 de maio, ela pediu a Kris que informasse Shimkin de que pensava em retirar o assentimento de Jones como biógrafo de Freud.[115] Em resposta, Shimkin propôs confiar o papel a Bernfeld, auxiliado pela própria Anna Freud.[116] Como ela não desejava participar diretamente, propôs uma colaboração entre Bernfeld e Kris, com Jones reduzido a provedor de informações.[117] Por fim, em setembro, o editor decidiu oferecer a Jones um contrato para um volume de 300 mil palavras.[118] O projeto parece ter permanecido intacto durante dois anos e meio, até que Jones escreveu a Bernfeld em 23 de março de 1950 para pedir sua colaboração, conforme o projeto

---

113 Acervo Anna Freud, Divisão de Manuscritos, Biblioteca do Congresso, Washington, D.C.
114 Ibid.
115 Anna Freud a Ernst Kris, 16 de maio de 1947, Acervo Anna Freud, Divisão de Manuscritos, Biblioteca do Congresso, Washington, D.C.
116 Ernst Kris a Anna Freud, 22 de maio de 1947, Acervo Ernst Kris, Divisão de Manuscritos, Biblioteca do Congresso, Washington, D.C.
117 Anna Freud a Leon Shimkin, 23 de junho de 1947, Acervo Anna Freud, Divisão de Manuscritos, Biblioteca do Congresso, Washington, D.C.
118 Ernest Jones a Anna Freud, 3 de setembro de 1947, ibid.

original.[119] Jones questionava-se sobre como integrar os artigos de Bernfeld já publicados em sua biografia. Bernfeld, fiel à promessa que fizera a Anna Freud, reassegurou-o quanto a isso e colocou suas pesquisas publicadas e inéditas à disposição de Jones.

> **Bernfeld a Jones, 24 de abril de 1950:** Não vejo como meus estudos poderiam interferir em seu trabalho, e não vejo por que você não poderia ou não deveria utilizar minhas publicações exatamente da forma como se ajustarem a seu plano. Caso deseje citar parágrafos ou páginas de minha publicação, isso pode ser providenciado com o detentor do direto autoral. [...] Ficarei feliz em colaborar quando quiser receber informações não publicadas de minha parte.[120]

Como revela a correspondência dos dois entre 1950 e 1953, a colaboração foi muito estreita e muito maior do que se poderia supor pelos agradecimentos de Jones no primeiro volume.[121]

> **Peter J. Swales:** O volume um da Biografia por Jones foi em grande medida uma reescrita de Bernfeld, o primeiro a fazer uma pesquisa histórica genuína sobre Freud. [...] Bernfeld foi o verdadeiro iluminador. [...] Grandes excertos do livro de Jones são um plágio completo de Bernfeld.[122]

Jones consultou Bernfeld em todo tipo de questões, tais como a data de nascimento de Freud, seu ensaio autobiográfico dissimulado em "Lembranças encobridoras" e sua relação com Brentano e Meynert.[123] Bernfeld deu respostas detalhadas e realizou pesquisas para ajudar Jones. Ele corrigiu os capítulos manuscritos que Jones lhe enviou, assim como James Strachey, outro colaborador oculto na biografia. Em troca, Bernfeld perguntou a Jones sobre assuntos que ele talvez pudesse responder com os documentos

---

119 Ernest Jones a Anna Freud, 3 de setembro de 1947, Acervo Anna Freud, Divisão de Manuscritos, Biblioteca do Congresso, Washington, D.C.
120 Jones Papers, Arquivo da British Psycho-Analytical Society.
121 Jones, *The life and work of Sigmund Freud*, v.1, p.xiv.
122 Entrevistas com Peter Swales, de 20 de agosto de 1993, Londres, a 27 de janeiro de 1995, Nova York. Este argumento também é feito por Ilse Grubrich-Simitis, que aponta que o primeiro volume da biografia de Jones é em ampla medida uma reescrita dos artigos de Bernfeld. Ela identificou passagens em que Jones o copiou sem atribui-lo, além de duas cartas de Bernfeld, de 1952, expressando sua irritação a esse respeito (ver Bernfeld e Cassirer Bernfeld, *Bausteine der Freud-Biographik*, p.43-6). Ver Trosman e Wolf, The Bernfeld collaboration in the Jones biography of Freud, *International Journal of Psychoanalysis*, v.54, p.227-33.
123 Bernfeld defendeu a natureza autobiográfica deste artigo em Bernfeld, An unknown autobiographical fragment by Freud, *American Imago*, v.4, n.1, p.3-19.

que tinha: qual era a distância entre o local de nascimento de Freud, 117 Schlossergasse, e o mercado? Existiam boletins policiais referentes à babá de Freud, que foi acusada de furto por seu meio-irmão? O que se sabia da atividade criminosa do irmão, Josef Freud? Quando Freud foi a Wandsbeck para visitar a noiva durante seus estudos sobre cocaína? (Resposta de Jones: o trem de Freud chegou à estação de Hamburgo em 2 de setembro de 1884, às 5h45 da manhã.)

É evidente, contudo, que a principal direção do fluxo de informações ia de Bernfeld a Jones, que sabia pouco da infância e da juventude de Freud. A situação começou a mudar quando Jones conquistou a confiança da família, após mostrar os primeiros capítulos a Anna Freud.

> **Jones a Strachey, 27 de outubro de 1951:** É impressionante como toda a família Freud passou a se entusiasmar pela Biografia. Eles seguem fornecendo informações.[124]

Em abril de 1952, a família concordou em mostrar a Jones as *Cartas do Noivado* – quase 2 mil cartas entre Freud e Martha Bernays durante os quatro anos de noivado, e depois o "diário secreto" de ambos, que era a prova máxima de confiança. Bernfeld estava ansioso para saber o que continha, e pediu a Jones que lhe enviasse uma microficha das *Cartas de Noivado* e se ofereceu para transcrevê-las. Jones, contudo, não as entregou, dizendo que foram enviadas a ele "apenas após discussões acaloradas e sob todo tipo de condições [...] de que nenhuma outra alma viva [...] etc.".[125] A verdade é que à medida que crescia a confiança de Anna Freud por Jones, a de Bernfeld caía. Por razões que não ficaram claras, mas que parecem associadas a sua relação com Suzanne Bernfeld, Anna Freud achou que a esposa exercia má influência sobre ele e conduzia a pesquisa para o que provocaria escândalo. Já em 1947, Anna Freud perturbou-se por Kris ter prometido mostrar as cartas de Fliess a Bernfeld, argumentando que não se podia contar com a discrição de sua esposa.[126] Dois anos mais tarde, quando Bernfeld anunciou sua intenção de publicar um artigo com a esposa sobre a autoanálise de Freud, Anna Freud escreveu a Kris para lhe pedir que rogasse a Bernfeld que não citasse as cartas a Fliess sem autorização e lhes enviasse o manuscrito "para crítica".[127] Mas a gota d'água foi quando Bernfeld, em carta a

---

124 Jones Papers, Arquivo da British Psycho-Analytical Society.
125 Ernest Jones a Siegfried Bernfeld, 15 de abril de 1952, ibid.
126 Anna Freud a Ernst Kris, 3 de janeiro de 1947, Acervo Ernst Kris, Divisão de Manuscritos, Biblioteca do Congresso, Washington, D.C.
127 Anna Freud a Ernst Kris, 12 de outubro de 1949, ibid.

Kurt Eissler, mencionou estar investigando o tio de Freud, Josef, que tivera problemas com a justiça, sobre quem Freud escrevera em *A interpretação dos sonhos*; Eissler, indiscretamente, encaminhou a carta a Anna Freud (na época, nem Bernfeld nem Jones sabiam que ele foi considerado culpado em um escândalo de falsificação de dinheiro, em que os irmãos mais velhos de Freud também foram suspeitos de envolvimento).

Bernfeld a Eissler, 4 de janeiro de 1951: Que atos criminosos cometeu o tio Josef, irmão de Jakob Freud? Quando? Qual foi a sentença?[128]

Isso era demais. Anna Freud ficou "estupefata" com a intrusão no segredo da família Freud,[129] e resolveu não responder mais aos pedidos de Bernfeld por informações.[130] Como Bernfeld escrevia um artigo sobre as experiências de Freud com cocaína, foi altamente irritante o embargo das *Cartas de Noivado* que abarcavam este período. Como dissera a Jones, que não ficou surpreso em sabê-lo, o jovem Freud publicara um artigo em julho de 1884 em que exaltava o uso de cocaína, recentemente introduzida no mercado, para males diversos, como transtornos gástricos, enjoo, neurastenia, neuralgias faciais, asma e exaustão. Freud também escreveu que tivera êxito em desintoxicar por completo um paciente com morfinomania por administração oral de cocaína, e reiterou isso em uma conversa mantida em março de 1885, publicada no mês seguinte. Ali, ele também recomendava a administração de cocaína por meio de injeções subcutâneas, acrescentando que "não se desenvolvera nenhum vício em cocaína; ao contrário, manifestava-se uma crescente aversão".[131] Albrecht Erlenmeyer, especialista em morfinomania, testou-a em alguns pacientes. Em maio de 1886, publicou um artigo extremamente crítico a Freud. Argumentava que a administração de cocaína não conduzia a uma minimização da morfina e, ademais, resultava em vício em cocaína. Ele concluía que Freud havia lançado uma "terceira ruína" sobre a humanidade, após o álcool e a morfina.[132] Em réplica a Erlenmeyer, Freud atribuiu os resultados de Erlenmeyer ao fato de que este administrara de forma subcutânea, e não por via oral, como Freud recomendara. Isso era evidentemente enganoso, uma vez que Freud recomendara o primeiro método em seu artigo de abril de 1885. Exceto por algumas alusões veladas em *A interpretação dos sonhos*, onde invocava a figura

---

128 Acervo Anna Freud, Divisão de Manuscritos, Biblioteca do Congresso, Washington, D.C.
129 Anna Freud a Kurt Eissler, 27 de janeiro de 1951, ibid.
130 Kurt Eissler a Anna Freud, 28 de março de 1951, ibid.
131 Freud, Ueber die Allgemeinwirkung des Cocains, *Zeitschrift für Therapie*, v.3, n.7, p.49-51.
132 Erlenmayer, Über Cocainsucht, *Deutsche Medizinal-Zeitung*, v.7, p.438-84.

de um "amigo muito caro" que, em desrespeito a seus conselhos, intoxicou-se com cocaína pela administração de injeções,[133] Freud jamais mencionou este constrangedor episódio em seus escritos, preferindo afirmar que, por pouco, ele não descobrira as propriedades anestésicas da cocaína – o que seu amigo Carl Koller fez seguindo algumas indicações de Freud, enquanto Freud partiu para visitar a noiva.[134]

Bernfeld, sem dúvida baseando seu trabalho na passagem de *A interpretação dos sonhos*, conseguiu identificar o morfinomaníaco a quem Freud afirmara ter curado. Tratava-se de Ernst von Fleischl-Marxow, um colega e amigo de Freud que utilizara morfina para combater a dor extrema que se seguiu à amputação de um dedo. Exatamente como Erlenmeyer descobrira em seus próprios pacientes, Fleischl-Marxow desenvolveu uma dependência da cocaína graças ao tratamento de Freud. Morreu seis anos depois, viciado tanto em morfina quanto em cocaína.[135] Bernfeld perguntou a Jones se as *Cartas de Noivado* esclareciam melhor este episódio. Jones confirmou que as cartas continham "valiosas e inesperadas" informações sobre o tema, e acrescentou que intercederia por Bernfeld a Anna Freud para permitir que consultasse ao menos essa parte da correspondência.[136]

Jones a Bernfeld, 28 de abril de 1952: Que grupo eles formavam. Meynert bebia. Fleischl era um morfinomaníaco grave, e temo que Freud usou mais cocaína do que deveria, embora eu não possa mencionar isso.[137]

Jones a Strachey, 27 de maio de 1952: O modo como Freud empurrou cocaína para todo mundo deve tê-lo tornado uma ameaça e tanto; até Martha precisou usá-la, para que ficasse com o rosto mais corado! [...] Ele só se interessava pelos

---

133 Freud, *The interpretation of dreams*, p.111, 115: "O abuso e má utilização desta droga [cocaína] apressou a morte de um amigo caro a mim. [...] Tais injeções me recordaram mais uma vez meu desafortunado amigo, que se envenenou com cocaína. Aconselhei-o a utilizar a droga apenas internamente [i.e., por via oral], enquanto a morfina era retirada; mas ele imediatamente se autoaplicou injeções de cocaína".
134 Freud, The resistances to psycho-analysis, *SE 19*, p.62-3. Depois que Jones qualificou esta narrativa como "um tanto dissimulada" no primeiro volume de sua biografia de Freud (Jones, *The life and work of Sigmund Freud*, v.1, p.79), Albert Hirst, sobrinho de Emma Eckstein, escreveu a Anna Freud para relatar que, durante sua análise com Freud, entre 1909 e 1910, este afirmara que ele havia antecipado claramente a descoberta de Koller e destacou uma passagem no fim de seu artigo de 1884 onde o "anunciava" (Albert Hirst a Anna Freud, 19 de outubro de 1953, Arquivo da British Psycho-Analytical Society).
135 Em duas cartas a Jones, de 14 de maio e 18 de outubro de 1952, Bernfeld reconstituiu a relação entre a dependência de Fleischl em cocaína e sua morte em 1891 (Jones Papers, Arquivo da British Psycho-Analytical Society).
136 Ernest Jones a Siegfried Bernfeld, 28 de abril de 1952, ibid.
137 Ibid.

mágicos efeitos internos da droga, da qual fez uso excessivo. Anos depois, ele e Fliess estavam sempre cocainizando os narizes um do outro.[138]

Jones a Anna Freud, 3 de maio de 1952: Atrevo-me a dizer que você está a par de que Bernfeld está escrevendo sobre o episódio da cocaína. Você autoriza que lhe envie os fragmentos de Br.Br. [*Braut Briefe*] sobre o tema? Nada haveria de pessoal neles, mas existe um relato completo de suas experiências com a cocaína.[139]

Anna Freud lhe deu permissão, possivelmente porque não considerou as implicações. As cartas revelavam vários detalhes "inesperados":[140]

1. O tratamento de Fleischl fora um fracasso: dez dias após a desmorfinização prescrita por Freud, a cocaína não suprimira o sofrimento ou a abstinência. O médico Theodore Billroth tentou uma nova operação no toco amputado, prescrevendo morfina a Fleischl.[141] Eram infundadas as afirmações de Freud em seu artigo, que apareceram no mês seguinte, de que havia curado um paciente de seu vício.
2. Fleischl continuou usando cocaína "de modo regular" no verão, aumentando a dose progressivamente durante o inverno e o outono de 1884-5.[142] Assim, ao contrário da afirmação de Freud em sua conversa de março de 1885, não era verdade que Fleischl não desenvolvera dependência pela cocaína.
3. Contrário ao que ele mais tarde afirmou em réplica a Erlenmeyer, e na passagem de *A interpretação dos sonhos* a respeito de seu "desafortunado amigo", Freud de fato administrou injeções de cocaína em Fleischl em janeiro de 1885 para tentar acalmar sua dor persistente, após as quais Fleischl passou a se injetar com doses excessivas de cocaína.

Bernfeld lidou com esses temas com tato exemplar em seu artigo, que apareceu postumamente, em 1953.[143] O primeiro tópico foi pura e simplesmente ignorado, e o segundo, mal foi comentado. Ele simplesmente apontou, sem manifestar a conclusão óbvia, que as passagens da futura biografia de

---

138 Ibid.
139 Acervo Anna Freud, Divisão de Manuscritos, Biblioteca do Congresso, Washington, D.C.
140 Para mais detalhes sobre o conteúdo dessas cartas, ver Israëls, *Der Fall Freud*; e Borch-Jacobsen, How a fabrication differs from a lie, *London Review of Books*, v.13, p.3-7.
141 Sigmund Freud a Martha Bernays, 23 de maio de 1884; apud Israëls, *Der Fall Freud*, p.97-8.
142 Sigmund Freud a Martha Bernays, 12 de julho de 1884; apud Israëls, *Der Fall Freud*, p.100.
143 Bernfeld, Freud's studies on cocaine. In: Freud, Byck (Orgs.), *Cocaine papers*.

Ernest Jones levaram-no a "crer que era possível" que o vício de Fleischl a cocaína começou a ser notado no inverno de 1884-1885.[144] Quanto ao terceiro ponto, Bernfeld sublinhou a contradição entre a resposta de Freud a Erlenmeyer e sua defesa das injeções subcutâneas em seu artigo de 1885, assim como o fato de que Freud nunca mais se referiu a este artigo. Mas tais pontos foram utilizados para salientar a omissão e para considerá-la "uma desonestidade *inconsciente* – um ato esquecido" decorrente de seu sentimento de culpa por ter se dado conta do desejo inconsciente de matar Fleischl (Bernfeld invocou o sonho do "laboratório de Brücke" em *A interpretação dos sonhos*).[145] Isso acabou desviando a atenção do que Freud afirmara sobre o uso da seringa. Bernfeld concluiu seu artigo afirmando que Freud abandonara qualquer pesquisa sobre a cocaína a partir de 1887, ainda que tenha citado um excerto de *A interpretação dos sonhos* sobre o tópico de sua prática de cocainização nasal em 1895, admitindo que Freud manteve durante algum tempo um interesse "limitado e cético" acerca da questão.[146]

Apesar dessas evasivas, o artigo provocou uma verdadeira "sibilância" em Anna Freud.[147]

> **Anna Freud a Jones, 19 de setembro de 1952:** Não gostei nem um pouco, excetuando os fatos que são muito interessantes. Mas as interpretações, com as quais os fatos se entrelaçaram (dela, tenho certeza), são frouxas, equivocadas e às vezes ridículas. Por favor, não permita que ele o publique dessa forma. Afinal, você sabe como realmente aconteceram todas essas coisas e deveria ser seu papel silenciar os outros biógrafos, que precisam inventar metade desses fatos.[148]

> **Jones a Strachey, 22 de setembro de 1952:** Como você sabia da reação de Anna à cocaína de Bernfeld? Na mesma remessa, recebo uma carta dela implorando que o detenha.[149]

Para prevenir uma bomba semelhante no capítulo que preparava sobre o mesmo episódio, Jones rapidamente se dissociou de Bernfeld.

---

144 Ibid., p.342.
145 Bernfeld, Freud's studies on cocaine. In: Freud, Byck (Orgs.), *Cocaine papers*, p.348; grifo nosso.
146 Ibid., p.352. Bernfeld não ignora o entusiasmo de Freud pela terapia nasal de Fliess. Ver Bernfeld a Jones, 14 de maio de 1952, Jones Papers, Arquivo da British Psycho-Analytical Society.
147 James Strachey a Ernest Jones, 23 de setembro de 1952, ibid.
148 Ibid.
149 Ibid.

Jones a Anna Freud, 22 de setembro de 1952: Quanto mais sei da história, menos penso na obra de Bernfeld. O gênio maligno é certamente Suzanne, aquela praga. [...] Escrevi um capítulo sobre a cocaína (inconcluso) que, espero, você apreciará mais do que o deles.[150]

Jones a Anna Freud, 31 de outubro de 1952: Espero que goste mais de meu capítulo sobre a cocaína do que o esforço melodramático e desinformado de Suzanne. [...] Houve demasiada especulação sobre o mistério que as pessoas anteviram na história da cocaína; assim, creio que a melhor maneira de dispersá-lo seja fornecer um relato direto que o torne bastante inteligível.[151]

Na realidade, o capítulo de Jones reproduziu o artigo de Bernfeld, quase palavra por palavra, às vezes acrescentando informações recolhidas da *Brautbriefe*. Jones fez uma descrição mais detalhada e viva de Fleischl e sua desastrosa cura da morfina. De modo direto, tornou explícitos alguns pontos que Bernfeld se preocupara em evitar. "Por pouco tempo", afirmou, a desmorfinização foi "muito bem-sucedida",[152] e "a cocaína ajudou, por um período", a controlar alguns sintomas.[153] Eram declarações vagas e enganosas, destinadas a explicar como Freud poderia ter produzido falsas afirmações de sucesso em seus artigos de 1884 e 1885. Jones sublinhou que Freud afirmara em seu texto de abril de 1885 que seu paciente não desenvolvera qualquer vício por cocaína, mas acrescentou de modo falacioso que "(isso foi antes de Fleischl sofrer a intoxicação pela cocaína)".[154] Quanto às recusas de Freud do uso da seringa, Jones apenas reiterou a desculpa psicanalítica de Bernfeld, por meio da apelação à "repressão inconsciente"[155] e ao comportamento "determinado inconscientemente" (mas omitiu referências aos desejos assassinos de Freud perante Fleischl).[156]

Felizmente para Jones, foi o suficiente para abrandar Anna Freud, que deu sua aprovação ao capítulo.

Jones a Bernfeld, 22 de dezembro de 1952: Sim, A. F., para minha surpresa, aprovou todos os meus capítulos. E, neste âmbito, devo dizer-lhe que ela espera que você não publique seu artigo sobre a cocaína, de modo que não sei o que lhe aconselhar a respeito. Ela me pediu que o demovesse.[157]

---

150 Acervo Anna Freud, Divisão de Manuscritos, Biblioteca do Congresso, Washington, D.C.
151 Ibid.
152 Jones, *The life and work of Sigmund Freud*, v.1, p.90.
153 Ibid., p.91.
154 Ibid., p.93.
155 Ibid., p.96.
156 ibid., p.95.
157 Acervo Siegfried Bernfeld, Divisão de Manuscritos, Biblioteca do Congresso, Washington, D.C.

Bernfeld não compreendia por que Anna Freud criara objeções a seu artigo, e não ao capítulo de Jones, que, pelo que observou, ia muito além.

Bernfeld a Jones, 31 de dezembro de 1952: Não tente mais me influenciar a não publicá-lo. Escrevi à srta. Freud e solicitei os comentários dela.[158]

Esta foi a última carta de Bernfeld a Jones. Em dezembro de 1951, sobrevivera a uma trombose coronária. Faleceu em abril de 1953. Ironicamente, foi Jones, que Anna Freud considerava frágil demais para a tarefa, quem sobreviveu a Bernfeld e se beneficiou com a pesquisa de Bernfeld ao escrever *a* biografia de Freud.[159]

A BIOGRAFIA DE JONES: A FORMA DEFINITIVA DA LENDA

O episódio da colaboração entre Bernfeld e Jones ilustra o modo como a biografia de Freud tornou-se uma empreitada de freudianos e como a informação histórica em que se baseou foi concentrada, filtrada e controlada por Anna Freud. De sua casa em Hampstead (hoje, a sede do Museu Freud), ela deliberou de maneira soberana quem poderia ter acesso ao quê, quais documentos poderiam ser publicados ou citados e quais eventos da vida de seu pai poderiam ser mencionados ou deveriam ser omitidos. Assim, Jones foi capaz de ler na íntegra correspondências e documentos que eram vetados a outros pesquisadores, em parte ou completamente, durante décadas, e em alguns casos ainda o são: as cartas completas a Fliess (publicadas em 1985), as *Cartas de noivado*, a *Crônica secreta* (acessível a pesquisadores desde 2000), as correspondências com Minna Bernays, Karl Abraham, Oskar Pfister, Sándor Ferenczi, C. G. Jung, Max Eitingon e Abraham Brill, bem como os diários de Marie Bonaparte. Assim como Kris com as cartas de Fliess, Jones

---
158 Ibid.
159 Em uma carta a Kurt Eissler, de 11 de maio de 1953, Anna Freud estava preocupada com o controle sobre os artigos de Bernfeld, então sob a guarda da esposa: "Não sei quanto se pode confiar em seu juízo, e como podemos impedi-la de fazer mal uso do material, caso ela o deseje. [...] Suse Bernfeld teria, por exemplo, o direito de publicar a correspondência de meu pai com Wagner-Jauregg?". Em 18 de maio, Eissler respondeu: "Fiquei com a impressão de que a sra. Bernfeld está em uma condição particularmente lábil, e qualquer contramedida para se opor à publicação daquele artigo [sobre Freud e Wagner-Jauregg] pode precipitar uma reação grave. [...] Tenho a impressão de que Otto Maenchen seria uma pessoa muito boa para discutir o assunto com ela e fazê-lo, possivelmente, sem mencionar que Londres o solicitou" (Acervo Anna Freud, Divisão de Manuscritos, Biblioteca do Congresso, Washington, D.C.). Os temores de Anna Freud eram infundados, uma vez que Suzanne Bernfeld continuou a atender aos pedidos de informações feitos por Jones.

submeteu os capítulos de sua biografia a Anna Freud para aprovação e crítica. Sua censura compreendia pontos triviais e significativos. Jones foi instruído, por exemplo, a não mencionar a constipação crônica de Freud.[160] Este foi um dos raros tópicos que ele desobedeceu. Foi proibido de mencionar que o irmão de Martha, Eli Bernays, teve filhos ilegítimos (seu filho legítimo, o famoso agente de publicidade Eli Bernays, ameaçou entrar com um processo judicial).[161] Em outras cartas, Anna Freud exigiu que Jones removesse ou modificasse passagens sobre Abraham[162] e Pfister[163] e se queixou que Ferenczi "aparece mal".[164] Em geral, contudo, ela não teve muito a censurar, uma vez que Jones já havia feito grande parte do trabalho. Muito mais astuto neste aspecto do que Bernfeld, Jones sabia como antecipar os desejos dela e evitar temas contenciosos, ou pelo menos como apresentá-los da melhor maneira.

> **Jones a Anna Freud, 28 de novembro de 1951:** Seu pai costumava me chamar de o diplomata da [International Psychoanalytic] Association, mas mergulhar em seus pensamentos neste trabalho me faz absorver algo de sua implacável integridade e sua aversão a concessões. Quanto ao tema de sua neurose, por exemplo, naturalmente dou maior destaque para a poderosa conquista de sua solitária superação, pois realmente creio que sua autoanálise tenha sido seu maior feito. Mas não quero que os críticos digam: "Jones, naturalmente, sendo um admirador cego, realiza um retrato parcial e omite isso e aquilo".[165]

A biografia de Jones foi uma dramatização brilhante da lenda freudiana. Como vimos em seu tratamento do artigo de Bernfeld sobre cocaína, Jones foi um mestre na arte de utilizar documentos e relatos aos quais tinha acesso exclusivo para dar substância e confirmar as versões de Freud, ao mesmo tempo que suprimia as contradições. Quando Kris editou as cartas a Fliess, ele deliberadamente cortou aspectos anedóticos, deixando-os "mais áridos"

---

160 Anna Freud a Ernest Jones, 18 de março de 1954, Jones Papers, Arquivo da British Psycho--Analytical Society.
161 Anna Freud a Ernest Jones, 5 e 25 de novembro de 1952, ibid.; Ernest Jones a Anna Freud, 10 e 18 de novembro de 1952, Acervo Anna Freud, Divisão de Manuscritos, Biblioteca do Congresso, Washington, D.C.
162 Anna Freud a Ernest Jones, 4 de abril de 1954, Jones Papers, Arquivo da British Psycho--Analytical Society.
163 Anna Freud a Ernest Jones, 16 de junho de 1954, ibid.
164 Ibid. Anna Freud continuou: "Pessoalmente, desejaria que as cartas sobre eles fossem destruídas".
165 Ernest Jones a Anna Freud, 28 de novembro de 1951, Anna Freud Collection, Manuscript Division, Library of Congress, Washington, D.C.

e "austeros" do que realmente eram.¹⁶⁶ Por contraste, Jones não hesitou em ser um contador de histórias, enfeitando as anedotas narradas por Freud e acrescentando detalhes surpreendentes. Tais embelezamentos jamais contradisseram a narrativa principal proposta por Freud e a *troika* de Ernst Kris, Anna Freud e Marie Bonaparte. Na realidade, eles a expuseram e a tornaram mais pungente. Anna Freud, por consequência, que sempre se irritava com o "sensacionalismo" das biografias não autorizadas, não se incomodou.

Este método de dramatização é particularmente claro no tratamento que Jones reservou ao que chamou de "período Fliess". Apoiando-se nas porções inéditas da correspondência, não hesitou em divulgar todo tipo de detalhes acerca da famosa "neurose" que Anna Freud sugeriu que Kris silenciasse, ou ao menos minimizasse. Freud, revelou, sofreu por quase dez anos de uma "psiconeurose muito considerável"¹⁶⁷ – caracterizada por um "relacionamento passional de dependência"¹⁶⁸ com Fliess –, crises de depressão grave,¹⁶⁹ temores de morte e de viagem,¹⁷⁰ uma inibição em ir a Roma,¹⁷¹ assim como problemas cardíacos de origem psicossomática (Jones, assim, repetia o diagnóstico que Kris realizara em caráter privado).¹⁷² Freud sofrera literalmente como um mártir.

> **Jones:** Seus padecimentos eram às vezes muito intensos, e por todos aqueles dez anos talvez tenha tido apenas intervalos ocasionais em que a vida parecia valer a pena. Ele pagou caro pelos dons que concedeu ao mundo, e o mundo não foi muito generoso nas recompensas.¹⁷³

Jones chegou até a mencionar que Freud usara cocaína que lhe fora prescrita por Fliess para tratar de uma infecção nasal. Os dois homens, disse com humor, demonstravam "um interesse incomum [...] no estado do nariz um do outro".¹⁷⁴ Mas em todos os outros lugares, Jones minimizou sistematicamente o entusiasmo de Freud pela terapia nasal e pelas teorias de Fliess. Tais ideias pertenciam ao "reino da psicopatologia",¹⁷⁵ e Fliess, na realidade,

---

166 Ernst Kris a Anna Freud, 29 de abril de 1947, Ernst Kris Collection, Manuscript Division, Library of Congress, Washington, D.C.
167 Jones, *The life and work of Sigmund Freud*, v.1, p.304.
168 Ibid., p.287.
169 Ibid., p.306.
170 Ibid., p.305. Ao contrário do que Jones insinua, *Reisefieber* em alemão nada significa além de uma banal vontade de viajar.
171 Jones, *The life and work of Sigmund Freud*, v.2, p.19.
172 Jones, *The life and work of Sigmund Freud*, v.1, p.311.
173 Ibid., p.304-5.
174 Ibid., p.309.
175 Ibid., p.291.

desenvolvera "ideias persecutórias" em relação a Freud na época da ruptura.[176] A ênfase dada por Fliess aos processos somáticos em funcionamento na sexualidade "devem ter sido um fardo para o doloroso progresso de Freud, da fisiologia para a psicologia",[177] enquanto a discussão de ambos consistia em "duólogos ao invés de diálogos".[178] O estranho fascínio pelas fantasias absurdas de Fliess pode ser explicado pela "identificação inconsciente"[179] do amigo com o pai de Freud – e que se dissipou quando Freud empreendeu uma análise de sua "profundamente enterrada hostilidade"[180] perante o pai após a morte deste, descobrindo em rápida sucessão o complexo de Édipo, o significado dos sonhos e o papel da sexualidade infantil que, até então, estivera oculta pela teoria (neurótica) da sedução paterna. Ao fazer da autoanálise a chave das descobertas estritamente *psicológicas* de Freud, Jones se adequava fielmente à versão dos acontecimentos esboçada por Freud e consolidada por Kris, concedendo a elas, ademais, uma giro psicanalítico ainda mais pronunciado.[181] A história foi colocada a serviço do mito científico, embelezada pelas armadilhas dos arquivos e documentos.

> **Jones:** Em 1897, [Freud] embarcou sozinho no que foi sem dúvida o maior feito de sua vida. Sua determinação, coragem e honestidade fizeram dele o primeiro ser humano a não apenas obter vislumbres da própria mente inconsciente – pioneiros antes dele chegaram até aí –, mas a penetrar e a explorar realmente o interior de suas mais abismais profundezas. Este feito imperecível lhe concederia um lugar único na história.[182]

Encontramos o mesmo método no capítulo dedicado ao "período Breuer". Em sua edição das cartas a Fliess, Kris eliminou sistematicamente

---

176 Ibid., p.316.
177 Ibid., p.300.
178 Ibid., p.303.
179 Ibid., p.324.
180 Ibid., p.307.
181 Em particular, contudo, Jones não deixou de criticar as "atrocidades de Kris" (Ernest Jones a James Strachey, 6 de novembro de 1951, Jones Papers, Arquivo da British Psycho--Analytical Society). No dia 24 de outubro de 1951, Strachey enviou-lhe uma crítica detalhada do argumento de Kris, segundo a qual a descoberta da sexualidade infantil teria coincidido com a autoanálise e o abandono da teoria da sedução: "Meu argumento é que o reconhecimento da sexualidade infantil como uma atividade normal – como distinta das meras ocorrências das experiências sexuais anormais – foi aceita por Freud apenas *gradualmente*, entre os anos de 1897 e 1899" (Jones Papers, Arquivo da British Psycho--Analytical Society). Resposta a Jones, 27 de outubro de 1951: "Tenho sido demasiado complacente com a previsão de Kris do futuro, embora seja um tema fascinante. Muitas delas [sic] são bastante *nachträglich*" (ibid.).
182 Jones, *The life and work of Sigmund Freud*, v.1, p.3-4.

todas as passagens em que Freud criticou Breuer com ferocidade, apesar de toda a ajuda profissional e financeira que seu ex-amigo lhe dera ao longo dos anos. Jones, por outro lado, não hesitou em destacar a ingratidão e a "amargura" dos comentários de Freud – algo que achou difícil de explicar.[183] Mais ainda, ele citou escrupulosamente todas as passagens em que Breuer insistia no papel da sexualidade nas neuroses, contradizendo assim o que Freud escrevera a respeito da resistência de seu colaborador. Mas Jones também citou a nada elogiosa descrição de Breuer nas cartas de Freud: a de um homem "fraco" e indeciso cuja "censura do tipo vigarista" impediu-lhe de endossar integralmente as revolucionárias teorias do jovem colega.[184] E acima de tudo, o grande "furo": Jones tornou pública a fábula do nascimento histérico de Anna O. que Freud, como vimos, disseminara em caráter privado para desacreditar Breuer e opor suas objeções à etiologia exclusivamente sexual das neuroses. Jones chegou a dar o verdadeiro nome da paciente de Breuer, que descobrira nas *Cartas de noivado*, e afirmou que uma das cartas "continha, em essência, a mesma história"[185] que Freud lhe contara – o que era mentira.[186] Para completar, acrescentou seus próprios floreios, atestando que Breuer, após fugir do parto histérico "suando frio", viajara no dia seguinte com a mulher para Veneza, onde conceberam uma filha, que, "nascida nessas curiosas circunstâncias", estava destinada a cometer suicídio sessenta anos mais tarde na cidade de Nova York (absolutamente nada nesta anedota sensacional é verdade).[187]

Tal como Bernfeld fizera, Jones enviava com regularidade rascunhos de seus capítulos para James Strachey, que trabalhava nos volumes da *Standard Edition* (este projeto, iniciado imediatamente após a morte de Freud, pode ser considerado o terceiro pilar da história oficial da psicanálise, ao lado de *As origens da psicanálise* e da biografia de Jones). Em resposta ao recebimento de três capítulos que seriam incluídos no primeiro volume, Strachey mandou a Jones dez páginas de comentários muito detalhados sobre diversos temas, um dos quais era a história do parto histérico de Anna O.

Strachey a Jones, 24 de outubro de 1951: A aventura de Breuer. Freud me contou a mesma história com um grande toque dramático. Lembro-me muito bem dele dizendo: "E então ele apanhou o chapéu e saiu apressado da casa". –

---

183 Ibid., p.254.
184 Jones, *The life and work of Sigmund Freud*, v.1, p.255. Esta descrição foi duramente contestada pela nora de Breuer; ver Borch-Jacobsen, *Remembering Anna O.*, Apêndice 2.
185 Idem, p.225.
186 Ver anteriormente, p.170, onde reproduzimos a referida carta.
187 Idem, p.225.

Mas sempre tive dúvidas se essa foi uma história que Breuer contou a Freud, ou se foi inferida – uma "construção", na verdade. Minhas dúvidas foram confirmadas por uma sentença na *Selbsdarstellung* (G. W. 14, 45): *Aber über dem Ausgang der hypnotischen Behandlung lastete ein Dunkel, das Breuer mir niemals aufhellte...* [Mas ao longo do estágio final de seu tratamento hipnótico persistiu um véu de obscuridade, e que Breuer jamais ergueu para mim.] E ainda (*ibid, 51*): *Er hätte mich durch den Hinweis auf seine eigene erste Patientin schlagen oder irre machen können, bei der sexuelle Momente angeblich keine Rolle gespielt hatten. Er tat es aber nie; ich verstand es lange nicht, bis ich gelernt, mir diesen Fall richtig zu deuten und [...] zu rekonstruiren.* [Ele teve a oportunidade de me desmoralizar, ou pelo menos me desconcertar apontando para seu primeiro paciente próprio, em cujo caso os fatores sexuais ostensivamente não representaram papel algum. Mas ele jamais o fez, e não conseguia entender o porquê, até que passei a interpretar o caso corretamente e a reconstruí-lo.] Mas parece que a p.20 guarda mais evidências sobre o tema. Os comentários publicados de Freud teriam sido apresentados dessa forma por motivos de discrição?[188]

Strachey, de modo bem evidente, toca nas estranhezas que já encontramos: se Freud ouviu a história diretamente de Breuer, por que teria de "reconstruí-la"?[189] Obviamente, Strachey suspeitava que Freud apresentara de maneira imprópria, sob o disfarce de fato histórico, o que era apenas uma interpretação. Jones, que sabia perfeitamente bem que era este o caso – já que poderia utilizar a carta a Martha como um meio de comparação –, decidiu, mesmo assim, seguir nessa linha.

Jones a Strachey, 27 de outubro de 1951: Freud me deu duas versões da história de Breuer. A teatral, com ele agarrando o chapéu, e depois a verdadeira, em que Breuer hipnotizou Anna e a acalmou antes de sair. Deixei o chapéu de fora; "saiu correndo da casa" parece-me legítimo, já que transmite o espírito da situação.[190]

O pernicioso boato iniciado por Freud agora se tornava a versão pública oficial. Strachey, em nota anexa a sua tradução do caso de Anna O., alinha-se a Jones, um exemplo de sincronização entre a biografia e a edição *standard*.

---

188 Jones Papers, Arquivo da British Psycho-Analytical Society. Cf. Freud, An autobiographical study, *SE 20*, p.20, 25.
189 Veja anteriormente, p.167 e ss.
190 Jones Papers, Arquivo da British Psycho-Analytical Society.

Strachey: Sobre este ponto (disse Freud, certo dia, ao presente tradutor, com o dedo sobre um exemplar aberto do livro), há um hiato no texto. O pensamento que lhe ocorria, e que passou a descrever, foi o episódio que marcou o fim do tratamento de Anna O. A história é relatada por Ernest Jones em sua biografia de Freud, e bastará dizer aqui que, quando o tratamento pareceu coroado pelo sucesso, a paciente subitamente exibiu a Breuer a presença de uma forte, positiva e não analisada transferência que possuía sem dúvida natureza sexual.[191]

Da mesma forma, Jones também reativou o tema do *splendid isolation* de Freud e do "boicote"[192] a sua obra pelos colegas, exagerando de modo sistemático as resenhas negativas a seus trabalhos, e tratando as várias resenhas positivas citadas por ele como "exceções" corajosas: *Estudos sobre a histeria* não havia sido bem recebido pela comunidade médica,[193] *A interpretação dos sonhos* fora recebido com "uma resenha muito torpe e desdenhosa" de Burckhardt,[194] e isso interrompeu suas vendas imediatamente em Viena, e os *Três ensaios sobre a teoria da sexualidade*, ao lado do caso clínico de "Dora", provocaram o ostracismo do autor em sua profissão.

Jones: *A interpretação dos sonhos* fora cunhado de fantástico e ridículo, mas *Três ensaios* era espantosamente pernicioso. Freud era um homem de mente cruel e obscena. [...] Mais ou menos na mesma época, Freud estava repleto de torpeza aos olhos da profissão médica ao [...] decidir publicar um caso clínico, geralmente referido como "o caso Dora" [...] Mas seus colegas não poderiam perdoar a publicação de detalhes tão íntimos de uma paciente sem sua permissão, e imputando a uma jovem, ainda, tendências a revoltantes perversões sexuais.[195]

De maneira bastante estranha, essa reintrodução do puritanismo que supostamente confrontou a psicanálise nascente ia de mãos dadas com o lançamento por Jones de um novo mito, o do puritanismo de *Freud*. Freud, se acreditarmos em sua biografia, era uma "pessoa incomumente casta – a palavra 'puritana' não estaria mal empregada":[196] ele era um homem de

---

191 Freud, *The Standard Edition of the complete psychological works of Sigmund Freud*, v.2, p.40-1.
192 Jones, *The life and work of Sigmund Freud*, v.1, p.255.
193 Ibid., p.252.
194 Ibid., p.360.
195 Jones, *The life and work of Sigmund Freud*, v.2, p.12-3.
196 Ibid., p.271. Comparemos com o documento intitulado "Freud in Paris" [Freud em Paris], que Marie Bonaparte enviou a Jones e que relatava o que Freud lhe contara em 8 de abril de 1928 sobre sua permanência entre 1885 e 1886 em Paris: "Em seguida, Freud foi com um amigo a um café, e, ali, este amigo convidou cinco ou seis mulheres 'respeitáveis' a sua mesa. Uma delas, que tinha uma eflorescência suspeita no nariz, gabou-se de ter a habilidade de se despir em poucos segundos". Freud acrescentou, é verdade: "Tudo,

família e um pai de moralidade vitoriana, além de um marido "dedicado à esposa"[197] e "bem peculiarmente monogâmico",[198] que renunciara muito cedo a qualquer atividade sexual, enquanto condenava pessoalmente as liberdades que seus escritos pareciam justificar.[199] Uma atenção à correspondência de Freud é suficiente para rejeitar esta lenda – o que vale apontar é que ela correspondeu a uma dramatização da lenda positivista que Freud forjara.[200]

> **Jones:** Para sua própria e grande surpresa, e contra suas predileções puritanas pessoais, Freud se encontrava cada vez mais impelido pelos resultados de suas investigações a dar importância aos fatores sexuais na etiologia. [...] Não foi uma descoberta súbita, e – ao contrário do que os opositores insinuavam – era suficientemente livre de quaisquer preconceitos.[201]

A criação da psicanálise foi, assim, *literalmente* imaculada e dessexualizada. Como apontou Bruno Bettelheim a respeito dos dois primeiros volumes da biografia, Jones acabou, paradoxalmente, protegendo Freud de toda a psicanálise.

> **Bruno Bettelheim:** A ausência de teor psicanalítico em Jones como biógrafo comprova-se ainda mais pelo modo como expõe o que talvez tenha sido uma das

---

com essas senhoritas, limitou-se a algumas bebidas" (Jones Papers, Arquivo da British Psycho-Analytical Society).

197 Jones, *The life and work of Sigmund Freud*, v.1, p.139.
198 Jones, *The life and work of Sigmund Freud*, v.2, p.421; veja também p.386: "Sua esposa era certamente a única mulher na vida amorosa de Freud, e ela vinha antes de todos os outros mortais". Eis, contudo, o que Helen Puner, que obteve informação de dissidentes como Jung e Stekel, tinha a dizer: "Já no início do casamento, ele passou a considerar a esposa com o mesmo distanciamento analítico com que tratava um sintoma neurótico" (Puner, *Freud*, p.136). Do mesmo modo, Max Schur expressou sua descrença a respeito da descrição de Jones, em uma carta a ele de 30 de setembro de 1955: "Quanto a Martha – tenho minhas dúvidas se na época em que os conheci ela ainda era a 'maior e a mais importante'. Pelo que pude notar, ele passava cada vez menos tempo com ela [...] restava tão pouco de um grande amor, que fiquei bastante surpreso pelo Volume 1 [a narrativa do noivado]" (Acervo Anna Freud, Divisão de Manuscritos, Biblioteca do Congresso, Washington, D.C.).
199 Jones, *The life and work of Sigmund Freud*, v.2, p.386.
200 A Ferenczi, que desenvolveu o hábito de trocar beijos com seus pacientes, ele escreveu: "Bem, certamente não sou daqueles que, por pudicícia ou consideração à convenção burguesa, condenaria pequenas gratificações eróticas como esta" (Freud e Ferenczi, *The correspondence of Sigmund Freud and Sándor Ferenczi*, v.3, p.479). A James Jackson Putnam, Freud escreveu: "Defendo uma vida sexual muito mais livre. Contudo, tenho feito pouco uso dessa liberdade, exceto pelo que até agora me convenci de que a mim era permitido nesta área" (Hale, *Freud and America*, v.1, p.189). Este tema é abordado por Peter Swales em *Did Freud always carry an umbrella – or – did he ever take a cab?* (Palestra ministrada no Instituto de Arte Contemporânea).
201 Jones, *The life and work of Sigmund Freud*, v.2, p.5.

relações mais íntimas de Freud. A respeito da cunhada de Freud, que durante quarenta e dois anos fez parte de seu círculo doméstico, Jones diz simplesmente: "Não havia atração sexual de nenhuma das partes". Deve-se indagar acerca do homem Freud que viajou a sós com essa mulher madura, que hospedou-se em hotéis com ela, mas não a achou sexualmente atrativa; indaga-se inclusive como era possível que essa mulher não se tornasse sexualmente atraída por Freud.[202]

Fiel tenente das primeiras guerras freudianas, Jones também reviveu a estratégia de patologização mobilizada por Freud contra seus adversários com renovado vigor. Qualquer um que tivesse a infelicidade de ser confrontado por Freud em um momento ou outro era sistematicamente apresentado como um "caso", ou como possuindo uma deficiência de personalidade: Fliess era "paranoico", Meynert era "muito neurótico",[203] Breuer teve uma "fraqueza de personalidade",[204] Stekel sofria de "insanidade moral"[205] e uma "enfermidade neurótica problemática, cuja natureza não preciso mencionar",[206] Jung tinha uma "mente confusa",[207] Morton Prince era "um tanto torpe",[208] Ferenczi era "assombrado por um anseio bastante excessivo e insaciável pelo amor de seu pai",[209] Adler era uma "pessoa intratável [...] sempre discutindo [...] sobre pontos de precedência em suas ideias",[210] Rank possuía "tendências inequivocamente neuróticas",[211] Aschaffenburg e Vogt eram sujeitos de atos

---

[202] Bettelheim, resenha sobre Ernest Jones, "The life and work of Sigmund Freud, vols. 1 e 2", *American Journal of Sociology*, v.62, p.419. Em Viena, circularam rumores sobre uma ligação entre Freud e Minna Bernays, que Jung corroborou mais tarde. "Jung: Isto é fato: a irmã caçula teve uma enorme transferência, e Freud *was not insensible* ["não ficou insensível", em inglês no original]. – Eissler: Você quer dizer que havia uma ligação com a irmã caçula? – Jung: Ah, uma ligação!? Não sei até que ponto! Mas, por Deus, sabemos muito bem como é, não sabemos!?" (entrevista datilografada de 29 de agosto de 1953, p.11; veja também Billinsky, Jung and Freud (the end of a romance), *Andover Newton Quarterly*, v.10, p.39-43. E Swales, Freud, Minna Bernays, and the conquest of Rome, *New American Review*, v.1, n.2-3, p.1-23). O testemunho de Max Graf, pai do "pequeno Hans", é igualmente ambíguo: "Graf: Eu tinha a impressão de que havia algo estranho no relacionamento com a cunhada. [...] Mas, já que as coisas não eram muito claras, não quis comentar sobre isso publicamente... – Eissler: Ele teve relações sexuais com ela? – Graf: Acredito que não" (Graf, Entretien du père du Petit Hans, Max Graf, avec Kurt Eissler, 16 décembre 1952, *Bloc-notes de la psychanalyse*, v.14, p.155). Esses são os rumores que Jones sub-repticiamente evocou ao escrever: "Freud sem dúvida apreciava a conversa [com Minna Bernays], mas afirmar que ela de algum modo substituiu a irmã em seus cuidados é pura tolice" (Jones, *The life and work of Sigmund Freud*, v.2, p.387).
[203] Jones, *The life and work of Sigmund Freud*, v.2, p.3.
[204] Jones, *The Life and Work of Sigmund Freud*, v.1, p.255.
[205] Jones, *The Life and Work of Sigmund Freud*, v.2, p.137; Jones citando Freud.
[206] Ibid., p.7.
[207] Ibid., p.33.
[208] Ibid., p.62.
[209] Ibid., p.82.
[210] Ibid., p.130.
[211] Ibid., p.160.

falhos reveladores,[212] a "veemência" de Moll quase justificava um "processo por difamação",[213] Joseph Collins era "famoso pela propensão a piadas indecentes",[214] Oppenheim era afetado por uma "situação de ansiedade severa" e sua esposa era um "caso agudo de histeria",[215] Friedländer era "uma personalidade duvidosa com um passado obscuro"[216] e Hoche era "tanto um admirador secreto quanto um amargo inimigo" de Freud.[217] Até Dora era uma "criatura desagradável que constantemente priorizava a vingança em detrimento do amor".[218] Todos os tipos de anedotas foram mobilizados para ridicularizar os oponentes e trivializar seus argumentos, impedindo que fossem ouvidos com suas próprias vozes. Desse modo, Wilhelm Weygandt, em uma conferência psiquiátrica realizada em 1910, supostamente gritou, esmurrando a mesa, que a psicanálise deveria ser julgada em um tribunal; em 1908 e 1909, duas palestras proferidas por Abraham provocaram sucessivamente uma "explosão furiosa" de Oppenheim e outra "explosão raivosa de Ziehen contra essas ideias monstruosas";[219] Friedländer ameaçou Freud com um processo judicial;[220] Raimann criticou *A interpretação dos sonhos* sem nem mesmo ler o livro;[221] Collins protestou ante a Associação Norte-Americana de Neurologia por permitir que James Putnam desse uma palestra repleta de "histórias pornográficas sobre virgens castas".[222]

> **Jones:** Freud viveu em um período em que o *odium theologicum* foi substituído pelo *odium sexicum*. [...] Naquele tempo, Freud e seus seguidores eram vistos não apenas como perversos sexuais, mas como psicopatas obsessivos e paranoicos, e a combinação foi sentida como um perigo real para a comunidade. [...] Nada menos do que a civilização estava em jogo. Como sói acontecer nessas circunstâncias, o pânico suscitado conduziu, por si mesmo, à perda das contenções que os oponentes julgavam defender. Todas as ideias de boas maneiras, de tolerância e mesmo um senso de decência – sem falar em qualquer intenção de discussão e investigação objetivas – foram simplesmente ignoradas.[223]

---

212 Ibid., p.112, 118.
213 Ibid., p.114; Jones citando Freud.
214 Ibid., p.115.
215 Ibid., p.114.
216 Ibid., p.117.
217 Ibid., p.40.
218 Ibid., p.256.
219 Ibid., p.114.
220 Ibid., p.117.
221 Jones, *The life and work of Sigmund Freud*, v.1, p.361.
222 Jones, *The life and work of Sigmund Freud*, v.2, p.115.
223 Ibid., p.108-9.

Jones obteve auxílio de Lilla Veszy-Wagner – uma aspirante a psicanalista que fazia análise com Balint –, que compilou e catalogou a literatura do período sobre psicanálise.[224] Fica claro, a julgar pelos resumos que ela produziu,[225] que ele descartou sistematicamente quaisquer afirmações matizadas da teoria freudiana (Warda, Gaupp, Möbius, Binswanger, Näcke, Stern), enquanto se atinha às formulações mais negativas – ainda piores quando destacadas de qualquer contexto: Spielmeyer descreveu a psicanálise como "masturbação mental",[226] Hoche alegou que era "um método maligno nascido de tendências místicas",[227] Rieger viu "apenas uma horrível psiquiatria de matronas supersticiosas" etc.[228] Reduzida assim a uma troca de epítetos, a intensa controvérsia científica produzida em torno da psicanálise foi banalizada até submergir na total insignificância.

Com a maioria dos protagonistas das guerras freudianas ausentes para poderem se defender, esta foi para Jones, sem dúvida, uma tarefa fácil. Mesmo assim, era necessário verificar se todas essas pessoas estavam realmente nos cemitérios. Em janeiro de 1955, na época em que o segundo volume da biografia ia para a gráfica, um dos advogados da Hogarth Press, J. E. C. Macfarlane, enviou a Jones uma lista de cerca de sessenta "excertos difamatórios" que insistia que fossem removidos ou modificados de modo a proteger a editora de ações judiciais futuras. Como a lei difamatória britânica não protegia os mortos, Jones poderia preservar os excertos como estavam se conseguisse averiguar que as pessoas em questão haviam falecido. Adler, Rank, Ferenczi não estavam mais vivos, mas e quanto a Oppenheim, Ziehen, Collins, Vogt etc.? Jones já havia pedido a Lilla Veszy-Wagner que investigasse sobre os antigos adversários de Freud.

---

224 Lilla Veszy-Wagner a Ernest Jones, 29 de janeiro de 1954, Jones Papers, Arquivo da British Psycho-Analytical Society.
225 Tais resumos podem ser consultados no Acervo Jones do Arquivo do Institute of Psycho--Analysis, em Londres. Na medida em que alguns resumos são reproduzidos palavra por palavra na biografia de Jones, somos levados a concluir que ele não chegou a ler alguns dos artigos que ridicularizava.
226 Jones, *The life and work of Sigmund Freud*, v.2, p.111; citado por Lilla Veszy-Wagner em seu resumo de Spielmeyer, resenha sobre Sigmund Freud, "Fragment d'une analyse d'hystérie", *Centralblat für Nervenheilkunde und Psychiatrie*, p.322-4.
227 Jones, *The life and work of Sigmund Freud*, v.2, p.116; esta suposta citação de Hoche (Eine psychische Epidemie unter Aerzten, *Medizinische Klinik*, v.6, n.26, p.1007-10) era na verdade uma adaptação do *resumo* de Lilla Veszy-Wagner.
228 Jones, *The life and work of Sigmund Freud*, v.2, p.111; citado por Lilla Veszy-Wagner em seu resumo de Rieger, Über die Behandlung "Nervenkranker", *Schmidt's Jahrbücher der in- und ausländischen gesammten Medicin*, v.251, p.193-8, 273-6; "simplesmente" acrescentado por Jones.

Lilla Veszy-Wagner: Enquanto elaborava a biografia de Freud, Jones verificou com atenção se (e quantos) esses bichos-papões ainda viviam. Eu manifestara dúvida quanto à morte de um indivíduo, e numa carta para mim, datada de 13 de dezembro de 1954, Jones mal conseguiu ocultar seu ressentimento: "Não me importa quando ele morreu, contanto que eu esteja seguro de que ele está completamente morto, já que o estou caluniando severamente".[229]

Para a alegria de Jones, a maioria das pessoas caluniadas estava morta e enterrada. As que restavam haviam sido coadjuvantes. Com pesar, Jones foi obrigado a retirar uma nota sobre Gezá Roheim que era "suscetível", segundo o advogado, "a uma interpretação muito pouco elogiosa".[230] Foi preciso baixar o tom de algumas passagens sobre Helen Puner e Phyllis Bottome, o biógrafo de Adler. E havia Jung, sobre quem Jones teve uma longa série de discussões com Peter Calvocoressi, um dos diretores da Hogarth Press.

Peter Calvocoressi a Jones, 17 de fevereiro de 1955: Chegamos agora ao tema mais delicado de Jung. Em linhas gerais, há duas alegações sérias contra Jung que não podem permanecer: de que ele era antissemita e de que, quando ele e Freud romperam, não estavam apenas seguindo caminhos distintos, mas havia um elemento de deslealdade e torpeza no ato de Jung. [...] Já encontrei um número enorme de referências questionáveis de Jung, e preciso destacar uma dúzia delas para você. Se pudermos resolver esses itens principais, creio que possamos relevar os outros.[231]

Várias das passagens que Calvocoressi aconselhou a retirar diziam respeito aos "preconceitos raciais" de Jung, sua "atitude antagônica" perante Freud e, por fim, seu suposto desequilíbrio mental.

Calvocoressi a Jones, 17 de fevereiro de 1955: A expressão "Jung é louco" precisa sair. Como já expliquei, o fato de ser um comentário de Freud não o torna menos difamatório ou menos suscetível a um processo.[232]

Jones, contudo, não estava disposto a sacrificar essas passagens que lhe eram particularmente caras, e assim passou a negociá-las com unhas e

---

229 Veszy-Wagner, Ernest Jones (1879-1958), the biography of Freud. In: Alexander, Eisenstein, Grotjahn (Eds.), *Psychoanalytic pioneers*, p.119.
230 "Notes on Defamatory Passages by J. E. C. Macfarlane, 27.1.55", p.5, Arquivo da Hogarth Press, Universidade de Reading.
231 Arquivo da Hogarth Press, Universidade de Reading.
232 Ibid.

dentes. E se "Jung é perturbado" fosse usado no lugar de "Jung é louco", seria mais aceitável? "Preconceito nacional" ao invés de "preconceito racial"? "Olhar de reprovação" no lugar de "olhar amargurado"? Finalmente, Jones ofereceu-se para arcar com qualquer responsabilidade financeira pelos custos de uma futura ação judicial.

> **Jones a Calvocoressi, 17 de fevereiro de 1955:** Estou tão inteiramente convencido, por tudo o que sei sobre a carreira e a personalidade de Jung, de que ele seria a última pessoa a se expor a uma ação por calúnia, que me disponho a garantir o pagamento dos custos em uma tal eventualidade extraordinariamente improvável.[233]

Finalmente, a Hogarth Press aceitou a proposta, o que permitiu a Jones manter certas passagens contenciosas. Segundo Jones previra, Jung não buscou nenhuma ação legal, e desse modo as afirmações sobre ele entraram em domínio público sem o menor protesto.

> **Jung a Jones, 19 de dezembro de 1953:** É claro que você tem permissão de ler as cópias das cartas de Freud que estão no Freud Archives [...] seria aconselhável me consultar sobre certos fatos. Por exemplo, você não compreendeu muito bem a história dos desmaios de Freud. E também não foi de modo algum o primeiro; ele teve outro ataque antes em 1909, às vésperas de nossa partida para a América em Bremen, e em grande parte sob as mesmas circunstâncias psicológicas.[234]

> **E. A. Bennet, 15 de setembro de 1959:** C. G. [Jung] falou sobre Ernest Jones e algumas das imprecisões em sua biografia de Freud. [...] Quando Jones escrevia seu livro sobre Freud, ele jamais lhe perguntou (a C. G.) qualquer coisa a respeito dos primeiros anos em que ele e Freud trabalharam juntos. Como Freud e Ferenczi estavam mortos, C. G. era a única pessoa que poderia lhe fornecer informações precisas, o que ele faria facilmente. Jones não estava lá, e houve uma série de erros em seu livro.[235]

---

233 Arquivo da Hogarth Press, Universidade de Reading.
234 Jung, *C. G. Jung Letters 2*, p.144. Jones mencionou o desmaio de Freud em Bremen em Jones, *The life and work of Sigmund Freud*, v.2, p.61.
235 Bennet, *Meetings with Jung*, p.114. Na versão não publicada dos cadernos de Bennet, Jung contou a Bennet, em 16 de setembro de 1959, que Jones nunca teve ideias originais e que nunca gostou dele. Em 19 de setembro, comentou que Jones se equivocava ao dizer que foram Freud e Ferenczi que o persuadiram a quebrar seu voto de abstinência do álcool (exigido de todos os médicos de Burghölzli) e a tomar vinho em agosto de 1909 (Jones, *The life and work of Sigmund Freud*, v.2, p.61), tendo em vista que já saíra de Burghölzli, e

Jung ainda estava vivo, mas não era o caso de Rank e de Ferenczi, que poderiam ser facilmente assassinados *post-mortem*. Rank e Ferenczi, dizia Jones no último volume de sua biografia, eram ambos membros do famoso Comitê Secreto criado para defender a psicanálise contra desvios doutrinários (a ideia tinha sido Ferenczi, mesmo que Jones alegremente creditasse sua criação a si mesmo).

> **Jones:** A adesão ao que a psicanálise descobriu tem o mesmo significado que reter as próprias descobertas no interior das elaborações do inconsciente, e a habilidade em fazê-lo supõe um alto grau de estabilidade mental. Minha esperança ao fundar o Comitê foi, naturalmente, que nós seis fôssemos adequadamente aptos para tal propósito. Revelou-se então, infelizmente, que apenas quatro de nós estávamos. Dois dos membros, Rank e Ferenczi, não foram capazes de aguentar até o fim. Rank, de um modo dramático a ser aqui descrito, e Ferenczi, mais gradualmente perto do fim de sua vida, desenvolveram manifestações psicóticas que se revelaram, entre outras coisas, como uma recusa a Freud e suas doutrinas. A semente de uma psicose destrutiva, invisível por tanto tempo, enfim germinou.[236]

Baseado em que Jones fez este diagnóstico impressionante? Rank e Ferenczi haviam se afundado no delírio? Foram internados? Estavam ouvindo vozes? De modo algum: Ferenczi morreu em 1933 de anemia perniciosa, enquanto testava uma nova técnica psicanalítica ("neocatarse"), e Rank, após a ruptura com Freud, tornou-se um autor prolífico, enquanto também desenvolvia uma forma de terapia breve ("terapia da vontade"). Na verdade, Jones mais uma vez se tornou o porta-voz dos polêmicos diagnósticos de Freud, que ele indelicadamente apresentava como se fossem fatos comprovados.

Ao que parece, Rank, que havia sido extremamente vivaz, também passou por crises de desânimo, sendo esta a razão pela qual Freud, em 1920, descreveu-o a Ferenczi como "periódico" (ou seja, uma pessoa acometida de transtorno maníaco-depressivo).[237] Foi este diagnóstico, totalmente inocente de início, a que Freud recorreu vários anos depois durante sua contenda com

---

o celebrou saindo para beber (Bennet Papers, Instituto Federal de Tecnologia da Suíça, Zurique). Alphonse Maeder recordou que na ocasião, em uma reunião da Sociedade Suíça de Psiquiatria, "Bleuler foi violentamente intempestivo [...] contra os assistentes que se permitiram abandonar a abstinência (Jung, após sua viagem com Freud aos Estados Unidos, e eu, mais tarde); e chegou a dizer que, se tivesse previsto isso, não teria introduzido a psicanálise em Burghölzli" (Maeder a Ellenberger, 1º de março de 1967, Centro Henri Ellenberger, Hospital Sainte-Anne, Paris).

236 Jones, *The life and work of Sigmund Freud*, v.3, p.45.
237 Freud e Ferenczi, *The correspondence of Sigmund Freud and Sándor Ferenczi*, v.3, p.15.

Rank sobre os argumentos deste em *O trauma do nascimento*. Pouco depois de Rank renunciar temporariamente a suas heresias e confessar seus pecados edípicos,[238] Freud escreveu a Ferenczi que seu colega havia emergido de um grave "estado psiquiátrico" – e ele sustentou o diagnóstico de psicose maníaco-depressiva quando Rank rompeu com ele definitivamente.[239]

> **Freud a Eitingon, 13 de abril de 1926:** O demônio dentro dele o conduziu por um longo e tranquilo caminho rumo ao objetivo que tentou atingir primeiro por um ataque patológico. [...] Confesso que me enganei bastante em meu prognóstico do caso – uma repetição do destino.[240]

> **Freud, citado por Joseph Wortis:** Digo uma coisa, porque é algo que se sabe: desde que me deixou, Rank tem tido pequenas depressões periódicas, e entre elas uma espécie de fases maníacas – períodos em que trabalha bastante, e outros em que não consegue fazê-lo de jeito nenhum.[241]

É este o diagnóstico *ad hoc* que Jones revisitou e que transformou na chave de toda a biografia de Rank: se sua personalidade mudou após a guerra, "deve ter sido uma reação hipomaníaca aos três severos ataques de melancolia que sofreu enquanto estava na Cracóvia";[242] se ele tornou-se autoritário e dominador em sua relação com Jones, foi porque "uma fase maníaca de sua ciclotimia se intensificava gradualmente";[243] o estilo "hiperbólico" de *O trauma do nascimento* "condizia com a fase hipomaníaca pela qual Rank passava";[244] quanto a Freud, ele se enganara ao pensar que o repúdio de Rank por seus erros era definitivo, pois sua "fase melancólica presente foi mais uma vez substituída por outra maníaca apenas seis meses depois, com oscilação habitual nos anos seguintes".[245] Jones concluiu seu longo capítulo sobre Rank insistindo, "não nos atemos aqui à carreira subsequente de Rank"[246] – o que foi extremamente oportuno, dado que um exame atento de sua carreira teria tornado excessivamente claro que o

---

238 Sobre este edificante episódio, ver Lieberman, *Acts of will*.
239 Freud e Ferenczi, *The correspondence of Sigmund Freud and Sándor Ferenczi*, v.3, p.215.
240 Apud Jones, *The life and work of Sigmund Freud*, v.3, p.76.
241 Wortis, *Fragments of an analysis with Freud*, p.121. Em 1926, o psiquiatra norte-americano Martin Peck abandonou a ideia de ser analisado por Rank após saber que Jones o considerava um "hipomaníaco" (Lieberman, *Acts of will*, p.268).
242 Jones, *The life and work of Sigmund Freud*, v.3, p.12-3.
243 Ibid., p.47.
244 Ibid., p.58.
245 Ibid., p.74.
246 Ibid., p.77.

"problema mental que arruinou Rank" e o impediu de conduzir uma "vida frutífera e produtiva" era uma completa invenção.[247] Podemos dizer o mesmo acerca da "psicose" que Ferenczi supostamente sofreu ao final da vida. Aqui, mais uma vez, Freud estava na origem dessa ficção mal-intencionada. Irritado pelas inovações "neocatárticas" de Ferenczi, ele começou a sugerir, durante o outono de 1932, que a deterioração física deste também era acompanhada de uma deterioração "psíquica e intelectual".[248] Em abril do ano seguinte, enquanto Ferenczi lutava contra a morte, Freud escreve a Max Eitingon que o amigo de ambos havia sofrido um "surto grave e delirante".[249] Cinco dias após a morte de Ferenczi, ele enfiou o último prego no caixão: a anemia perniciosa que ceifara seu discípulo foi uma "expressão orgânica" de delírios de perseguição.

> **Freud a Jones, 29 de maio de 1933:** Hoje é mais fácil compreender o lento processo de destruição do qual ele caiu vítima. Durante os últimos dois anos, ele *se expressou organicamente* na anemia perniciosa, que logo culminou em sérios distúrbios motores. [...] Simultaneamente, uma degeneração mental na forma de paranoia se desenvolveu com uma consistência perturbadoramente lógica. Fundamental foi a convicção de que eu não o amava o suficiente, não queria reconhecer seu trabalho, e também que o analisei mal. Suas inovações técnicas eram ligadas a isso. [...] Eram, não obstante, regressões a seus complexos infantis.[250]

Sabia-se bem que, perto do final da vida, Ferenczi queixou-se de Freud com amargura, e alguns de seus alunos, como Izette de Forest e Clara Thompson, notaram o comportamento hostil de Freud perante o ex-amigo. Em sua biografia, Jones garantiu aos leitores que nenhuma substância havia nesses boatos ociosos, ainda que, acrescentou, fosse "altamente provável que o próprio Ferenczi em seu último estágio delirante acreditasse neles e propagasse alguns de seus elementos".[251]

> **Jones:** A perturbação mental [de Ferenczi] fizera progressos rápidos nos últimos meses. [...] E então, vieram os delírios sobre a suposta hostilidade de Freud. Perto do fim, surgiram irrupções paranoicas violentas e mesmo homicidas, seguidas de uma morte súbita em 24 de maio. [...] Os demônios que espreita-

---

247 Ibid.
248 Sigmund Freud a Marie Bonaparte, 11 de setembro de 1932; apud Jones, *The life and work of Sigmund Freud*, v.3, p.174.
249 Sigmund Freud a Max Eitingon, 3 de abril de 1933; apud Gay, *Freud*, p.585.
250 Freud e Jones, *The complete correspondence of Sigmund Freud and Ernest Jones*, p.721; grifo nosso.
251 Jones, *The life and work of Sigmund Freud*, v.3, p.176.

vam nas profundezas, contra os quais Ferenczi lutou durante anos com grande esforço e muito sucesso, finalmente o dominaram, e soubemos por essa dolorosa experiência, mais uma vez, quão terrível pode ser seu poder.[252]

Indignado com esta descrição dos últimos momentos de Ferenczi, o executor de seus bens, Michael Balint, protestou energicamente contra Jones.

Michael Balint a Jones, 28 de novembro de 1957: Creio que o que diz sobre ele [Ferenczi] seja, em muitos sentidos, falso e equivocado. E especialmente o que afirma de seu estado mental no último período. Eu vi Ferenczi durante os meses finais de sua vida em muitas ocasiões, uma ou duas vezes por semana, e jamais o encontrei delirante, paranoide ou homicida. Ao contrário, embora estivesse fisicamente incapacitado por sua ataxia, do ponto de vista mental ele estava bastante lúcido na maioria das vezes, e frequentemente discutia comigo os diversos detalhes de sua controvérsia com Freud e seu plano de revisar algumas das ideias publicadas em seus últimos artigos. [...] Vi-o no domingo anterior a sua morte, e, embora estivesse muito fraco, sua mente até mesmo naquele momento mantinha-se completamente lúcida.[253]

Balint a Jones, 12 de dezembro de 1957: Como mencionado, recebi diversas cartas de todo o mundo incitando-me a fazer algo; a última foi de Elma e Magda, enteadas de Ferenczi, e que são, como sabe, as detentoras legais da correspondência Freud-Ferenczi, pedindo-me que obtivesse ou uma retificação de sua parte ou a retirada da permissão de utilizar sua correspondência.[254]

Em sua defesa, Jones respondeu que recebera a informação de uma "testemunha" que desejava não revelar. Balint, contudo, recusou-se a aceitar tal explicação.

Balint a Jones, 30 de dezembro de 1957: Diversas pessoas, dentre elas Clara Thompson, Alice Lowell, Izette de Forest e outras, já me escreveram criticando fortemente sua descrição. Se você declara agora que sua descrição é baseada nas evidências de uma testemunha, temo que todas elas apresentarão seus depoimentos, chegando mesmo a desafiar a confiabilidade de sua testemunha. [...] A propósito, apenas para satisfazer minha curiosidade, gostaria muito de saber quem foi. Achei que conhecesse praticamente todas as pessoas que tiveram algum contato com Ferenczi durante as últimas semanas e não posso

---

252 Ibid., p.178.
253 Jones Papers, Arquivo da British Psycho-Analytical Society.
254 Ibid.

imaginar qual entre elas poderia entrar em contato com você e descrever o estado de Ferenczi.[255]

Pressionado, Jones devolveu uma resposta evasiva; mas sua carta deixa pouca dúvida acerca da identidade da misteriosa "testemunha".

Jones a Balint, 16 de dezembro de 1957: O próprio Freud não tinha dúvida alguma de que as mudanças de opinião [em Ferenczi] bem como seu afastamento inexplicável se deviam a alterações mentais pessoais. É verdade que aceitei também sua opinião, mas ela não partiu de mim.[256]

Freud assim pensava, e portanto era verdade. A Biografia, como vimos, era a história como vista pelos olhos de Freud, a "testemunha" do inconsciente: de um lado, havia colegas, discípulos e pacientes, literalmente cegos por seus "demônios" e suas resistências; de outro, o autoanalista sereno, capaz de enxergar o que eles mesmos não podiam. Perfeitamente assimétrica e partidária, a biografia de Jones descreveu, de modo quase cinemático, o inconsciente dos adversários e vira-casacas *como se estivesse lá*. A história, por sua vez, tornou-se interprefacção. Sob o disfarce de relato histórico, a Biografia brindou Jones com a oportunidades de assumir as batalhas anteriores em defesa da causa freudiana e ajustar as contas com seus oponentes (mortos, de preferência).

Eric Fromm a Izette de Forest, 31 de outubro de 1957: [Trata-se] de uma espécie tipicamente stalinista de reescrever a história, por meio da qual os stalinistas assassinam o caráter dos oponentes chamando-os de espiões e traidores. Os freudianos o fazem chamando-os de "loucos".[257]

Frank Knopfelmacher: Está tudo ali: a pureza miraculosa do Personagem Fundador, o predeterminado satanismo de Judas (Jung), panoramas deslumbrantes da humanidade redimida com visões apocalípticas de perdição e morte. [...]

---

255 Ibid. Em público, Balint expressou sua discordância com Jones de forma muito mais sutil e prudente em uma carta publicada na *International Journal of Psychoanalysis*, com uma resposta de Jones (Balint, Letter to the Editor, *International Journal of Psycho-Analysis*, v.34, p.68). Comentando esta correspondência, Erich Fromm ressaltou que, "se uma carta tão tortuosa e submissa fosse escrita por uma personalidade de estatura menor que a de Balint, ou se tivesse sido escrita para evitar graves consequências à vida ou à liberdade em um sistema ditatorial, seria compreensível. Mas [...] isso apenas mostra a intensidade da pressão que proíbe qualquer crítica que não seja extremamente sutil, feita pelo membro de uma organização" (Fromm, *The crisis of psychoanalysis*, p.22).
256 Jones Papers, Arquivo da British Psycho-Analytical Society.
257 Apud Falzeder, Family tree matters, *Journal of Analytical Psychology*, v.43, n.1, p.133.

O centro firme (Jones) combatendo os deturpadores de esquerda (Glover), os deturpadores de direita (Horney, Fromm), e contra os improferíveis renegados cujos desvios os levaram pelo escorregadio caminho da traição, até culminarem no campo inimigo (Adler, Jung). E, mesmo assim, ninguém acaba morto nisso tudo – apenas o caráter é assassinado. O jogo psicanalítico parece um tipo de bolchevismo apolítico sem dentes.[258]

E há, ainda, tudo o que *não* encontramos nos três grossos volumes da Biografia. Buscamos em vão pelo episódio da catastrófica "terapia nasal" de Emma Eckstein (há apenas uma menção, passageira, de que ela era uma das mulheres com quem Freud manteve um relacionamento intelectual).[259] Nenhuma menção ao inacreditável triângulo analítico de Ferenczi, Gizella Pálos e sua filha Elma, dos quais Freud exerceu o papel de terapeuta familiar.[260] Nada sobre a análise de Anna Freud pelo próprio pai.[261] Nada sobre os suicídios de Viktor Tausk e Herbert Silberer, o que os rumores analíticos atribuíram a seus relacionamentos com Freud.[262] Nada sobre o assassinato de Hermine von Hug-Hellmuth, a pioneira da psicanálise com crianças, por seu sobrinho-paciente; nem mesmo sobre o fato de que o chamado *Diário de uma jovem*, que ela editou e Freud brilhantemente prefaciou, era na realidade uma completa mentira.

Strachey a Jones, 3 de março de 1956: A propósito, você pode me indicar algo sobre o Halbwüchsige Mädchen [alusão ao título alemão de *Diary: Tagebuch eines halbwüschsigen Mädchens*]? Desde o começo ele me pareceu uma enganação. Terá sido, segundo suponho, outro exemplo da credulidade simplista de Freud? (Sua carta a H.-H. [Hug-Hellmuth], que foi utilizada como prefácio do livro, entrará no Vol. XIV [da *Standard Edition*], o volume metapsicol.[ógico].)[263]

Jones a Strachey, 5 de março de 1956: Falou-se muito sobre o Halbwüchsige Mädchen após a guerra em que Rank e Storfer empreenderam esforços deses-

---

258 *The Observer* (Sidney), 9 de janeiro de 1960.
259 Jones, *The life and work of Sigmund Freud*, v.2, p.421.
260 Ver Freud e Ferenczi, *The correspondence of Sigmund Freud and Sándor Ferenczi*, v.3. Veja também a carta de Jones a Anna Freud de 29 de julho de 1952: "Balint torna a vida o mais complicada possível. Agora, descobriu uma promessa a Gisella Fer. [Gisella Ferenczi, ex-Pálos] de que ninguém deve fazer alusões a ela por cinquenta anos (como se eu o quisesse, ou como se não soubesse tudo sobre os problemas deles!)" (Acervo Anna Freud, Divisão de Manuscritos, Biblioteca do Congresso, Washington, D.C.).
261 Ver Young-Bruehl, *Anna Freud*, cap.3; Mahony, Freud as family therapist. In: Gelfand, Kerr (Eds.), *Freud and the history of psychoanalysis*.
262 Sobre Tausk, ver Roazen, *Brother animal*; sobre Silberer, ver Roazen, *Freud and his followers*.
263 Jones Papers, Arquivo da British Psychoanalytical Society.

perados para verificar sua autenticidade.²⁶⁴ Infelizmente H.H. foi assassinada bem nesta época e levou para o túmulo o segredo de quem seria o autor, o que nunca se soube. Minha impressão é de que o diário começou de forma genuína, mas foi retocado ou pela autora, ou por H.H. Cyril Burt e outros. Creio que William Stern na Alemanha destacou algumas contradições cronológicas.²⁶⁵

Comparemos com a única menção ao *Diário* de Hug-Hellmuth na Biografia.

Jones: O preconceito antigermânico era, claro, apenas parte da oposição geral à psicanálise, e os anos de 1921-22 [...] foram particularmente difíceis para nós em Londres. [...] *Sir* Stanley Unwin escapou por pouco de uma acusação policial por publicar a tradução de um livro editado pela [*Internationaler Psychoanalytischer*] *Verlag*, *A Young Girl's Diary* [O diário de uma jovem], que por sorte me neguei a incorporar em nossa Library Series.²⁶⁶

O primeiro volume da Biografia apareceu no início do outono de 1953. Jones trabalhou fervorosamente para que saísse antes da tradução inglesa das cartas a Fliess.

Jones a Bernfeld, 4 de fevereiro de 1952: A tradução da *Anfänge* [Origens] aparecerá tanto em Londres quanto em Nova York neste outono, e estou ansioso para neutralizar a tempo qualquer impressão ruim que possa produzir, especialmente entre os críticos.²⁶⁷ Estou portanto correndo contra o tempo para aprontar o meu volume I primeiro.²⁶⁸

O efeito foi imediato, superando todas as expectativas. Apenas na cidade de Nova York, 15 mil exemplares foram vendidos nas primeiras duas semanas.²⁶⁹ Em todos os lugares, a obra de Jones foi aclamada, e a glória de Sigmund Freud espalhou-se imediatamente pelo mundo: de Londres a

---

264 As dúvidas de Storfer a respeito da autenticidade do *Diário* foram mencionadas por Anna Freud em um *Rundbrief* de 17 de 1927 (ibid.).
265 Ibid. Na realidade, a inautenticidade do *Diário* foi definitivamente descoberta por Josef Krug em 1926, baseando-se em anacronismos e contradições cronológicas. No ano seguinte, a Internationaler Psychoanalytischer Verlag publicou um anúncio no boletim de livrarias alemãs com vistas a retirar todos os exemplares da obra que ainda estavam à venda (quanto a isto, ver Israëls, *Der Wiener Quacksalber*, p.139-43). É difícil acreditar que Jones não tivesse conhecimento disso.
266 Jones, *The life and work of Sigmund Freud*, v.3, p.49.
267 Na realidade, *The origins of psychoanalysis* apenas surgiu em 1954.
268 Jones Papers, Arquivo da British Psycho-Analytical Society.
269 Ernest Jones a James Strachey, 3 de novembro de 1953, ibid.

Sidney, passando por Paris e Frankfurt. A lenda freudiana finalmente penetrara nas massas.

Sunday Times, **20 de setembro de 1953:** Mudanças nas categorias fundamentais com que interpretamos o mundo e uns aos outros, na mesma estrutura de nosso pensamento e linguagem, são raras na história; e mais raramente ainda podemos atribuir tal mudança a um único homem. Não a Newton, certamente – pois o mecanismo é amadurecido em Galileu e Descartes; a Darwin, e talvez a Marx. Mas quanto a Sigmund Freud, o inventor da psicanálise, não pode haver dúvida; a palavra "inventor" pode ser usada sem nenhuma das qualificações tão comuns na história das ideias.

Scotsman, **8 de outubro de 1953:** É difícil pensar em algum descobridor científico que tenha revolucionado tão completamente o campo em que trabalhou quanto Freud.

Manchester Guardian, **9 de outubro de 1953:** O doutor Ernest Jones esboçou o retrato de um homem que merece ser aclamado, por consenso geral, entre os maiores de qualquer era, um homem cuja mente luminosa lançou luz sobre os rincões sombrios da experiência humana e cuja extraordinária integridade pessoal [...] conduziu-o a um caminho de exploração em que os mais ousados soçobraram. Ele descobriu um novo continente da alma e tornou-se seu primeiro cartógrafo.

World of Books, **novembro de 1953:** Sigmund Freud decerto exerceu mais influência sobre nossa cultura do que qualquer outra mente de nosso próprio tempo – influência tão grande, que chega a ser incalculável.

Griffin, **dezembro de 1953:** É isso, sem dúvida, o que concede a Freud lugar entre os grandes pensadores da raça humana: de que tenha reiterado, após Lucrécio, Rabelais, Swift e Nietzsche, que o pensamento é condicionado; e por ter sido capaz de destacar condições das quais nada sabíamos – pela boa razão de que as conhecíamos bem demais e as tínhamos disfarçadas.

Foi basicamente a mesma história após a publicação do segundo volume.

New York Post, **18 de setembro de 1955:** Sigmund Freud não teve Newton que o antecedesse. Se a teoria da relatividade é considerada a maior façanha obtida pelo intelecto humano, é difícil achar palavras para a realização de Freud: pois Freud não teve nenhum Max Planck, nenhum Nernst, nenhum Niels Bohr a sua volta – ninguém próximo de seu próprio nível de compreensão, exceto os estudantes para os quais ensinou mais tarde.

Bournemouth Daily Echo, **21 de outubro de 1955:** Sigmund Freud deve ser colocado ao lado de Karl Marx e Charles Darwin como um dos três pensadores mais influentes da era moderna.

Standard, **janeiro-fevereiro de 1955:** É, hoje, lugar-comum que Freud foi uma das mentes seminais de nosso tempo. Como com Darwin e a teoria da evolução, importa menos que estivesse certo ou errado quanto a este ou aquele detalhe ou ênfase do que ter apontado o caminho. Porque o caminho que apontou, nenhum estudante consciencioso do comportamento humano poderá mais ignorar.

ALTAMENTE SECRETO[270]

Um dos muito poucos sujeitos a adotar uma posição mais crítica foi Bruno Bettelheim. Este, um imigrante vienense que não fez parte do círculo interno freudiano, destacou múltiplos "erros e omissões" na biografia de Jones – "um homem", afirmou, "hoje idoso e cuja participação pessoal e evidente partidarismo ofuscaram a objetividade".

Bettelheim: A despeito das deficiências que devem ser nítidas a todos os leitores sofisticados, os resenhistas se superaram no louvor desta biografia. [...] Não é a biografia definitiva de Freud, mas é definitivamente a biografia oficial, apresentando o retrato dele que os membros da família Freud e da psicanálise oficial consideraram definitivo. Que história esplêndida desse grande homem poderia agora ser escrita se a psicanálise oficial não tivesse selado os arquivos Freud com duzentas e cinquenta de suas cartas por cinquenta anos![271]

Bettelheim parece ser o primeiro a pôr o dedo no que devia ter sido de imediato evidente aos críticos especializados: Jones, em sua biografia, apoiou-se em correspondências e documentos que não apenas eram edi-

---

[270] Inscrição feita por Kurt Eissler sobre um envelope que depositou na Biblioteca do Congresso e que continha artigos de jornal relativos ao julgamento do tio de Freud por tráfico de moedas falsas: "Microfilme altamente secreto [*top secret*] de artigo de jornal. – *Não deve ser aberto, exceto pelo Dr. K. R. Eissler*". O conteúdo da presente seção reproduz elementos mais bem desenvolvidos em Borch-Jacobsen e Shamdasani, Une visite aux Archives Freud. In: Borch-Jacobsen, *Folies à plusiers*.

[271] Bettelheim, resenha sobre Ernest Jones, "The life and work of Sigmund Freud, vols. 1 e 2", *American Journal of Sociology*, v.62, p.418.

tados, como também *proibidos* ao público e outros pesquisadores. De fato, ninguém poderia verificar a veracidade dos fatos que relatou, dado que os documentos que utilizou estavam trancados no Sigmund Freud Archives, na Biblioteca do Congresso em Washington, D.C., por um período muito superior aos cinquenta anos indicados por Bettelheim. A vantagem de Jones sobre outros historiadores foi resultado de um dado esmagador: como poderia ser colocada em questão sua versão dos acontecimentos se apenas ele tivera acesso aos arquivos do freudismo? Graças à política de retenção praticada por Anna Freud e os administradores do Sigmund Freud Archives, a Sagrada Escritura era, literalmente, incontestável e irrefutável.

> **Anna Freud a Jones, 23 de setembro de 1952:** Basta [a] aparência [de seu livro] para silenciar os autodesignados biógrafos, já que a diferença no material disponível se tornará evidente. Certamente farei o que puder para desencorajar os outros; na verdade, eu o faço todo o tempo.[272]

> **Anna Freud a Jones, 25 de novembro de 1952:** Faço votos para que agora seu livro impeça quaisquer tentativas malucas de biografia sobre meu pai que estejam no ar (ou no papel).[273]

A ideia de um arquivo que reunisse todos os documentos da família freudiana parece ter tomado forma em julho de 1950, em associação íntima com a edição resumida das cartas a Fliess e os preparativos para a "verdadeira biografia". Bernfeld, que acabara de obter documentos de arquivo sobre os estudos de Freud em Viena, escreveu a Anna Freud, sugerindo que reunissem seus respectivos arquivos em um "centro de documentação biográfica".

> **Bernfeld a Anna Freud, 24 de julho de 1950:** Eu estava curioso em saber se pretende criar alguma espécie de centro de documentação biográfica. Em outras palavras, se deseja somar às volumosas coleções de cartas etc., que possui, a informação que se encontra atualmente em outras mãos.[274]

A ideia se cristalizou rapidamente, porque, em novembro do mesmo ano, Kurt Eissler, em nome de Anna Freud, contatou Luther Evans, o Bibliotecário do Congresso, para perguntar sobre a possibilidade de depositar os arquivos freudianos na Biblioteca do Congresso Norte-Americano. No mês

---

272 Jones Papers, Arquivo da British Psycho-Analytical Society.
273 Ibid.
274 Acervo Anna Freud, Divisão de Manuscritos, Biblioteca do Congresso, Washington, D.C.

seguinte, Eissler informou a Anna Freud que os artigos de incorporação para o "Sigmund Freud Archives", assinados por Heinz Hartmann, Bertram Lewin, Ernst Kris, Herman Nunberg e ele próprio, foram registrados no estado de Nova York.

> **Eissler a Anna Freud, 23 de dezembro de 1950:** Desejo informar-lhe do progresso de nossos esforços em criar o Sigmund Freud Archives. Apresentamos os estatutos em preparação para configuração do Archives como uma empresa registrada no estado de Nova York, e um contrato será assinado com a Biblioteca do Congresso que permitirá ao Archives depositar todos os documentos reunidos nos cofres da Biblioteca. O comitê de diretores terá o direito de determinar quem pode acessar os documentos e em que momento. Consequentemente, qualquer possibilidade de indiscrição foi descartada. [...] A pessoa que você designar poderia então ser o vice-presidente e se tornar um elo importante entre você e o Archives, enquanto o restante de nós poderá cumprir com todas suas vontades no tocante ao Archives.[275]

Ao mesmo tempo, Eissler escrevera a Bernfeld para pedir-lhe conselho sobre a criação de um centro de arquivos semelhante. Bernfeld, em sua resposta, elencou uma lista de diversas coleções que, a seu ver, deveriam fazer parte dos arquivos: I. As obras publicadas de Freud em todas as línguas (livros, artigos, entrevistas, gracejos e opiniões expressadas publicamente); II. Correspondências, manuscritos, diários pessoais, notas manuscritas, textos comentados, documentos pessoais; III. Fotografias, retratos, filmes, árvores genealógicas das famílias Freud, Nathanson e Bernays, entrevistas com pessoas que conheceram Freud; IV. Obras daqueles (professores, amigos ou associados) que influenciaram Freud; V. Resenhas sobre seus trabalhos, assim como livros, artigos e retratos abordados psicanaliticamente. Bernfeld também projetou dois tipos de operações possíveis, que chamou de "tipo A" e "tipo B". Segundo o "tipo A", o Archives se limitaria a coligar os documentos e testemunhos de modo a enviá-los diretamente para a Biblioteca do Congresso, onde seriam "acessíveis a certas pessoas sob determinadas condições".[276] Segundo o "tipo B", o Archives seria um genuíno centro de pesquisa administrado por um curador, "onde os documentos – sob certas condições – se tornariam acessíveis a determinadas pessoas", com exceção daqueles doados e lacrados, que seriam então depositados na Biblioteca do

---

275 Acervo Anna Freud, Divisão de Manuscritos, Biblioteca do Congresso, Washington, D.C.
276 Siegfried Bernfeld a Kurt Eissler, 4 de janeiro de 1951, Acervo Anna Freud, Divisão de Manuscritos, Biblioteca do Congresso, Washington, D.C.

Congresso. Como Bernfeld apontou, o "tipo A" não custaria praticamente nada, visto que as despesas administrativas e de arquivo seriam inteiramente cobertas pelos contribuintes norte-americanos, enquanto o "tipo B" demandaria um orçamento substancial. Mesmo assim, Bernfeld deixou claro que preferia o "tipo B", acrescentando que estaria disposto a servir como curador, apesar do sacrifício financeiro que isso significaria para ele. E então, em um pós-escrito ao qual já havia aludido, sugeriu o tipo de pesquisa que envolvia um curador dessa espécie.

> **Bernfeld a Eissler, 4 de janeiro de 1951:** Há dezenas de coisas, tais como: "Freud conheceu pessoalmente Richard Avenarius?",[277] ou "Que crimes foram cometidos por seu tio Joseph, o irmão de Jakob Freud? Quando foi isso? Foi sentenciado a quê? O que fez depois disso?" Etc. etc.[278]

Em sua resposta, Eissler indicou que a decisão já havia sido tomada ao optarem por um centro de "tipo A", e que os documentos reunidos pelo Archives seriam enviados diretamente à Biblioteca do Congresso sem examiná-los. Bernfeld, desapontado por sua proposta não ter sido aceita, alertou para os riscos de não processar os documentos antes de depositá-los na Biblioteca do Congresso.

> **Bernfeld a Eissler, 19 de janeiro de 1951:** O plano que descreve em sua carta de 13 de janeiro tem, naturalmente, minha aprovação, visto que se conforma a uma das alternativas que sugeri. [...] Não gosto da ideia de reunir cartas e enviá-las sem um processamento à Biblioteca do Congresso. Compreendo as vantagens desse procedimento. Mas creio que isso deva ser utilizado apenas como último recurso, e seria melhor não facilitar as coisas para os doadores que desejem trancá-las e enterrá-las em Washington. Sei o suficiente de Freud como missivista para compreender que muitas das pessoas que se corresponderam com ele prefeririam manter segredo de alguns de seus ásperos comentários acerca delas e de seus colegas. Trata-se principalmente de sensibilidade excessiva, mas às vezes existe, de fato, combustível para tagarelices devastadoras. [...] Se o Archives for ativado, eles provavelmente engolirão todos esses documentos e os manterão trancados por duração indeterminada. E este é um ponto, em minha opinião, que merece sérias reflexões pelos Diretores do Archives; eles não devem começar a reunir documentos antes de elaborar uma medida para reduzir tal risco.[279]

---

277 O filósofo Richard Avenarius foi, ao lado de Ernst Mach, um dos criadores do empírico-criticismo (criticismo empírico).
278 Acervo Anna Freud, Divisão de Manuscritos, Biblioteca do Congresso, Washington, D.C.
279 Ibid.

Envolvido na pesquisa histórica, Bernfeld não parece ter compreendido que o que ele concebia como "risco" era precisamente o objetivo que Anna Freud estipulara para o Archives. Assim, Eissler, um jovem analista formado por August Aichhorn, era apenas um executor dos desejos da senhorita Freud – enviara a ela uma cópia da primeira carta de Bernfeld e aguardava suas instruções.

Eissler a Anna Freud, 13 de janeiro de 1951: Espero não estar cometendo uma indiscrição ao incluir uma cópia da carta que o doutor Bernfeld enviou para mim, na medida em que a envio sem lhe pedir a permissão. [...] Fica claro na leitura de sua carta que ele gostaria de ser o curador das cartas. Creio que seja algo absolutamente impossível, já que o Archives opera segundo o princípio de não favorecer qualquer publicação e de lidar com tudo o que for pessoal com a maior discrição. É claro, poderia imaginar que em meio às cartas algumas não sejam de natureza pessoal e lidem essencialmente com o trabalho científico de Freud, e sem dúvida a questão será, no fim das contas, saber a extensão do que você e os futuros proprietários das cartas disporiam favoravelmente para um estudo dessas correspondências por um biógrafo confiável. Por tal razão, seria muito importante para mim saber se você prefere ter um analista contemporâneo redigindo uma biografia de Freud ou se o Archives deveria, de início, adotar a política de indisponibilizar universalmente todos os documentos, mesmo aqueles que não contêm referências pessoais.[280]

Anna Freud a Eissler, 27 de janeiro de 1951: Francamente, fiquei assustada com suas sugestões [as de Bernfeld]. Encontram-se muito longe do que eu estava idealizando para "o Archives", e acredito que você também. Acho difícil imaginar algo mais contrário à vida de meu pai, de seus hábitos, de suas concepções e atitudes do que esse tipo de estudo detalhado de sua biografia. [...] Considero necessário distinguir de modo muito claro entre "o Archives" como um lugar seguro e os arquivos concebidos como um modo de reunir material para uma biografia. As cartas que eu e, suponho, a princesa [Marie Bonaparte] pretendemos depositar ali seriam encaminhadas com o objetivo de *não* serem utilizadas neste momento por um biógrafo.[281]

As coisas não poderiam ser mais claras. Eissler, encaminhando também uma cópia da segunda carta de Bernfeld, assegurou assim à senhorita Freud que o Archives seria um túmulo.

---

280 Ibid.
281 Ibid.

Eissler a Anna Freud, 4 de fevereiro de 1951: Seguindo com minha indiscrição, envio-lhe uma cópia de outra carta de Bernfeld. [...] Estou certo de que a maioria das cartas será doada [ao Freud Archives] sob a única condição de que nenhum contemporâneo possa lê-las, e você pode ficar segura de que não outorgarei a demanda de Bernfeld de "não facilitar as coisas para os doadores que desejem trancá-las e enterrá-las em Washington". [...] É claro, as cartas pessoais apenas serão lidas pelo doador e serão enviadas seladas ao representante do Archives, que não terá direito de abrir as cartas e as enviará seladas à Biblioteca do Congresso, onde permanecerão seladas pelo tempo que o doador ou o comitê estipularem. *De maneira geral, o comitê de diretores estipulará uma duração maior do que o doador pretendia*, de modo a impedir qualquer possibilidade de situação embaraçosa no futuro.[282]

De ali em diante, o destino de Bernfeld dentro do círculo interno do movimento estava selado. Em 28 de março, Eissler, um tanto constrangido, disse a Anna Freud que se encontrara com Bernfeld em Nova York e que este expressou sua surpresa ao constatar que Anna, como fizera anteriormente, não mais respondia a suas cartas e pedidos de informação.[283] Bernfeld claramente caíra em descrédito; agora, seu rival Jones teria acesso aos tesouros da Casa de Freud.

Em 16 de fevereiro, Eissler anunciou a Anna Freud a formação do comitê de diretores do Sigmund Freud Archives Inc., que incluía, entre outros, Bertram Lewin (presidente), Ernest Jones, Heinz Hartmann, Willi Hoffer, princesa Marie Bonaparte (vice-presidentes), Ernst Kris, Herman Nunberg e Siegfried Bernfeld (membros). Albert Einstein, Thomas Mann e Anna Freud eram membros honorários. O próprio Eissler ocupou a posição mais modesta de "Secretário". Anna Freud ficou encantada.

Anna Freud a Eissler, 27 de fevereiro de 1951: Esta maravilhosa lista contém tantos de nossos velhos amigos, que apenas isso deveria garantir que tudo corra bem quanto a nossos planos futuros.[284]

O objetivo do Freud Archives jamais foi tornar acessíveis ao público os documentos do freudianismo, como Luther Evans, o Bibliotecário do Congresso, sem dúvida acreditou quando Eissler aproximou-se dele. Na realidade, a Biblioteca do Congresso e o povo norte-americano foram ludibriados. O que buscavam Anna Freud e a Família freudiana era, muito

---
282 Ibid.
283 Ibid.
284 Ibid.

simplesmente, um cofre onde pudessem trancar os arquivos, *seus* arquivos, e protegê-los da curiosidade de forasteiros. Se sua escolha foi a Biblioteca do Congresso, era porque o governo norte-americano e sua lendária burocracia apresentavam, nesse tocante, garantias extremamente sólidas de confiabilidade e segurança. Sem mencionar o fato de que os custos de arquivamento e segurança do material eram inteiramente transferidos para os contribuintes norte-americanos: como Bernfeld dissera, Arquivos de "tipo A" não custariam um centavo. E melhor, as doações à Biblioteca do Congresso eram deduzidas do imposto, tornando um excelente negócio, na medida em que o "especialista" designado para estimar seu valor para o Serviço da Receita norte-americano foi ninguém menos que... Kurt Eissler.[285]

> **Paul Roazen:** Eissler sugeriu a todas as pessoas envolvidas que poderiam obter deduções de imposto com o que doassem ao Freud Archives. Um bom negócio para todos, certo? Foi uma armação totalmente desonesta. As doações eram feitas ao Freud Archives, e Eissler, como diretor do Freud Archives, passava-as à Biblioteca do Congresso. O arquivo era um veículo. Os documentos eram guardados na Biblioteca do Congresso às custas dos contribuintes, mas a Biblioteca do Congresso precisa pedir ao Freud Archives antes de liberar qualquer coisa.[286]
> **M. B-J:** É, portanto, uma situação em que o Freud Archives utiliza o dinheiro dos contribuintes para alcançar seus interesses, sem dar satisfações a ninguém.
> **Roazen:** Isso. Graças a tal armação, tudo passava pelas mãos de Eissler e caía sob o controle do Freud Archives. Por exemplo, Eissler conduziu entrevistas com todos os que aceitaram recebê-lo, apenas para trancar as gravações na Biblioteca do Congresso. Ao mesmo tempo, sempre houve exceções a essa política de sigilo. Eissler, por exemplo, enviava parte do material a Jones – foi assim, aliás, que pude lê-lo no Acervo Jones, antes que estes também ficassem restritos.[287]

Não foram apenas os contribuintes norte-americanos os explorados, mas também, em muitos casos, os próprios doadores. Ainda que alguns doadores estivessem de acordo com o sigilo, muitos outros sem dúvida acreditavam que estavam doando seus arquivos a uma entidade pública, à Biblioteca do Congresso, considerando que o atual "Acervo Freud" da Biblioteca foi inicialmente intitulada "The Sigmund Freud Archives". Segundo o artigo 2 do contrato assinado em 5 de julho de 1951 entre a Sigmund Freud Archives, Inc. e a Biblioteca do Congresso, esta prometia "proteger [a] identidade [dos

---

285 Para um exemplo de elogio particularmente lucrativo, ver Borch-Jacobsen e Shamdasani, *Folies à plusiers*, p.294.
286 Entrevista de 1994; a situação mudou em parte desde o falecimento de Eissler, em 1999.
287 Entrevista com Paul Roazen, Toronto, 20 de novembro de 1994.

doadores] marcando o nome 'The Sigmund Freud Archives' em todas as publicações e envelopes que contenham outros documentos, e administrar esses documentos sob o título 'The Sigmund Freud Archives'".[288] Deve ter sido difícil, portanto, para os doadores distinguir entre os "Sigmund Freud Archives" e a Biblioteca do Congresso e o "Sigmund Freud Archives, Inc." – ainda mais considerando que o documento diante deles orgulhosamente declarava: "Conservador dos arquivos: Biblioteca do Congresso" (alterado depois para "Guardião e Proprietário da Coleção Sigmund Freud: a Biblioteca do Congresso").

Na realidade, as doações eram feitas *ao Sigmund Freud Archives, Inc.*, uma organização privada que se tornou então sua proprietária legal e poderia assim impor quaisquer restrições ao acesso que desejasse a partir do momento em que eram depositados na Biblioteca do Congresso (nos catálogos, ainda lemos: "Doador: Sigmund Freud Archives" ou "Doador: Kurt Eissler"). Quanto a isso, Peter Swales fala de "falsidade de doador", na medida em que Eissler sustentou deliberadamente a ambiguidade acerca do destino real das doações.[289] É difícil provar a intencionalidade do equívoco; mesmo assim, a ambiguidade de que fala Swales é bem real, e podemos encontrar muitos exemplos dela. Para o psiquiatra britânico E. A. Bennet, que em 1972 perguntou se o Freud Archives estaria interessado em duas cartas que Freud lhe dirigira, Eissler respondeu indelicadamente que isso dependia da Biblioteca do Congresso.

> **Eissler:** É claro que aceitamos quaisquer documentos. [...] O original ou uma cópia fotostática é depositado na Biblioteca do Congresso. *O Archives não é independente*, tudo vai para a Biblioteca do Congresso em Washington.[290]

Aos doadores, portanto, o Archives se passava como representante da Biblioteca do Congresso e do povo norte-americano, de modo a, como dissera Bernfeld, "engolir" todos os documentos e testemunhos. Para a Biblioteca do Congresso, por outro lado, passava-se como representante dos

---

288 *Agreement between the Library of Congress and the Sigmund Freud Archives, Inc.*, 5 de julho de 1951. Agradecemos à Biblioteca do Congresso por nos permitir consultar este documento interno nos termos do artigo 1917-3 do regulamento da Biblioteca do Congresso.
289 Swales, *Freud and the unconscionable*. Palestra ministrada no Instituto de Arte Contemporânea. Swales foi o primeiro, no debate, a reconstruir a história da criação do Freud Archives.
290 Kurt R. Eissler, transcrição de uma entrevista com E. A. Bennet, julho de 1972, Acervo Sigmund Freud, Divisão de Manuscritos, Biblioteca do Congresso, Washington, D.C.; grifo nosso. Estas duas cartas, para as quais Bennet não solicitou qualquer restrição de acesso, só ficaram disponíveis aos pesquisadores no ano 2000.

doadores e da confidencialidade médica, impondo restrições ao acesso, bem como datas arbitrárias para sair do sigilo, que os próprios doadores com frequência não solicitavam.

Marvin W. Kranz, supervisor da Freud Collection na Biblioteca do Congresso: Em certos casos, sabemos que o doador [original] impôs restrições de acesso. [...] Como regra geral, os documentos eram dados a Eissler, [e] ele impunha as restrições. Ele supostamente dizia à pessoa: "Iremos manter isso em sigilo por um período de vinte e cinco, cinquenta anos, está bem?", e a pessoa concordava. Não sabemos exatamente como funcionava, mas, em minha opinião, era Eissler quem sugeria as restrições.[291]

Eissler, notas sobre sua primeira entrevista com Sergius Pankejeff em Viena, 1952: Ele está sempre com a ideia de que suas *Memoirs* poderiam ser publicadas e fica bastante desapontado que seu material só possa ser lido pela primeira vez por outras pessoas daqui a duzentos anos.[292]

Eissler ao pastor Oskar Pfister, 20 de dezembro de 1951: Quando seu relatório for aberto, em 150 anos, creio que não será capaz de provocar a menor indiscrição.[293]

Eissler, entrevista com Carl Gustav Jung, 29 de agosto de 1953: Acredito que o desenvolvimento histórico da Psicologia profunda terá em algum momento um enorme interesse, e sua relação com Freud, suas observações sobre Freud, a quem conheceu numa fase tão importante, em uma época tão importante, interessará muito os historiadores, se ainda existirem historiadores daqui a duzentos anos (risos).[294]

Eissler a Bonaparte, 1º de abril de 1960: Na Biblioteca do Congresso você encontraria somente uma fileira de caixas referentes ao Sigmund Freud Archives. As caixas estão repletas de envelopes selados, e, como temos um acordo com a Biblioteca do Congresso de que os envelopes podem ser abertos apenas daqui a muitos anos, eles não estão autorizados a mostrar qualquer coisa de seu

---

291 Entrevista com Marvin W. Kranz, Historiadores Manuscritos, Biblioteca do Congresso, Washington, D.C., 15 de junho de 2000.
292 *Erstes Treffen mit Dr. P. nach der Vorbesprechung 10 A. M. im Hotel*, Acervo Sigmund Freud, Divisão de Manuscritos, Biblioteca do Congresso, Washington, D.C.; cópias proibidas até 2010.
293 Pfister Archives, Biblioteca Central de Zurique.
294 Entrevista datilografada, p.1, Acervo Sigmund Freud, Divisão de Manuscritos, Biblioteca do Congresso, Washington, D.C.; cópias proibidas até 2013.

conteúdo [...] se seu plano de visitar a Biblioteca do Congresso deriva apenas do desejo de ver o Sigmund Freud Archives, eu aconselharia fortemente a não o fazer porque, como disse antes, não há nada a ver senão uma fileira de caixas.[295]

Sim, o Freud Archives era muito parecido com um túmulo, uma cripta, onde, como disse Bernfeld, o lixo radioativo da história psicanalítica poderia ser "enterrado". Portanto, como vimos com a série X (antiga Z) do Acervo Sigmund Freud, o lento processo de tornar público (somos quase tentados a dizer: de descontaminação) apenas começou em 1995, com a correspondência entre Freud e Max Eitingon, e sua maior parte seguirá até 2057, quando as entrevistas de Eissler com Elsa Foges, Harry Freud, Oliver Freud, Judith Bernays Heller, Clarence Oberndorf, Edoardo Weiss e o misterioso "Entrevistado B" forem liberadas.[296] Nos anos 1990, uma carta a Freud de um correspondente não identificado foi restringida até 2113 (e não 2102, como o catálogo de 1985 havia antecipado).[297] E muitos desses itens não têm mesmo uma data de liberação estipulada, estando simplesmente listados como "fechados".

Sulloway: Pense um pouco sobre o sigilo associado aos documentos do Freud Archives na Biblioteca do Congresso e a excentricidade das datas de liberação. Alguns documentos estão lacrados até 2013, outros até 2032, outros até 2102, 2103 etc., e fica-se imaginando como eles deliberaram essas datas estranhas. Se você examina as datas de nascimento e falecimento das pessoas abordadas, fica-se quase tentado a aplicar as periodicidades fliessianas de 23 e 28 para ver o que significam tais números, porque não se trata de 100 ou 150 anos a partir da data da morte de alguém, não são 150 ou 200 anos da data de nascimento de alguém – é apenas um número esquisito que alguém estipulou! É totalmente arbitrário, mas é assim que a censura sempre funcionou.[298]

Em alguns casos, as restrições de acesso foram impostas *apesar* dos desejos expressos pelos doadores. Como apontou Peter Swales, a entrevista de Eissler com a neta de Freud, Sophie Freud, apenas estará disponível em 2017, embora ela mesma tenha se posicionado em diversas ocasiões a favor da abertura completa e imediata do Archives. Paul Roazen, do mesmo modo,

---

295 Acervo Marie Bonaparte, Divisão de Manuscritos, Biblioteca do Congresso, Washington, D.C.
296 Eissler entrevistou-a três vezes – duas em 1952, e uma em 1953. As respectivas datas de liberação são 2010, 2017, 2057.
297 Apontado por Swales, *Freud and the unconscionable*.
298 Entrevista com Frank J. Sulloway, em Cambridge, Massachusetts, 19 de novembro de 1994.

conta como Eissler proibiu a psicanalista Helene Deutsch de examinar *sua própria doação* quando ela desejou mostrá-la a Roazen.

Roazen: Escrevi uma carta ao Freud Archives, assinada também por Helene, em que solicitava acesso a este material. A carta que recebi em resposta não foi assinada pelo próprio Eissler, mas por Edward Kronold, que era praticamente o diretor do Freud Archives na época. Ele não chegou a recusar o pedido; disse apenas que iriam adiar a decisão até a próxima reunião do comitê de diretores. [...] Era totalmente absurdo, claro, pois o que buscávamos era muito claro e direto.[299]

Roazen: Durante minha própria pesquisa sobre Freud e seu círculo, encontrei diversos doadores que não apenas ignoravam inteiramente que suas doações foram lacradas, como também desaprovavam abertamente o sigilo que Eissler promulgou em torno de Freud, de modo a protegê-lo da curiosidade de historiadores independentes.[300]

Eissler a Borch-Jacobsen, 13 de novembro de 1996: O doutor P[ankejeff] queria que as gravações de nossas conversas fossem publicadas enquanto ele ainda estava vivo. Eu me recusei.[301]

Obviamente, o Freud Archives não representa os desejos de seus doadores, ao contrário do que fez a Biblioteca do Congresso e o público acreditarem. Na realidade, representa apenas a si próprio, isto é, os interesses da Família freudiana e da Causa. E tais interesses jamais coincidiram com os do interesse público, com os da *res publica*. A função do Archives jamais foi o de abertura e publicação, mas de seleção e censura: controlar o acesso a documentos, filtrar informações, monitorar a interpretação e o debate e, acima de tudo, impedir a passagem irrestrita de materiais para o domínio público. Nada estará mais longe do ideal democrático de "acesso livre e aberto ao conhecimento e à informação" que norteia a Biblioteca do Congresso.[302] Kurt Eissler passou sua vida acumulando arquivos e testemunhos, não para compartilhá-los e revelar seu conteúdo, nem ao menos para preservá-los para as gerações futuras, mas com o objetivo único de

---

299 Entrevista com Paul Roazen, Toronto, 20 de novembro de 1994. Roazen é o primeiro pesquisador a criticar abertamente as restrições impostas pelo Freud Archives.
300 Roazen, *Encountering Freud*, p.96.
301 Correspondência privada.
302 Declaração feita por James H. Billington, Bibliotecário do Congresso, durante a celebração bicentenária da Biblioteca do Congresso, 24 de abril de 2000.

poder determinar quem teria acesso ao quê – tudo isso no interesse de uma sociedade privada: os verdadeiros freudianos.

Havia, afinal, um método nessa loucura. Se Eissler censurou tudo e qualquer coisa, não foi porque havia algo a esconder – alguns esqueletos no armário ou fotos comprometedoras. Foi porque o Archives, apesar das porções abertas ao público, jamais foi criado para o público. Anna Freud foi quem melhor o descreveu: esses documentos serão depositados na Biblioteca do Congresso "com o objetivo de *não* serem utilizados por um biógrafo". Ou seja: por um biógrafo não acreditado, não autorizado, visto que, para os historiadores da família freudiana, jamais foi uma questão de esconder qualquer coisa deles próprios. Ao mesmo tempo que Anna Freud trancava o Archives e recusava a Bernfeld o acesso, por considerá-lo muito independente, a Jones foi concedido acesso amplo, ajudando-o com seu trabalho na Biografia. Certamente não seria ele a contradizer a versão dos acontecimentos que Freud escrevera em seus escritos, seja em seus casos clínicos ou nas apresentações histórico-biográficas da psicanálise.

Acima de tudo, o que importava era preservar o monopólio da narrativa sobre a psicanálise, impedindo que quaisquer outros relatos concorressem com os de Freud e dissuadindo todas as interpretações rivais. Neste sentido, a censura ao Archives deve ser compreendida em relação à concomitante promoção da lenda freudiana. Se era necessário estabelecer um cordão sanitário em volta do "Homem dos Lobos", selar o testemunho dos filhos de "Cäcilie M." ou de "Elisabeth von R." e censurar os nomes dos pacientes, não era porque todas essas pessoas tinham segredos explosivos a revelar, mas porque seus relatos portavam o risco, em primeiro lugar, de diferir dos de Freud e, segundo, de torná-los mais incertos e mais abertos ao debate. Sujeitas a comparações e debate, as interprefacções de Freud não poderiam mais se apresentar como a narração transparente e indiscutível de "fatos", "descobertas" e "observações".

Desse ponto de vista, a censura ao Freud Archives é de modo algum um absurdo arbitrário sem maior importância. Justificá-la com a devoção filial excessiva de Anna Freud ou a amável excentricidade de Eissler é, sem dúvida, demasiado simples.[303] Eissler executou as ordens de Anna Freud, e Anna Freud deu continuidade à política de desistoricização e de descontextualização narrativa do pai – como, por exemplo, quando ele queimou sua correspondência ou destruiu suas notas de análise. O importante era manter as mãos de todos longe da narrativa freudiana e livrar-se de todos os "ruídos" parasitas capazes de encobrir sua mensagem, de modo a imu-

---

303 Veja, por exemplo, a descrição anedótica de Malcolm (*In the Freud Archives*).

nizar o testemunho de Freud – isto é, a teoria psicanalítica – de quaisquer dúvidas e questionamentos. Na ausência dessa desistoricização excessiva, a psicanálise jamais teria logrado estabelecer-se como a Sagrada Escritura da psicoterapia, e tampouco Freud como o Herói Solitário do inconsciente. A censura ao Archives, à primeira vista tão absurda, é absolutamente essencial ao sistema constituído por ela e pela epistemologia lendária da psicanálise. Não é de surpreender que os freudianos tenham considerado o trabalho dos historiadores e sua disciplina um de seus maiores adversários: a psicanálise é vulnerável a sua história.

– CODA: O QUE FOI A PSICANÁLISE? –

A moda deste inverno é a psicanálise.

(André Breton, *Les pas perdus*, p.94)

A psicologia freudiana alagou o campo como uma maré cheia, e o resto de nós foi deixado submerso como mariscos enterrados sob a areia na baixa-mar.

(Morton Prince, *Clinical and experimental studies in personality*, p.ix)

Desconheço outro exemplo de um sistema de crenças injustificadas que tenha se propagado tão ditosamente quanto a teoria freudiana. Como é que isso foi feito?

(Alasdair MacIntyre, Psychoanalysis. In: *Against the self-images of the age*, p.35)

A censura das correspondências de Freud, o encerramento de documentos e reminiscências em caixas seladas nos Arquivos Freud, a compilação da biografia oficial de Freud e a preparação do *Standard Edition of the complete psychological works of Sigmund Freud* [Edição *standard* das obras psicológicas completas de Sigmund Freud] foram uma iniciativa sistemática e orquestrada, destinada a consolidar e a disseminar a lenda freudiana. A lenda estava agora em todos os lugares, maciça e praticamente inquebrantável. Os textos disponíveis aos pesquisadores e ao público geral tinham sido cuidadosamente filtrados e reformatados para apresentar a imagem de Freud e da psicanálise que a instituição freudiana desejava promover. Assim, não é surpresa que a apoteose da psicanálise tenha ocorrido nos anos 1950, e que foi dos Estados Unidos e do Reino Unido, os novos centros da família psicanalítica, que a onda freudiana se espalhou pelo mundo.

Durante meio século, essa construção artificial constituiu a base de nosso conhecimento de Freud e das origens da psicanálise. É surpreendente constatar o largo escopo de sua aceitação, mesmo por aqueles que possuíam uma visão crítica e cética da psicanálise. Mesmo quando as obras de Freud eram relidas e reinterpretadas de maneira heterodoxa, era sempre com base na versão asséptica e desistoricizada propagada por Anna Freud, Ernst Kris, Ernest Jones, James Strachey e Kurt Eissler. O famoso "retorno a Freud" de Lacan foi apenas um retorno à versão de Freud que havia sido canonizada. O mesmo se aplica a todas as mais recentes reformulações hermenêuticas, estruturalistas, narrativistas, desconstrutivistas, feministas e pós-modernas da psicanálise. Apesar de sua sofisticação e da recusa ao positivismo de Freud, o Freud que interpretaram, desconstruíram, narrativizaram, ficcionalizaram era sempre o mesmo Freud lendário, travestido com os novos vestuários da última moda intelectual.

O sucesso dessa missão publicitária apoiou-se em sua invisibilidade, na dissimulação do *Kürzungsarbeit*: cortes nas cartas não eram indicados, fatos inconvenientes eram omitidos, esqueletos eram escondidos no armário, críticos eram silenciados, os nomes dos pacientes eram disfarçados, memórias eram sequestradas, interpretações tendenciosas eram apresentadas como acontecimentos reais, calúnias e rumores eram tomados como fatos. A mitificação da história da psicanálise conferiu-lhe uma simplicidade que a tornou apta a disseminação em massa. Ao mesmo tempo, os colossais obstáculos enfrentados por historiadores tornaram impossível a contestação da lenda.

As consequências dessa situação foram muito além dos confins da história da psicanálise e exerceram efeitos profundos no modo como o empreendimento da Psicologia moderna como um todo foi concebido. A lenda deslegitimou efetivamente as psicoterapias com as quais a psicanálise competia no interior do mercado da saúde mental. Ao mesmo tempo, conduziu a uma reescrita da história das ideias no século XX, dando à psicanálise uma proeminência que não tinha. Na medida em que a psicanálise era posicionada no centro e na origem dos desenvolvimentos críticos da Psicologia profunda, da Psiquiatria dinâmica e da psicoterapia, a psicanálise tornou-se tudo – e nada ao mesmo tempo. Todas as roupas caíam bem, porque traziam o rótulo "Freud". Já em 1920, Ernest Jones reparou que o público possuía apenas uma vaga ideia do que realmente era a psicanálise e do que a distinguia das outras abordagens.

> **Jones ao Comitê Secreto, 26 de outubro de 1920:** A partir dos diversos relatórios recentes que recebi dos Estados Unidos e pela leitura da literatura recente vinda de lá, sinto afirmar que estou com uma impressão muito ruim [da] situação por lá. Tudo o que é possível passa com o nome de ψα, não apenas o adlerismo e o junguianismo, mas qualquer tipo de psicologia popular

ou intuitiva. Duvido que haja seis homens nos Estados Unidos que possam apontar a diferença fundamental entre Viena e Zurique, ao menos com um mínimo de clareza.¹

Noventa anos depois, a situação mudou pouco: "qualquer tipo de psicologia popular ou intuitiva" é precisamente o significado de psicanálise, seja em seminários de universidade, periódicos e revistas especializados, ou na televisão e rádio. Entretanto, é precisamente essa confusão e a maneira como os freudianos a exploram para promover a "psicanálise" que contribuem significativamente para o sucesso da marca. Se ela parece estar em todo lugar, é porque muito já foi arbitrariamente freudianisado, franqueado pela psicanálise: atos falhos, sonhos, sexo, doenças mentais, neurose, psicoterapia, memória, biografia, história, linguagem, pedagogia e ensino, relações conjugais, política.

> **John Burnham:** Nos Estados Unidos, Freud tornou-se agente menos da psicanálise do que de outras ideias da época. A psicanálise foi compreendida como ambientalismo, como sexologia, como uma teoria da etiologia psicogênica das neuroses. Da mesma forma, quando os ensinamentos de Freud ganharam a atenção e até mesmo adeptos, seus seguidores frequentemente acreditavam menos em sua obra do que na evolução, na psicoterapia e no mundo moderno.²

Mas se a psicanálise é tudo e nada ao mesmo tempo, do que estamos falando precisamente? *De nada* – ou quase nada: é exatamente por sempre ter sido vaga e flutuante, perfeitamente inconsistente, que a psicanálise conseguiu se propagar como o fez e se misturar a uma variedade de "nichos ecológicos", para usar a expressão de Ian Hacking, numa ampla variedade de ambientes.³ Não sendo nada em particular, a psicanálise funcionou como o famoso "significante flutuante": é uma "máquina", uma "o que é mesmo isso?", uma "coisa complicada" que pode servir para designar qualquer coisa, uma teoria vazia em que se pode enfiar o que quiser.⁴ Para tomar um exemplo, a insistência unilateral de Freud na preeminência da sexualidade foi

---

1 Wittenberger e Teugel, *Die Rundbriefe des "Geheime Komitees"*, v.1, p.118. Dados os objetivos em constante mudança, o próprio Jones não tinha clareza sobre o assunto – em 8 de dezembro de 1915, escreveu a Freud: "Em meu artigo sobre repressão e memória [...] critiquei Jung por uma declaração que hoje encontro em um artigo recente sobre repressão. É muito triste, não é?" (Freud e Jones, *The complete correspondence of Sigmund Freud and Ernest Jones*, p.314).
2 Burnham, *Psychoanalysis and American medicine, 1894-1918*, p.214.
3 Hacking, *Representing and intervening*.
4 Lévi-Strauss, Introduction à l'œuvre de Marcel Mauss. In: Mauss, *Sociologie et anthropologie*.

objetada de todos os lados. Independentemente disso, ele passou a envolver sua teoria do narcisismo e a análise do ego, emprestadas silenciosamente de alguns de seus críticos, Adler e Jung. As neuroses traumáticas da Primeira Guerra Mundial parecem ter demonstrado conclusivamente que era possível sofrer de sintomas histéricos por razões não sexuais. Freud veio então com as teorias de compulsão pela repetição e da pulsão de morte do inconsciente, sempre de prontidão. Tais mudanças teóricas, tão radicais, foram frequentemente citadas para louvar o consciencioso empirismo de Freud, mas elas vinham para consternar o rigor falsário com uma redução de danos. Nenhum "fato" conseguia refutar as teorias de Freud, já que ele podia adaptá-las às objeções feitas, segundo as exigências do momento, em contínuo embate virtual com os críticos.

> **D. H. Lawrence, 1923:** A psicanálise atirou-nos muitas surpresas, realizando súbitas mudanças de perspectiva perante nossos olhos indignados. Mal tínhamos nos acostumado ao charlatanismo psiquiátrico que demonstrava com veemência a serpente do sexo enrolada em torno da raiz de nossas ações, mal começávamos a sentirmo-nos honestamente inquietos quanto a nossos complexos à espreita, e eis que os cavalheiros psicanalistas reapareciam com uma teoria de psicologia pura. A faculdade de Medicina, segurando a batata quente das inovações terapêuticas, deu um suspiro de alívio ao ver que a coisa esquentava sob os pés dos profissionais psicólogos.[5]

> **Frank Cioffi:** Por volta de 1912, Freud sentiu que Adler tentava desarmar a crítica de seu "protesto masculino" representando-o como um corolário do aparentemente já instituído complexo de castração do próprio Freud. Como Freud lidou com esse constrangimento? Eis como: "Acho impossível tomar como base da gênese das neuroses um fundamento tão estreito quanto o complexo de castração. [...] Sei de casos de neurose em que o complexo de castração não exerce componente patógeno ou não se manifesta em absoluto" (1914, *SE 14*, p.974-93). E, uma vez descartado Adler, o complexo de castração foi reafirmado em sua posição de centralidade, e Freud tornou-se amnésico do fato de que tratara pacientes em que "o complexo de castração não exerce componente patógeno". Em um ensaio de 1928, ele reassegura os leitores a respeito da influência do complexo de castração: "A experiência psicanalítica conduziu tais questões em particular para além de qualquer dúvida e ensinou-nos a reconhecer nelas a chave de todas as neuroses" (1928, *SE 21*, p.184).[6]

---

5 Lawrence, *Fantasia of the unconscious & psychoanalysis and the unconscious*, p.201.
6 Cioffi, Épistémologie et mauvaise foi. In: Meyer (Ed.), *Le livre noir de la psychanalyse*, p.316-7.

A afirmação de Jones citada anteriormente sugere que ele acreditava haver algo radicalmente singular na psicanálise que lhe permitia distinguir-se rigorosamente dos trabalhos de Jung ou de Adler e de todas as formas de "psicologia popular". Mas o que uniu a Psicanálise – teórica e institucionalmente – foi uma lenda, e isso constituiu sua própria identidade. Na verdade, como vimos, a psicanálise foi afastada de sua origem por interpretações contraditórias do que eram análise psicológica, psico-análise, psicanálise, psicossíntese, psicanálise livre, psicologia individual, psicologia analítica, e no que diferiam. Esta situação não terminou. Fundamentalmente, não foi possível demonstrar propriamente o "inconsciente freudiano" de modo que convencesse a todos. Após as rupturas com Fliess, Forel, Bleuler, Adler, Stekel e Jung, seguiram-se as com Rank, Ferenczi e muitos outros. No interior do próprio movimento, as tendências e escolas divergentes se multiplicavam, ao passo que as concepções inicialmente encabeçadas por dissidentes e críticos da psicanálise foram silenciosamente recuperadas e apresentadas como "desenvolvimentos" da psicanálise, como progressos.[7] Sob tais condições, como continuar a falar de "psicanálise" como se fosse uma doutrina coerente, organizada em torno de uma série de teses, princípios ou métodos claramente articulados? A psicanálise no singular jamais existiu. O que haverá em comum entre as teorias de Freud e as de Rank, Ferenczi, Reich, Klein, Horney, Winnicott, Bion, Bowlby, Kohut, Kernberg, Lacan, Laplanche, Žižek ou Kristeva? Até mesmo os psicanalistas reconheceram que a psicanálise tornou-se um termo guarda-chuva que encobre as perspectivas mais diversas e mutuamente contraditórias. Em 1988, Robert Wallerstein, então presidente da International Psychoanalytic Association, perguntou-se com inquietação se ainda haveria *uma* psicanálise, após a multiplicidade de desenvolvimentos pós-freudianos e do fracasso de várias iniciativas de criar um consenso no interior da psicanálise norte-americana na década de 1950.

> **Robert Wallerstein:** Vivemos em um mundo de crescente diversidade psicanalítica, de muitas (e distintas) psicanálises, o que torna – com suas fronteiras demarcadas de maneiras conceitualmente distintas – logicamente mais difícil qualquer distinção ampla e clara da psicanálise em oposição à psicoterapia.[8]

Se por um lado reconhecia que as teorias da metapsicologia psicanalítica eram, afinal, nada mais que "artigos de fé psicanalítica", Wallerstein contudo alegava que o campo freudiano continuava a apresentar uma unidade no

---

7 Ver Borch-Jacobsen, *Making minds and madness*, cap.9.
8 Wallerstein, *The psychoanalyses and the psychotherapies*, p.510.

âmbito da teoria clínica e dos achados da sala de atendimento.[9] Contudo, sua definição de clínica psicanalítica era tão ampla e vaga, que poderia ser aplicada a muitas outras formas de psicoterapia dinâmica.

Salientar esta diversidade não significa avaliar ou criticar a pletora de práticas e concepções distintas associadas ao rótulo "psicanálise", nem deve lançar dúvidas ao fato de que muitos acharam nelas algo que tornou mais fácil suas vidas (o mesmo se aplica a outras formas de psicoterapia). Um reconhecimento da heterogeneidade do campo significa que cada forma de psicanálise ou terapia psicodinâmica deve ser adequadamente caracterizada e avaliada separadamente. Da mesma forma, criticar as pretensões científicas positivas da psicanálise não a invalida (adotar esta opinião seria partilhar do mesmo positivismo, só que do lado oposto), mas indica que diferentes formas de avaliação – filosófica, ética, política e estética – entram em jogo. Contudo, tal tarefa não é de nossa alçada, e exigiria um estudo histórico comparativo mais amplo do campo mais abrangente das psicoterapias e psicologias dinâmicas.

A verdade é que a unidade da psicanálise surgiu da lealdade institucional à lenda freudiana, isto é, da noção de que a criação da psicanálise por Freud foi um fato inédito que revolucionou a compreensão humana. A psicanálise subsistiu na medida em que a lenda o permitiu. Sem a lenda, sua identidade disciplinar e sua diferença radical para com as outras formas de psicoterapia entrariam em colapso. É precisamente o que testemunhamos hoje: a lenda perde seu apoio, desgastando-se por todas as partes. A despeito das táticas de postergação, os materiais originais têm adentrado a esfera pública: correspondências têm sido reeditadas sem censura, historiadores identificaram pacientes, documentos e relatos vieram à tona. Pouco a pouco, o quebra-cabeças é reconstituído, formando retratos bastante distintos daqueles elaborados pelos censores e hagiógrafos. Isso não significa que haja um consenso entre os historiadores – mas apenas aponta que o efeito cumulativo de seus trabalhos foi desmantelar o mito único. Os defensores atuais da lenda reclamam disso com veemência, recorrendo por vezes às velhas táticas que outrora serviram tão bem durante as primeiras guerras freudianas (a patologização dos adversários, ataques *ad hominem* etc.), porém sem o mesmo sucesso. Os leitores que se aproximam de Freud possuem uma riqueza de documentação e estudos históricos críticos que simplesmente não estavam disponíveis nos anos de 1970 e 1980, além de um número cres-

---

9 Wallerstein, One psychoanalysis or many?, *International Journal of Psycho-Analysis*, v.69, 1988, p.17.

cente de estudos que demonstraram que os rivais profissionais de Freud, os adversários e antigos colegas não eram tão tolos quanto foram retratados.

Dessa forma, há pouco sentido em tentar "matar" Freud, como fizeram alguns, ou em dar início a outra "guerra freudiana", que muito provavelmente acrescentaria pouco às anteriores.[10] Ironicamente, apenas serviria para continuar a dar vida e identidade à psicanálise, ao passo que se pode dizer que a psicanálise, em certo sentido, não existe mais – ou melhor, jamais existiu.[11] A lenda freudiana está se apagando diante de nossos olhos, e com ela a psicanálise, para abrir caminho para outras modas culturais, outros modos de interação terapêutica, continuando e renovando o antigo ritual do encontro paciente-médico. Devemos nos apressar a estudar a psicanálise enquanto podemos, pois logo não seremos mais capazes de discernir suas características – e por uma boa razão: porque ela nunca existiu.[12]

---

10 Ver Crews (*The memory wars*) e Skues (The first casualty, *History of Psychiatry*, v.9, n.2, 1998, p.151-77).
11 Ver Borch-Jacobsen, Foreword. In: Dufresne, *Tales from the Freudian crypt*.
12 Para um estudo antropológico sobre os institutos psicanalíticos (hoje em rápido declínio) nos Estados Unidos, ver Kirschner, *Unfree associations*.

– REFERÊNCIAS BIBLIOGRÁFICAS –

ABRAHAM, H. *Karl Abraham*: Sein Leben für die Psychoanalyse. München: Kindler, 1976.
ABRAHAM, K. A particular form of neurotic resistance against the psycho-analytic method (1919). In: *Selected papers of Karl Abraham*: with an introductory essay by Ernest Jones. Tradução de Douglas Bryan e Alix Strachey. New York: Basic Books, 1954. p.303-11.
ADAM, E. *Le freudisme*: Étude historique et critique de méthodologie psychothérapique. Alsace: Colmar, 1923.
ADAMS, L. Sigmund Freud's correct birthdate: misunderstanding and solution. *Psychoanalytic Review*, v.41, p.359-62, 1954.
ADLER, A. *Über den nervösen Charakter* (1912). Frankfurt: Fischer, 1972.
ALEXANDER, F.; SELESNICK, S. T. Freud-Bleuler correspondance. *Archives of General Psychiatry*, v.12, n.1, p.1-9, 1965.
ALT, K. In: WEYENBURG, G. van (Ed.). *Comptes rendus du Congrès International de Psychiatrie et de Neurologie*. Amsterdam: G. H. De Bussy, 1908. p.293.
ANDERSSON, O. *Studies in the prehistory of psychoanalysis*: the etiology of psychoneuroses and some related themes in Sigmund Freud's scientific writings and lectures, 1888-1896. Stockholm: Svenska Bokförlaget, 1962.
_____. A supplement to Freud's case history of "Frau Emmy v. N.". Studies on Hysteria, 1895. *Scandinavian Psychoanalytic Review*, v.2, n.5, p.5-16, 1979.
ANZIEU, D. *Freud's self-analysis*. Tradução de P. Graham. London: Hogarth Press, 1986. [Ed. bras.: *A autoanálise de Freud*. Porto Alegre: Artmed, 1989.]
ARDUIN, D. Die Frauenfrage und die sexuellen Zwischenstufen. *Jahrbuch für sexuelle Zwischenstufen*, v.2, p.211-23, 1900.
ASCHAFFENBURG, G. Die Beziehung des sexuellen Lebens zur Entstehung von Nerven- und Geistes Krankheiten. *Münchener Medizinische Wochenschrift*, v.53, p.1793-8, set. 1906.
_____. Internationaler Kongress für Psychiatrie, Neurologie, Psychologie und Kranksinningen Verpflegung. *Monatsschrift für Psychologie und Neurologie*, v.22, 1907.
_____. Resenha sobre Freud (1919a). *Zeitschrift für die Gesammte Strafrechtwissenschaft*, v.30, p.754-5, 1911.
ASSOUN, P.-L. *Introduction à l'épistémologie freudienne*. Paris: Payot, 1981. [Ed. bras.: *Introdução à epistemologia freudiana*. Rio de Janeiro: Imago, 1983.]

BALINT, M. Letter to the Editor. *International Journal of Psycho-Analysis*, v.34, p.68, 1958.
BALLY, M. Le style indirect libre en français moderne. *Germanisch-Romanische Monatsschrift*, v.4, p.549-56 e 597-606, 1912.
BEARD, G.; ROCKWELL, A. *A practical treatise on the medical and surgical uses of electricity, including localized and general electricization* (1872). New York: William Wood, 1880.
BELL, S. A preliminary study of the emotions of love between the sexes. *American Journal of Psychology*, v.13, p.325-54, 1902.
BENNET, E. A. *Meetings with Jung*. Conversations recorded by E. A. Bennet during the years 1946-1961. Einselden: Daimon, 1985.
BERNFELD, S. An unknown autobiographical fragment by Freud. *American Imago*, v.4, n.1, p.3-19, 1946.
_____. Freud's studies on cocaine (1953). In: FREUD, S.; BYCK, R. (Eds.). *Cocaine Papers*. New York/Scarborough: New American Library, 1975. p.321-52.
BERNFELD, S.; CASSIRER BERNFELD, S; GRUBRICH-SIMITIS, I. (Eds.). *Bausteine der Freud-Biographik*. Frankfurt: Suhrkamp, 1981.
BERNHEIM, H. *Neue Studien über Hypnotismus, Suggestion und Psychoterapie* (1891). Tradução para o alemão de Sigmund Freud. Leipzig/Wien: Deuticke, 1892.
_____. *New Studies in Hypnotism* (1891). Tradução de Richard S. Sandor. New York: International Universities Press, 1980.
BETTELHEIM, B. Resenha sobre Ernest Jones, "The Life and Work of Sigmund Freud, vols. 1 e 2". *American Journal of Sociology*, v.62, jan. 1957.
BEZZOLA, D. Zur Analyse psicotraumatischer Symptome. *Journal für Psychologie und Neurologie*, v.8, p.204-19, 1908.
BILLIG, M. *Freudian repression*: conversation creating the unconscious. Cambridge: Cambridge University Press, 1999.
BILLINSKY, J. M. Jung and Freud (the end of a romance). *Andover Newton Quarterly*, v.10, p.39-43, 1969.
BINET, A.; SIMON, T. Hystérie. *L'Anné Psychologique*, v.16, p.67-122, 1910.
BINSWANGER, L. *Sigmund Freud*: reminiscences of a friendship. New York/London: Grune & Stratton, 1957.
BJERRE, P. *The History and Practice of Psychoanalysis* (1916). Tradução de Elizabeth N. Barrow. Boston: R. G. Badger, 1920.
BLEULER, E. Resenha sobre Hippolyte Bernheim, "Neue Studien über Hypnotismus, Suggestion und Psychotherapie". *Münchener Medizinische Wochenscrift*, v.39, p.431, 1892.
_____. Resenha sobre Breuer e Freud (1895). *Münchener Medizinische Wochenscrift*, v.43, p.524-5, 1896.
_____. Resenha sobre Leopold Löwenfeld, "Die psychischen Zwangserscheinungen". *Münchener Medizinische Wochenscrift*, v.51, p.718, 1904.
_____. Die Psychanalyse Freuds: Verteidigung und kritische Bemerkungen. *Jahrbuch für Psychoanalytische und Psychopathologische Forschungen*, v.2, p.623-730, 1910.
_____. Kritik der Freudschen Theorien. *Zeitschrift für Psychiatrie*, v.70, p.665-718, 1913.
_____. Resenha sobre Sigmund Freud, "Gesammelte Schriften". *Münchener Medizinische Wochenscrift*, v.75, p.1728, 1928.

BLEULER, M. (Ed.) *Beiträge zur Schizophrenielehre der Zürcher Psychiatrischen Universitätsklinik Burghölzli (1902-1971)*. Darmstad: Wissenschaftliche Buchgesellschaft, 1979.
BLOOR, D. *Knowledge and social imagery*. London: Routledge and Kegan Paulo, 1976.
BLUM, H.; PACELLA, B. L. Exchange. In: CREWS, F. (Ed.). *The memory wars*: Freud's legacy in dispute. New York: A New York Review Book, 1995. p.104-6.
BORCH-JACOBSEN, M. L'hypnose dans la psychanalyse, followed by "Dispute". In: CHERTOK, L. (Ed.). *Hypnose et psychanalyse*. Paris: Bordas, 1987. p.29-54 e 194-215.
_____. *The Freudian subject*. Tradução de Catherine Porter. Stanford: Stanford University Press, 1988.
_____. *The emotional tie*: psychoanalysis, mimesis and affect. Tradução de Douglas Brick et al. Stanford: Stanford University Press, 1992.
_____. *Remembering Anna O.*: a century of mystification. Tradução de Kirby Olson, Xavier Callahan e Mikkel Borch-Jacobsen. New York: Routledge, 1996.
_____. *Anna O. zum Gedächtnis. Eine hundertjährige Irreführung*. Tradução para o alemão de Martin Stingelin. München: Wilhelm Fink, 1997.
_____. How a fabrication differs from a lie. *London Review of Books*, v.13, p.3-7, abr. 2000.
_____. *Folies à plusieurs*: de l'hystérie à la dépression. Paris: Les Empêcheurs de Penser en Rond/Seuil, 2002.
_____. *Making minds and madness*: from hysteria to depression. Tradução de Douglas Brick et al. Cambridge: Cambridge University Press, 2009.
BORCH-JACOBSEN, M.; SHAMDASANI, S. Une visite aux Archives Freud. In: BORCH-JACOBSEN. *Folies à plusiers*: de l'hystérie à la dépression. Paris: Les Empêcheurs de Penser en Rond/Seuil, 2002. p.253-300.
_____. *Le dossier Freud*: Enquête sur l'histoire de la psychanalyse. Paris: Les Empêcheurs de Penser en Rond/Seuil, 2006.
_____. Interprefactions: Freud's legendary science. *History of the Human Sciences*, v.21, p.1-25, 2008.
BORING, E. G. *A history of experimental psychology*. New York/London: D. Appleton-Century Company, 1929.
BRENTANO, F. *Psychology from an empirical standpoint* (1874). Tradução de A. Rancurello, D. Terrell e L. McAlister. London: Routledge, 1973.
BRETON, A. *Les pas perdus* (1924). Paris: Gallimard, 1990.
BREUER, J. Review of the intervention of 4th November 1895 of Josef Breuer at the Vienna Medical College on the subject of the lecture of Sigmund Freud "On hysteria". *Wiener Medizinische Presse*, v.36, p.1717-8, 1895.
BREUER, J.; FREUD, S. *Studies on hysteria, Standard Edition 2* (1895). [Ed. bras.: *Estudos sobre a histeria*. Rio de Janeiro: Imago, 1996.]
BRILL, A. A. *Freud's contribution to psychiatry*. London: Chapman & Hall, 1944.
BROME, V. *Freud and his disciples*: the struggle for supremacy. London: Caliban, 1984.
BRY, I.; RIFKIN, A. H; MASSERMAN, J. H. (Eds.). Freud and the history of ideas: primary sources, 1888-1910. *Science and Psychoanalysis*, v.5, p.6-36, 1962.
BURNHAM, J. Sigmund Freud and G. Stanley Hall: exchange of letters. *Psychoanalytic Quarterly*, v.29, p.307-16, 1960.

BURNHAM, J. *Psychoanalysis and American medicine, 1894-1918*: medicine, science and culture. New York: International Universities Press, 1967.

_____. *Jelliffe*: American psychoanalyst and physician and his correspondence with Sigmund Freud and C. G. Jung. Organizado por W. McGuire. Chicago: University of Chicago Press, 1983.

BUXBAUM, E. Freud's dream interpretation in the light of his letters to Fliess. *Bulletin of Menninger Clinic*, v.15, n.6, p.197-212, 1951.

CALLON, M.; LATOUR, B. (Eds.). *La science telle qu'elle se fait*: anthologie de la sociologie des sciences de langue anglaise. Paris: La Découverte, 1990.

CAMPBELL, J. *The hero with a thousand faces* (1949). Princeton: Princeton University Press, 1968. [Ed. bras.: *O herói de mil faces*. São Paulo: Pensamento, 2008.]

CARLYLE, T. On Heroes, hero-worship and the heroic in history (1841). In: *Sartor Resartus*. London: J. M. Dent & Sons, 1959. p.239-467.

CASSIRER BERNFELD, S. Discussion of Buxbaum: Freud's dream interpretation in the light of his letters to Fliess. *Bulletin of the Menninger Clinic*, v.16, n.2, p.70-72, 1952.

CHARTERIS, H. Dr. Jung looks back and on. *Daily Telegraph*, 21 jan. 1960.

CHESTERTON, G. K. The game of psychoanalysis. *The Century*, v.106, p.34-5, 1923.

CHEVALIER, J. *Une maladie de la personalité*: l'inversion sexuelle; psycho-physiologie, sociologie, tératologie, aliénation mentale, psychologie morbide, anthropologie, médecine judiciaire. Lyon/Paris: A. Storck, 1893.

CHODOFF, P. A critique of Freud's theory of infantile sexuality. *American Journal of Psychiatry*, v.123, n.5, p.507-18, 1966.

CIOFFI, F. The myth of Freud's hostile reception. In: CIOFFI, F. (Ed.). *Modern judgements: Freud*. London: Macmillan, 1973. Também em CIOFFI (1998a), p.161-81.

_____. Was Freud a liar? *The Listener*, 7 fev. 1974. Também em CIOFFI (1998a), p.199-204.

_____. The cradle of neurosis. *Times Literary Supplement*, 6 jul. 1984. Também em CIOFFI (1998a), p.205-10.

_____. "Exegetical myth-making" in Grünbaum's indictment of Popper and exoneration of Freud. In: WRIGHT, C.; CLARK P. (Eds.). *Psychoanalysis and theories of the mind*. Oxford: Blackwell, 1988. Também em CIOFFI (1998a), p.240-64.

_____. *Freud and the question of pseudoscience*. Chicago/LaSalle: Open Court, 1998a.

_____. The Freud controversy: what is at issue. In: ROTH, M. S. (Ed.). *Freud*: conflict and culture. New York: Knopf, 1998b. p.171-82.

_____. Épistémologie et mauvaise foi: le cas freudien. In: MEYER, C. (Ed.). *Le livre noir de la psychanalyse*. Paris: Les Arènes, 2005. p.306-27.

CLARKE, A. E.; FUJIMURA, J. H. (Eds.). *The right tools for the job*: at work in the twentieth-century life sciences. Princeton: Princeton University Press, 1992.

CLARKE, J. M. Resenha sobre Breuer and Freud (1895). *Brain*, v.19, p.401-14, 1896.

COCTEAU, J. *Journal d'un inconnu*. Paris: Grasset, 1953.

COHEN, I. B. The eighteenth-century origins of the concept of scientific revolution. *Journal of the History of Ideas*, v.27, p.257-88, 1976.

COHN, D. *Transparent minds*: narrative modes for presenting consciousness in fiction. Princeton: Princeton University Press, 1978.

COLLINS, H. M. *Changing order*: Replication and induction in scientific practice. London: Sage, 1985.

COMTE, A. *Cours de philosophie positive*, 6 vv. Paris: Bachelier, 1830-42. [Ed. bras.: *Curso de filosofia positiva*. São Paulo: Nova Cultural, 1991.]
CRANEFIELD, P. F. Josef Breuer's evaluation of his contribution to psycho-analysis. *International Journal of Psychoanalysis*, v.39, n. 5, p.319-22, 1958.
CREWS, F. (Ed.). *The memory wars*: Freud's legacy in dispute. New York: A New York Review Book, 1995.
DANTO, A. *Analytical philosophy of history*. Cambridge: Cambridge University Press, 1965.
DANZIGER, K. *Constructing the subject*: historical origins of psychological research. Cambridge: Cambridge University Press, 1991.
DECKER, H. S. The medical reception of psychoanalysis in Germany, 1894-1907: three brief studies. *Bulletin of the History of Medicine*, v.45, p.461-81, 1971.
_____. The interpretation of dreams: early reception by the educated German public. *Journal of the History of the Behavioral Sciences*, v.11, p.129-41, 1975.
_____. Freud in Germany: revolution and reaction in science, 1893-1907. *Psychological Issues*, v.11, n.1 (monografia 41), 1977.
_____. *Freud, Dora, and Vienna 1900*. New York: Free Press, 1991.
DELBŒUF, J. De l'influence de l'éducation et de l'imitation dans le somnambulisme provoqué. *Revue Philosophique*, v.22, p.146-71, 1886.
_____. Le magnétisme animal: À propos d'une visite à l'École de Nancy (1890). In: CARROY, J.; DUYCKAERTS, F. (Eds.). *Le sommeil et les rêves, et autres textes*. Paris: Fayard, 1993a.
_____. CARROY, J.; DUYCKAERTS, F. (Eds.). *Le sommeil et les rêves, et autres textes* (1885). Paris: Fayard, 1993b.
DERRIDA, J. *The post card*: from Socrates to Freud and Beyond. Tradução de Alan Bass. Chicago: University of Chicago Press, 1987. [Ed. bras.: *O cartão-postal*: de Sócrates a Freud e além. Rio de Janeiro: Civilização Brasileira, 2007.]
DERRIDA, J.; ROUDINESCO, E. *For what tomorrow...*: a dialogue. Stanford: Stanford University Press, 2004. [Ed. bras.: *De que amanhã...*: diálogo. Rio de Janeiro: Jorge Zahar, 2004.]
DESSOIR, M. *Das Doppel-Ich*. Berlin: W. Karl Sigismund, 1889.
DEVEREUX, G. *From anxiety to method in the behavioral sciences*. The Hague: Mouton, 1967.
DONKIN, H. B. Hysteria. In: TUKE, D. H. (Ed.). *A dictionary of psychological medicine, giving the definition, etymology and synonyms of the terms used in medical psychology with the symptoms, treatment, and pathology of insanity and the law of lunacy in Great Britain and Ireland*. Philadelphia: Blakiston, 1892.
DU BOIS-REYMOND, E. Darwin und Kopernicus, 25 jan. 1883. Friedrichs-Sitzung der Akademie der Wissenschaften. *Reden*, Leipzig, v.2, p.496-502, 1886.
DUFRESNE, T. *Tales from the Freudian crypt*: the death drive in text and context. Stanford: Stanford University Press, 2000.
_____. *Against Freud*: critics talk back. Stanford: Stanford University Press, 2007.
DUYCKAERTS, F. Les références de Freud à Delbœuf. *Revue internationale d'histoire de la Psychanalyse*, v.6, p.231-50, 1993.
EDER, D. The present position of psycho-analysis. *British Medical Journal*, 8, p.1213-15, nov. 1913.
EDMUNDS, L. His master's choice. *The Johns Hopkins Magazine*, p. 40-9, abr. 1988.

EISSLER, K. R. *Medical orthodoxy and the future of psychoanalysis*. New York: International Universities Press, 1965.

_____. *Talent and genius*: the fictitious case of Tausk against Freud. New York: Quadrangle Books, 1971.

_____. *Freud and the seduction theory*: a brief love affair. Madison: International Universities Press, 2001.

EITINGON, M. Anna O. (Breuer) in psychoanalytischer Betrachtung. *Jahrbuch der Psychoanalyse*, v.40, p.14-30, 1998.

ELLENBERGER, H. F. La psychiatrie et son histoire inconnue. *L'Union Médicale du Canada*, v.90, n.3, p.281-9, 1961.

_____. *The discovery of the unconscious*: the history and evolution of dynamic psychiatry. New York: Basic Books, 1970a.

_____. Methodology in writing the history of dynamic psychiatry. In: MORA, G.; BRAND, J. L. (Eds.). *Psychiatry and its history*: methodological problems in research. Springfield: Charles C. Thomas, 1970b. p.26-40.

_____. The story of "Anna O.": a critical review with new data. *Journal of the History of the Behavioral Sciences*, v.8, n.3, p.267-79, 1972.

_____. Freud in perspective: a conversation with Henri F. Ellenberger. Entrevista com Jacques Mousseau. *Psychology Today*, p.50-60, mar. 1973.

_____. L'histoire d'"Emmy von N.": étude critique avec documents nouveaux. *L'évolution Psychiatrique*, v.42, n.3, p.519-40, 1977.

_____. *Médecines de l'âme*: essais d'histoire de la folie et des guérisons psychiques. Paris: Fayard, 1995.

ELLIS, H. Auto-erotism: a psychological study. *Alienist and Neurologist*, v.19, n.2, p.260-99, 1898a.

_____. Hysteria in relation to the sexual emotions. *Alienist and Neurologist*, v.19, n.4, p.599-615, 1898b.

_____. *My life*: autobiography of Havelock Ellis. Boston: Houghton Mifflin, 1939.

ELMS, A. *Uncovering lives*: the uneasy alliance of biography and psychology. New York: Oxford University Press, 1994.

ENG, E. Coleridge's "psycho-analytical understanding" and Freud's psychoanalysis. *International Review of Psycho-analysis*, v.11, p.463-6, 1984.

ERIKSON, E. H. The dream specimen of psychoanalysis. *Journal of the American Psychoanalytic Association*, v.2, p.5-56, 1954.

ERLENMEYER, A. Über Cocainsucht: vorläufige Mitteilung. *Deutsche Medizinal--Zeitung*, v.7, p.438-84, 1886.

ESTERSON, A. *Seductive mirage*. Chicago/La Salle: Open Court, 1993.

FALZEDER, E. My grand-patient, my chief tormentor: a hitherto unnoticed case of Freud's and the consequences. *Psychoanalytic Quarterly*, v.63, p.297-331, 1994a.

_____. The threads of psychoanalytic filiations or psychoanalysis taking effect. In: HAYNAL, A.; FALZEDER, E. (Eds.). *100 years of psychoanalysis*: contributions to the history of psychoanalysis. London: Karnac Books, 1994b. p.169-94.

_____. Whose Freud is it? Some reflections on editing Freud's correspondence. In: MAHONY, P. (Ed.); BONOMI, C.; STENSSON, J. *Behind the scenes*: Freud in correspondence. Oslo: Scandinavian University Press, 1997. p.335-56.

_____. Family tree matters. *Journal of Analytical Psychology*, v.43, n.1, p.127-54, 1998.

FALZEDER, E. Profession – psychoanalyst: a historical view. *Psychoanalysis and History*, v.2, p.37-60, 2000.

_____. Sigmund Freud und Eugen Bleuler: die Geschichte einer ambivalenten Beziehung. *Luzifer-Amor, Zeitschrift zur Geschichte der Psychoanalyse*, v.17, n.34, p.85-104, 2004.

FALZEDER, E.; BURNHAM, J. A perfectly staged "concerted action" against psychoanalysis: the 1913 congress of German psychiatrists. *International Journal of Psycho-Analysis*, v.88, n.5, p.1223-44, 2007.

FERENCZI, S. On the organization of the psychoanalytic movement (1911). In: BALINT, M. (Ed.). *Final contributions to the problems and methods of psycho-analysis*. Tradução de E. Mosbacher. London: Hogarth Press, 1955. p.299-307. [Ed. bras.: *Psicanálise I-IV*. São Paulo: Martins Fontes, 1993.]

_____. Resenha sobre Eugen Bleuler, "Kritik der Freudschen Theorien". *Internationale Zeitschrift für Ärztliche Psychoanalyse*, v.2, p.62-6, 1914.

_____. *The clinical diary of Sándor Ferenczi*. Organização de Judith Dupont. Tradução de Michael Balint e Nicola Zarday Jackson. Cambridge: Harvard University Press, 1988.

FICHTNER, G. Freuds Briefe als historische Quelle. Artigo apresentado no II Congress of the International da *Association for the History of Psychoanalysis*. Viena, 21-23 jul. 1988.

FLIESS, W. *Die Beziehung zwischen Nase und weiblichen Geschlechtsorganen*: In ihrer biologischen Bedeutungeng dargestellt. Leipzig/Wien: Franz Deuticke, 1897.

_____. *In eigener Sache*: Gegen Otto Weininger und Hermann Swoboda. Berlin: Emil Goldschmidt, 1906a.

_____. *Der Ablauf des Lebens*: Grundlegung zur exakten Biologie. Leipzig/Wien: Franz Deutike, 1906b.

FLOURNOY, T. *Notice sur le laboratoire de psychologie de l'université de Genèva*. Genèva: Eggiman, 1896.

_____. Resenha sobre Sigmund Freud, "Die Traumdeutung". *Archives de Psychologie*, v.2, p.72-3, 1903a.

_____. F. W. H. Myers et son œuvre posthume. *Archives de Psychologie*, v.2, p.269-96, 1903b.

_____. *Esprits et médiums*: mélanges de métapsychique et de psychologie. Genèva: Kündig, 1911.

FOREL, A. *Der Hypnotismus*: seine Bedeutung und seine Handhabung. Stuttgart: Ferdinand Enke, 1889.

_____. *Der Hypnotismus, seine psycho-physiologische, medicinische, strafrechtliche Bedeutung und seine Handhabung* (2.ed. rev. de Forel, 1889). Stuttgart: Ferdinand Enke, 1891.

_____. Hypnotism and cerebral activity. In: *Clark University 1889-1899*: Decennial celebration. Worcester (MA): Clark University, 1899.

_____. *Die sexuelle Frage*: eine naturwissenschaftliche, psychologische, hygienische und soziologische Studie für Gebildete. München: E. Reinhardt, 1905.

_____. *Hygiene of nerves & mind in health and disease*. Tradução de Austin Aikins. London: John Murray, 1907.

_____. *L'âme et le système nerveux*: hygiène et pathologie. Paris: G. Steinheil, 1906a.

_____. *Hypnotism, or suggestion and psychotherapy*. Tradução de H. Armit (baseada na 5.ed. rev. de Forel, 1889). London: Rebman, 1906b.

FOREL, A. Zum heutigen Stand der Psychotherapie: ein Vorschlag. *Journal für Psychologie und Neurologie,* v.11, p.266-9, 1908.

_____. *Ethische und rechtliche Konflikte im Sexualleben in- und ausserhalb der Ehen.* München: Ernst Reinhardt, 1909.

_____. Fondation de la Société Internationale de Psychologie Médicale et de Psychothérapie. *Informateur des aliénistes et des neurologistes* (suplemento para *L'Encéphale),* v.5, 25 fev., p.42-5, 1910a.

_____. La psychologie et la psychothérapie à l'université. *Journal für Psychologie und Neurologie,* v.17, Ergänzungsheft, p.307-17, 1910b.

_____. *Gehirn und Seele*: Elfte, vollständig neu bearbeitete Auflage. Leipzig: Alfred Kröner, 1910c.

_____. *Der Hypnotismus oder die Suggestion und die Psychologie* (8.-9.ed. de Forel, 1989). Stuttgart: Ferdinand Enke, 1919.

_____. *Rückblick auf mein Leben.* Zürich: Europa-Verlag, 1935.

_____. *August Forel*: Briefe/Correspondance 1864-1927. Organizado por H. H. Walser. Bern/Stuttgart: Hans Huber, 1968.

FOREL, A.; BEZZOLA, D. August Forel und Dumeng Bezzola: ein Briefwechsel. In: MÜLLER, C. (Ed.). *Gesnerus,* v.46, p.55-79, 1989.

FORRESTER, J. *Language and the origins of psychoanalysis.* London: Macmillan, 1980. [Ed. bras.: *Linguagem e as origens da Psicanálise.* Rio de Janeiro: Imago, 1983.]

_____. *Dispatches from the Freud wars.* Cambridge: Harvard University Press, 1997a.

_____. Lacan's debt to Freud: how the Ratman paid off his debt. In: DUFRESNE, T. (Ed.). *Freud, Lacan, and Beyond.* New York: Routledge, 1997b. p.67-89.

FORRESTER, J.; CAMERON, L. "A cure with a defect": a previously unpublished letter by Freud concerning "Anna O.". *International Journal of Psycho-Analysis,* v.80, p.929-41, 1999.

FRANK, J. *Persuasion and healing*: a comparative study of psychotherapy. Baltimore: Johns Hopkins University Press, 1961.

FRANK, L. Zur Psychanalyse. *Journal für Psychologie und Neurologie,* v.13, Festschrift Forel, p.126-35, 1908.

_____. *Die Psychanalyse.* München: Ernst Reinhardt, 1910.

FRANK, L.; BEZZOLA, D. Über die Analyse psychotraumatischer Symptome. *Zentralblatt für Nervenheilkunde,* v.30 (nova série, 18), p.179-86, 1907.

FREUD, S. Beitrag zur Kenntnis der Cocawirkung. *Wiener Medizinische Wochenschrift.* v.35, n.5, p.129-33, 1885a.

_____. Ueber die Allgemeinwirkung des Cocains. *Zeitschrift für Therapie,* v.3, n.7, 1 abr., p.49-51, 1885b.

_____. Resenha sobre August Forel's Hypnotism. *SE 1,* p.89-102, 1889.

_____. A case of successful treatment by hypnotism. *SE 1,* p.115-28, 1892-3.

_____. Quelques considérations pour une étude comparative des paralysies motrices organiques et hystériques. *Archives Neurologiques,* v.93, n.77, p.29-43, 1893.

_____. Project for a scientific psychology. *SE 1,* p.281-397, 1895.

_____. Heredity and the etiology of the neurosis. *SE 3,* p.141-56, 1896a.

_____. The etiology of hysteria. *SE 3,* p.189-221, 1896b.

_____. Further remarks on the neuro-psychoses of defense. *SE 3,* p.157-85, 1896c.

_____. Screen memories. *SE 3,* p.301-22, 1899.

_____. *The interpretation of dreams. SE 4-5,* 1900.

FREUD, S. *The psychopathology of everyday life. SE 6*, 1901.
_____. Freud's psycho-analytic procedure. *SE 7*, p.249-54, 1904.
_____. Three essays on the theory of sexuality. *SE 7*, p.121-245, 1905a.
_____. On psychotherapy. *SE 7*, p.257-68, 1905b.
_____. Fragment of an analysis of a case of hysteria. *SE 7*, p.3-122, 1905c.
_____. My views on the part played by sexuality in the etiology of the neurosis. *SE 7*, p.269-79, 1906.
_____. Delusions and dreams in Jensen's Gradiva. *SE 9*, p.3-95, 1907b.
_____. Original record of the ["Ratman"] case. *SE 10*, p.253-318, 1907-8a.
_____. *L'homme aux rats*: journal d'une analyse. (1907-8b) Tradução para o francês de Elza Ribeiro Hawelka e Pierre Hawelka. 4.ed. Paris: Presses Universitaires de France, 1994.
_____. *Originalnotizen zu einem Fall von Zwangsneurose* ("Rattenmann"). (1907-8c) In: RICHARDS, A.; GRUBRICH-SIMITIS, I. (Eds.). *Gesammelte Werke*: Nachtragsband. Frankfurt: S. Fischer, 1987. p.501-69.
_____. Creative writers and day-dreaming. *SE 9*, p.141-53, 1908a.
_____. Character and anal eroticism. *SE 9*, p.167-75,1908b.
_____. Analysis of a phobia in a five-year-old boy. *SE 10*, p.3-149, 1909a.
_____. Notes upon a case of obsessional neurosis. *SE 10*, p.153-249, 1909b.
_____. Five lectures on psycho-analysis. *SE 11*, p.1-56, 1910a.
_____. The future prospects of psycho-analytic therapy. *SE 11*, p.139-51, 1910b.
_____. "Wild" psycho-analysis. *SE 11*, p.219-27, 1910c.
_____. Leonardo da Vinci and a memory of his childhood. *SE 11*, p.59-137, 1910d.
_____. Recommendations to physicians practicing psycho-analysis. *SE 12*, p. 109-20, 1912.
_____. The claims of psycho-analysis to scientific interest. *SE 13*, p.165-90, 1913a.
_____. On beginning the treatment (Further recommendations on the technique of psycho-analysis I). *SE 12*, p.121-44, 1913b.
_____. On the history of the psycho-analytic movement. *SE 14*, p.7-66, 1914a.
_____. Remembering, repeating and working-through (Further recommendations on the technique of psycho-analysis II). *SE 12*, p.145-56, 1914b.
_____. On narcissism: an introduction. *SE 14*, p.67-102, 1914c.
_____. The unconscious. *SE 14*, p.159-215, 1915a.
_____. Instincts and their vicissitudes. *SE 14*, p.109-40, 1915b.
_____. Introductory lectures on psycho-analysis. *SE 15-16*, 1916-17.
_____. A difficulty on the path of psycho-analysis. *SE 17*, p.135-44, 1917a.
_____. On transformations of instinct as exemplified in anal eroticism. *SE 17*, p.125-33, 1917b.
_____. From the history of an infantile neurosis. *SE 18*, p.3-122, 1918.
_____. Beyond the pleasure principle. *SE 18*, p.3-64, 1920a.
_____. A note on the prehistory of the technique of analysis. *SE 18*, p.263-5, 1920b.
_____. Psycho-analysis and telepathy. *SE 18*, p.175-93, 1921.
_____. Two encyclopedia articles. *SE 18*, p.231-59, 1923.
_____. An autobiographical study. *SE 20*, p.1-74, 1925a.
_____. The resistances to psycho-analysis. *SE 19*, p.213-22, 1925b.
_____. Josef Breuer. *SE 19*, p.277-80, 1925c.

FREUD, S. The question of lay-analysis: conversations with an impartial person. *SE 20*, p.179-258, 1926a.

_____. Psycho-analysis. *SE 20*, p.259-70, 1926b.

_____. Introductory lectures to psycho-analysis. *SE 22*, p.1-182, 1933.

_____. Analysis terminable and interminable. *SE 23*, p.209-53, 1937a.

_____. Constructions in analysis. *SE 23*, p.255-69, 1937b.

_____. Moses and monotheism: three essays. *SE 23*, p.3-137, 1939.

_____. *The Standard Edition of the Complete Psychological Works of Sigmund Freud*, 24 v. Organizado por J. Strachey, A. Freud, A. Strachey, A. Tyson, A. Richards. London: Hogarth Press/Institute of Psycho-Analysis (doravante *SE*), 1953-74.

_____. *The origins of psycho-analysis*: letters to Wilhelm Fliess, drafts and notes, 1887-1902. Organizado por M. Bonaparte, A. Freud, E. Kris. Tradução de Eric Mosbacher e James Strachey. Introdução de E. Kris. New York: Basic Books, 1954.

_____. *Letters of Sigmund Freud*. Organizado por E. L. Freud. Tradução de Tania Stern e James Stern. New York: Basic Books, 1960.

_____. *The complete letters of Sigmund Freud to Wilhelm Fliess*: 1887-1904. Organizado por J. M. Masson. Cambridge (MA)/London: The Belknap Press of Harvard University Press, 1985.

_____. *Briefe an Wilhelm Fließ*. Organizado por J. M. Masson. Frankfurt: Fischer, 1986.

FREUD, S.; ABRAHAM, K. *The complete correspondence of Sigmund Freud and Karl Abraham*: 1907-1925. Ed. completada. Organizado por E. Falzeder. London: Karnac, 2002.

FREUD, S.; ANDREAS-SALOMÉ, L. *Sigmund Freud/Lou Andreas-Salomé*: Briefwechsel. Organizado por E. Pfeiffer. Frankfurt: S. Fischer, 1966.

FREUD, S.; BINSWANGER, L. *The Sigmund Freud – Ludwig Binswanger correspondence*: 1908-1938. Organizado por G. Fichtner. London: Open Gate Press, 2003.

FREUD, S.; EITINGON, M. *Sigmund Freud Max Eitingon Briefwechsel*: 1906-1939, v. 1. Organizado por M. Schröter. Tübingen: Diskord, 2004.

FREUD, S.; FERENCZI, S. *The correspondence of Sigmund Freud and Sándor Ferenczi*, v.1, 1908-1914. Organizado por E. Brabant, E. Falzeder, P. Giampieri-Deutsch. Introdução de André Haynal. Tradução de Peter Hoffer. Cambridge: Harvard University Press, 1993.

_____. *The correspondence of Sigmund Freud and Sándor Ferenczi*, v.3, 1920-1933. Organizado por E. Falzeder, E. Brabant. Tradução de Peter Hoffer. Cambridge: Harvard University Press, 2000.

FREUD, S.; JONES, E. *The complete correspondence of Sigmund Freud and Ernest Jones*: 1908-1939. Organizado por R. A. Paskauskas. Cambridge: Harvard University Press, 1993.

FREUD, S.; JUNG, C. G. *The Freud/Jung letters*: the correspondence between Sigmund Freud and C. G. Jung. Organizado por W. McGuire. Tradução de Ralph Manheim e R. F. C. Hull. Bollingen Series. Princeton: Princeton University Press, 1974.

FREUD, S.; PFISTER, O. *Psycho-analysis and faith*: the letters of Sigmund Freud and Oskar Pfister. Organizado por E. L. Freud, H. Meng. Tradução de Eric Mosbacher. London: Hogarth Press, 1963.

FREUND, C. S. Über psychische Lähmungen. *Neurologisches Zentralblatt*, v.14, p.938-46, 1895.
FRIEDLÄNDER, A. A. Über Hysterie und die Freudsche psychoanalytische Behandlung derselben. *Monatschrift für Psychiatrie und Neurologie*, v.22, p.45-54, 1907.
_____. Hysteria and modern psychoanalysis. *Journal of Abnormal Psychology*, v.5, p.297-319, 1911.
FROMM, E. *The crisis of psychoanalysis*: essays on Freud, Marx and social psychology. Harmondsworth: Penguin, 1970. [Ed. bras.: *Crise da psicanálise*. Rio de Janeiro: Zahar, 1977.]
FURTMÜLLER, C. *Psychoanalyse und Ethik*: eine vorläufige Untersuchung (Schriften des Vereins für freie psychoanalytischen Forschung), I. München: Reinhardt, 1912.
GARDINER, M. The wolf-man's last years. *Journal of the American Psychoanalytic Association*, v.31, p.867-97, 1983.
GARDINER, M. (Ed.). *The wolf-man and Sigmund Freud*. London: Hogarth Press/Institute of Psycho-Analysis, 1972.
GASCHÉ, R. The witch metapsychology. In: DUFRESNE, T. (Ed.). *Returns of the "French Freud"*: Freud, Lacan, and beyond. New York: Routledge, 1997. p.169-208.
GATTEL, F. *Über die sexuellen Ursachen der Neurasthenie und Angstneurose*. Berlin: August Hirschwald, 1898.
GAUPP, R. Resenha sobre Sigmund Freud (1899). *Zeitschrift für Psychologie und Physiologie der Sinnesorgane*, v.23, p.233-4, 1900.
GAY, P. *Freud*: a life for our time. New York: Norton, 1988. [Ed. bras. *Freud*: uma vida para nosso tempo. São Paulo: Companhia das Letras, 1997.]
GENETTE, G. *Figures III*. Paris: Seuil, 1972.
GESELL, A.; GESELL, B. *The normal child and primary education*. London: Ginn, 1912.
GICKLHORN, J.; GICKLHORN, R. *Sigmund Freud's akademische Laufbahn im Lichte der Dokumente*. Wien/Innsbruck: Urban & Schwarzenberg, 1960.
GIDDENS, A. *Consequences of modernity*. Stanford: Stanford University Press, 1990. [Ed. bras.: *Consequências da modernidade*. Oeiras: Celta, 1995.]
GLEY, E. Les aberrations de l'instinct sexuel d'après des travaux récents. *Revue Philosophique*, v.17, p.66-92, 1884.
GOLINSKI, J. *Making natural knowledge*: constructivism and the history of science. Cambridge: Cambridge University Press, 1998.
GOULD, S. J. *Wonderful life*: the Burgess shale and the nature of history. New York: W. W. Norton & Company, 1989. [Ed. bras.: *Vida maravilhosa*: o acaso na evolução e a natureza da história. São Paulo: Companhia das Letras, 1990.]
GRAF, M. Entretien du père du Petit Hans, Max Graf, avec Kurt Eissler, 16 décembre 1952. *Bloc-notes de la psychanalyse*, v.14, p.123-59, 1995-6.
GREEN, A. Mythes et mystifications psychanalytiques. *Le Monde*, 28 dec. 1995.
GRÜNBAUM, A. *The foundations of psychoanalysis*: a philosophical critique. Berkeley/Los Angeles/London: University of California Press, 1985.
GRUBRICH-SIMITIS, I. *Early Freud and late Freud*: reading anew studies on hysteria and Moses and monotheism. Tradução de Philip Slotkin. London: Routledge, 1997.
GUNDLACH, H. Psychoanalysis and the story of "O": an embarrassment. *Semiotic Review of Books*, v.13, n.1, p.4-5, 2002.

HABERMAN, J. V. A criticism of psychoanalysis. *Journal of Abnormal Psychology*, v.9, p.265-82, 1914-15.
HABERMAS, J. *Knowledge and human interests*. Tradução de Jeremy J. Shapiro. Boston: Beacon Press, 1971.
HACKING, I. *Representing and intervening*: introductory topics in the philosophy of natural science. Cambridge: Cambridge University Press, 1983.
_____. *Mad travelers*: reflections on the reality of transient mental illnesses. Charlottesville/London: University Press of Virginia, 1998.
HAECKEL, E. *The history of creation, or the development of the Earth and its inhabitants by the action of natural causes*. 2 v. Tradução de E. Ray Lankester. London: Henry S. King & Co., 1876.
_____. *Les énigmes de l'univers*. Tradução para o francês de Camille Bos. Paris: Schleicher Frères, 1902.
_____. *Monisme, profession de foi d'un naturaliste*. Tradução para o francês de Vacher de Lapouge. Paris: Schleicher Frères, 1920.
HALE JR., N. G. *Freud and America*, v.1: Freud and the Americans. The Beginnings of Psychoanalysis in the United States, 1876-1917. New York: Oxford University Press, 1971a.
_____. (Ed.). *James Jackson Putnam and psychoanalysis*: letters between Putnam and Sigmund Freud, Ernest Jones, William James, Sandor Ferenczi, and Morton Prince, 1877-1917. Cambridge: Harvard University Press, 1971b.
_____. Freud's critics: a critical review. *Partisan Review*, v.66, p.235-54, 1999.
HALL, S. Evolution and psychology. In: *Fifty Years of Darwinism*: modern aspects of evolution. Centennial addresses in honor of Charles Darwin before the AAAS. New York: Henry Holt, 1909. p.251-67.
_____. *Life and confessions of a psychologist*. New York: D. Appleton, 1923.
HAMBURGER, K. *The logic of literature*. Tradução de Marilynn J. Rose. Bloomington: Indiana University Press, 1973.
HART, B. *Psychopathology*: its development and its place in medicine. Cambridge: Cambridge University Press, 1929.
HEMECKER, W. Sigmund Freud und die Herbartianische Psychologie des 19. Jahrhunderts. *Conceptus*, v.21, p.217-31, 1987.
HENRY, M. *The genealogy of psychoanalysis*. Tradução de Douglas Brick. Stanford: Stanford University Press, 1993.
HERMAN, G. *Genesis*: das Gesetz der Zeugung, v.5: Libido und Manie. Leipzig: Arwed Strauch, 1903.
HESNARD, A. Resenha sobre Maurice Blondel, La psychanalyse. *L'évolution Psychiatrique*, v.1, n.1, p.277-8, 1925.
HILDEBRANDT, F. W. *Der Traum und seine Verwertung für's Leben*: Eine psychologische Studie. 2.ed. Leipzig: Feodor Reinboth, 1881.
HIRSCHFELD, M. Die objektive Diagnose der Homosexualität. *Jahrbuch für Sexuelle Zwischenstufen*, v.1, p.4-35, 1899.
HIRSCHMÜLLER, A. *The life and work of Josef Breuer*: physiology and psychoanalysis. New York: International Universities Press, 1989.
_____. Max Eitingon über Anna O. *Jahrbuch der Psychoanalyse*, v.40, p.9-13, 1998.
HITSCHMANN, E. *Freuds Neurosenlehre*. Leipzig/Wien: Deuticke, 1911.

HOBBES, T. *Leviathan* (1651). Organizado por C. M. MacPherson. Harmondsworth: Penguin, 1968. [Ed. bras. *Leviatã*: ou matéria, forma e poder de um estado eclesiástico e civil. São Paulo: Ícone, 2008.]
HOCHE, A. Vereinsbericht, Sammlung südwestdeutscher Irrenärzte in Tübigen am 3 und 4 November 1906. *Zentralblatt für Nervenheilkunde und Psychiatrie*, v.31, p.184-5, 1908.
_____. Eine psychische Epidemie unter Aerzten. *Medizinische Klinik*, v.6, n.26, p.1007-10, 1910.
_____. Ueber den Wert der "Psychoanalyse". *Archiv für Psychiatrie*, v.51, n.3, p.1054-79, 1913.
HOLLINGWORTH, H. L. *Abnormal psychology, its concepts and theories*. New York: The Ronald Press Company, 1930.
HOMBURGER, P. Letter to the Editor re: Bertha Pappenheim. *Aufbau*, v.20, 7 jun. 1954, p.20.
HUXLEY, A. Our contemporary hocus-pocus. *The Forum*, p.313-20, 1925.
_____. *Lectures and lay sermons*. New York: E. P. Dutton, 1926.
ISRAËLS, H. Freuds Phantasien über Leonardo da Vinci. *Luzifer-Amor, Zeitschrift zur Geschichte der Psychoanalyse*, v.10, p.8-41, 1992.
_____. *Der Fall Freud*: die Geburt der Psychoanalyse aus der Lüge. Tradução para o holandês de Gerd Busse. Hamburg: Europäische Verlaganstalt/Rotbuch, 1999.
_____. *Der Wiener Quacksalber*: kritische Betrachtungen über Sigmund Freud und die Psychoanalyse. Tradução para o holandês de Gerd Busse. Jena-Quedlinburg: Dr. Bussert & Stadeler, 2006.
ISRAËLS, H.; SCHATZMAN, M. The seduction theory. *History of Psychiatry*, v.4, p.23-59, 1993.
ISSERLIN, M. Ueber Jung's "Psychologie der Dementia Praecox" und die Anwendung Freud'scher Forschungsmaximen in der Psychopathologie. *Centralblatt für Nervenheilkunde und Psychiatrie*, v.29, p.330-43, 1907.
JACOBSEN, P. B.; STEELE, R. S. From present to past: Freudian archeology. *International Review of Psychoanalysis*, v.6, n.3, p.349-62, 1979.
JAMES, W. *The principles of psychology*. 2 vv. New York: Henry Holt and Company, 1890.
_____. *Text-book of psychology*. London: Macmillan, 1892.
_____. *The letters of William James*. 2 v. Organizado por H. James. Boston: Altlantic Monthly Press, 1920.
_____. *The varieties of religious experience*: a study in human nature. 37.ed. London: Longmans, Green and Co., 1929.
_____. *The correspondence of William James*, v.7: 1890-1894. Organizado por I. K. Skrupskelis, E. M. Berkeley. Charlottesville: University of Virginia Press, 1999.
JANET, P. *L'état mental des hystériques*, v.2: Les accidents mentaux. Paris: Rueff, 1894.
_____. *Névroses et idées fixes*, 2 v. Paris: Alcan, 1898.
_____. *Les obsessions et la psychasthénie*, 2 v. (v.2 em colaboração com Fulgence Raymond). Paris: Alcan, 1903.
_____. Discussion. *Compte-rendu des travaux du Ier Congrès international de neurologie, de psychologie et de l'assistance des aliénés, du 2 au 7 Septembre 1907*. Organizado por G. V. Wayenburg. Amsterdam: J. H. de Bussy, 1908. p.301-2.

JANET, P. Psycho-analysis. *XVIIth International Congress of Medicine*. London: Section XII, Psychiatry I, 1913. p.1-52.

_____. *Les médications psychologiques*, 3 v. Paris: Alcan, 1919.

_____. *Psychological healing*, 2 v. Tradução de E. e C. Paul. London: George Allen and Unwin, 1925.

JASPERS, K. *Allgemeine Psychopathologie* (1913). Berlin: Springer, 1973.

JASTROW, J. *The house that Freud built*. New York: Greenberg, 1932.

JAUSS, H. R. *Literaturgeschichte als Provokation*. Frankfurt: Suhrkamp, 1970.

JONES, E. *Papers on psycho-analysis*. London: Baillière, Tindall and Cox, 1913.

_____. Why is the "unconscious" unconscious?. *British Journal of Psychology*, v.9, p.247-56, 1918.

_____. *The life and work of Sigmund Freud*, v.1. New York: Basic Books, 1953. [Ed. bras.: *A vida e obra de Sigmund Freud*. Rio de Janeiro: Imago, 1989.]

_____. *The life and work of Sigmund Freud*, v.2. New York: Basic Books, 1955.

_____. Eulogy. In: *Sigmund Freud: four centenary addresses*. New York: Basic Books, 1956. p.117-50.

_____. *The life and work of Sigmund Freud*, v.3. New York: Basic Books, 1957.

JUNG, C. G. Psychoanalysis and associations experiment. *CW 2*, p.288-317, 1905.

_____. Freud's theory of hysteria: a reply to Aschaffenburg's criticism (1906). In: *The collected works of C. G. Jung* (doravante CW), v.4. Organizado por G. Adler, M. Fordham, H. Read, W. McGuire (Editor executivo). Tradução de R. F. C. Hull. Bollingen Series: New York/Princeton/London, 1953-83. p.3-9.

_____. *Diagnostische Assoziationsstudien*, 2 v. Leipzig: J. A. Barth, 1906-9.

_____. On the psychology of dementia praecox. *CW 3*, p.1-152, 1907.

_____. The Freudian theory of hysteria. *CW 4*, p.10-24, 1908a.

_____. Apresentação. *Compte-rendu des travaux du Ier Congrès international de neurologie, de psychologie et de l'assistance des aliénés, du 2 au 7 Septembre 1907*. Organizado por G. Van Wayenburg. Amsterdam: J. H. de Bussy, 1908b. p.272-84.

_____. Resenha sobre August Forel. Ethische und rechtliche Konflikte im Sexualleben in- und ausserhalb der Ehe. *CW 18*, p.387, 1909.

_____. Zur Psychoanalyse. *Wissen und Leben*, v.5, p.711-14, 1912a.

_____. The theory of psychoanalysis. *CW 4*, p.83-226, 1912b.

_____. *Analytical psychology*: notes of the seminar given in 1925. Organizado por W. McGuire. Bollingen Series. Princeton: Princeton University Press, 1989.

_____. *Mysterium Coniunctionis*. CW 14, 1956.

_____. *C. G. Jung Letters 1*: 1906-1950. Organizado por G. Adler, A. Jaffé. Tradução de R. F. C. Hull. Bollingen Series. Princeton: Princeton University Press, 1973.

_____. *C. G. Jung Letters 2*: 1951-1961. Organizado por G. Adler, A. Jaffé. Tradução de R. F. C. Hull. Bollingen Series. Princeton: Princeton University Press, 1975.

JUNG, C. G.; JAFFÉ, A. *Memories, Dreams, Reflections*. New York: Pantheon, 1962. [Ed. bras.: *Memórias, sonhos, reflexões*. Rio de Janeiro: Nova Fronteira, 1986.]

KANT, I. *Critique of pure reason* (1787). Edição unificada. Tradução de Werner Pluhar. Indianapolis: Hackett, 1996. [Ed. bras.: *Crítica da razão pura*. Petrópolis/Bragança Paulista: Vozes/Editora Universitária, 2012.]

_____. *Metaphysical foundations of natural science, in Kant's philosophy of material nature* (1786). Organizado por J. Ellington. Tradução de Paul Carus. Indianapolis: Hackett, 1985.

KANZER, M. The transference neurosis of the Rat Man. *Psychoanalytic Quarterly*, v.21, p.181-9, 1952.
KERN, S. The prehistory of Freud's dream theory: Freud's masterpiece anticipated. *Medical History*, v.6, n.3-4, p.83-92, 1975.
KIELL, N. *Freud without hindsight*: reviews of his work (1893-1939). Madison: International Universities Press, 1988.
KIERNAN, J. G. Sexual perversion, and the Whitechapel murders. *Medical Standard*, v.4, p.129-30 e 170-2, 1888.
KING, A. F. A. Hysteria. *American Journal of Obstetrics and Diseases of Women and Children*, v.24, n.5, p.513-32, 1891.
KIRSCHNER, D. *Unfree associations*: inside psychoanalytic institutes. London: Process Press, 2000.
KOHLER, R. E. *Lords of the fly*: drosophila genetics and the experimental life. Chicago: University of Chicago Press, 1994.
KOHNSTAMM, O. Intervention in Bericht über die Jahresversammlung des Deutschen Vereins für Psychiatrie zu Breslau am 13. und 14. Mai 1913. *Allgemeine Zeitschrift für Psychiatrie*, v.70, p.789-93, 1913.
KRAEPELIN, E. *Psychiatrie*: ein Lehrbuch für Studierende und Ärzte, III. Band, Klinische Psychiatrie, II. Teil. Leipzig: J. A. Barth, 1913a.
_____. Intervention in Bericht über die Jahresversammlung des Deutschen Vereins für Psychiatrie zu Breslau am 13. und 14. Mai 1913. *Allgemeine Zeitschrift für Psychiatrie*, v.70, p.787, 1913b.
KRAFFT-EBING, R. V. *Psychopathia sexualis, mit besonderer Berücksichtigung der conträren Sexualempfindung*: eine klinisch-forensische Studie. 9.ed. Stuttgart: Ferdinand Enke, 1894.
_____. Zur Erklärung der conträren Sexualempfindung. *Jahrbücher für Psychiatrie und Nervenheilkunde*, v.13, n.1, p.98-112, 1895.
KRIS, E. The nature of psychoanalytic propositions and their validation. In: HOOK, S.; KONVITZ, M. R. (Eds.). *Freedom and experience*: essays in honor of Horace Kallen. Ithaca: Cornell University Press, 1947. p.239-59.
KRONFELD, A. Über die psychologischen Theorien Freuds und verwandte Anschauungen. Systematik und kritische Erörtung. *Archiv für die Gesamte Psychologie*, v.22, p.130-248, 1912.
KUHN, P. A professor through the looking-glass: contending narratives of Freud's relationship with the sister Bernays. *International Journal of Psychoanalysis*, v.80, p.943-959, 1999.
KUHN, T. *The Copernican revolution*. Cambridge: Harvard University Press, 1970.
LACAN, J. *Le mythe individuel du névrosé ou "Poésie et Vérité" dans la névrose*. Paris: Centre de Documentation Universitaire, 1953.
_____. *The four fundamental concepts of psycho-analysis* (1973). Organizado por J.-A. Miller. Tradução de Alan Sheridan. New York/London: Norton, 1981.
_____. *Freud's papers on technique, 1953-1954* (1975). Organizado por J.-A. Miller. Tradução de John Forrester. New York: Norton, 1988.
_____. *Écrits* (1966). Tradução de Bruce Fink. New York/London: Norton, 2005. [Ed. bras.: *Escritos*. São Paulo: Perspectiva, 2008.]
LAPLANCHE, J.; PONTALIS, J.-B. *The language of psycho-analysis*. Tradução de Donald Nicholson-Smith. New York: Norton, 1973. [Ed. bras.: *Vocabulário da psicanálise*. São Paulo: Martins Fontes, 1998.]

LATOUR, B. *Science in action*: how to follow scientists and engineers through society. Cambridge: Harvard University Press, 1987.

_____. *Petite réflexion sur le culte moderne des dieux faitiches*. Paris: Synthélabo, 1996.

LATOUR, B.; WOOLGAR, S. *Laboratory life*: the social construction of scientific facts. Beverly Hills: Sage, 1979.

LAWRENCE, D. H. *Fantasia of the unconscious & psychoanalysis and the unconscious* (1923). Harmondsworth: Penguin, 1986.

LERCH, E. *Hauptprobleme der französischen Sprache*. Braunschweig: G. Westermann, 1930.

LÉVI-STRAUSS, C. Introduction à l'œuvre de Marcel Mauss. In: MAUSS, M. *Sociologie et anthropologie*. Paris: Presses Universitaires de France, 1973. p.ix-lii. [Ed. bras.: *Sociologia e antropologia*. São Paulo: Cosac Naify, 2008.]

LIEBERMAN, J. E. *Acts of will*: the life and work of Otto Rank. New York: The Free Press, 1985.

LIEBSCHER, M.; NICHOLLS, A. (Eds.). *Thinking the unconscious*: nineteenth-century German thought. Cambridge: Cambridge University Press, 2010.

LIPS, M. *Le style indirect libre*. Paris: Payot, 1926.

LOCH, W. Some comments on the subject of psychoanalysis and truth. In: SMITH, J. H. (Ed.). *Thought, consciousness and reality*. New Haven: Yale University Press, 1977.

LOTHANE, Z. Schreber, Freud, Flechsig, and Weber revisited: an inquiry into methods of interpretation. *Psychoanalytic Review*, v.76, n.2, p.203-62, 1989.

LÖWENFELD, L. *Sexualleben und Nervenleiden:* die nervöse Störungen sexuellen Ursprungs. 2.ed. Wiesbaden: J.F. Bergmann, 1899.

_____. *Die psychischen Zwangserscheinungen*. Wiesbaden: J. F. Bergmann, 1904.

LUDWIG, E. *Doctor Freud*: an analysis and a warning. New York: Hellman, Williams, 1947.

LUHMANN, N. *Trust and power*. New York: John Wiley and Sons, 1979.

LYDSTON, F. G. Sexual perversion, satyriasis and nymphomania. *Medical and Surgical Reporter*, v.61, p.253-8 e 281-5, 1889.

LYNN, D. J. Freud's analysis of A.B., a psychotic man, 1925-1930. *Journal of the American Academy of Psychoanalysis*, v.21, n.1, p.63-78, 1993.

LYNN, D.; VAILLANT, G. Anonymity, neutrality and confidentiality in the actual methods of Freud. *American Journal of Psychiatry*, v.155, p.163-71, 1998.

MACCURDY, J. T. *Problems in dynamic psychology*: a critique of psychoanalysis and suggested formulations. New York: Macmillan, 1923.

MACH, E. *Knowledge and error*: sketches on the psychology of enquiry. Organizado por B. MacGuiness. Tradução de Thomas J. McCormack e Paul Foulkes. Dordrecht/Boston: D. Reidel, 1976.

MACIEJEWSKI, F. Freud, his wife, and his "wife". *American Imago*, v.63, p.497-506, 2006.

MACINTYRE, A. *The unconscious*: a conceptual analysis. London: Routledge & Kegan Paul, 1958.

_____. Psychoanalysis: the future of an illusion. In: *Against the Self-Images of the Age*. London: Duckworth, 1976, p.27-37.

_____. *Freud evaluated*. The Completed Arc. 2.ed. rev. Cambridge: MIT Press, 1997.

MACMILLAN, M. *Freud evaluated*. Cambridge, Mass.: MIT Press, 1997.
MAHONY, P. *Freud and the Rat Man*. New Haven/London: Yale University Press, 1986. [Ed. bras.: *Freud e o Homem dos Ratos*. São Paulo: Escuta, 1991.]
_____. Freud as family therapist: reflections. In: GELFAND, T.; KERR, J. (Eds.). *Freud and the history of psychoanalysis*. Hillsdale: Analytic Press, 1992a. p.307-17.
_____. A psychoanalytic translation of Freud. In: ORNSTON, D. G. (Ed.). *Translating Freud*. New Haven/London: Yale University Press, 1992b. p.24-47.
_____. *Freud's Dora*: a psychoanalytic, historical, and textual study. New Haven/London: Yale University Press, 1996.
MAJOR, R. *Au commencement*: la vie la mort. Paris: Galilée, 1999.
MAKARI, G. J. Towards defining the Freudian unconscious: seduction, sexology and the negative of perversion (1896-1905). *History of Psychiatry*, v.8, n.32, p.459-86, 1997.
_____. Between seduction and libido: Sigmund Freud's masturbation hypotheses and the realignment of his etiologic thinking, 1897-1905. *Bulletin of the History of Medicine*, v.72, p.638-62, 1998a.
_____. Dora's hysteria and the maturation of Sigmund Freud's transference theory: a new historical interpretation. *Journal of the American Psychoanalytic Association*, v.45, n.4, p.1061-96, 1998b.
_____. *Revolution in Mind*: the creation of psychoanalysis. New York: HarperCollins, 2008.
MALCOLM, J. *In the Freud archives*. New York: Knopf, 1984.
MARCINOWSKI, J. Selbstbeobachtungen in der Hypnose. *Zeischrift für Hypnotismus*, v.9, p.5-46, 1900.
MARMOR, J. Psychoanalytic therapy as an educational process. In: MASSERMAN, J. (Ed.). *Psychoanalytic education*. New York: Grune and Stratton, 1962, v.5, p.286-99.
MASSEY, I. Freud before Freud: K. A. Scherner (1825-1889). *Centennial Review*, v.34, n.4, p.567-76, 1990.
MASSON, J. M. *The assault on truth*: Freud's suppression of the seduction theory. 3.ed. New York: HarperCollins, 1992.
MAURY, A. *Le sommeil et les rêves*: etudes psychologiques sur ces phénomènes. Paris: Didier, 1861.
MAYER, A. L'hypnotisme introspectif et l'auto-analyse de Freud: les procédés d'auto-observation dans la pratique clinique. *Revue d'histoire des sciences humaines*, v.5, p.171-96, 2001.
MCDOUGALL, W. *Psycho-analysis and social psychology*. London: Methuen, 1936.
MCGRATH, W. Student radicalism in Vienna. *Journal of Contemporary History*, v.2, p.183-201, 1967.
MERTON, R. K. *The ambivalence of scientists*: sociological ambivalence and other essays. New York: Free Press, 1976.
MEYER, C. (Ed.); BORCH-JACOBSEN, M.; COTTRAUX, M.; PLEUX, D.; RILLAER, J. V. *Le livre noir de la psychanalyse*: vivre, penser et aller mieux sans Freud. Paris: Les Arènes, 2005.
MICALE, M. S. Charcot and the idea of hysteria in the male: gender, mental science, and medical diagnosis in late nineteenth-century France. *Medical History*, v.34, n.4, p.363-411, 1990.

MICALE, M. S. *Hysterical men*: the hidden history of male nervous illness. Cambridge: Harvard University Press, 2008.
MIJOLLA, A. Freud, la biographie, son autobiographie et ses biographes. *Revue internationale d'histoire de la psychanalyse*, p.81-108, 1993.
MINK, L. O. The autonomy of historical understanding. *History and Theory*, v.5, n.1, p.24-47, 1965.
MOLL, A. *The sexual life of the child*. Tradução de Eden Paul. New York: Macmillan, 1913.
_____. *Ein Leben als Arzt der Seele. Erinnerungen*. Dresden: Carl Reissner, 1936.
MURCHISON, C. (Ed.). *A history of psychology in autobiography*, 5 v. London: Russell & Russell, 1961.
MUTHMANN, A. *Zur Psychologie und Therapie neurotischer Symptome*: eine Studie auf Grund der Neurosenlehre Freuds. Halle: Carl Marhold, 1907.
NIETZSCHE, F. *Nietzsches Werke*, 11 v. Leipzig: C. G. Naumann, 1895-1904.
NUNBERG, H.; FEDERN, E. (Eds.). *Minutes of the Vienna Psychoanalytic Society*, v.1: 1906-1908. Tradução de M. Nunberg. New York: International Universities Press, 1962.
_____. *Minutes of the Vienna Psychoanalytic Society*, v.2: 1908-1910. Tradução de M. Nunberg. New York: International Universities Press, 1967.
_____. *Minutes of the Vienna Psychoanalytic Society*, v.3: 1910-1911. Tradução de M. Nunberg. New York: International Universities Press, 1974.
_____. *Protokolle der Wiener Psychoanalytischen Vereinigung*, v.2: 1908-1910. Frankfurt: S. Fischer, 1977.
OBHOLZER, K. *The wolf-man*: conversations with Freud's patient – sixty years later. Tradução de Michael Shaw. New York: Continuum, 1982.
OHAYON, A. *L'impossible rencontre*: psychologie et psychanalyse en France 1919-1969. Paris: La Découverte, 1999.
ONFRAY, M. *Le crépuscule d'une idole*: l'affabulation freudienne. Paris: Grasset, 2010.
PASCAL, R. *The dual voice*: free indirect speech and its functioning in the nineteenth-century European novel. Manchester: Manchester University Press, 1977.
PICKERING, A. *The mangle of practice*: time, agency, and science. Chicago/London: University of Chicago Press, 1995.
POPPER, K. *Conjectures and refutations*: the growth of scientific knowledge. London: Routledge/Kegan Paul, 1963. [Ed. port.: *Conjecturas e refutações*: o desenvolvimento do conhecimento científico. Coimbra: Almedina, 2003.]
POPPER L., J. *Phantasien eines Realisten*, 2 v. Dresden/Leipzig: Carl Reissner, 1899.
PORTER, R. The scientific revolution: a spoke in the wheel?. In: PORTER, R.; TEICH, M. (Eds.). *Revolution in history*. Cambridge: Cambridge University Press, 1986. p.290-316.
PRINCE, M. The mechanism and interpretation of dreams: a reply to Dr. Jones. *Journal of Abnormal Psychology*, v.5, p.337-53, 1911.
_____. *Clinical and experimental studies in personality*. Cambridge: Sci-Art, 1929.
PUNER, H. W. *Freud*: his life and his mind – a biography. New York: Howell, Soskin, 1947.
PUTNAM, J. J. Recent experiences in the study and treatment of hysteria at Massachusetts General Hospital. *Journal of Abnormal Psychology*, v.1, p.26-41, 1906.

PUTNAM, J. J. What is psychoanalysis? *Putnam papers*. Boston: Countway Library of Medicine, 1911.
RANK, O. Resenha da apresentação de Freud sobre o caso do homem rato no encontro psicanalítico privado, ocorrido em Salzburgo, em 27 de abril de 1908. *Zentralblatt für Psychoanalyse*: Medizinische Monatschrift für Seelenkunde, v.1, p.125-6, 1910.
_____. *A psychology of difference*: the American lectures. Organizado por R. Kramer. Princeton: Princeton University Press, 1996.
RICŒUR, J.-P. *Freud and philosophy*: an essay on interpretation. Tradução de Denis Savage. New Haven: Yale University Press, 1970.
_____. A philosophical interpretation of Freud. In: *The Conflict of Interpretations*. Evanston: Northwestern University Press, 1974. p.160-76.
_____. The question of proof in Freud's psychoanalytic writings. In: *Hermeneutics and the Human Sciences*: essays on language, action, and interpretation. Cambridge: Cambridge University Press, 1981. p.247-73.
RIEGER, K. Über die Behandlung "Nervenkranker". *Schmidt's Jahrbücher der in- und ausländischen gesammten Medicin*, v.251, p.193-8 e 273-6, 1896.
RITVO, L. B. *Darwin's influence on Freud*: a tale of two sciences. New Haven: Yale University Press, 1990.
ROAZEN, P. *Brother animal*: the story of Freud and Tausk. New York: New York University Press, 1969.
_____. *Freud and his followers*. New York: Knopf, 1975.
_____. *Helene Deutsch*: a psychoanalyst's life. New York: Anchor Press, 1985.
_____. *Encountering Freud*: the politics and histories of psychoanalysis. New Brunswick: Transaction, 1990.
ROSE, S. *The making of memory*. New York: Anchor Books, 1993.
ROSENZWEIG, S. *Freud and experimental psychology*: the emergence of idiodynamics. Saint Louis: Rana House, 1986.
ROUSTANG, F. *Dire mastery*: discipleship from Freud to Lacan. Tradução de Ned Lukacher. Washington, D.C.: American Psychiatric Press, 1986.
SACHS, H. *Vorträge über Bau und Tätigkeit des Großhirns und die Lehre von der Aphasie und Seelenblindheit*. Breslau: 1893.
SAND, R. Pre-Freudian discovery of dream meaning: the achievements of Charcot, Janet, and Krafft-Ebing. In: GELFAND, T.; KERR, J. (Eds.). *Freud and the history of psychoanalysis*. Hillsdale: Analytic Press, 1992. p.215-29.
SATZINGER, H. *Die Geschichte der genetisch orientieren Hirnforschung von Cécile und Oskar Vogt in der Zeit von 1895 bis ca. 1927*. Stuttgart: Deutscher Apotheker, 1998.
SAUSSURE, R. La psychologie du rêve dans la tradition française. In: LAFORGUE, R. (Ed.). *Le rêve et la psychanalyse*. Paris: Maloine, 1926. p.18-59.
_____. Sigmund Freud. *Schweizerische Zeitschrift für Psychologie und ihre Anwendungen/Revue suisse de psychologie pure et appliquée*, v.16, p.136-9, 1957.
SCHAFER, R. Narration in the psychoanalytic dialogue. *Critical Inquiry*, v.7, n.1, p.29-53, 1980.
SCHARNBERG, M. *The non-authentic nature of Freud's observations*, 2 v. Acta Universitatis Upsaliensis. Uppsala: Studies in Education, 1993.
SCHERNER, K. A. *Das Leben des Traums*. Berlin: Heinrich Schindler, 1861.

SCHIMEK, J. G. Fact and fantasy in the seduction theory: a historical review. *Journal of the American Psychoanalytic Association*, v.35, p.937-65, 1987.
SCHREBER, D. P. *Memoirs of my nervous illness* (1903). Organização e tradução de Ida Macalpine e Richard A. Hunt. London: W. Dawson, 1955. [Ed. bras.: *Memórias de um doente dos nervos*. Rio de Janeiro: Paz e Terra, 2010.]
SCHRÖTER, M.; HERMANNS, L. M. Felix Gattel (1870-1904): Freud's first pupil, Part I. *International Review of Psychoanalysis*, v.19, p.91-104, 1992.
SCHUR, M. Some additional "day residues" of the specimen dream of psychoanalysis. In: LÖWENSTEIN, R. M.; NEWMAN, L. M.; SCHUR, M.; SOLNIT, A. J. (Eds.). *Psychoanalysis, a general psychology*: essays in honor of Heinz Hartmann. New York: International Universities Press, 1966. p.45-85.
_____. *Freud, living and dying*. London, Hogarth Press, 1972.
SCHWARTZ, J. *Cassandra's daughter*: a history of psychoanalysis in Europe and America. London: Allen Lane, 1999.
SHAKOW, D.; RAPPAPORT, D. *The influence of Freud on American psychology*. Cleveland: Meridian Books, 1968.
SHAMDASANI, S. Memories, dreams, omissions. *Spring: A Journal of Archetype and Culture*, v.57, p.115-37, 1995.
_____. "Should this remain?": Anna Freud's misgivings concerning the Freud-Jung letters. In: MAHONY, P.; BONOMI, C.; STENSSON, J. (Eds.). *Behind the scenes*: Freud in correspondence. Oslo: Scandinavian University Press, 1997. p.357-68.
_____. *Cult fictions*: C. G. Jung and the founding of analytical psychology. London: Routledge, 1998.
_____. Psychoanalysis, Inc. *Semiotic Review of Books*, v.13, n.1, p.6-11, 2002.
_____. *Jung and the making of modern history*: the dream of a science. Cambridge: Cambridge University Press, 2003a.
_____. Psychoanalysis in the mirror of literature. In: *Richard Strauss' Elektra*. London: Royal Opera House, 2003b. p.48-52.
_____. Psychologies as ontology-making practices: William James and the pluralities of psychological experience. In: CARETTE, J. (Ed.). *William James and the varieties of religious experience*. London: Routledge, 2004. p.27-46.
_____. *Jung stripped bare by his biographers, even*. London/New York: Karnac Books, 2005a.
_____. Psychotherapy: the invention of a word. *History of the Human Sciences*, v.18, p.1-22, 2005b.
_____. Auguste Forel. In: BYNUM, W. F.; BYNUM, H. (Eds.). *Dictionary of Medical Biography*, v.2. Westport: Greenwood Press, 2006. p.508-9.
SHAPIN, S. Pump and circumstances: Robert Boyle's literary theory. *Social Studies of Science*, v.14, p.481-520, 1984.
_____. *A social history of truth*: civility and science in seventeenth-century England. Chicago: University of Chicago Press, 1994.
SHAPIN, S.; SCHAFFER, S. *Leviathan and the air-pump*: Hobbes, Boyle and the politics of experiment. Princeton: Princeton University Press, 1986.
SHERWOOD, M. *The logic of explanation in psychoanalysis*. New York: Academic Press, 1969.
SKUES, R. A. The first casualty: the war over psychoanalysis and the poverty of historiography. *History of Psychiatry*, v.9, n.2, p.151-77, 1998.

SKUES, R. A. On the dating of Freud's *Aliquis slip*. *International Journal of Psychoanalysis*, v.86, n.6, p.1185-204, 2001.

_____. *Sigmund Freud and the history of Anna O.*: reopening a closed case. Basingstoke/New York: Palgrave Macmillan, 2006.

SMITH, D. Freud may be dead, but his critics still kick. *The New York Times*, 10 dez. 1995.

SPECTOR, J. *The aesthetics of Freud*: a study in psychoanalysis and art. New York: Praeger, 1972.

SPENCE, D. P. Narrative truth and historical truth: meaning and interpretation. In: *Psychoanalysis*. New York: Norton, 1982.

SPIELMEYER, W. Resenha sobre Sigmund Freud, "Fragment d'une analyse d'hystérie". *Centralblat für Nervenheilkunde und Psychiatrie*, p.322-415, abr. 1905.

SPITZER, L. Zur Entstehung der sog. "erlebten Rede". *Germanisch-Romanische Monatsschrift*, v.16, p.327 ss., 1928.

STADLEN, A. Was Dora "Ill"? In: SPURLING, L. (Ed.). *Sigmund Freud*, v.1: Critical assessments. London: Routledge, 1989. p.196-203.

_____. Just how interesting psychoanalysis really is. *Arc de Cercle. An International Journal of the History of the Mind-Sciences*, v.1, n.1, p.143-75, 2003.

STEKEL, W. Festgruss an den dritten psychoanalytischen Kongress in Weimar. *Zentralblatt für Psychoanalyse*, v.1, p.36, 1911.

_____. Zur Geschichte der analytischen Bewegung. *Fortschritte der Sexualwissenschaft und Psychoanalyse*, v.2 (suplemento), p.539-75, 1925.

_____. *The autobiography of Wilhelm Stekel*: the life story of a pioneer psychoanalyst. Organizado por E. Gutheil. New York: Liveright, 1950.

STENGERS, I. *La volonté de faire science. À propos de la psychanalyse*. Paris: Les Empêcheurs de Penser en Rond, Synthélabo, 1992.

_____. *L'hypnose entre magie et science*. Paris: Les Empêcheurs de Penser en Rond/Seuil, 2002.

STEPANSKY, P. *In Freud's shadow*: Alfred Adler in context. Hillsdale: Analytic Press, 1993.

STERN, W. Die psychologische Arbeit des neunzehnten Jahrhunderts, insbesondere in Deutschland. *Zeitschrift für Pädagogische Psychologie und Pathologie*, v.2, p.413-36, 1900.

_____. Intervention in Bericht über die Jahresversammlung des Deutschen Vereins für Psychiatrie zu Breslau am 13. und 14. Mai 1913. *Allgemeine Zeitschrift für Psychiatrie*, v.70, p.784-6, 1913.

STONE, I. *The passions of the mind*: a novel of Sigmund Freud. Garden City: Doubleday, 1971.

STRACHEY, J. Editor's introduction. *SE 12*, p.85-8, 1958.

_____. Sigmund Freud: a sketch of his life and ideas. In: *Pelican Freud*, v.5: The psychopathology of everyday life. Harmondsworth: Penguin, 1976. p.11-24.

STRANSKY, E. Intervention in Bericht über die Jahresversammlung des Deutschen Vereins für Psychiatrie zu Breslau am 13. und 14. Mai 1913. *Allgemeine Zeitschrift für Psychiatrie*, v.70, p.786, 1913.

SULLOWAY, F. J. *Freud, biologist of the mind*: beyond the psychoanalytic legend. 2.ed. rev. Cambridge: Harvard University Press, 1992a.

SULLOWAY, F. J. Reassessing Freud's case histories: the social construction of psychoanalysis. In: GELFAND, T.; KERR, J. (Eds.). *Freud and the history of psychoanalysis*. Hillsdale: Analytic Press, 1992b. p.153-92.

SWALES, P. J. *Freud, Johann Weier, and the status of seduction*: the role of the witch in the conception of phantasy. New York: editado pelo autor, 1982a.

_____. Freud, Minna Bernays, and the conquest of Rome: new light on the origins of psychoanalysis. *New American Review*, v.1, n.2-3, p.1-23, 1982b.

_____. *Freud, Fliess, and fratricide*: the role of Fliess in Freud's conception of paranoia. New York: Editado pelo autor, 1982c.

_____. *Freud, Krafft-Ebing, and the witches*: the role of Krafft-Ebing in Freud's flight into fantasy. New York: editado pelo autor, 1983.

_____. Freud, his teacher and the birth of psychoanalysis. In: STEPANSKY, P. E. (Ed.). *Freud*: appraisals and reappraisals, v.1. Hillsdale: Analytic Press, 1986. p.2-82.

_____. Freud, Katharina, and the first "wild analysis". In: STEPANSKY, P. (Ed.). *Freud*: appraisals and reappraisals, v.3. Hillsdale: Analytic Press, 1988. p.81-164.

_____. Freud, cocaine, and sexual chemistry: the role of cocaine in Freud's conception of the libido. In: SPURLING, L. (Ed.). *Sigmund Freud*: critical assessments, v.1. London: Routledge, 1989. p.273-301.

_____. *Freud and the unconscionable*: the obstruction of Freud studies, 1946-2113. Palestra ministrada no Institute of Contemporary Arts. London, 1991.

_____. *Did Freud always carry an umbrella – or – did he ever take a cab?* Palestra ministrada no Institute of Contemporary Arts. London: 1994.

_____. Freud's immaculate conception: passion plays, private theater and private religions in the prehistory of psychoanalysis. In: *The psychoanalytic century: psyche, soma, gender, word*, 4-6 mai. 1995, New York University.

_____. *Freud, his Ur-patient, and their romance of Oedipus and their descent into pre-history*: the role of "Herr E." in the conception of psychoanalysis. Palestra ministrada em History of Psychiatry Section, Cornell Medical Center, New York Hospital, 4 dez. 1996.

_____. Freud, death and sexual pleasures: on the psychical mechanism of Dr. Sigmund Freud. *Arc-de-Cercle. An International Journal of the History of the Mind-Sciences*, v.1, n.1, p.6-74, 2003.

SZASZ, T. Freud as a leader (1963). In: SPURLING, L. (Ed.). *Sigmund Freud*: critical assessments, v. 4. London: Routledge, 1989. p.146-155.

TALBOT, M. The museum show has an ego disorder. *The New York Times Magazine*, 11 out. 1998, p.56-60.

TANNER, T. A. Sigmund Freud and the Zeitschrift für Hypnotismus. *Arc de Cercle. An International Journal of the History of the Mind-Sciences*, v.1, n.1, p.75-142, 2003.

THE LANCET. 11 jun. 1938, p.1341.

THORNTON, E. M. *Freud and cocaine*: the Freudian fallacy. London: Blond & Briggs, 1983.

TICHY, M.; ZWETTER-OTTE, S. *Freud in der Presse*: rezeption Sigmunds Freuds und der psychoanalyse in Österreich 1895-1938. Wien: Sonderzahl, 1999.

TRILLING, L. *The Liberal Imagination*: essays on literature and society. Garden City: Doubleday, 1950.

TROSMAN, H.; WOLF, E. S. The Bernfeld collaboration in the Jones biography of Freud. *International Journal of Psychoanalysis*, v.54, p.227-33, 1973.
VEITH, I. *Hysteria*: the history of a disease. Chicago: The University of Chicago Press, 1965.
VESZY-WAGNER, L. Ernest Jones (1879-1958), the biography of Freud. In: ALEXANDER, F.; EISENSTEIN, S.; GROTJAHN, M. (Eds.). *Psychoanalytic pioneers*. New York: Basic Books, 1966.
VEYNE, P. *Comment on écrit l'histoire*: essai d'épistémologie. Paris: Seuil, 1971.
VIDAL, F. *Piaget before Piaget*. Cambridge: Harvard University Press, 1994a.
VIDERMAN, S. *La construction de l'espace analytique*. Paris: Denoël, 1970.
VOGEL, L. Z. The case of Elise Gomperz. *American Journal of Psychoanalysis*, v.46, n.3, p.230-8, 1986.
VOGT, O. Zur Methodik der ätiologischen Erforschung der Hysterie. *Zeitschrift für Hypnotismus*, v.8, p.65-83, 1898.
_____. Resenha sobre Sigmund Freud, "Die Sexualität in der Aetiologie [der Neurosen]". *Wiener Klinische Rundschau*, 12 Jahrg. 1898. *Zeitschrift für Hypnotismus*, v.8, p.366-7, 1899.
WALLERSTEIN, R. One psychoanalysis or many? *International Journal of Psycho-Analysis*, v.69, p.5-21, 1988.
_____. *The Psychoanalyses and the Psychotherapies*. New Haven: Yale University Press, 1995.
WARDA, W. Ein Fall von Hysterie: dargestellt nach der kathartischen Methode von Breuer und Freud. *Monatschrift für Psychiatrie und Neurologie*, v.7, p.301-18 e 471-89, 1900.
WEBSTER, R. *Why Freud was wrong*: sin, science, and psychoanalysis. New York: Basic Books, 1995.
WEININGER, O. *Geschlecht und Charakter*: eine principielle Untersuchung. Wien: Braumüller, 1903.
WELLS, H. K. *Pavlov and Freud*, v.2: Sigmund Freud: a Pavlovian critique. New York: International Publishers, 1960.
WEYGANDT, W. Kritische Bemerkungen zur Psychologie der Dementia Praecox. *Monatschrift für Psychiatrie und Neurologie*, v.22, p.289-302, 1907.
_____. Intervention in Bericht über die Jahresversammlung des Deutschen Vereins für Psychiatrie zu Breslau am 13. und 14. Mai 1913. *Allgemeine Zeitschrift für Psychiatrie*, v.70, p.787-8, 1913.
WILKINSON, R. Seção "History of science/Psychoanalytic collections". *Library of Congress Acquisitions, Manuscript Division*, p.27-31, 1985.
WITTELS, F; PAUL, C. (Ed.). *Sigmund Freud*: his personality, his teaching, & his school. London: George Allen & Unwin, 1924.
WITTENBERGER, G.; TEUGEL, C. *Die Rundbriefe des "Geheime Komitees"*, v.1: 1913-1920. Tübingen: Diskord, 1999.
WITTGENSTEIN, L.; BARRETT, C. (Eds.). *Lectures and conversations on aesthetics, psychology and religious belief*. Oxford: Blackwell, 1966. [Ed. bras.: *Estética, psicologia e religião*: palestras e conversações. São Paulo: Cultrix, 1970.]
WOHLGEMUTH, A. *A critical examination of psycho-analysis*. New York: Macmillan, 1923.
_____. The refutation of psychoanalysis. *Journal of Mental Science*, jul. 1924.

WOODWORTH, R. S. Some criticisms of the Freudian psychology. *Journal of Abnormal Psychology*, v.12, p.174-94, 1917.
WORTIS, J. *Fragments of an analysis with Freud*. New York: Simon & Schuster, 1954.
WUNDT, W. *Erlebtes und Erkanntes*. Stuttgart: Alfred Kröner, 1921.
WYSS, D. *Die tiefenpsychologischen Schulen von den Anfängen bis zur Gegenwart*. Göttingen: Vandenhoeck & Ruprecht, 1961.
YERUSHALMI, Y. H. Série Z. Une fantasie archivistique. *Le Débat*, v.92, p.141-52, 1996.
YOUNG-BRUEHL, E. *Anna Freud*. London: Macmillan, 1989.
ZILBOORG, G. *History of medical psychology*. New York: Norton, 1941.

ÍNDICE ONOMÁSTICO

A
Abraham, Karl, 11, 52, 60, 75-6, 98-101, 143, 160, 187, 189, 241, 269-70, 278
Adam, Émile, 129
Adams, Leslie, 258
Adler, Alfred, 20, 45-6, 48-50, 53-4, 75, 84-7, 92, 100-4, 109, 157, 160, 250, 258, 277, 279, 280, 287, 304, 306-7
Adler, Gisela, 210, 214
Aichhorn, August, 260, 294
Alexander, Franz, 88
Alt, Konrad, 110
Andersson, Ola, 113, 224
"Anna O.", *ver* Pappenheim, Bertha
Anzieu, Didier, 53
Aristóteles, 195
Aschaffenburg, Gustav, 18, 59, 61-3, 66, 68, 71-2, 117-8, 128, 131, 146, 277
Assoun, Paul-Laurent, 9-10, 133
Avenarius, Richard, 133, 293

B
Babinski, Joseph, 140
Bain, Alexander, 114
Baldwin, James, 34
Balint, Michael, 80, 279, 285-7
Bally, Charles, 206
Balzac, Honoré de, 205
Bárány, Robert, 108-9
Bauer, Ida, 25, 172, 174, 179, 184, 188, 196-7, 200-1, 205-7, 224, 231, 275, 278
Beard, George Miller, 40, 109
Bell, Sanford, 111, 140
Benedikt, Moriz, 20
Bennet, Edward A., 281-2, 297
Bernays, Eli, 270
Bernays, Martha, *ver* Freud, Martha
Bernays, Minna, 24, 269, 277
Bernfeld, Siegfried, 17, 133, 238, 241, 250, 253, 257-70, 288-97, 299, 301
Bernfeld, Suzanne, 241, 244, 252, 260, 263, 268-9
Bernheim, Hippolyte, 32, 56-7, 61, 73, 78, 89, 114, 123, 126-9, 131, 184, 186, 194

Bettelheim, Bruno, 276-7, 290-1
Bezzola, Dumeng, 63-70, 73, 75, 78, 81, 85, 89, 99, 166
Bickel, Lothar, 142-3
Billig, Michael, 209
Billington, James H., 300
Billinsky, John M., 277
Billroth, Theodor, 266
Binet, Alfred, 107, 110, 113-4, 121
Binswanger, Ludwig, 70, 72, 92, 198
Binswanger, Robert, 70, 164, 166
Bion, Wilfred R., 307
Bismark, Otto von, 73
Bjerre, Poul, 167, 189
Bleuler, Eugen, 6, 18, 28, 42, 55-60, 65, 67, 69, 75-6, 82, 84-5, 87-9, 93-4, 98-9, 101, 104, 108, 186-7, 282, 307
Bleuler, Manfred, 58
Bloch, Iwan, 114
Bloor, David, 16-7
Blum, Harold P., 16
Boas, Franz, 164
Bohr, Niels, 289
Boltzmann, Ludwig, 165
Bonaparte, princesa Marie, 29, 32, 37, 172-3, 226, 237-8, 253, 255-6, 269-71, 275, 285, 294-5, 298-9
Bondy, Melanie, 238
Boring, Edwin, 127
Bottome, Phyllis, 280
Bowlby, John, 307
Boyle, Robert, 36, 185, 194
Brentano, Franz, 2-3, 5, 40, 262
Breton, André, 183, 303
Breuer, Dora, 172, 174
Breuer, Hannah, 174
Breuer, Josef, 14, 21, 25, 32-3, 37, 56, 60, 63-6, 68-74, 77, 80, 82, 89-91, 97, 100, 104-11, 119-21, 142, 159-60, 163-77, 187, 244-5, 254-6, 272-5
Breuer, Mathilde, 174
Breuer, Robert, 174
Brill, Abraham Arden, 49, 60, 100, 173, 177, 187, 269

Briquet, Pierre, 109
Brücke, Ernst, 43, 133, 260, 267
Brunswick, Ruth Mack, 224-6, 229
Bry, Ilse, 109
Burnham, John, 6, 93-4, 165, 305
Burt, Sir Cyril, 288
Buxbaum, Edith, 252

C
"Cäcilie M.", *ver* Lieben, Anna von
Callon, Michel, 30
Calvocoressi, Peter, 280-1
Cameron, Laura, 168, 170-2
Campbell, Joseph, 22
Carlos Magno, 96
Carlyle, Thomas, 1
Charcot, Jean-Martin, 72, 79, 105, 108-9, 112-4, 125, 129-30, 142, 147, 186
Charteris, Hugo, 162
Chesterton, Gilbert K., 153
Chodoff, Paul, 148
Chrobak, Rudolf, 105
Churchill, Winston, 31
Cioffi, Frank, 24, 109, 148, 152, 156-7, 192-3, 306
Claparède, Edouard, 34, 219-20
Clarke, John Michell, 110, 123-4
Cocteau, Jean, 234
Cohen, I. Bernard, 2
Cohn, Dorritt, 205-8
Collins, Harry M., 126, 191
Collins, Joseph, 278-9
Colombo, Cristovão, 8, 81
Comte, Auguste, 39-40
Copérnico, 1-2, 5-8, 10-11, 14-15, 23, 28, 231
Coué, Émile, 159
Crews, Frederick, 16, 26, 152, 309

D
Dante Alighieri, 231
Danto, Arthur, 193
Danziger, Kurt, 40
Darwin, Charles, 1-2, 5-8, 10-2, 14-6, 21-3, 28, 114, 231, 239, 289-90
David, tenente, 214-7
Decker, Hannah, 109
Delbœuf, Joseph, 40, 42, 56, 111, 114, 126-7, 130, 157-8, 186
Deleuze, Gilles, 29
Derrida, Jacques, 136-7, 257
Descartes, René, 36, 158, 289
Dessoir, Max, 56, 118
Deutsch, Felix, 256
Deutsch, Helene, 182, 300
Devereux, Georges, 128
Donkin, H. B., 109
"Dora", *ver* Bauer, Ida
Dostoiévski, Fiódor, 231

Drummond, James, 6
Du Bois-Reymond, Emil, 10-1
Dubois, Paul, 72-3, 77, 79-80
Dufresne, Todd, 309
Duykaerts, François, 42

E
Ebbinghaus, Hermann, 2, 40
Eckstein, Emma, 25, 54, 154, 188, 244, 249, 265, 287
Eder, David, 6
Edmunds, Lavinia, 25
Einstein, Albert, 15, 295
Eissler, Kurt Robert, 26, 39, 58, 60-1, 161-2, 168, 170, 174, 176, 182, 184, 189, 225-6, 229, 230, 235, 258-9, 264, 269, 277, 290-301, 304
Eitingon, Max, 52, 98, 175-6, 259, 269, 283-4, 299
"Elisabeth von R.", *ver* Weiss, Ilona
Ellenberger, Henri Frédéric, 10, 12, 18-25, 90, 103, 109, 112-3, 118, 158, 172, 224, 282
Ellis, Havelock, 21, 32, 34, 107-8, 114, 231
Elms, Alan, 34
"Emmy von N.", *ver* Moser, Fanny
Engel, tenente, 215-7
Erb, Wilhelm Heinrich, 109
Erikson (Homburger), Erik, 258
Erlenmeyer, Albrecht, 264-7
Esterson, Allen, 152, 203, 207
Evans, Luther, 291, 295

F
Falzeder, Ernst, 25, 48, 52, 54, 59, 76, 93, 187, 286
Fechner, Gustav Theodor, 20, 40
Fellner, Oscar, 154, 188, 213
Ferenczi, Sándor, 8, 38, 45, 50-1, 53, 60, 79-82, 85-6, 89-90, 92, 98-101, 103, 160, 162, 168, 180, 187, 250-1, 269-70, 276-7, 279-87, 307
Fichtner, Gerhard, 172
Flaubert, Gustave, 205, 208
Fleischl-Marxow, Ernst von, 265
Fliess, Robert, 241-2
Fliess, Wilhelm, 21-2, 32, 41, 45-6, 55, 85, 102, 108-11, 113-6, 121, 133, 137-8, 143, 148-50, 152, 154-5, 159-60, 179-80, 192, 213, 237-57, 263, 266-7, 269-72, 277, 288, 291, 307
Flournoy, Théodore, 3, 5, 8, 11, 121
Fontenelle, Bernard Le Bovier de, 2
Forel, August (ou Auguste), 18, 32, 34, 42, 56-8, 60, 63-6, 68-71, 73, 77-9, 82, 89-92, 99, 101, 114, 117-8, 122, 124, 129, 131, 165-6, 171, 175, 186, 192, 307
Forest, Izette de, 284-6
Forrester, John, 24-5, 168, 170-2, 223
Forster, Edmund, 97

Forsyth, David, 196
Foucault, Michel, 29
Frank, Jerome, 131
Frank, Ludwig, 63-6, 69, 73-4, 77, 79, 81-2, 88-90, 97, 99, 122, 192
Franklin, Benjamin, 39
Fresnel, Augustin, 134
Freud, Anna, 25, 32, 162, 224, 235, 238, 242-6, 248-50, 252-3, 255-71, 276, 287-8, 291-5, 301, 304
Freud, Ernst, 250, 257
Freud, Jakob, 44, 239, 264, 293
Freud, Josef, 263
Freud, Martha, 32, 170, 239, 263, 265-6, 270, 274, 276
Freud, Martin, 248
Freud, Oliver, 258, 299
Freud, Sigmund, *passim*
Freud, Sophie, 299
Freund, C. S., 114
Friedländer, A. A., 191, 278
Frink, Horace, 25
Fromm, Erich, 286-7
Furtmüller, Carl, 87

G
Galatzer, 216
Galileu, 2, 4-6, 13-4, 289
Gall, Franz Joseph, 8
Gardiner, Muriel, 224-7, 229-30
Garnier, Philippe, 27
Gasché, Rodolphe, 136-7
Gattel, Felix, 108-9, 140
Gaupp, Robert, 67, 124, 279
Gay, Peter, 17, 32, 43, 142-3, 162, 172, 179
Genette, Gérard, 207
Gicklhorn, Josef and Renée, 109
Giddens, Anthony, 36
Glover, Edward, 287
Goethe, Johann Wolfgang von, 8, 134, 174
Goldstein, Kurt, 34
Golinski, Jan, 17, 30
Gomperz, Elise, 25, 154
Gould, Stephen Jay, 12
Graeter, Karl, 64, 89
Graf, Herbert, 188, 277
Green, André, 167
Grinker, Roy, 141
Grote, L. R., 33
Grubrich-Simitis, Ilse, 14, 133, 260, 262
Grünbaum, Adolf, 29, 133, 138, 156
Guattari, Félix, 30
Gumbel, Erich, 175
Gundlach, Horst, 65

H
Haberman, J. Victor, 118, 122
Habermas, Jürgen, 181, 213, 234

Hacking, Ian, 185, 305
Haeckel, Ernst, 9-11, 21, 22, 90, 114
Hahnemann, Christian Friedrich Samuel, 8
Hale, Nathan, 92, 165, 167
Hall, Stanley, 6, 8, 34
Hamburger, Käte, 205
"Hans, pequeno", *ver* Graf, Herbert
Hart, Bernard, 125, 129
Hartmann, Eduard von, 114
Hartmann, Heinz, 250, 256, 259, 292, 295
Hattingberg, Dr. von, 258
Hawelka, Elza Ribeiro, 183, 210, 220
Hebbel, Friedrich, 37
Helmholtz, Hermann Ludwig Ferdinand von, 23, 40
Henry, Michel, 113
Herbart, Johann Friedrich, 20, 113
Hering, Ewald, 40
Hesnard, Angelo, 188
Hildebrandt, F. W., 111-3
Hirschfeld, Elfriede, 25
Hirschfeld, Magnus, 114, 116
Hirschmüller, Albrecht, 167, 174-5
Hirst, Albert, 265
Hitschmann, Eduard, 118
Hobbes, Thomas, 39
Hoche, Alfred, 7, 18, 28, 66-8, 83, 87-9, 93-9, 102, 117-8, 125, 131, 146, 278-9
Hoffer, Willi, 250, 260, 295
Hofmannstahl, Hugo von, 233
Hollingworth, H. L., 113, 123, 140
Homburger, Paul, 177
Hooke, Robert, 185
Horney, Karen, 157, 287, 307
Hug-Hellmuth, Hermine von, 287-8
Hurst, Arthur, 140
Huxley, Aldous, 139, 145
Huxley, Thomas, 7, 10, 11
Huygens, Christiaan, 134

I
"Irma", 42, 49, 258
Israëls, Han, 24-5, 152, 266, 288
Isserlin, Max, 67, 83-4, 87, 118

J
James, William, 2-4, 39, 107, 121, 158, 164
Janet, Pierre, 18, 20, 26, 28, 34, 55, 64-5, 71-5, 78, 97, 107-8, 112-5, 122, 131, 146, 165, 184, 191, 194, 220
Jaspers, Karl, 29, 234
Jastrow, Joseph, 123, 130, 138, 145, 158-9
Jauss, Hans Robert, 208
Jekels, Ludwig, 189
Jelliffe, Smith Ely, 94
Jones, Ernest, 6-7, 13, 17-8, 24, 29, 38, 41, 45-6, 48-50, 60, 73-5, 78, 82, 85, 96, 99-100, 109, 113-4, 160, 162, 165, 174,

177, 179, 187, 189, 192, 196, 209, 219, 226, 229, 236, 241, 243-4, 247, 250, 252, 258-91, 295-6, 301, 304-5, 307
Jung, Carl Gustav, 6, 17, 18, 20, 24, 34-5, 45-51, 53, 55, 58-69, 71-93, 99-101, 103-4, 124, 128, 140, 157-8, 160-2, 167-8, 172, 174, 180, 186-7, 189, 219, 238, 250, 258, 269, 276-7, 280-2, 286-7, 298, 304-7

K
Kahane, Max, 54, 109
Kant, Immanuel, 2, 39-40, 128, 198
Kanzer, Mark, 212
"Katharina", *ver* Kronich, Aurelia
Kepler, Johannes, 7-8, 240
Kern, Stephen, 112-3
Kesselring, Max, 90-91
Kiell, Norman, 109
King, A. F. A., 109-10
Klein, Melanie, 259, 307
Kneipp, Pastor, 79
Knopfelmacher, Frank, 286
Koffka, Kurt, 130,
Kohler, Robert, 128
Kohnstamm, O., 97
Kohut, Heinz, 307
Koller, Carl, 265
Kraepelin, Emil, 18, 28, 34, 80, 83, 94, 97, 99, 118, 122, 146, 226
Krafft-Ebing, Richard von, 21, 105, 109, 112, 116, 140, 187
Kranz, Marvin W., 298
Krauss, Karl, 254
Kris, Ernst, 38, 114, 238-9, 241-5, 248-57, 259-63, 269-72, 292, 295, 304
Kris, Marianne, *ver* Rie, Marianne
Kristeva, Julia, 307
Kronfeld, Arthur, 121
Kronich, Aurelia, 25, 188, 223, 311, 336
Kronold, Edward, 300
Krug, Josef, 288
Kuhn, Thomas S., 15
Kurosawa, Akira, 194

L
Lacan, Jacques, 14, 51, 65, 180-1, 192-3, 213, 217-8, 222-3, 304, 307
Lamarck, Jean-Baptiste, 10, 21, 23
Lanzer, Ernst, 188, 210-23, 231, 236
Laplanche, Jean, 44, 146, 307
Latour, Bruno, 15, 30-1, 152
Lavoisier, Antoine Laurent de, 4
Lawrence, David Herbert, 306
Lefèvre-Pontalis, Jean-Bertrand, *ver* Pontalis, Jean-Bertrand
Lerch, Eugen, 208
Lévi-Strauss, Claude, 305
Lewin, Bertram, 292, 295

Lewisohn, Ena, 177
Liébeault, Ambroise, 56, 89, 186
Lieben, Anna von, 25, 188, 224-5, 301
Lieberman, James, 283
Liepmann, Hugo, 97
Lipps, Theodor, 114-5
Lips, Marguerite, 206
Litvak, Anatole, 258
Loch, Wolfgang, 181
Logre, Benjamin, 129
Lothane, Zvi, 24
Lowell, Alice, 285
Löwenfeld, Leopold, 32, 55, 62, 108-9, 149-50
Loÿ, R., 64, 78, 89
Lubin, Alfred, 225
Lucrécio, 289
Ludwig, Emil, 257-8
Luhmann, Niklas, 36
Lucas, santo, 117
Lynkeus, *ver* Popper, Josef

M
MacCurdy, John Thompson, 137-8
Macfarlane, J. E. C., 279-80
Mach, Ernst, 133-7, 156, 293
MacIntyre, Alasdair, 4, 303
Macmillan, Malcolm, 24, 109
Maeder, Alphonse, 18, 61, 88, 91, 93, 186, 282
Maenchen, Otto, 269
Mahony, Patrick, 24-5, 212, 220,
Maier, Hans, 87-8
Major, René, 26
Makari, George, 75, 108-9, 200
Malcolm, Janet, 26, 301
Mann, Thomas, 295
Marcinowski, Jaroslav, 42
Marmor, Judd, 157
Marti, Franz, 90-2
Marx, Karl, 289-90
Massey, Irving, 112
Masson, Jeffrey Moussaïeff, 25, 32, 237, 241, 244
Maudsley, Henry, 114
Maury, Alfred, 40, 111
Mayer, Andreas, 42
McDougall, William, 7-8, 18, 34
McGrath, William, 113
Mendel, Johann, 23
Merton, Robert K., 36, 114
Meyer, Adolf, 122, 164
Meynert, Theodor, 20, 113-4, 262, 265, 277
Micale, Mark S., 109
Michelangelo, 171, 234
Mijolla, Alain de, 32
Möbius, Paul, 56, 116, 279
Moll, Albert, 21, 34, 56, 114-15, 121, 125, 131, 183, 278

Moltzer, Maria, 50
Monakow, Constantin von, 79
Montet, Charles de, 64, 78, 89
Moser, Fanny, 188
"Mr. E.", *ver* Fellner, Oscar
Münchhausen, Baron von, 46
Murchison, Carl, 34-5
Muthmann, Arthur, 78, 124
Myers, Frederic, 5, 8

N
Näcke, Paul, 279
Nemeczek, capitão, 214-7
Nernst, Walther, 289
Newton, Isaac, 2, 4-5, 35-6, 289
Nicoll, Maurice, 6
Nietzsche, Friedrich, 19-20, 106, 113, 142-3, 289
Nothnagel, Hermann, 108
Nunberg, Hermann, 292, 295

O
Obholzer, Karin, 204, 224-8, 230, 236
Ohayon, Annick, 188
Oldenburg, Henry, 185
Ophuijsen, J. H. W. van, 91
Oppenheim, Hermann, 278-9
Orne, Martin, 127

P
Pacella, Bernard, 16
Pálos, Elma, 285, 287
Pálos, Gizella, 287
Pankejeff, Sergius Constantinovitch, 188, 202-4, 208, 224-31, 236, 298
Pappenheim, Bertha, 70, 119, 164, 166-8, 170-1, 174-5, 177, 187
Pascal, Roy, 206-7
Paskauskas, Andrew, 46
Pasteur, Louis, 35
Peck, Martin, 283
Peyer, Alexander, 109
Pfister, Oskar, 18, 189, 269, 298
Piaget, Jean, 34
Picard, Emile, 165
Pickering, Andrew, 126
Pinel, Philippe, 19
Planck, Max, 289
Pontalis, Jean-Bertrand, 44, 146
Popper, Josef, 107
Popper, Karl, 29, 125, 128, 138
Porter, Roy, 2
Powers, Sweasey, 94
Prince, Morton, 28, 107, 117, 129, 146, 277, 303
Proust, Marcel, 231
Puner, Helen, 252-8, 276, 280
Putnam, James Jackson, 47, 92, 100, 124, 164, 276, 278

R
Rabelais, François, 289
Raimann, Emil, 278
Ramón y Cajal, Santiago, 165
Rangell, Leo, 225
Rank, Otto, 50, 52-3, 106, 160, 162, 173, 180, 219, 277, 279, 282-4, 287, 307
Rappaport, David, 306
Ratman, *ver* Lanzer, Ernst
Raymond, Fulgence, 79
Reich, Wilhelm, 307
Reitler, Rudolf, 54, 109
Renterghem, A. W. van, 78
Ribot, Théodule, 114
Ricoeur, Jean-Paul, 257
Rie, Marianne, 238, 242
Rie, Oscar, 238
Rieger, Konrad, 279
Rifkin, Alfred H., 109
Riklin, Franz, 59, 61, 64, 91, 186, 219
Rivers, William, 6
Riviere, Joan, 182, 189
Roazen, Paul, 24, 26, 182, 287, 296, 299-300
Robert, Marthe, 17
Rodker, John, 242
Roheim, Gezá, 280
Rorschach, Hermann, 19
Rosanoff, A. L., 140
Rosenzweig, Saul, 140-1
Roudinesco, Élisabeth, 17, 27, 136, 172-3
Roustang, François, 48

S
Sachs, Hanns, 50, 52
Sachs, Heinrich, 114
Saint-Denys, Hervey de, 111
Salk, Jonas, 31
Sand, Rosemarie, 112
Sartre, Jean-Paul, 29
Saussure, Raymond de, 112, 182
Schafer, Roy, 181
Schaffer, Simon, 185
Scharnberg, Max, 200, 207
Schatzman, Morton, 24
Scherner, Karl Albert, 80, 106, 111-12
Schilder, Paul, 52
Schimek, Jean, 154
Schnitzler, Arthur, 74, 232
Schopenhauer, Arthur, 11, 106, 113, 142
Schreber, Daniel Paul, 24, 26, 180
Schrenck-Notzing, Albert Freiherr von, 56
Schröter, Michael, 109
Schur, Max, 17, 53, 189, 243-4, 254, 256-7, 276
Schwartz, Joseph, 14, 17
Seif, Leonhard, 22, 78
Selesnick, Sheldon T., 88
Semmelweis, Ignác Fülöp, 6-7
Shakespeare, 8, 171, 231
Shakow, David, 6

Shapin, Steven, 36, 185
Sherwood, Michael, 185
Shimkin, Leon, 259-61
Silberer, Herbert, 287
Simon, Théodore, 110-21
Skues, Richard, 24, 166, 173, 193, 309
Smith, Dinitia, 26
Solms, Wilhelm, 225-6
Spector, Jack, 24
Spence, Donald. P., 180, 203
Spielmeyer, Walther, 279
Spitzer, Leo, 206
Stadlen, Anthony, 24-5, 190, 219
Stahl, Reinhold, 237
Steele, Robert, 203
Stegmann, Georg, 98
Stein, Philipp, 64
Stekel, Wilhelm, 45-6, 48, 50, 53-4, 84-7, 95-6, 103-4, 108, 160, 189, 250, 258, 276-7, 307
Stendhal, 205, 231
Stengers, Isabelle, 3, 31, 127, 131, 232
Stepansky, Paul, 87
Sterba, Richard, 225
Stern, William, 5, 8, 28, 34, 97-8, 164, 279, 288
Stone, Irving, 258
Storfer, A. J., 287-8
Strachey, James, 13, 183, 190, 195-6, 209-10, 243, 247, 250, 257, 262-3, 265, 267, 272-5, 287-8, 304
Stransky, Erwin, 97-8
Strauss, Richard, 233
Strümpell, Adolf von, 72, 111
Sulloway, Frank J., 7, 12-3, 20-4, 41, 108-9, 111, 115-6, 143, 191, 239, 246, 299
Sully, James, 4
Swales, Peter J., 24-5, 116, 150, 154, 193, 224, 262, 276-7, 297, 299
Swift, Jonathan, 289
Swoboda, Hermann, 108-9, 115-6, 189, 192, 241, 244
Szasz, Thomas, 102, 104

T
Taine, Hippolyte, 114
Talbot, Margaret, 167
Tanner, Terence A., 56-7, 70, 79
Tansley, Sir Arthur, 168, 171-2
Tausk, Viktor, 287
Taylor, Eugene, 165
Teugel, Christopher, 305
Thompson, Clara, 284-5
Thornton, Elisabeth M., 254
Titchener, E. B., 164
Trilling, Lionel, 233
Trosman, Harry, 262

U
Unwin, Sir Stanley, 288

V
Veith, Ilza, 20
Vespúcio, Américo, 81
Veszy-Wagner, Lilla, 279-80
Veyne, Paul, 193
Vidal, Fernando, 34
Viderman, Serge, 203
Vinci, Leonardo da, 231, 234, 250
Vogt, Oskar, 42, 63, 72, 77-9, 82, 89, 97, 118, 277, 279
Volkelt, Johannes, 111

W
Wagner, Richard, 84, 113
Wagner-Jauregg, Julius, 269
Wallace, Alfred Russell, 1
Wallerstein, Robert, 307-8
Warda, W., 64, 78, 279
Watson, John Broadus, 34
Webster, Richard, 25
Weil, Frederick S., 225
Weininger, Otto, 115-6, 192, 241, 244
Weiss, Ilona, 188
Wells, Harry K., 38
Wernicke, Carl, 114
Wetterstrand, Otto, 56
Weygandt, Wilhelm, 7-8, 97, 278
Wilkinson, Ronald, 32, 237
Winnicott, Donal Woods, 307
Winterstein, Alfred von, 226
Wittels, Fritz, 17, 33, 55, 75, 258
Wittenberger, Gerhard, 305
Wittgenstein, Ludwig, 29, 123
Wohlgemuth, Adolf, 8, 117, 119, 123, 128, 139, 141, 145, 157, 159, 160
Wolf, Ernest, 262
Wolfman, ver Pankejeff, Sergius Constantinovitch
Woodworth, R. S., 130, 139
Wortis, Joseph, 259, 283
Wundt, Wilhelm, 2, 34, 40, 59, 62, 111
Wyss, Dieter, 20

Y
Yerushalmi, Yosef Hayim, 26
Young-Bruehl, Elisabeth, 238, 250, 259-60, 287

Z
Ziehen, Theodor, 80, 87, 118, 278-9
Zilboorg, Gregory, 20
Žižek, Slavoj, 307
Zweig, Stefan, 172-3, 176

SOBRE O LIVRO

Formato: 16 x 23 cm
Tipologia: Iowan Old Style 10/13,1
Papel: Pólen Soft 80 g/m² (miolo)
Cartão Supremo 250 g/m² (capa)
1ª *edição*: 2014

EQUIPE DE REALIZAÇÃO

Edição de texto
Pedro Barros/Tikinet (Copidesque)
Nair Hitomi Kayo (Revisão)

Capa
Estúdio Bogari

Editoração eletrônica
Eduardo Seiji Seki (Diagramação)

Assistência editorial
Jennifer Rangel de França

Impressão e Acabamento
FARBE DRUCK
gráfica e editora ltda.